Stefan Schäfer
Hitler und die Schweiz

Stefan Schäfer

HITLER UND DIE SCHWEIZ

Deutsche militärische Planungen 1939-1943
und die „Raubgold"-Frage

Mit einem Geleitwort
von
Prof. Dr. Werner Maser

Mit 25 Fotos, Dokumenten und Karten

edition q

Die Deutsche Bibliothek – CIP-Einheitsaufnahme:

Schäfer, Stefan:
Hitler und die Schweiz : deutsche militärische Planungen 1939-1943
und die „Raubgold"-Frage / Stefan Schäfer. Mit einem Geleitw. von
Werner Maser. - Berlin : Ed. q, 1998
ISBN 3-86124-356-3

Lektorat: Dr. Jürgen Schebera
Umschlaggestaltung: Claudia Maas
Umschlagfoto: Ullstein Bilderdienst, Berlin
Alle Abbildungen ohne gesonderten Quellennachweis:
Ullstein Bilderdienst, Berlin

Druck- und Bindearbeiten: Ebner Ulm
Printed in Germany
ISBN 3-86124-356-3

Inhalt

Geleitwort

Am 26. August 1942 äußerte Adolf Hitler in seinem Führerhauptquartier „Werwolf“: „Ein Staat wie die Schweiz, der nichts anderes ist wie eine Eiterbeule an Europa, so etwas kann man nicht einfach gehen lassen!“; aber er betonte unmittelbar danach auch: „Wir müssen ungelöste Probleme zurücklassen ... Die Völker brauchen einen Blutverlust zu ihrer Regeneration wie der einzelne Mensch.“

Der Autor dieses Buches untersucht und vollzieht – auf authentische Quellen gestützt – nach, wie diese Äußerungen im Zusammenhang mit der Schweiz tatsächlich zu bewerten waren.

In der deutschen historischen Forschung und Fachliteratur über den Zweiten Weltkrieg hat die rund 41.293 Quadratkilometer große Eidgenossenschaft bislang kaum eine oder gar keine nennenswerte Rolle gespielt. Da sie zwischen 1939 und 1945 von Deutschland weder angegriffen noch erobert wurde, wurde sie in Deutschland bereits aus dem Grunde nicht zum Gegenstand historischer Forschungen erhoben. Schweizer Politiker und Historiker, wie beispielsweise Klaus Urner, der Züricher Direktor des Archivs für Zeitgeschichte, haben sich dagegen nahezu ständig zumindest mit der Frage befaßt, wieso Hitler das Alpenland nicht in seine Raubkriegsmaßnahmen einbezogen hat. Die kontroversen Bilanzen, die in der Schweiz nach wie vor diskutiert werden, resultieren nicht zuletzt eben aus der Tatsache, daß bislang keine auch nur annähernd angemessenen deutschen Forschungsergebnisse vorlagen. Fakten über die kriegswirtschaftlichen Beziehungen der Schweiz zu Deutschland, das beispielsweise bis März 1940 für 149.504 Schweizer Franken einschlägiges Material bezog, während Großbritannien und Frankreich dies zur gleichen Zeit für 364 Millionen Schweizer Franken taten, waren seit langer Zeit ebenso bekannt wie beispielsweise die Tatsache, daß die Schweiz am 18. Juli 1941 ihre Kredite an das Reich auf insgesamt 850 Millionen Franken erhöhte, nachdem sie Italien bereits im Sommer 1940 200 Millionen Franken Kredit eingeräumt hatte, um Mussolini eventuell dazu zu bewegen, Hitlers Absicht, die Schweiz in Besitz zu nehmen, diplomatisch zu unterlaufen.

Doch zur Aufhellung und zum Nachvollzug der historischen Details über „Hitler und die Schweiz“ konnten diese Fakten nur so wenig beitragen wie etwa die in Deutschland von Historikern gelegentlich in Zeitungen und Zeitschriften veröffentlichten Einzelheiten.

Stefan Schäfer, einer meiner begabtesten Schüler an der „Martin-Luther-Universität“ Halle-Wittenberg, hat sich mit vorliegendem Buch der Aufgabe gestellt, diesem Mangel abzuhelfen. Der Maxime Leopold von Rankes folgend, daß Geschichte so darzustellen sei, wie sie wirklich verlaufen ist, hat er sowohl alle wesentlichen Aspekte der schweizerischen Forschungsergebnisse als auch die sachbezogenen deutschen Dokumente und Äußerungen involvierter Militärs und Politiker in seine Darstellung einbezogen, um das Problem „Hitler und die Schweiz“ vorurteilsfrei und sachkundig zu untersuchen und für jedermann plausibel nachzuvollziehen. Daß ihm dieses Unterfangen nur gelingen konnte, wenn er sich dabei unter Berücksichtigung der jüngsten Quellenlage und des Forschungsstandes – zuweilen breiter als für den Sachkenner nötig – mit dem Thema auseinandersetzen würde, gehört zu den unerläßlichen Konsequenzen der Arbeit.

Die Ende Juli 1994 von der Londoner „Times“ ausgelöste weltweite Diskussion über das sogenannte „Nazi-Raubgold“, das seit dem Zweiten Weltkrieg in Schweizer Banken gelagert ist, hatte mit Schäfers Ambitionen zunächst nichts zu tun. Daß sie, während er noch an seinen Untersuchungen arbeitete, einen besonderen Aspekt auch für ihn darstellte, war eine logische Konsequenz.

Speyer, im Sommer 1998 Prof. Dr. Werner Maser

Einleitung

Die Debatte um die nachrichtenlosen Vermögen von Opfern der Schoah und das von der Schweizerischen Nationalbank (SNB) während des Krieges angekaufte Gold hat seit 1995 das innenpolitische Geschehen in der Schweiz beherrscht. Daß die ökonomische Seite des Antisemitismus und der Judenvernichtung außerhalb Deutschlands nur einen Randbereich historischer Forschung darstellt, ist altbekannt. Daß eine Intensivierung der Arbeiten in diesem Forschungszweig notwendig ist, zeigt die aktuelle Kontroverse. Außer Frage stehen dürfte, daß öffentlichkeitswirksam geführte Debatten nur einen Teil der aufgeworfenen Fragen beantworten können. Die Versuchung, die vorhandenen Fakten zielgerichtet zu interpretieren, wird um so größer, je mehr sich die Positionen der Kontrahenten verhärten. So wurde auch die wirtschaftliche Verflechtung der Schweiz mit dem NS-Regime zur argumentativen Ergänzung abstrakt moralisierender Thesen à la Goldhagen herangezogen. Im Herbst 1996 sah sich die Schweiz dann jäh im Brennpunkt internationalen Interesses. Amerikanische und britische Politiker griffen ihrerseits das Thema auf, und die Schweiz sah sich unvermittelt mit massiven Vorwürfen und Forderungen konfrontiert. Erst nach längerem Zögern vermochten die politischen Entscheidungsträger angemessen zu reagieren.

Wie kam es dazu? Seit dem 17. Jahrhundert Bankenstandort, war das neutrale Land seit jeher Adressat von Fluchtkapital. So auch vor und während des Zweiten Weltkrieges. Europäische Juden und später die Nazis selbst deponierten Vermögenswerte auf Schweizer Konten: die durch Hitlers Rassenwahn bedrohten Juden, um sie dem Zugriff der Nazis zu entziehen. Die Nazis, um sie vor dem Zugriff der siegreichen Alliierten in Sicherheit zu bringen. Viele jüdische Kontoinhaber fielen dem Holocaust zum Opfer. Einige Nazis hingegen finanzierten mit den angehäuften Devisen ihre Flucht. Aber auch ihnen gelang es nicht immer, die Fluchtgeldkonten zu nutzen. Neuere Forschungen belegen, daß in Schweizer Bankhäusern seit nunmehr 50 bis 60 Jahren Vermögenswerte in unbekannter Höhe auf sogenannten „nachrichtenlosen Konten“

gehalten werden. Gesichert ist auch, daß das Deutsche Reich die Vorteile des neutralen Banken- und Industriestandortes Schweiz für seine Kriegswirtschaft zu nutzen wußte. Der im Mai 1998 vorgestellte Zwischenbericht der Historikerkommission (Bergier-Kommission), die den Verbleib der Vermögenswerte in der Schweiz untersuchen soll, kam zu der Einschätzung, die Schweiz sei die Drehscheibe für die Goldtransaktionen des Deutschen Reiches im Zweiten Weltkrieg gewesen. Die Reichsbank verkaufte während des Krieges Gold an die Schweiz. Deutschland erhielt dafür schweizerisches Kriegsmaterial und Kredite, die es zum Kauf wichtiger Rohstoffe auf dem Weltmarkt benötigte. Die allzu eingängige These zu diesem Komplex lautet: Die Schweizer wurden, ohne Not, in vorauseilendem Gehorsam Hitlers Bankiers, „Hitlers willige Hehler" („Der Spiegel"). Deutscherseits durch kriegsbedingte Notwendigkeiten, schweizerseits aber durch eine hemmungslose Profitgier motiviert, seien die Geschäfte für beide Seiten lukrativ gewesen. Die Fakten, soweit sie aus gesicherten Quellen stammen, sind kaum widerlegbar. Sie machen die Rigorosität des Urteils zumindest verständlich. Gleichzeitig ruft diese einseitige Auslegung der Quellen, die entlastende Momente nicht gelten läßt, geradezu nach Differenzierung. So z. B. sah sich die Schweiz seit 1940 der realen Gefahr eines militärischen Angriffs durch die Wehrmacht ausgesetzt. Zudem hatte die Schweiz, seit 1942 vollends von den Achsenmächten eingeschlossen, unter einer doppelten Wirtschaftsblockade zu leiden, die sie von ihren Märkten im Ausland trennte. Wo Rohstoffe und Nahrungsmittel herbekommen, wenn nicht aus dem Machtbereich der Achse? Hungersnöte, Arbeitslosigkeit und soziale Unruhen, so die Gegenargumentation, hätten die schweizerische Neutralität wohl mehr ausgehöhlt, als eine begrenzte und noch dazu erzwungene Kollaboration. Die Schweiz habe diesen neutralitätsrechtlichen Drahtseilakt mit Bravour bestanden. Daß der „Kampf um das nackte Überleben" noch von den Zeitgenossen zum Heldenepos umgewidmet wurde, versteht sich von selbst. Der Historiker Herbert Lüthy: „Die Leistung der Schweiz [...] war tatsächlich, ohne dauernde Einbusse an innerer Substanz und äusserer Unabhängigkeit zu überleben. Nichts weiter als das, aber auch nichts Geringeres als das." Der Kalte Krieg, der die Eidgenossen nun auf der definitiv „richtigen" Seite sah, war keine Zeit der differenzierten Betrachtung des Vergangenen – nirgendwo. Die neuere Forschung stellt diesen Mythos vehement in Frage. Vereinfacht gesagt, beharrt die „alte Schweiz" auf ihren selbstgeschaffenen Mythen, während die „andere Schweiz" (Jean Ziegler) versucht, eben diese Mythen zugunsten einer inneren Erneuerung zu demontieren. Die hypersensibilisierte Weltöffentlichkeit übt dagegen, mit Blick auf die Vergangenheit, eine Fundamentalkritik am „System Schweiz“. Sie postuliert Unmoral, Selbstbetrug und mangelnde Modernität in einer zur Globalisierung tendierenden Welt.

Diese Argumentationen kritisch zu prüfen, ohne der nationalpatriotischen, noch der moralisierenden Position den Vorzug zu geben, ist – parallel zur Darstellung der historischen Ereignisse – Anliegen des vorliegenden Buches.

In der Schweiz ist die Vergangenheit mit der Gegenwart vor allem durch ein historisches Kontinuum verknüpft: die Neutralität. Sie war und ist, wenngleich nicht unumstritten, das Kernstück eidgenössischen Selbstverständnisses. Die Frage nach ihrem Sinn wurde im Zuge der aktuellen Diskussion erneut gestellt. Hat nationalstaatliche Neutralität eine Perspektive, wenn sie historisch diskreditiert ist? Ist sie überhaupt diskreditiert, oder besitzt sie gar Modellcharakter? Je nach Standort, Blickwinkel und zugrundeliegender Prämisse werden die Fakten verschieden gewichtet, überhöht oder ausgeblendet. Ohne Zweifel ist, daß den Opfern des Holocaust materielle und vor allem moralische Genugtuung verschafft werden muß. Die Form, in der dieses Anliegen vorgetragen wird, ist diskutabel und muß es bleiben. Die derzeitige Medienkampagne, die, vor allem von amerikanischer Seite, auf eine platte „Anti-Schweiz-Haltung“ rekurriert, läßt Fairneß vermissen. Die Form der Auseinandersetzung läßt zudem auf andere und weniger eindeutige, primär politische Zielsetzungen im Hintergrund der Debatte schließen. Über die Beweggründe läßt sich nur spekulieren. Was sich konstatieren läßt, ist moralisierende Rigorosität, die aus einem Überlegenheitsgefühl resultieren mag. Diese Argumentation neigt nicht zur Differenzierung und läßt die Neutralität als eine unmoralische Haltung per se erscheinen. Natürlich muß sich die Schweiz, wie jede andere Nation auch, unbequeme Fragen zu ihrer Geschichte gefallen lassen. Aus den vorliegenden Fakten gleichsam pauschalisierend eine Mitschuld der Schweiz am Holocaust zu konstruieren, erscheint jedoch aus der Perspektive des Historikers ebenso falsch, wie die eigene Geschichte in ehernen Heldenbildern erstarren zu lassen. Befragt man die amerikanische und die britische, die deutsche, die holländische, die russische und die französische Geschichte, dann wird man ebenso wie in der Schweiz auf Versäumnisse und Fehlleistungen, auf Verbrechen, aber eben auch auf Positives und historische Größe stoßen. Die kritische Forschung, die versucht, Geschichte zu zeigen, wie sie wirklich gewesen ist (Ranke), strebt nach Objektivität. Die jetzige Diskussion um die Rolle der Eidgenossenschaft läßt jedoch eben diese Objektivität vermissen. Sie lebt vielfach von Polemik, obwohl zahlreiche Details seit Jahren bekannt sind. Die Schweizer Historiker haben ihre Hausaufgaben längst gemacht und „in die Ecke aufgesagt“ (Adolf Muschg).

Allerdings erfährt fast durchgehend die militärische Bedrohung der Schweiz durch die Achsenmächte kaum eine Würdigung, und auch die Haltung Hitlers zur Neutralität im Allgemeinen und zur Schweiz im Speziellen bleibt weitgehend im dunklen. Bei der Durchsicht der kritischen Literatur (Bower, Ziegler) zum Thema entsteht durchaus der Eindruck, die Schweiz habe im Krieg eine weitgehend selbstbestimmte Sonderrolle gespielt. Schweizer Politik ist aber seit jeher europäische Politik. Zwar außenpolitisch weitgehend passiv, konnte sich die Schweiz doch nie von den großen Linien der europäischen Politik abkoppeln. Diese Abhängigkeiten zu würdigen ist notwendig, machen sie doch Verhaltensweisen zumindest erklärbar, die sonst, in ihrer Einzigartigkeit überhöht dargestellt, als singulär und vollends unmoralisch dastehen und in der Öffentlichkeit auch so rezipiert werden. Die Pressestimmen zur „Raubgold“-Problematik sind Beweis genug. Ein Beispiel: So kam die kanadische Journalistin Isabel Vincent, die in Europa zahlreiche Gespräche mit Rechtsanwälten, Journalisten, Historikern, Zeitzeugen, Schweizer Bankiers und Regierungsbeamten führte, zu der – völlig richtigen – Ansicht, daß es einen gut organisierten Raub jüdischen Eigentums in Europa gegeben habe. Dann aber lautet ihre pauschalisierende Schlußfolgerung: „Dasselbe geschah dann in den okkupierten Ländern Polen, Frankreich, Holland, Norwegen, Schweden [sic!] und so weiter – *in all diesen Ländern standen gierige Mittäter bereit*“ [Hervorhebung durch d. Verf.].

Es fällt auf, daß die argumentativen Fäden nun dort wieder aufgenommen werden, wo sie 1946 fallengelassen – und dann bis 1989 verdrängt – wurden. Damals erschien es den Alliierten sinnvoll, moralischen Druck auf die Neutralen auszuüben, um Teile der von den Nazis ins Ausland geschafften Vermögenswerte zurückzuerhalten. Die heutige Vorgehensweise ähnelt der damaligen auf erstaunliche Weise. Von außen initiiert, trifft die Diskussion auf ein Land im Wandel. Fragen der Neuorientierung zwischen Neutralität und internationaler Mitwirkung, zwischen einer Existenz als Sonderfall und politischer Normalität werden mit Vehemenz verhandelt. Die Schweiz scheint unter einem enormen inneren und äußeren Druck zu stehen. Dies befördert die kritische Befragung der eigenen Geschichte. Die Politik der Schweiz im Zweiten Weltkrieg stellt zweifellos einen Grenzfall der Neutralität dar. Anders formuliert: Diese erreichte ihre Leistungsgrenze. Gewisse, kaum vorhersehbare Konstruktionsfehler des Völkerrechts brachten die

Privatunternehmen, die Banken, aber auch die Politik der Schweiz in eine Situation, in der sowohl Widerstand, als auch Kollaboration und eine Menge variabler Haltungen zwischen diesen beiden Extremen möglich waren. Die jetzige Debatte streift diese Themen durchweg, solange sie nur der argumentativen Abstützung der eigenen Position dienen können. Dabei dominiert die Ansicht, daß die Schweiz den Krieg nur deshalb unbeschadet überstand, weil sie in ihrer Rolle als Devisenbeschaffer für die deutsche Kriegswirtschaft eine sehr bedeutende Funktion innehatte, die die Erhaltung ihrer Souveränität für Hitler zur unbedingten Notwendigkeit werden ließ (Verschonungsthese/Nützlichkeitsthese). Hitler „in der Hand der Bankiers"? Die militärische Bedrohung der Schweiz im Zweiten Weltkrieg läßt das Gegenteil vermuten. Wie läßt sich nun die Diskrepanz zwischen Hitlers Expansionspolitik und dem atypischen „Überleben" des neutralen, demokratisch regierten Kleinstaates andererseits erklären? War die Eidgenossenschaft jemals in ihrer Existenz als selbständiger, souveräner Staat bedroht? Die Antwort lautet: ja.

Die Schweiz sah sich ab Juni 1940 einer realen militärischen Bedrohung durch Deutschland ausgesetzt. Erstmals den Beweis dafür angetreten zu haben, ist das Verdienst des Schweizer Historikers Klaus Urner. Sein Buch „Die Schweiz muß noch geschluckt werden!" belegt, daß die militärischen Operationsstudien, die das Oberkommando des Heeres unter dem Tarnnamen „Tannenbaum" im Sommer 1940 ausarbeiten ließ, keine Arbeit unterbeschäftigter Stäbe waren, sondern Ausdruck realer Aggressionsabsichten. Sie standen in konkretem Zusammenhang zu militärischen Alternativplanungen, die sich aus dem Abschluß des deutsch-französischen Waffenstillstandes 1940 ergaben. Die Argumentation, das eidgenössische Heer, das „Rückgrat der Nation" (Edgar Bonjour), und der unbedingte Widerstandswille der Schweizer hätten die Alpenrepublik vor einem Angriff Hitlers bewahrt, darf getrost ins Reich helvetischer Mythen verbannt werden, die auf einer Unterschätzung der totalitären Vereinnahmungstendenzen des Deutschen Reiches beruhen. Da hier der Frage nach der Involvierung Hitlers in die Angriffsplanungen gegen die Schweiz eine bedeutende Rolle zukommt, ergab sich die Notwendigkeit, einige Seiten der Persönlichkeit Hitlers darzustellen. Hierbei erweisen sich die Publikationen von Werner Maser, Alan Bullock, Walter Görlitz und auch Joachim C. Fest als hilfreich; denn diese umfassenden Darstellungen ergaben Aufschluß über die Haltung Hitlers zur Neutralität und zu den Normen der Kriegführung.

Die „Raubgold"-Problematik hat ein umfängliches publizistisches Echo hervorgerufen. Den besten und für die US-Haltung eindrücklichsten Bericht gibt Tom Bower, am (selbst)kritischsten ist Jean Ziegler, der seit geraumer Zeit am schweizerischen Selbstverständnis kratzt. Zu nennen sind weiterhin die Publikationen der Historiker Däniken, Chevallaz, Urner, Barkai und Weber. Das Internet erweist sich als wahre Fundgrube zum Thema. Bundes- und Nationalrat publizieren dort Offizielles, die Schweizer Presse das ihre zum Thema. Die Online-Dossiers der „Neuen Zürcher Zeitung" (NZZ) sind schier unerschöpflich. Die Homepages von Senator D'Amato, Stuart Eizenstat und des US-Congress waren hilfreich für die Darstellung der amerikanischen Position.

Dieses Buch beansprucht nicht, eine erschöpfende Darstellung zur Geschichte der Schweiz seit 1933 zu geben. Die „Highlights" aufzuzeigen und auf Hintergründe hinzuweisen, erscheint jedoch sinnvoll, da sich aus dem Gesamtbild Rückschlüsse auf die Motive und die Positionen der Handelnden ergeben. Dem Autor ist bewußt, daß jede analytische, erklärende Geschichtsdarstellung immer in der Gefahr schwebt, ins Spekulative zu geraten. Doch die Anwendung der Kategorien „Möglichkeit" und „Wahrscheinlichkeit" scheint zumindest eine Schwerpunktbildung bei der Bewertung der Fakten zuzulassen. Dabei soll die Perspektive des Nacherlebenden, der „schon vorher weiß, wie alles ausgegangen ist" (Sebastian Haffner), möglichst vermieden werden.

1

Die Schweizerische Eidgenossenschaft 1933 bis 1939

Als zentraleuropäisches Land ist die Schweiz mit ihren über die Alpen führenden Pässen und den das Massiv der Zentralalpen durchquerenden Tunnels in strategischer und verkehrstechnischer Hinsicht eines der wichtigsten Länder des Kontinents. Die gletscher- und schneebedeckten Alpen im Süden und Osten nehmen 61 % der Fläche des Landes ein. Entlang der Westgrenze erstreckt sich das Mittelgebirge des Jura. Zwischen dem Jura und den Alpen liegt die Hochfläche des sogenannten Mittellandes. Dies ist der Standort der wichtigsten Industriebetriebe der Schweiz, und hier lebt auch der größte Teil der Bevölkerung.[1]

Der Staat Schweiz, die „Schweizerische Eidgenossenschaft", ist eine Konföderation von 26 Kantonen und Halbkantonen. Laut Artikel 2 der Verfassung sichert die Eidgenossenschaft die „... Behauptung der Unabhängigkeit des Vaterlandes gegen außen, Handhabung von Ruhe und Ordnung im Innern, Schutz der Freiheit und der Rechte der Eidgenossen und Beförderung ihrer gemeinsamen Wohlfahrt".[2]

Würde ein ökonomischer Steckbrief der Schweiz ausgearbeitet, müßten unter dem Stichwort „Spezifische Merkmale" folgende Eigenschaften genannt werden: klein, rohstoffarm, industriell und infrastrukturell hochentwickelt, enorm leistungsfähig, spezialisiert, international verflochten, Bankenstandort von Weltbedeutung.[3]

Das Parlament der Schweiz, die Bundesversammlung, ist die zentrale gesetzgebende Körperschaft. Sie besteht aus dem Nationalrat (Volksvertretung) und dem Ständerat (Kantonalvertretung). Beide Kammern sind gleichberechtigt Der Bundesrat, die eigentliche Regierung (Exekutive), setzt sich aus sieben, von der Bundesversammlung ernannten Mitgliedern zusammen. Die sieben Bundesräte, deren Amtszeit vier Jahre beträgt, stehen jeweils einem Department (Ministerium) vor.

Das Amt des Staatsoberhauptes, des Bundespräsidenten, wird im

Rotationsprinzip, jährlich wechselnd, unter den Mitgliedern des Bundesrates vergeben.[4]

Die schweizerische Neutralität, von der Schweiz selbst als „immerwährend und bewaffnet" definiert, ist seit dem Wiener Kongreß 1814/15 völkerrechtlich anerkannt und gilt als verläßliche Grundmaxime der schweizerischen Außenpolitik. Diese Neutralität unterliegt dem Prinzip der „Universalität".

Das Universalitätsprinzip präferiert die Aufrechterhaltung diplomatischer Beziehungen zu möglichst vielen Staaten, unabhängig von deren Herrschafts- oder Bündnisverhältnissen.[5] Die Schweiz fühlt sich den Prinzipien des liberalen Welthandels verpflichtet, nicht zuletzt deshalb, weil ein Großteil der schweizerischen Industrie von der ausländischen Nachfrage abhängig ist.[6]

In der Landesverteidigung kann die Schweiz auf eine lange Tradition zurückblicken. Eine Berufsarmee existiert nicht. Nach einer kurzen Ausbildungszeit werden alle Wehrpflichtigen in ein ständig abrufbereites Milizsystem integriert und zur regelmäßigen Teilnahme an militärischen Übungen verpflichtet. Dies und die Tatsache, daß alle Männer zwischen dem 20. und dem 50. Lebensjahr wehrpflichtig sind, ermöglicht es der Schweiz, innerhalb von 48 Stunden die gesamte Armee – 1939 waren dies ca. 450.000 Mann – zu mobilisieren.[7]

Im Frieden und auch im Krieg bestimmt der Bundesrat die Militärpolitik, die Bundesversammlung ist „oberster Kriegsherr".[8]

Im Krisen- oder Kriegsfall wird traditionsgemäß einer der Korpskommandeure durch die Bundesversammlung zum Oberkommandierenden der Armee, zum „General", gewählt.[9]

Durch ihre Neutralität ist die Schweiz für die Wahrnehmung „guter Dienste" geradezu prädestiniert. Als Schutzmacht übernahm die Schweiz schon im Ersten Weltkrieg die wichtige Aufgabe, Notkontakte zwischen den verfeindeten Mächten zu vermitteln und die vielfältigen Aktivitäten des Internationalen Komitees vom Roten Kreuz (IKRK) auf den Kriegsschauplätzen zu koordinieren.[10]

Schwerpunkte der Innenpolitik 1933 bis 1939

In der ersten Hälfte der dreißiger Jahre unterschied sich die innenpolitische Situation der Schweiz kaum von derjenigen in den anderen westeuropäischen Industrieländern. Die Auswirkungen der Weltwirtschaftskrise brachten in der Schweiz eine umfassende Kritik am demokratischen System hervor.

Eine hohe Arbeitslosigkeit und der Verlust des Vertrauens in demokratische Lösungsmechanismen begünstigten das Entstehen radikaler politischer Parteien und Gruppierungen. Die Schweiz mußte sich in den dreißiger Jahren, durch die geographische Nähe zum Deutschen Reich besonders gefährdet, vor allem gegen rechtsextremistische Aktivitäten zur Wehr setzen. Hitlers Nationalsozialismus fand seine schweizerische Entsprechung in der nationalsozialistisch orientierten „Frontenbewegung". Als Mutterorganisation und Namensgeberin gilt die „Nationale Front".[11]

Der Schweizer Historiker Urs von Däniken charakterisierte ihr Wirken folgendermaßen: „Das Ziel ihrer Tätigkeit war die Unterhöhlung der schweizerischen Staatsform und die Vorbereitung des Bodens für die Errichtung eines nationalsozialistischen Führerstaates als Teil eines 'Neuen Europa'. Die Hakenkreuzfahne war ihr Erkennungszeichen ..."[12] Neben den „Fronten" existierten in der Schweiz eine ganze Reihe nationalsozialistischer Organisationen für Auslandsdeutsche. Hier ist vor allem die 1932 gegründete „Landesgruppe Schweiz der NSDAP" zu nennen, deren Leiter, Wilhelm Gustloff, nach seiner Ermordung durch einen jüdischen Studenten zum nationalsozialistischen Märtyrer erhoben wurde.[13]

Rund 30.000 in der Schweiz lebende Deutsche waren in diesen Organisationen zusammengefaßt. Sie betrieben, ganz nach Hitlers „Theorie der moralischen Niederkämpfung des Gegners", massive Propagandakampagnen gegen den schweizerischen Parlamentarismus.[14]

Die deutschen Organisationen und die schweizerischen Nationalsozialisten wurden finanziell und logistisch vom Deutschen Reich unterstützt. Sie pflegten untereinander eine intensive Zusammenarbeit.[15]

Im Jahre 1936 wurde durch polizeiliche Untersuchungen das dichte Netz nationalsozialistischer Organisationen in der Schweiz aufgedeckt.[16] Daß die eidgenössische Demokratie den subversiven Angriffen der NS-Ideologie widerstehen konnte, ist auf die neutralisierende Wirkung einer Vielzahl gesetzgeberischer Maßnahmen und den massiven staatlichen Kriseninterventionismus der dreißiger Jahre zurückzuführen.[17]

Die Wirkung der „Staatsschutzgesetze" zeigte sich schon 1935, als die frontistische Initiative zur Totalrevision der Bundesverfassung in einem Debakel endete. Die Fronten hatten eine entscheidende Niederlage erlitten und sanken in der Folge zur Bedeutungslosigkeit herab.[18]

Als ein wirksames Mittel gegen politischen Extremismus erwies sich das Parteienverbot.[19] Urs von Däniken meint dazu: „Dabei bleibt festzuhalten, daß trotz vieler einschränkender Maßnahmen kein Polizeiregime geschaffen wurde. Vielmehr wurde den Gefahren ... unter möglichster Schonung der bürgerlichen Freiheitsrechte begegnet."[20] Hinzuzufügen ist: Dem Nationalsozialismus versuchte man durch die Konstruktion eines „totalen Schweizertums" zu begegnen. Das Ziel bestand in der moralischen Aufrüstung der Eidgenossen.[21]

Die herausragendste propagandistische Kampagne war dabei die Züricher Landesausstellung im Sommer 1939. Ihr Motto lautete: „Eines Volkes Sein und Schaffen". Die „Landi" beschwor die Einheit aller Bevölkerungs- und Sprachgruppen der Schweiz. Die vor dem Armeepavillon aufgestellte Großplastik „Wehrwille" sollte den eidgenössischen Widerstandswillen gegen nationalsozialistische Vereinnahmungstendenzen zum Ausdruck bringen. Die Schweiz präsentierte sich bewußt „als übernationaler Nationalstaat", um das Zusammengehörigkeitsgefühl aller Eidgenossen zu fördern.[22]

Durch den forcierten Aufbau der schweizerischen Rüstungsindustrie, eine rigorose Sparpolitik des Bundes und durch die Abwertung des Schweizer Franken (1936) wurde die Krise der eidgenössischen Volkswirtschaft wirkungsvoll bekämpft.[23] Die Gewerkschaft Metall und Uhren schloß 1937 ein Friedensabkommen mit den Arbeitgebern, das eine schiedsgerichtliche Regelung aller Arbeits- und Tarifkonflikte vorsah. Dieses Friedensabkommen bewährte sich alsbald, und alle anderen Gewerkschaften schlossen sich dem Beispiel an. In der Folge kam es zum Abschluß von Gesamtarbeitsverträgen in allen Branchen der schweizerischen Industrie.[24] Daraufhin blieb das Land in der zweiten Hälfte der dreißiger Jahre von Arbeitskämpfen verschont. Die Wirtschaft erholte sich und die Zahl der Arbeitslosen ging zurück.[25]

Die außerordentlichen Aufwendungen des Bundes zur Bekämpfung der Krise und der Arbeitslosigkeit beliefen sich zwischen 1931 und 1938 auf 600 Millionen Schweizer Franken.[26] Damit wurde den radikalen politischen Kräften die Basis entzogen. „Anders als in anderen Staaten bewirkt die Wirtschaftskrise in der Schweiz weniger eine Polarisierung, sondern ein Zusammenrücken", urteilte Markus Heiniger.[27]

In der Schweiz setzte damit ein politischer, moralischer und ökonomischer Integrationsprozeß ein, der durch den Konsens (oder Burgfrieden) aller demokratischen Parteien getragen war. Die Bekämpfung der Krise wurde zum parteiübergreifenden Ziel, das wiederum nur bei Einhaltung des Burgfriedens erreicht werden konnte.

Die Parteienlandschaft der Schweiz wurde nach dem Abklingen der Frontenbewegung eindeutig von den sieben in der Bundesversammlung vertretenen Parteien bestimmt. Sie stützten sich auf eine stabile Stimmenmehrheit. Bei Wahlen konnten die vier größten und einflußreichsten Parteien – die Freisinnig Demokratische Partei (FDP), die Konservativ Katholische Volkspartei (KKV), die Bauern-, Gewerbe- und Bürgerpartei (BGB) und die Sozialdemokratische Partei der Schweiz (SPS) – stets die Mehrzahl der Wählerstimmen auf sich vereinen.[28] In diesem Integrationsprozeß vollzogen die Sozialdemokraten die radikalste politische Kehrtwendung. Die SPS wandelte sich von einer klassischen Oppositionspartei zur staatstragenden, verfassungspatriotischen Partei.

Seit 1935 integrierte sich die SPS in das Konsens-System. Auf dem Parteitag der Sozialdemokraten in Luzern (26./27. 1. 1935) bejahten die Delegierten, erstmals seit 1914, die Landesverteidigung grundsätzlich und sprachen sich mit 382 zu 294 Stimmen für einen Grenzschutz im Milizsystem aus.[29]

Die Wirkung auf die Wähler war gravierend. Nach den anschließenden Nationalratswahlen im Oktober 1935 konnte die SPS mit 50 Sitzen die stärkste Fraktion bilden.[30]

1936 verweigerte die SPS zwar die Zustimmung zur Wehranleihe, doch bereits ein Jahr später fielen die letzten Vorbehalte gegen die Aufrüstung.[31]

Am 31. 1. 1937 verabschiedete der Parteivorstand Thesen, in denen es unter anderem hieß: „Die SPS steht grundsätzlich auf dem Boden der Landesverteidigung. Sie ist bereit, die dafür erforderlichen Mittel zu bewilligen."[32]

Schwerpunkte der Außenpolitik 1933 bis 1939

Am 14. 5. 1938 nahm die Schweiz eine lange vorbereitete, einschneidende Richtungsänderung ihrer Außenpolitik vor. Die Eidgenossenschaft kehrte zur „Integralen Neutralität" zurück.[33] Wie kam es zu diesem Entschluß? 1920 war die Schweiz dem Völkerbund beigetreten. Dieser im Widerspruch zur Neutralität stehende Beitritt zu einem System kollektiver Sicherheit wurde mit einer völkerrechtlich einzig dastehenden Regelung ermöglicht: Die Neutralität der Schweiz sei eine internationale Verpflichtung zugunsten des Friedens, was ihre Aufrechterhaltung im Rahmen des Völkerbundes ermögliche. Die Schweiz wurde von der Mitwirkung an militärischen Sanktionen des Völkerbundes entbunden, aber zur Teilnahme an handelspolitischen und finanziellen Sanktionen verpflichtet. So entstand die sogenannte „Differentielle Neutralität".[34]

Die Schwierigkeiten, die mit der Sanktionsverpflichtung für die Schweiz einhergingen, wurden mit dem italienischen Überfall auf Abessinien (1935) deutlich. Der Völkerbund erklärte Italien zum Angreifer und setzte den Sanktionsmechanismus in Kraft.[35]

Die Schweiz beteiligte sich im Rahmen ihrer Möglichkeiten, erkannte aber nach dem Scheitern der Sanktionen (1937) die de jure-Oberhoheit Italiens über Abessinien an. Zur Erklärung dieser Vorgehensweise sagte der Leiter des Eidgenössischen Außenpolitischen Departments, Giuseppe Motta: „Was wir nicht übersehen können, ist, dass der Völkerbund von 1937 kaum mehr dem Bilde gleicht, das wir uns von ihm im Jahre 1920 gemacht haben."[36] Der Fehlschlag der Sanktionspolitik beruhte u. a. auf fehlender Universalität des Völkerbundes und führte den Eidgenossen dessen Ohnmacht exemplarisch vor Augen.

Die schweizerische Einschätzung wurde am 22. 2. 1938 in London vom britischen Premier Chamberlain anläßlich einer Rede über kollektive Sicherheit bestätigt. Die kleinen Nationen hätten von Genf keine Hilfe zu erwarten, hieß es dort.[37]

Letztlich, so der Tenor in der Schweiz, sei eine Mitgliedschaft im Völkerbund nachteilig für die Eidgenossen, weil man gegen nationalstaatliche Interessen die Völkerbundbeschlüsse mitzutragen habe. Die schweizerischen Völkerbund-Gegner artikulierten, angesichts der Machtlosigkeit des Apparates 1938, erneut all die Vorbehalte gegen den Völkerbund, die sie schon 1920 – allerdings erfolglos – geltend gemacht hatten.

„Am 14. Mai 1938 nahm der Völkerbundrat ... offiziell Kenntnis von der Absicht der Schweiz, sich in Zukunft an keinen Sanktionen welcher Art auch immer zu beteiligen. Das war die Rückkehr zur integralen Neutralität, rechtzeitig vor Ausbruch des Zweiten Weltkrieges."[38]

Die Schweiz hatte sich außenpolitisch auf die Linie zurückgezogen, die sie während des gesamten Zweiten Weltkrieges verfolgte.

Die nicht zu übersehenden Erfolge Hitlers bei der Zerschlagung des Versailler Vertragssystems nach 1933 taten ein übriges, um die Schweizer von der Richtigkeit ihres Handelns zu überzeugen. Die Einführung der allgemeinen Wehrpflicht im Deutschen Reich, die Tätigkeit deutscher Organisationen in der Schweiz, die Rheinlandbesetzung und die Lethargie der Westmächte angesichts dieser Erfolge ließen erwarten, daß Hitler in absehbarer Zeit bereit sein würde, „... mit größerem Einsatz und höherem Risiko zu spielen".[39] Der Anschluß Österreichs an das Deutsche Reich 1938 verschlechterte die wehrgeographische Situation der Schweiz. Die „Achse Berlin - Rom" 1936, das Münchner

Abkommen 1938 und der am 22. 5. 1939 zwischen dem Deutschen Reich und Italien abgeschlossene „Stahlpakt" verstärkten das Mißtrauen der Eidgenossen gegen den mächtigen Nachbarn im Norden, das „Großdeutsche Reich".[40]

Die Schweiz zog sich nicht zuletzt deshalb in die integrale Neutralität zurück, weil befürchtet wurde, in einem kommenden militärischen Konflikt durch Sanktionen Gegenmaßnahmen zu provozieren. Damit verbunden war die Befürchtung, auf diese Weise in einen internationalen Konflikt verwickelt zu werden. Aus der Summe dieser Gründe läßt sich erklären, warum die Schweiz ab Mitte der dreißiger Jahre ein gewaltiges Programm militärischer Aufrüstung ins Werk setzte[41] – wiewohl ihre militärische Stärke bei Ausbruch des Zweiten Weltkriegs dennoch relativ unerheblich war.

Für den Ausbau und die Modernisierung der schweizerischen Armee wurden zwischen 1933 und 1939 Kredite in Höhe von 800 Millionen Franken bewilligt. Das eidgenössische Milizheer erhielt eine neue waffentechnische Ausrüstung, wozu auch neue Fahrzeuge und Kommunikationsmittel gehörten.[42]

Die Aufrüstung wurde seit 1936 vom Vorsteher des Eidgenössischen Militärdepartments, Bundesrat Rudolf Minger, energisch vorangetrieben. Strategisch wichtige Straßen und Brücken an der schweizerisch-deutschen Grenze erhielten Schutz durch Panzersperren, Minenfelder und Bunkeranlagen. Die strategische Aufgabe der schweizerischen Armee definierte Minger folgendermaßen: „... wir wollen so stark sein, daß ein Angriff auf unser Land seitens einer fremden Macht sich nicht rentiert, indem die Größe des Einsatzes ... in keinem Verhältnis mehr steht zu einem eventuellen Erfolg".[43] Damit bekannte sich der verantwortliche Bundesrat zur traditionellen schweizerischen „Dissuasionsstrategie", zur Kriegsverhinderung durch Verteidigungsbereitschaft. Dem potentiellen Gegner sollte glaubhaft gemacht werden, daß zwischen dem erhofften Gewinn und dem einzugehenden Risiko ein Mißverhältnis bestünde.[44] In diesem Sinne wirkte auch die „Grenzschutzorganisation" (Truppenordnung) von 1938. Freiwillige Grenzschutzkompanien sollten fortan im Kriegsfall innerhalb kürzester Zeit zur Verteidigung der Landesgrenzen bereitstehen und den Aufmarsch des Feldheeres decken.[45]

Allerdings konnten diese Verteidigungsanstrengungen lediglich die dringendsten Probleme der schweizerischen Armee lösen. Bestehen blieben vor allem erhebliche Mängel auf dem Gebiet der Luftverteidigung und des militärischen Nachrichtendienstes.[46]

Bei Ausbruch des Zweiten Weltkrieges 1939 verfügte die Schweiz über lediglich 36 Fliegerabwehrkanonen, 8 Suchscheinwerfer und 6 Horchgeräte. Von 21 mobilisierten Fliegerkompanien mußten 5 wegen akuten Flugzeugmangels wieder heimgeschickt werden.[47] Der Bestand an Fluggerät belief sich auf lediglich 18 kriegstüchtige Jagdflugzeuge, 36 veraltete Jagdmaschinen, 80 Beobachtungsflugzeuge – Bomber besaß die Schweiz keine.[48]

Im Sommer 1939 wurden auch dem Gebiet des militärischen Nachrichtendienstes die Versäumnisse offenbar. „Naives Vertrauen in das Weiterbestehen friedensmäßiger Nachrichtenquellen“ hatte zu einer völligen Auflösung des Apparates aus dem Ersten Weltkrieg geführt.[49]

Im Jahre 1936 hatte Oberst Roger Masson die Leitung des militärischen Nachrichtendienstes übernommen und dessen Reorganisation forciert. Er verfügte zunächst über einen einzigen Mitarbeiter (!) und einen Jahresetat von 30.000 (!) Franken.[50]

Erst 1941 etablierte sich dann ein leistungsfähiger Apparat mit einem Etat von 750.000 Franken und 120 Mitarbeitern. Hier sind besonders Max Waibel und Hans Hausamann zu nennen. Waibel schuf kurz vor Kriegsbeginn (1938/1939) die Nachrichtenlinie „Wicking“, die bis in höchste Kommandostellen der deutschen Wehrmacht hineinreichte. Der Appenzeller Kaufmann Hans Hausamann hatte seit 1925 einen privaten Nachrichtendienst (Büro Ha) aufgebaut und stellte diesen nach Kriegsausbruch der Eidgenossenschaft zur Verfügung.[51]

Um die militärische Isolation der Schweiz zu durchbrechen, schloß der damalige Korpskommandeur Guisan am 31. 7. 1939 mit dem französischen Oberbefehlshaber General Gamelin eine geheime Militärkonvention. Den Bundesrat informierte Guisan über diese neutralitätsrechtlich bedenklichen Aktivitäten nicht. Das Ergebnis dieser quasi privaten militärischen Außenpolitik wurde in 18 Urkunden festgehalten.[52] Im Falle eines deutschen Angriffs auf die Schweiz sollten französische Truppen in die Schweiz einmarschieren, um das eidgenössische Heer im Kampf gegen den Aggressor zu unterstützen.[53] Mitte Juni 1940 erbeuteten deutsche Truppen bei ihrem Vormarsch in Frankreich diese brisanten Geheimakten, die von der deutschen Führung als krasse Neutralitätsverletzung der Schweiz interpretiert wurden.[54]

Als unerfreulichstes Kapitel der schweizerischen Innen- und Außenpolitik der dreißiger Jahre stellt sich die Behandlung der Flüchtlinge aus Deutschland und Österreich dar. Hier kam es zu schweren Fehlleistungen, vor allem gegenüber jüdischen Flüchtlingen. So wurde am 30. 3. 1938 ein Visumzwang für österreichische Pässe eingeführt, der vor allem die jüdischen Flüchtlinge traf, obwohl Hermann Göring erklärt hatte, daß Wien in fünf Jahren „judenrein“ sein werde.[55]

Eine ebenso gravierende Fehlleistung stellt die schweizerisch-deutsche Vereinbarung zur Kennzeichnung der Pässe deutscher Juden vom 29. 9. 1938 dar. Weiterhin wurde, als nach der „Reichskristallnacht" (9./10. 11. 1938) ein Massenexodus deutscher Juden drohte, am 20. 1. 1939 der Visumzwang für alle ausländischen Emigranten eingeführt.[56]

Zusammenfassend ist zur Lage der Schweiz in den dreißiger Jahre festzustellen, daß die Gefahren des Totalitarismus erkannt und konsequent bekämpft wurden. Der staatliche Kriseninterventionismus stoppte die Rezession, und die Staatsschutzgesetze zeigten Wirkung. Dadurch wurde dem Nationalsozialismus die Basis entzogen. Der Burgfrieden der demokratischen Parteien unter Einschluß der Sozialdemokraten schuf einen gesellschaftlich-politischen Konsens und damit die Basis zur Sicherung des sozialen Friedens.

Die „Geistige Landesverteidigung" zeitigte – als Gegengewicht zur gefährlichen Anziehungskraft der NS-Ideologie – durchaus Erfolge, und die Rückkehr zur integralen Neutralität war nach dem offensichtlichen Scheitern der Sanktionspolitik des Völkerbundes im Kontext mit den nachfolgenden Ereignissen weitblickend und richtig.

Die schweizerische Gesellschaft der dreißiger Jahre war indes bei weitem nicht so homogen, wie es die offizielle Geschichtsschreibung des Landes darstellt. Die „Frontenbewegung" ist Beweis genug dafür.

Die Defizite auf dem Gebiet der Landesverteidigung waren so groß, daß sie bis zum Beginn des Zweiten Weltkrieges 1939 nicht ausgeglichen werden konnten. Dadurch wurde die Wahrung der Rechte und Pflichten, die sich aus dem Postulat der bewaffneten Neutralität ergaben, erschwert und auf einigen Gebieten (etwa der Luftverteidigung) gar unmöglich.

Nicht zu ignorieren ist die eindeutige Neutralitätsverletzung durch den Abschluß der geheimen Militärkonvention mit Frankreich im Sommer 1939, die zwar – wie bereits festgestellt – erst nach Abschluß des deutschen Frankreichfeldzuges Bedeutung erlangte, aber wegen ihres Zustandekommens im Jahre 1939 hier noch einmal genannt werden soll.

Die Schweiz präsentierte sich am Vorabend des Zweiten Weltkrieges als „Durchschnittsneutraler", den vor allem wirtschaftliche Abhängigkeiten mit den umliegenden Staaten verbanden.[57]

Die Schweiz am Vorabend des Zweiten Weltkrieges Februar bis September 1939

Bis zum Kriegsausbruch schwankte in der Schweiz die Denkweise weiter Teile der Bevölkerung und der Regierung zwischen der Hoffnung auf Erhalt des Friedens und der Befürchtung, in kommende kriegerische Auseinandersetzungen hineingezogen zu werden. Die Schweiz begann, „... in hochgemutem Pessimismus, sich auf das Schlimmste vorzubereiten".[58]

Am 3. 2. 1939 erteilte der Bundesrat Vollmachten zur Formierung von außerordentlichen Truppenaufgeboten. Am 16. 3. erklärte Bundesrat Hermann Obrecht vor der Basler Ortsgruppe der „Helvetischen Gesellschaft" – bezugnehmend auf die Zitierung des tschechischen Präsidenten Hacha nach Berlin –: „Wir Schweizer werden nicht zuerst ins Ausland wallfahrten gehen."[59]

Am 25. 3. 1939 erfolgte eine Verstärkung des Grenzschutzes, und am 21. 4. 1939 wurde eine Anfrage Hitlers, ob sich die Schweiz vom Deutschen Reich bedroht fühle, mit dem Hinweis auf die von der eigenen Wehrkraft verteidigte Neutralität beantwortet.[60]

Im August 1939 kamen noch einmal Hoffnungen auf Erhaltung des Friedens auf. Guiseppe Motta, der Vorsteher des EPD, riet noch am 27. August dazu, nicht zu mobilisieren und versicherte, der Krieg werde nicht ausbrechen.[61] Dennoch berief der Bundesrat mit Wirkung vom 29. August den Grenzschutz ein und erließ eine Verordnung über die Rationierung von Brennstoffen und Grundnahrungsmitteln, um Hamsterkäufe zu vermeiden.[62] Ebenfalls am 29. 8. trat mit der Arbeitsaufnahme der Abteilung „Presse und Funkspruch" die Zensur in Kraft. Die für den 30. 8. einberufene Bundesversammlung erteilte dem Bundesrat „... Vollmacht und Auftrag, die zur Behauptung der Sicherheit, Unabhängigkeit und Neutralität der Schweiz ... erforderlichen Maßnahmen zu treffen".[63]

Diese Vollmacht gab dem Bundesrat die Möglichkeit, über einen Großteil des Staatshaushaltes zu entscheiden und alle o. g. Maßnahmen zu veranlassen, ohne die Bundesversammlung einzuberufen.[64] Am gleichen Tag wurde der Oberstkorpskommandant Henri Guisan mit 204 von 229 möglichen Stimmen der Bundesversammlung zum Oberkommandierenden der Schweizer Armee gewählt.[65]

Am 31. 8. 1939 verkündete der Bundesrat die traditionelle Neutralitätserklärung, die derjenigen von 1914 fast wortwörtlich glich. Sie enthielt die Feststellung, daß die Schweiz mit den ihr zu Gebote stehenden

Am 29. August 1939 wurde Korpskommandant Henri Guisan von der Bundesversammlung zum General (Oberkommandierenden) des Schweizer Heeres gewählt. Die Aufnahme von 1940 zeigt ihn gemeinsam mit Bundespräsident Marcel Pilet-Golaz.

Déclaration de neutralité.

(Du 31 août 1939.)

LE CONSEIL FÉDÉRAL SUISSE

a décidé de faire la déclaration de neutralité suivante:

La tension internationale qui a obligé la Confédération suisse à prendre des mesures militaires l'incite à manifester à nouveau son inébranlable volonté de ne se départir en rien des principes de neutralité qui inspirent sa politique depuis plusieurs siècles et auxquels le peuple suisse est profondément attaché parce qu'ils répondent à ses aspirations, à son organisation intérieure et à sa situation vis-à-vis des autres Etats.

En vertu du mandat spécial qui vient de lui être décerné par l'Assemblée fédérale, le Conseil fédéral déclare donc formellement que la Confédération suisse maintiendra et défendra par tous les moyens dont elle dispose l'inviolabilité de son territoire et la neutralité que les traités de 1815 et les engagements qui les complètent ont reconnues être dans les vrais intérêts de la politique de l'Europe entière.

La Confédération tiendra à honneur de faciliter, ainsi qu'elle l'a fait au cours des dernières guerres, l'activité impartiale des œuvres humanitaires qui peuvent contribuer à atténuer les souffrances qu'engendrerait un conflit.

Se fondant sur les assurances qui lui ont été solennellement réitérées, le Conseil fédéral a la conviction que la présente déclaration sera considérée comme l'affirmation loyale des conséquences résultant pour la Confédération suisse des traités et engagements internationaux qui la concernent.

Die Eidgenössische Neutralitätserklärung vom 31. August 1939.

Mitteln die Unverletzlichkeit ihres Gebietes und ihre Neutralität wahren werde. Damit war die Zielsetzung verbunden, keinen fremden Staat in seiner Kriegsführung zu begünstigen, vom Gebiet der Schweiz aus keine feindseligen Handlungen gegen einen Kriegführenden zu unternehmen oder zuzulassen, und auch jeder Verletzung der Gebietshoheit der Schweiz durch einen der Kriegführenden entschlossen entgegenzutreten. Diese Erklärung wurde umgehend 40 Staaten zugeleitet. Damit sollte das Gleichbehandlungsprinzip gegenüber allen Nachbarn gewahrt bleiben und der entschlossene Wille zur Abwehr gegenüber allen feindseligen Nachbarn kundgetan werden.[66]

Bei der Handhabung der wirtschaflichen Neutralität stützte sich die Schweiz allein auf die Einhaltung des Artikels 9 der „Haager Konvention“, der lediglich den Gleichbehandlungsgrundsatz als Maßstab wirtschaftlicher Neutralitätswahrung vorsah. Handelsverträge, die der Versorgung eines Landes mit lebenswichtigen Gütern dienten, waren statthaft. Als ebenso statthaft wurden Waffenexporte angesehen, sofern die Importländer die Rohstoffe für deren Herstellung lieferten und militärische Belange der Schweiz nicht berührt werden würden. Lediglich die paritätische Behandlung aller Kriegführenden mußte beachtet werden.[67]

Am 1. September 1939 ordnete der Bundesrat im Einvernehmen mit General Henri Guisan die allgemeine Mobilmachung der Armee für den 2. 9. 1939 an.

Sie rückte bis zum 3. September in einer Stärke von 450.000 Mann in ihre Bereitschaftsstellungen ein. Damit war der Aufmarsch abgeschlossen. Die pessimistischen Lagebeurteilungen hatten sich als begründet erwiesen.[68] Eine sozialistische Zeitung verkündete: „Die Schuld liegt klar, Hitler ist der Angreifer". Nur die Minderheit der Frontisten und Kommunisten zeigte sich in dieser Situation verlegen, klar Stellung zu nehmen.[69]

2

Die Schweiz und der Weg der europäischen Großmächte in den Krieg – 1936 bis 1939

Während die Schweiz am Vorabend des Zweiten Weltkrieges die drängendsten innenpolitischen Probleme lösen konnte, wurden außenpolitische Gefahren akut, die sich dem Einfluß schweizerischer Politik weitgehend entzogen. Das System kollektiver Sicherheit des Völkerbundes war gescheitert, das Gleichgewicht der europäischen Mächte, die „balance of power", durch das außenpolitisch aggressiv agierende Deutsche Reich gefährdet.

Die Großmächte bestimmten die Verlaufslinien der europäischen Politik. Neutrale, Klein- und Kleinststaaten sahen sich zunehmend zu Objekten europäischer Machtpolitik degradiert und versuchten, innerhalb der ihnen verbliebenen Handlungsspielräume Überlebensstrategien zu entwickeln. Für die Schweiz galt die Rückkehr zur integralen Neutralität als Pfand (Strategie) für die Bewahrung der Eigenstaatlichkeit. Während die Schweiz auf dem Parkett internationaler Machtpolitik kaum Einfluß besaß, gewann das Deutsche Reich in den dreißiger Jahren auf friedlichem Wege, was das „Versailler Diktat" hatte verhindern wollen: politische, militärische und wirtschaftliche Stärke.

Das Deutsche Reich wollte den durch den Versailler Vertrag geschaffenen Status quo ändern; der Schweiz war an der Erhaltung dieses Status quo jedoch gelegen. Letztlich waren die Intentionen des Deutschen Reiches denen der Schweiz diametral entgegengesetzt. Die Volksstimmung in der Schweiz war geschlossener als zu Beginn des Ersten Weltkrieges, die Abneigung gegenüber dem aggressiven nördlichen Nachbarn größer.[1]

Daß die Bedrohung der traditionellen schweizerischen Demokratie und des Friedens in Europa eindeutig von Hitler und dessen Regime ausging, wurde in der Schweiz erkannt. Die Meinungsäußerungen der schweizerischen Presse der dreißiger Jahre sind eindeutig.[2]

Der grundsätzliche Konflikt zwischen Demokratie und Diktatur bestimmte weitgehend das Verhältnis der beiden Staaten zwischen 1933 und 1945. Der „Weg in den Krieg" wurde von den Eidgenossen mit besorgtem Interesse verfolgt. Ändernden Einfluß konnte die Schweiz kaum geltend machen.

Der Expansionspolitik Hitlers wurde – indirekt und unfreiwillig – von ihren (späteren) Gegnern Vorschub geleistet, wobei diese, gleichsam „passive", Mitschuld am Erstarken des Deutschen Reiches natürlich nicht mit der „aktiven" Machtpolitik Hitlers zu vergleichen ist.

Die „Appeasementpolitik" der Westmächte gehörte ebenso in die Reihe dieser „realpolitischen" Fehlleistungen wie das Verhalten der UdSSR im Sommer 1939 beim Abschluß des „Hitler-Stalin-Paktes".

Seit der Machtübernahme durch die Nationalsozialisten 1933 hatten die Westmächte Hitler ungleich mehr zugestanden als allen demokratischen Regierungen der Weimarer Republik zusammen. So sicherten sie sich auf Kosten der Zukunft Ruhe für die unmittelbare Gegenwart. Hitler agierte zunächst vorsichtig, aber maximalistisch, zum Teil gegen den Rat seiner Diplomaten und Militärs. Diese, nach Walter Görlitz, „quasi-bismarcksche Realpolitik" hatte Erfolg.[3]

Die Einführung der Wehrpflicht und das deutsch-britische Flottenabkommen 1935, die Rheinlandbesetzung 1936, der „Anschluß" Österreichs 1938 und vor allem die Abtretung des Sudetengebietes durch die Tschechoslowakei (1938) waren große außenpolitische Erfolge Hitlers. Für Chamberlain bedeutete das Münchner Abkommen „Frieden in unserer Zeit".[4]

Für Hitler war es nicht nur ein erneuter Sieg über das „Versailler Diktat", sondern ebenso ein Triumph über seine Diplomaten und Generale. Durch diese friedlich erzielten Erfolge angespornt, wuchs Hitlers Zuversicht, jegliches Ziel erreichen zu können.

Seit 1937 konnte Hitler, einer seiner Lieblingsideen aus „Mein Kampf" entsprechend, hoffen, den „Lebensraumkampf im Osten" mit wohlwollender Rückendeckung durch britische Neutralität führen zu können.[5]

Der Umschwung in der Politik der Westmächte kam für Hitler unerwartet. Die totale Kehrtwendung Chamberlains, der am 29. März 1939 der polnischen Regierung eine uneingeschränkte Garantieerklärung übermittelte, verblüffte Hitler. Dies kam einer größtmöglichen Versuchung und einer eindeutigen Provokation gleich und stachelte Hitler an, ein Exempel zu statuieren, um die Nutzlosigkeit einer solchen

Garantie zu demonstrieren. „Hitler selbst konnte sich nun nicht mehr aus der Angelegenheit zurückziehen, ohne daß er sein Gesicht verlor", schrieb der britische Militärhistoriker Liddell Hart.[6]

Hitler antwortete mit der Kündigung des deutsch-britischen Flottenabkommens von 1935 und des deutsch-polnischen Nichtangriffsvertrages von 1934.[7]

Und Stalin, der den absehbaren Krieg durch einen Pakt mit den Westmächten vielleicht hätte verhindern können, wählte im Sommer 1939 das Deutsche Reich zum Partner eines Paktes. Hitler, der der UdSSR hohe Forderungen zugestand, war für Stalin – der bis zum 20. August 1939 insgeheim mit britischen und französischen Regierungsbevollmächtigten über einen Krieg gegen Deutschland verhandelte – letztlich der „interessantere" Vertragspartner als die Westmächte, die Stalin, zum Teil aus völkerrechtlichen Erwägungen, nicht zuzugestehen bereit waren, was er von ihnen für eine gemeinsame Offensive gegen Deutschland an militärischer Unterstützung und vor allem hinsichtlich eines Durchmarsches durch Polen forderte, das zwischen der UdSSR und Deutschland lag. Der „Hitler-Stalin-Pakt" von August 1939 war es dann, der die Gesamtsituation änderte. Er ermöglichte Hitler, Polen anzugreifen und damit den Zweiten Weltkrieg auszulösen. Nunmehr wurde er von der Sowjetunion mit allen kriegswichtigen Gütern versorgt.[8]

Am Freitag, dem 1. September 1939, marschierten die deutschen Truppen in Polen ein. Am Sonntag, dem 3. September, erklärte die britische Regierung, in formaler Erfüllung ihrer an Polen gegebenen Garantie, dem Deutschen Reich den Krieg. Sechs Stunden später folgte die französische Regierung, wenn auch zögernd, dem britischen Beispiel.[9]

„Der Polenfeldzug brachte Hitler in sein eigentliches Element, denn den Krieg hatte er immer als die Bewährungsprobe der Nation bezeichnet", schreibt Alan Bullock.[10]

Neutrale Staaten – Ziele militärischer Planungen?

Jeder neutrale Staat wird, sobald er sich im Aktionsraum kriegführender Mächte befindet, zum Hindernis für die Kriegführenden. Das Hoheitsgebiet der neutralen Staaten steht den Kriegführenden als Aufmarschraum militärischer Verbände nicht zur Verfügung. Der Transit von Truppen ist bei korrekter Erfüllung der Neutralitätspflichten unmöglich. Kommunikationsmittel wie Telegraphen- und Fernsprechanlagen können von den kriegführenden Mächten nicht genutzt werden. Der Neutrale ist bei der Durchsetzung der Neutralitätswahrung den Grundsätzen der Unparteilichkeit und der Gleichbehandlung aller Kriegführenden verpflichtet.[11] Allerdings sind diese Prinzipien (in praxi) nur eingeschränkt durchsetzbar. „Das oberste und entscheidende Grundprinzip der Neutralität besteht im Nichtbeginn eines Krieges und in der Nichtintervention in einen bereits laufenden Krieg, nicht in der Verpflichtung zur Gleichbehandlung der Kriegsparteien, die übrigens faktisch – besonders im Gebiet der wirtschaftlichen Beziehungen – gar nicht möglich ist. Schon die geographische Lage steht dem entgegen."[12]

Dadurch werden die neutralen Staaten, in Abhängigkeit von ihrer wirtschaftlichen Bedeutung und der jeweiligen geographischen Lage, zum Ziel der kriegführenden Mächte. Mit Maßnahmen der „direkten" oder „indirekten" Kriegführung bezwecken die Kriegsparteien, sich militärstrategische und/oder wirtschaftliche Vorteile zu sichern, um dadurch die Kriegslage zu ihren Gunsten zu verändern.[13]

Die Gefährdung der Schweiz im Zweiten Weltkrieg ergab sich aus ihrer zentralen, strategisch bedeutenden Lage und ihrer wirtschaftlichen Leistungsfähigkeit. Durch die geographische Nähe zum Deutschen Reich wurde die Schweiz, als Ziel „direkter" und „indirekter" Kriegführung, vor allem für Deutschland interessant. „Die Lage der Schweiz im Zweiten Weltkrieg war in besonderer Weise geprägt von ihrem Verhältnis zum nationalsozialistischen Deutschland, das bis Ende 1942 die dominierende unter den Kriegsparteien war."[14]

Der Kriegsverlauf stellte die Schweiz vor zwei vollkommen unterschiedliche strategische Situationen, die eine totale Umstellung des schweizerischen Abwehrdispositivs notwendig werden ließen. Vom Kriegsausbruch bis zur Niederlage Frankreichs im Juni 1940 fungierte die Schweiz als „Flankenraum" bzw. „Flankenstaat" der beiden kriegführenden Mächte Deutschland und Frankreich. Vom Sommer 1940 bis zum Winter 1944/45 lag die Schweiz, von den Achsenmächten seit der Besetzung Vichy-Frankreichs im Herbst 1942 vollkommen eingeschlossen, als „trennender Raum" bzw. „Trennstaat" wie ein Hindernis zwischen Deutschland und Italien und sperrte, als „Hüterin der Alpenpässe", die strategisch wichtigen Nord-Süd-Verbindungen.[15]

Der „Fall Schweiz" – Die militärische Bedrohung der Alpenrepublik durch das Deutsche Reich während des Zweiten Weltkrieges aus der Sicht des eidgenössiscben militärischen Nachrichtendienstes

Der militärische Nachrichtendienst der Schweiz unterschied in seinem „Schlußbericht" am 8. August 1945 vier Gefährdungskategorien, die, nach dem jeweiligen Bedrohungspotential bemessen, folgendermaßen geordnet waren:

1. eine primäre, selbständige „Aktion Schweiz",
2. eine, im Rahmen einer größeren militärischen Operation ablaufende, sekundäre „Aktion Schweiz",
3. Grenzverletzungen und Neutralitätsverletzungen jeglicher Art,
4. die Anwesenheit großer Truppenkontingente innerhalb der „nützlichen Distanz" von der schweizerischen Grenze (300 km).[16]

Nach Maßgabe dieser Kriterien rechnete der Dienst während des Zweiten Weltkrieges dreimal mit einem militärischen Angriff von deutscher Seite auf die Schweiz. Im Verlauf der Schlacht um Frankreich 1940 wurde eine sekundäre „Aktion Schweiz" befürchtet. Der sogenannte „Märzalarm" 1943 ließ eine selbständige „Aktion Schweiz" erwarten, und seit Herbst 1944 rechnete die Dienststelle mit Neutralitätsverletzungen durch alle Kriegsparteien.[17]

Die o. g. Gefährdungskategorien waren eine verläßliche Beurteilungsgrundlage bei der Bewertung der militärischen Bedrohung der Schweiz durch das Deutsche Reich, und sie sind es auch heute noch. Daß die Schlußfolgerungen, die der Nachrichtendienst zwischen 1939 und 1945 zog, z. T. völlig falsch waren, lag, nach heutigem Forschungsstand, an unzureichendem Informationsmaterial.[18]

Die gegen die Schweiz gerichteten Operationsplanungen mit dem Tarnnamen „Tannenbaum" vom Sommer und Herbst 1940 waren den Nachrichtendienstlern um Oberst Masson unbekannt.

Die drei Bedrohungssituationen, denen die Schweiz im Zweiten Weltkrieg durch das Deutsche Reich ausgesetzt war, sahen wiefolgt aus:

1. die Bedrohungslage seit Kriegsausbruch bis zur Beendigung des deutschen Frankreichfeldzuges im Juni 1940,

2. die Bedrohung im Zusammenhang mit der Operationsplanung „Tannenbaum" vom Zeitpunkt des deutsch-französischen Waffenstillstandes bis zum Jahreswechsel 1940/ 41,

3. die Bedrohungslage während des „Märzalarms" 1943.

Auch die wirtschaftlichen Kampfmaßnahmen des Deutschen Reiches gegen die Schweiz, die im Jahr 1940 einsetzten, werden mit Bezug zur jeweiligen Bedrohungssituation geschildert.

Als feststehende Lehrmeinung gilt bei der überwiegenden Mehrheit der Schweizer Historiker die These, daß die deutsche Führung eine Besetzung der Schweiz während des Zweiten Weltkrieges niemals ernsthaft erwogen habe („Verschonungsthese").[19] Die deutschen Operationsentwürfe werden als „Schubladenentwürfe", Druckmittel zur wirtschaftlichen Erpressung, Täuschungsmanöver oder als „rein militärische Studien für den Eventualfall" abgetan.[20]

Aus dieser eingeschränkten Sicht, die eine akute militärische Bedrohung der Schweiz durch Deutschland von vornherein ausschließt, kam es dazu, daß die militärischen Aspekte der kritischen Situation zwischen 1939 und dem kriegsentscheidenden Jahr 1943 mehr und mehr in den Hintergrund traten.[21]

Gegen diese Sichtweise spricht die große Anzahl und die Detailliertheit der deutsche Operationsstudien, die gegen die Schweiz gerichtet waren. Im Gegensatz dazu fehlen analoge, gegen das gleichfalls neutrale Schweden gerichtete Angriffsszenarien.[22] Die Antwort, daß es sich bei den Operationsstudien um „Schubladenentwürfe" gehandelt habe, befriedigt nicht. Um dieses Dilemma zu überwinden, bedarf es eines Ansatzes, der eine militärische Bedrohung der Schweiz im Zweiten Weltkrieg nicht von vornherein ausschließt, aber auch nicht als gegeben voraussetzt. Da die militärische Besetzung der Schweiz für die Erreichung von Hitlers Kriegszielen keine Voraussetzung war, wäre sie eine primäre politische Entscheidung gewesen! Daraus ergibt sich die Notwendigkeit, alle Aspekte zu berücksichtigen, die über Hitlers Absichten gegenüber der Schweiz Aufschluß geben können. Desweiteren ist zu überprüfen, welche deutschen Truppenteile sich zum untersuchten Zeitpunkt an der schweizerischen Grenze bzw. innerhalb der „nützlichen Distanz" von 300 (!) km Entfernung befanden.

Ebenso notwendig ist die Überprüfung wirtschaftlicher, strategischer, taktischer und tagespolitischer Gegebenheiten, die zum untersuchten Zeitpunkt die deutschen Überlegungen in Bezug auf die Schweiz beeinflussen konnten. Innerschweizerische Belange, Entwicklungen und Entscheidungen politischer, militärischer und wirtschaftlicher Natur werden hierbei nur herangezogen, soweit sie von der deutschen Führung wahrgenommen wurden und die Erwägungen gegenüber der Schweiz beeinflußten.

Adolf Hitler und der „Fall Schweiz"

Der Versuch, die Diskrepanz zwischen Hitlers konsequenter Expansionspolitik einerseits und dem atypischen „Überleben" der neutralen, demokratisch regierten Schweiz andererseits endgültig zu erklären, scheitert an der Tatsache, daß ein eindeutiger „Führerbefehl" über die Verschonung bzw. die militärische Besetzung der Schweiz nicht existiert. Der Historiker ist hier auf Indizien und Mutmaßungen angewiesen.

Die Äußerungen Hitlers zur Neutralität im allgemeinen und zur Schweiz im besonderen sind eindeutig. Nach der Neutralität frage kein Mensch, wenn Deutschland gesiegt habe, meinte er, und die Schweizer seien „... nichts als ein mißratener Zweig unseres Volkes".[23]

Damit liegt die Schlußfolgerung nahe, daß die Gründe für das „Überleben" der Schweiz in der Schweiz selbst zu suchen sind.[24]

Die vorliegenden Indizien wurden daher gleichsam aus helvetozentrischer Sicht interpretiert. Die Neigung der Schweizer Geschichtsschreibung, die „Verschonungsthese" zu favorisieren, wird hauptsächlich dadurch gestützt, daß der „Fall Schweiz" während des Zweiten Weltkrieges nie akut wurde. Alle weiteren Erklärungsmuster sind anfechtbar. Wenn beispielsweise die Abschreckung durch die Schweizer Militärmacht als stützendes Argument der „Verschonungsthese" angeführt wird, ist zu bedenken, daß sich Hitler während des Krieges niemals von irgendeiner militärischen Großmacht abschrecken ließ.[25] Die Historiker W. Maser, A. Bullock, J. C. Fest und W. Görlitz zeichneten ein umfassendes Bild des Mannes, der das Deutsche Reich mit einer seit 1933 ständig wachsenden Machtfülle regierte.[26] An diesem Punkt scheint es einmal mehr notwendig, mit Hilfe weitgehend gesicherter, überprüfbarer und vergleichbarer Erkenntnisse der Hitler-Forschung einige Aspekte der Persönlichkeit Adolf Hitlers und der daraus resultierenden Grundmuster seiner Handlungsweisen darzustellen.

Zur Praxis der Machtausübung schreibt Bullock in seiner vergleichenden Biographie mit dem Titel „Hitler und Stalin" folgendes: „... unterschiedlich im Stil, war doch die Macht, die sie [Hitler und Stalin – d. A.] ausübten, der Natur nach dieselbe. Es war eine sozusagen persönliche Macht, nicht an das Amt, sondern an den Mann geknüpft ... es stand ihnen frei, ohne Rücksprache, ohne vorherige Abstimmung oder nachträgliche Rechenschaftslegung Beschlüsse zu fassen; sie brauchten keine Rücksicht auf rivalisierende Machtinstanzen zu nehmen oder sich gar vor einer Opposition zu fürchten; sie waren nicht an Recht und Gesetz gebunden ..." – und konnten somit alle Entscheidungen treffen, die sie zu treffen wünschten.[27]

Die Außenpolitik betrachtete Hitler als seine ureigenste Domäne.[28] Hier dominierten die traditionellen Mittel der Diplomatie und der Anwendung von Waffengewalt als Instrumente geostrategisch verstandener Machtpolitik. „... kein Volk besitzt auf dieser Erde auch nur einen Quadratmeter Grund und Boden auf höheren Wunsch und laut höherem Recht. So wie Deutschlands Grenzen Grenzen des Zufalls sind ... so auch die Grenzen der Lebensräume anderer Völker. Staatsgrenzen werden durch Menschen geschaffen und durch Menschen geändert. Die Tatsache eines unmäßigen Bodenerwerbs durch ein Volk ist keine Verpflichtung zur ewigen Anerkennung desselben. Sie beweist höchstens die Kraft der Eroberer und die Schwäche der Dulder. Und nur in dieser Kraft allein liegt dann das Recht", schrieb Hitler schon 1924 in „Mein Kampf".[29] Durch die Schaffung einer Vielzahl miteinander rivalisierender Institutionen und die Delegierung von lediglich grob umrissenen Machtbefugnissen auf mehrere Personen, die bei einer endgültigen Beschlußfassung ihren „spiritus rector" Hitler benötigten, wurde er, Hitler, zum unumschränkten Lenker der deutschen Außenpolitik.[30]

Hitler bestimmte die Richtung der deutschen Außenpolitik im Großen und besaß die Macht, auch im Kleinen alle Entscheidungen allein zu treffen. Er bereitete außenpolitische Vorstöße und Rückzüge vor, berief und entließ Diplomaten, Geschäftsträger und Gesandte nach Belieben. „Dies macht deutlich, in wie hohem Maße Hitler ... bloße Instrumente brauchte und Hörigkeitsverhältnisse suchte."[31]

Hitler erwies sich als dynamischer Machtpolitiker und machiavellistischer Militarist, wie W. Görlitz es formulierte.[32] Ungeachtet aller Nichtangriffspakte und Friedensphrasen der dreißiger Jahre war Hitler der Meinung, der Krieg sei „das letzte Ziel der Politik".[33] Das Wesentliche im Werdegang eines Volkes sei der Kampf. Zeiten des Friedens könnten immer nur Übergänge sein, die dazu dienten, einen erneuten Kampf vorzubereiten. Die „Heiligkeit der Verträge" hatte für Hitler keinerlei Bedeutung. Und in diesem Sinne nutzte er auch sein außenpolitisches Instrumentarium.

Hitler formulierte: „Niemals im Leben werde ich eine Kriegserklärung unterschreiben. Ich werde immer zuerst zuschlagen."[34] Diese Feststellung wurde zwischen 1939 und 1945 oft genug von ihm bewiesen. „Ein Bündnis, dessen Ziel nicht die Absicht zu einem Kriege umfaßt, ist sinn- und wertlos"[35], lautete seine Maxime. Auf dem Gebiet der Außenpolitik agierte Hitler wie ein Spieler, der die Sprache internationaler Verständigung meisterhaft anzuwenden wußte und taktisch bemerkenswert flexibel war, wobei er sein höchstes und letztes Ziel, die Eroberung von „Lebensraum", niemals aus den Augen verlor.[36] „Freilich scheint man 1933 ebensowenig wie 1924 die Äußerungen Hitlers in Deutschland als die Bekundung eines entschlossenen Willens ernst genommen zu haben."[37]

Für Hitler ergab sich, schon vor dem Kriegsausbruch, die Notwendigkeit, seine auf dem Gebiet der Außenpolitik erreichte Allmacht auch auf den militärischen Sektor auszudehnen, um einen möglichen Krieg in seinem Sinne geführt zu wissen. Im Jahr 1938 hatte Hitler begonnen, die kollektive militärische Führung zugunsten des eigenen Führungsanspruchs zu demontieren. Er ernannte sich selbst zum Oberbefehlshaber der Wehrmacht. Das Kriegsministerium wurde aufgelöst und an seiner Stelle das von Wilhelm Keitel geführte „Oberkommando der Wehrmacht" (OKW) installiert.[38]

Die Notwendigkeit einer alleinigen militärischen Führung durch ihn, Hitler, wurde durch den Feldzug in Polen und bei der Vorbereitung des Feldzuges gegen Dänemark, Norwegen und Frankreich noch einmal bestätigt. Die deutsche Generalität zögerte, hatte völkerrechtliche oder militärische Bedenken und Skrupel. Für Hitler dagegen besaß Völkerrecht keinerlei Bedeutung. Moral, Sittlichkeit und Normen der Kriegführung interessierten ihn nicht[39], sobald sie seinen Intentionen zuwiderliefen.

Nach Hitlers Ansicht verstanden die Generäle nicht sein strategisches Ziel, einen „europäischen Kontinentalblock unter deutscher Führung" zu schaffen. Sie überschätzten, so war er überzeugt, grotesk ihr traditionelles Wissen und Können.[40] Diese Grundeinstellung gab Hitler bei der Kriegsvorbereitung und bei der Kriegführung eine Handlungsfreiheit, die die preußisch erzogene Generalität nur schwer aufbringen konnte. Hitler etablierte auch hier ein System miteinander rivalisierender Instanzen und behielt sich die endgültige Beschlußfassung vor. Er war „... der tatsächliche Motor der von ihm zugleich mit großem Erfolg angetriebenen als auch durch überflüssige Eingriffe gehemmten gigantischen Kriegsmaschinerie."[41]

Bei den Planungen für den Überfall auf Dänemark und Norwegen schaltete Hitler das „Oberkommando des Heeres" völlig aus und übertrug die Operationsplanung dem OKW.[42]

Seitdem akzeptierte er militärische Beratung nicht mehr, wenn sie den eigenen militärischen Vorstellungen zuwiderlief, und traf seine Entscheidungen allein. „Wie Napoleon will auch Hitler fortan nur noch Gehilfen und ausführende Organe seines Willens um sich haben."[43]

Hitler wußte um die Schwierigkeiten der Vereinbarung von Außenpolitik und Kriegführung und löste dieses Dilemma durch die Konzentration aller Kompetenzen in seinen Händen. Ende Januar 1940 war Hitler Reichskanzler, Staatsoberhaupt, Oberbefehlshaber aller Wehrmachtsteile und de facto auch Außenminister, da das Reichsaußenministerium unter von Ribbentrop stets nur ausführendes Organ seines Willens blieb.[44] Dies veranschaulicht Hitlers Machtfülle in extremer Weise. Zum Feldherren Hitler ist zu bemerken, daß sowohl strategische Planungen als auch operative Führungsleistungen auf sein Konto kamen. Die Feldmarschälle Kluge und Keitel hielten ihn für ein militärisches Genie. Großadmiral Dönitz und Generaloberst Jodl äußerten sich in ähnlicher Weise.[45] Allerdings besaß Hitler neben einer unverstellten Sicht auf militärische Probleme zugleich Charakterzüge, die ein Feldherr nicht besitzen sollte, die ihn aber, in Verbindung mit seiner Machtvollkommenheit, um so unberechenbarer und gefährlicher werden ließen. Zu diesen Eigenschaften gehörten ein eigenwilliges Kritik- und Urteilsvermögen, Wechsel- und Sprunghaftigkeit, Zielstrebigkeit mit Hang zur Spekulation, Eigensinn, Dogmatik und krasse Rücksichtslosigkeit.[46] Gesteigert wurde seine Machtfülle durch fehlende militärische Beratungsgremien mit Kompetenz, was eine völlige Pervertierung der Staatschef-Militär-Beziehung zur Folge hatte. Die Konsequenzen dieser Pervertierung wurden 1946 durch die Kreuzverhöre von Generaloberst Jodl und Generalfeldmarschall Keitel vor dem „Internationalen Militärtribunal“ (IMT) in Nürnberg offenbar.

Hitler betrachtete diese beiden hohen Offiziere nicht als gleichberechtigte Berater, sondern degradierte sowohl den Chef des Wehrmachtführungsstabes als auch den Chef des OKW zu bloßen militärischen Sekretären und Befehlsempfängern. Hitlers Führungsstil, der die Angeklagten jahrelang geformt hatte, zeigte vor dem Tribunal seine Wirkung. Die Protokolle des IMT dokumentieren, daß diese Männer Hitler bewunderten und alle „Führerweisungen“ – ohne zu opponieren – weitergaben, was auch teilweise gegen ihre Überzeugung geschah.[47]

A. Bullock bestätigt diese Sicht: „Hitler war weit entfernt, Ratschläge anzunehmen oder gar zu suchen. Wenn er die Vor- und Nachteile verschiedener Optionen gegeneinander abwog, tat er dies immer nur im Gespräch mit sich selbst; seine Entschlüsse waren intuitiv und, einmal gefaßt, keiner rationalen Erörterung mehr zugänglich, und objektive Kritik oder Analysen verabscheute er, weil sie angeblich die Entschlußkraft hemmten.“[48] Eine Mischung aus Kalkül und tatsächlichen Feldherrnfähigkeiten hohen Grades, Uneinsichtigkeit in maßgeblichen Details und Zusammenhängen, teilweise penetranter Starrsinn und Rechthaberei sowie die feste Überzeugung, Exponent der „Vorsehung“ zu sein, Entscheidungsfreiheit bei krasser Selbstüberschätzung, hoher

Intelligenz und Auffassungsgabe, gepaart mit brutaler Skrupellosigkeit dokumentiert, daß Hitler sowohl kühl rechnender Machtpolitiker als auch despotischer Autokrat orientalischer Prägung war.

„Während sich Politiker normalerweise an der Wirklichkeit orientieren, war Hitlers Denken hauptsächlich darauf angelegt, die Wirklichkeit auf das Prokrustesbett zu zwingen, das seine Weltanschauung als Realität voraussetzte", schreibt Werner Maser.[49] Weder Widerstandsgeist noch Wohlverhalten irgendeines Staates vermochten Hitler zu beeindrucken, was im Zusammenhang mit dem Problem Schweiz so etwas wie ein Scheck ohne Deckung sein konnte.

Die Genesis und der Ablauf des Zweiten Weltkrieges sprechen für sich und beweisen diese Sicht ausreichend. Hitler besaß die Möglichkeit, seine Entscheidungen allein zu treffen, und er hatte die Macht, seine Intentionen weitgehend Realität werden zu lassen. Rationalen Erwägungen gegenüber war er nur aufgeschlossen, solange sie mit seinen eigenen Überlegungen in Einklang standen.

Daß er ein pathologischer Dummkopf gewesen sei, der zu folgerichtigem Handeln nicht fähig war, ist eine Legende.[50] Dazu Werner Maser: „Nicht erst nach 1945 haben berechtigte Emotionen, Ignoranz und intellektuelle Überheblichkeit die Vorstellung zur allgemeinen Urteilsgrundlage erhoben, daß Intelligenz und Klugheit, Sachkenntnis, Überzeugungskraft, Führungsfähigkeit, politischer Instinkt, diplomatisches Geschick, Energie und Zielstrebigkeit bei Politikern nicht vorausgesetzt werden könnten, die inhuman und amoralisch seien."[51]

Die für Hitler erfolgreichen Jahre von 1933 bis 1939 und der für das Deutsche Reich bis 1942 unerwartet günstig verlaufende Krieg beweisen Hitlers hohe Intelligenz, vielseitige Sachkenntnis und Führungsfähigkeit ebenso wie seine bestialische Inhumanität und schier grenzenlose Amoralität!

Hitler war nicht nur rein formal deutsches Staatsoberhaupt und Oberbefehlshaber der Wehrmacht, sondern auch allein maßgebender Führer der mit dem Reich verbündeten Mächte. Er hat nicht nur die Wehrmacht, sondern auch den von ihm „weltanschaulich", politisch, wirtschaftlich und militärisch vorbereiteten Krieg bis ins Detail hinein in der Weise geführt, die seinen Vorstellungen, seinem Temperament und seinen Fähigkeiten entsprach.[52]

Warum sollte diese Sicht auf die Persönlichkeit Hitlers, auf seine enorme Machtfülle und die daraus resultierenden Möglichkeiten, für die Schweiz im Zweiten Weltkrieg nicht gelten? War es nicht so, daß Hitler bis zum kriegsentscheidenden Jahr 1943 die militärisch potenteste Macht Europas repräsentierte? Was berechtigt zu der Annahme, daß die

Wirkungsmechanismen der Expansionspolitik Hitlers vor den Landesgrenzen der Schweiz halt machten? Die Realitäten des Sommers 1940 sprechen gegen einen „Ausnahmefall Schweiz". Ist nicht wahrscheinlicher, daß trotz der unterlassenen „Aktion Schweiz" die Schweiz, wie alle anderen Länder, die in der Reichweite der Expansionspolitik Hitlers lagen, durchaus bedroht war? Tatsache ist:

Eine latente Bedrohung der Schweiz durch das Deutsche Reich zwischen 1939 und 1945 ist beweisbar. Schwierig ist infolge des unzureichenden Quellenmaterials dagegen, die Wahrscheinlichkeit für ein Umschlagen der latenten Bedrohung in eine akute Bedrohung durch eine deutsche Militäraktion zu diagnostizieren. „Dafür bietet ... eine Unterschätzung der totalitären Vereinnahmungstendenzen des Dritten Reiches und seiner Exponenten keine zuverlässige Beurteilungsgrundlage", meint Klaus Urner.[53]

3

Die militärische Bedrohung der Schweiz durch das Deutsche Reich vom Kriegsausbruch 1939 bis zum Abschluß des deutsch-französischen Waffenstillstandes – 1. September 1939 bis 22. Juni 1940

Als im Morgengrauen des 10. Mai 1940 die deutsche Westoffensive begann, wurde in der Schweiz die zweite Generalmobilmachung seit Kriegsbeginn ausgelöst. Erneut standen 450.000 Mann unter Waffen. Es wurde stündlich mit einer deutschen Aggression gerechnet, die eine südliche Umgehung der Maginotlinie über schweizerisches Staatsgebiet zum Ziel haben könnte.[1] Diese Einschätzung der Lage schien nicht unbegründet. Seit Oktober 1939 hatte der schweizerische Nachrichtendienst deutsche Truppenkonzentrationen am Oberrhein und im Schwarzwald gemeldet.[2] (Vgl. Anhang C 1)

War dies, wie heute allgemein angenommen wird, lediglich eine Täuschungsoperation des deutschen Oberkommandos, um möglichst viele französische Truppen im Süden der Maginotlinie zu binden?[3] Oder bestand, wie in der Schweiz angenommen wurde, die Absicht, das Land als Manöverfeld zu benutzen?

Die Planungsphase des deutschen Feldzuges gegen Frankreich

In der Weisung Nr. 1 des OKW für die Kriegführung vom 31. August 1939 heißt es u. a.: „Im Westen kommt es darauf an, die Verantwortung für die Eröffnung von Feindseligkeiten eindeutig England und Frankreich zu überlassen."[4] Und: „Die von uns Holland, Belgien,

Luxemburg [und der Schweiz – d. A.] zugesicherte Neutralität ist peinlich zu achten."[5]

Dieses Dokument beweist, daß die Schweiz während des deutschen Feldzuges in Polen nicht gefährdet war. Das Ziel der deutschen Führung im Westen bestand in der rein defensiven Abschirmung der Operationen der Hauptmasse des deutschen Heeres in Polen.[6]

Nach der Niederlage Polens wandte Hitler seine Aufmerksamkeit dem Westen zu. Hier war schon kurz nach Kriegsausbruch offenbar geworden, daß Frankreich die von Marcel Deat gestellte Frage „Mourier pour Dantzig?" mit einem „Non" beantwortet hatte.[7] Die seitens Frankreich maßlos hochgespielte symbolische Offensive der französischen 4. Armee (5. 9. bis 8. 9. 1939) im Raum Saarbrücken war nichts weiter als ein stärkeres Stoßtruppunternehmen.[8]

Die deutsche Seite verhielt sich, laut „Weisung Nr. 1", rein defensiv. Der „drôle de guerre", der „drollige Krieg" oder auch „Sitzkrieg", hatte begonnen. Der Krieg schien „einzuschlafen" und die Schweiz kehrte, soweit dies möglich war, zur Normalität zurück.

Am 27. September 1939 wurde das Oberkommando des Heeres (OKH) von Hitler angewiesen, einen Operationsplan gegen Frankreich auszuarbeiten. Der Angriffstermin wurde vorerst auf den Zeitraum vom 15. 11. - 20. 11. 1939 festgelegt. Der deutsche Aufmarsch im Westen begann Mitte Oktober 1939.[9] In der Weisung Nr. 6 des OKW vom 9. 10. 1939 und einem zur gleichen Zeit gefertigten Memorandum bekräftigte Hitler seine Absicht, unter Bruch der Neutralität Belgiens, der Niederlande und Luxemburgs gegen Frankreich offensiv vorzugehen.[10]

Die Generalität, vor allem der Oberbefehlshaber des Heeres (ObdH) von Brauchitsch und der Chef des Generalstabs des Heeres (Gen. St. d. H.) Halder, war entrüstet und sprach von einem „Wahnsinnsangriff". Sie führten die Stärke der Alliierten, den kommenden Winter, die eigene Rohstoff- und Munitionsknappheit, die mangelnde technische Ausrüstung u. ä. an, um Hitler von seinem Entschluß abzubringen.[11] Doch Hitler hatte sich für den Angriff entschieden und befahl am 27. Oktober, die Offensive am 12. November zu beginnen.[12] Am 7. November folgte wegen schlechten Wetters jedoch eine Verschiebung des Termins. Dieser Vorgang wiederholte sich bis zum Mai 1940 insgesamt 29 mal.[13] (Vgl. Anhang B 1)

Die Haltung der Generalität veranlaßte Hitler zu der Überzeugung, daß es unerläßlich sei, die militärische Führung allein in seine Hand zu nehmen. Widersprüche duldete er nicht. „Eine Revolution im Innern ist nicht möglich, ob mit oder ohne Sie", formulierte er am 23. 11. 1939 in einer Rede vor seinen Generalen.[14] Im Herbst 1939 entsprach der deutsche Operationsplan gegen Frankreich noch weitgehend dem – 1914 gescheiterten – „Schlieffenplan“. Die drei Heeresgruppen B, A und C traten, in dieser Reihenfolge von Nord nach Süd gruppiert, in Richtung Westen an. Die Heeresgruppen A und B sollten durch Holland und Belgien bis zum Ärmelkanal vorstoßen und gleichzeitig die alliierten Kräfte nördlich der Somme vernichten. Die Aufgabe der Heeresgruppe C (HGr. C) dagegen, die sich zwischen Mettlach und der schweizerischen Grenze bei Basel versammelte, war die Verteidigung der Reichsgrenze.[15]

Allerdings wurden im Winter 1939/40, vor allem unter jüngeren Stabsoffizieren, berechtigte Zweifel an den Erfolgsaussichten dieses Planes laut. Zentralbelgien war stark verteidigt. Die deutschen Panzer hätten in einem von Kanälen durchzogenen Land operieren müssen, und ein Überraschungseffekt wäre nicht gegeben gewesen, da die Alliierten, wie deutscherseits vermutet wurde, mit einer Wiederholung der Operationen von 1914 rechneten.

Aufgrund dieser Überlegungen legte der Stabschef der HGr. A, von Manstein, einen Plan vor, der dafür plädierte, das Hauptgewicht des deutschen Angriffs vom rechten Flügel auf die Mitte zu verlegen, um das Element der Überraschung wiederzugewinnen. Manstein hatte den unorthodoxen Gedanken gefaßt, den Hauptschlag mit starken Panzerverbänden über die hügeligen, stark bewaldeten und, nach dem Urteil des deutschen Generalstabs, „nicht panzergängigen“ Ardennen zu führen.[16] Waren die Ardennen erst einmal überwunden, konnten die deutschen Panzerverbände fast ungehindert zur Kanalküste durchstoßen und die Streitkräfte der Alliierten aufspalten.[17]

Der Plan Mansteins wurde von Brauchitsch und Halder verworfen, von Hitler jedoch, der ähnliche Vorstellungen hegte, akzeptiert. Durch den Fliegerzwischenfall von Mechelen am 10. Januar 1940 wurde der Streit um den Feldzugsplan endgültig entschieden.[18]

Am 18. Februar 1940 entschlossen sich Brauchitsch und Halder, unter dem Druck Hitlers, den „Mansteinplan“, der unter der Bezeichnung „Sichelschnittplan“ in die Geschichte eingegangen ist, zu akzeptieren. Das Schwergewicht des Angriffs lag nun bei der HGr. A (v. Rundstedt), die mit drei Panzergruppen zwischen Dinant und Sedan die französische Front durchbrechen sollte. Das Ziel bestand darin, die nach Belgien marschierenden alliierten Truppen südlich zu umfassen, Holland vor dem Einmarsch der Briten zu besetzen und zur Kanalküste durchzustoßen. Die HGr. C sollte weiterhin die Reichsgrenze verteidigen.[19]

Am 24. Februar 1940 befahl Hitler die Vorbereitung dieser

Planungsvariante. Das Ende der Umgruppierung wurde für den 7. März 1940 befohlen.[20]

Hier wird exemplarisch offenbar, daß Hitler keine grundsätzlichen Bedenken hinsichtlich der Verletzung der Neutralität einzelner Staaten hatte, wenn diese auf der strategischen Operationsachse lagen.

Die Bedeutung des finnisch-sowjetischen „Winterkrieges" 1939/40 und des deutschen Norwegenfeldzuges 1940 für die Schweiz

Der finnisch-sowjetische Winterkrieg übte einen nachhaltigen Eindruck auf die Schweiz aus. Der lange und erfolgreiche Widerstand der Finnen schien für die schweizerische Öffentlichkeit und die eidgenössischen Militärs zu beweisen, daß sich auch ein kleines Land gegen einen technisch und zahlenmäßig überlegenen Aggressor behaupten könne. „Die Finnen gelten ... als nachahmenswerte Helden. Was ihnen im militärischen Kampf die Wälder bedeuten, so hofft man, werden der Schweiz die Berge sein: Hort des Widerstandes und des Überlebens ..."[21] Dagegen hinterließ der deutsche Feldzug in Norwegen bei den Schweizern einen niederschmetternden Eindruck. Die Ausrufung einer deutschfreundlichen Regierung durch den norwegischen Kollaborateur Vidkun Quisling schürte die tiefe Furcht der Eidgenossen vor der „Fünften Kolonne" im eigenen Lande.[22]

Die militärischen Lehren aus der norwegischen Niederlage waren deprimierend, denn sie relativierten die positiven, aus dem finnischen „Winterkrieg" gezogenen Schlußfolgerungen.

Militärisch gesehen weist Norwegen viele geographische Ähnlichkeiten zur Schweiz auf. Die Stärke der norwegischen Armee entsprach 1940 etwa der Stärke der eidgenössischen Streitkräfte. Im Gegensatz zu Finnland und der Schweiz besaß Norwegen jedoch keine Landgrenze zu seinem Gegner. Und dennoch konnte die deutsche Armee den Feldzug in Norwegen innerhalb von acht Wochen für sich entscheiden.[23]

In Polen hatte sich die deutsche „Blitzkriegsstrategie", die durch tiefe Panzervorstöße und nachfolgende Kesselschlachten gekennzeichnet war, als erfolgreich erwiesen. In Norwegen konnten Panzer dagegen nicht eingesetzt werden. Hitler und die deutschen Militärs hatten damit bewiesen, daß sie das Blitzkriegskonzept auch ohne den Einsatz der Panzerwaffe, mit überdehnten Nachschublinien, bei ungünstigsten

Donnerstag, 11. April 1940 Täglich zwei Ausgaben Abendblatt · Nummer 168

National-Zeitung

Organ für Handel und Industrie · Anzeigeblatt der Stadt Basel

Mit Sonntagsbeilage und wöchentlicher Kinderzeitung im Mittwoch-Abendblatt

Narvik, Bergen und Drontheim von den Engländern, Hamar von den Norwegern zurückerobert

Norwegen kämpft erfolgreich an Seite der Alliierten / Englische Kriegsschiffe erzwingen die Einfahrt ins Skagerrak: Seeschlacht bei Göteborg / Britisches Ultimatum an die deutschen Truppen in Oslo / Zahlreiche deutsche Schiffe versenkt / Proklamation König Haakons

Diese Titelseite der Basler „National-Zeitung" vom 11. April 1940 mit den aktuellen Meldungen vom Kriegsschauplatz Norwegen brachte die Berliner „Deutsche Volkszeitung" sechs Tage später, am 17. April, als Faksimile, mit der Unterschrift: „Das sind die Lügen der englandhörigen 'neutralen' Presse".

Witterungsbedingungen und schwierigen Geländeverhältnissen zu handhaben verstanden. „Das war eine andere Form von Blitzkrieg. Zwei seiner wesentlichen Bestandteile, Schnelligkeit und Überraschung, waren vorhanden, aus offensichtlichen Gründen war diese Operation aber für mechanisierte Einheiten ungeeignet. Sie stützte sich auf eine massive Konzentration der Luftwaffe, den Einsatz von Luftlandetruppen und eine begrenzte Präsenz der Marine."[24]

Welche allgemeinen Schlußfolgerungen militärischer Natur lassen sich hieraus, so muß gefragt werden, für die Einschätzung der Bedrohung der Schweiz durch das Deutsche Reich im Zweiten Weltkrieg ableiten?

Der Winterkrieg in Finnland bewies, mit dem deutschen Feldzug in Norwegen verglichen, eher die Schwäche der Roten Armee als die Stärke der Finnen. Die deutschen Truppen waren erfolgreich, obwohl sie per Schiff und Flugzeug nach Norwegen gebracht werden mußten.[25]

Die Deutschen hatten, als potentieller Gegner der Schweiz, bewiesen, daß ein Blitzkrieg gegen ein Land wie Norwegen durchaus auch ohne den Einsatz von Panzern erfolgreich sein konnte. Da die Schweiz aber eine Landgrenze mit Deutschland besitzt, wären bei einem deutschen Angriff auch mechanisierte Einheiten zum Einsatz gekommen. Das Argument der schweizerischen Armeeführung, das Mittelgebirge des Jura sei nicht panzergängig, überzeugt nicht.

Der französische, der britische und auch der deutsche Generalstab waren in ähnlicher Weise davon überzeugt gewesen, daß die dem Jura vergleichbaren Ardennen nicht „panzergängig" seien. Die erfolgreiche Realisierung des „Mansteinplanes" hatte das Gegenteil bewiesen.[26]

Die für militärische Operationen ungünstigen Geländeverhältnisse hatten Norwegen nicht vor einem deutschen Angriff bewahrt. Wenn die deutsche Armee über eine solche Distanz hinweg unter ungünstigsten Umständen erfolgreich operieren konnte, läßt dies, potenziert durch die geographische Nähe, Zweifel an der militärischen Widerstandsfähigkeit der Schweiz aufkommen.

Die Täuschungsoperation der Heeresgruppe C im Vorfeld der deutschen Westoffensive

Seit Kriegsbeginn sahen sich die Schweizer an ihrer Grenze zu Deutschland mit dem – gegen die Maginotlinie gerichteten – Aufmarsch der HGr. C (v. Leeb) konfrontiert. In der ersten Aufmarschanweisung für den „Fall Gelb" vom 19. Oktober 1939 wurde das operative Ziel der Heeresgruppe folgendermaßen formuliert: Die „... Heeresgruppe C wird mit einem Mindestmaß an Kräften die Befestigungen in ihrem Abschnitt zu halten haben. Über Vortäuschung von Angriffsabsichten ergeht gesonderter Befehl."[27] Vorgesehen waren erhöhte Gefechtstätigkeit, gewaltsame Erkundungen und die Vortäuschung größerer Truppenkontingente im Bereich der HGr. C. [28]

Diese rein defensive Aufgabenstellung wurde bis zum Mai 1940 in allen nachfolgenden Weisungen an die HGr. C wiederholt[29] – ein Indiz dafür, daß zwischen September 1939 und Mai 1940 keine deutschen Angriffsabsichten gegen die Schweiz bestanden. Die Zusammensetzung der HGr. C bestätigt dies. Die im Raum Saarbrücken - Kaiserslautern - Karlsruhe stehende 1. Armee (GenOberst v. Witzleben) bestand, wie die im Raum Karlsruhe-Tübingen -Lörrach dislozierte 7. Armee (Gen. d. Art. Dollmann), ausschließlich aus Infanteriedivisionen.[30]

Der 7. Armee, die nördlich der schweizerischen Grenze stationiert war, standen zwischen September 1939 und Mai 1940 lediglich vier Infanteriedivisionen zur Verfügung. Der 350 km lange Frontabschnitt zwischen Lörrach und Karlsruhe war geradezu „entblößt" (siehe Anhang C 1 bis C 3). Weiterhin verfügte die HGr. C im o. g. Zeitraum über keinen einzigen Panzer, besaß nur ungenügend Artillerie, und auch Transportmittel waren kaum vorhanden.[31] Diese Zusammensetzung änderte sich bis zum Mai 1940 nur geringfügig.

Der schweizerische Auslandsnachrichtendienst vermutete dagegen, mit Stichtag 14. Mai 1940, im süddeutschen Raum zwischen 23 und 25 Divisionen, darunter Panzerverbände und Gebirgsjägereinheiten. Die Begründung für diese Truppenkonzentration sahen die maßgeblichen schweizerischen Stellen in der Annahme, daß die deutsche Führung die Absicht habe, die Maginotlinie zweiseitig zu umgehen.[32]

Diese Fehleinschätzung wurde durch die vielfältigen Täuschungsmaßnahmen der HGr. C hervorgerufen. Deren Ziel bestand darin, die „... französische Heeresführung zu veranlassen, die Masse der im Bereich der Festungsfront verfügbaren, zur beweglichen Kampfführung befähigten Verbände in diesem Raum festzuhalten."[33]

Da der schweizerische Nachrichtendienst seine Informationen an den französischen Generalstab weitergab, ging die Täuschungsabsicht auf. Die schwache, zu keiner Angriffshandlung fähige HGr. C band an der Oberrheinfront wertvolle französische Divisionen, die später in den Ardennen und in Belgien fehlten.[34]

Es bleibt festzustellen, daß der HGr. C offensives Handeln unmöglich war. Gegen die Schweiz gerichtete Operationspläne aus dem Frühjahr 1940 sind nicht bekannt; die deutsche Offensive wurde „... konsequent über Belgien und Holland geplant".[35]

Außerdem bestand das strategische Ziel der ersten Phase des Westfeldzuges („Fall Gelb") nicht in der Eroberung Frankreichs, sondern im schnellen Erreichen der Kanalküste.[36] Dadurch wird jegliche Spekulation über eine südliche Umgehung der Maginotlinie über schweizerisches Staatsgebiet hinfällig, da kein militärischer Grund für eine solche Operation vorlag. Die strategische Operationsachse verlief in Ost-West-Richtung. Die Absicht eines deutschen Angriffs auf die Schweiz kann, für den Zeitraum von September 1939 bis Mai 1940, mit an Sicherheit grenzender Wahrscheinlichkeit ausgeschlossen werden.

Daß die Täuschung erfolgreich war, wird durch schweizerische Äußerungen bewiesen. Über die Zeitspanne vom 13.-16. Mai 1940 schrieb General Guisan nach dem Krieg, die Schweiz habe „... dem Kampf nie näher gestanden".[37] Am 14./15. Mai brach in weiten Teilen der Schweiz eine Panik aus, da das Gerücht über einen bevorstehenden deutschen Angriff auf die Bevölkerung übergegriffen hatte. Besonders stark waren die Fluchtbewegungen aus den Städten Basel, Schaffhausen und Zürich. Ca. 2000 Personen aus Basel verlegten ihren Wohnsitz auf Dauer in die Süd- und die Westschweiz.[38]

Die HGr. C verhielt sich jedoch defensiv. Lediglich die Täuschungsmaßnahmen, die ihren Höhepunkt zwischen dem 10. und dem 15. Mai 1940 erreichten, wurden intensiviert. Über diplomatische Kanäle wurden die Vertreter nichtkriegführender Länder, aus vorgeblich „absolut sicherer Quelle", darüber informiert, daß nicht nur am rechten, sondern auch am linken Flügel der deutschen Front mit offensivem Vorgehen zu rechnen sei.[39]

Diese Täuschungsmaßnahmen verhinderten sowohl einen französischen Flankenstoß gegen die HGr. A in den Ardennen, als auch das rechtzeitige Eingreifen der französischen Reserven bei den Kämpfen an der Maas.[40] Eine der letzten Täuschungen der HGr. C war der Angriff von Einheiten der 1. Armee (GenOberst v. Witzleben) auf das kleine Fort „La Ferte" (Werk 505) der Maginotlinie am 18. 5. 1940. General Gamelin, der französische Oberbefehlshaber, vermutete eine deutsche Großoffensive und stellte die Verlegung der an der Rheinfront stehenden französischen Reserven an die zusammenbrechende Nordfront zurück. Der erfolgreiche deutsche Angriff auf „La Ferte" erschütterte außerdem zum ersten Mal den Glauben der Franzosen an die Unverwundbarkeit der Maginotlinie.[41]

Der Feldzug gegen Frankreich – Mai bis Juni 1940

Die deutsche Westoffensive begann am 10. Mai 1940 unter Verletzung der Neutralität der Benelux-Staaten. Der Angriff erfolgte auf einem Frontabschnitt, der von der Nordsee bis zur Südgrenze Luxemburgs reichte. Auf diesen Völkerrechtsbruch angesprochen, äußerte Hitler: „Kein Mensch fragt danach, wenn wir gesiegt haben."[42]

Als ausgesprochener militärischer Perfektionist war Hitler, wie bereits festgestellt, völlig frei von den moralischen Skrupeln, welche die Auffassungen der Generalität damals noch bestimmten.[43]

Den 136 Infanteriedivisionen, 2.580 zumTeil bereits überalterten Panzern und 3.800 Flugzeugen der deutschen Wehrmacht standen auf alliierter Seite 135 Divisionen, 3.400 Panzer und ca. 3.000 Flugzeuge gegenüber.[44]

Der Feldzug verlief in zwei Phasen. Die erste, der „Fall Gelb" (10. 5. - 4. 6.), erzwang den Durchbruch zur Kanalküste. Die zweite Phase, die „Schlacht um Frankreich" („Fall Rot", 5. 6. bis 25. 6.), endete mit der Niederlage Frankreichs.

Die Operationen, die die deutsche Seite während der ersten Phase des Westfeldzuges führte, waren unerwartet erfolgreich. Das strategische Ziel, die Küste des Ärmelkanals, wurde innerhalb von nur zehn Tagen erreicht.

Die deutschen Angriffsoperationen auf Belgien und die Niederlande täuschten eine Wiederholung des „Schlieffenplanes" vor und erleichterten damit dem XV. Armeekorps (Gen. Hoth) und dem XIX. Armeekorps (GenOberst Guderian), die erfolgreich die Ardennen überquert hatten, die Forcierung der Maas bei Sedan (13. Mai).

Die Niederlande kapitulierten am 15. Mai. Am 20. Mai erreichte Guderian bei Abbeville die Kanalküste. Danach drehte Guderians Panzerkorps nach Norden und schloß am 22. 5. Boulogne, am 23. 5. Calais ein. Der vieldiskutierte „Haltebefehl" Hitlers vom 24. Mai ermöglichte die Rettung des in Dünkirchen eingeschlossenen britischen Expeditionskorps. Durch die „Operation Dynamo" (26. 5. - 4. 6. 40) konnten sich 338.000 Mann britischer und französischer Truppen nach Großbritannien retten.[45]

Am 21. 5. begann der Angriff der Heeresgruppen A und B gegen die in Flandern abgeschnittenen alliierten Truppen, der am 28. 5. mit der Kapitulation Belgiens endete. Die Operationen des „Falles Gelb" wurden am 4. 6. abgeschlossen. Frankreich befand sich nach dem Verlust der nordöstlichen Gebiete in einer schwierigen militärischen Lage. Ca. 30 französische Divisionen waren in den vier Wochen des Feldzuges vernichtet worden, das Vertrauen in die eigene Führung und den Wert des Widerstandes schwand zusehends. Frankreich besaß noch 65 Divisionen, von denen allerdings 17, durch die schwache HGr. C, an der Maginotlinie gebunden wurden.[46] (Vgl. Anhang C 4)

Mit den verbleibenden Kräften versuchten die Franzosen zwischen Somme und Aisne eine provisorische Verteidigungslinie zu errichten. Die zehn deutschen Panzerdivisionen und auch die 130 Infanteriedivisionen waren dagegen intakt.

Nach einer Umgruppierung der deutschen Divisionen, bei der auch die HGr. C am Oberrhein verstärkt worden war, begann am 5. Juni die zweite Phase des Westfeldzuges, die Schlacht um Zentralfrankreich („Fall Rot").[47]

Das Ziel bestand in der Zerschlagung der restlichen alliierten Kräfte, getreu der operativen Maxime Hitlers, daß die Niederwerfung der Streitkräfte den Vorrang vor der Eroberung des Landes haben solle.[48]

Das XI. Panzerkorps (Pz.K.) überschritt die Somme und konnte bis zum 19. 6. 1940 die Bretagne und die Normandie erobern. Die Panzergruppe (Pz.Gr.) Kleist stieß über die Aisne nach Süden, während die Pz.Gr. Guderian (XXXIX. Pz.K. und XXXXI. Pz.K.) Chalons-sur-Marne, das Plateau des Langres und Besançon passierte und am 17. Juni bei Pontarlier die schweizerische Grenze erreichte.[49] (Vgl. Anhang C 5)

Nachdem Paris schon am 14. 6., unverteidigt, in deutsche Hand gefallen war, wurden nun alle französischen Verbände, die westlich der Maginotlinie standen, eingekesselt. Der Krieg war an die Grenzen der Schweiz zurückgekehrt. Wollte Hitler, so die Bedenken vieler Eidgenossen, in diesem Zuge den „Fall Schweiz" aus der „Bewegung" heraus lösen? Aus schweizerischer Sicht schienen diese Bedenken mehr als berechtigt zu sein. Mit dem Zusammenbruch Frankreichs verlor auch das einseitig nach Nordosten ausgerichtete Abwehrdispositiv der

Generaloberst Heinz Guderian stieß mit seiner Panzergruppe am 17. Juni 1940 bis zur schweizerischen Grenze bei Pontarlier vor. Aufnahme von 1941.

Schweiz seine Funktion. Der schwach besetzte Abschnitt zwischen Basel und Neuenburger See hätte den deutschen Truppen als Einfallstor dienen können. Dazu kam, daß die zur Unterstützung der eidgenössischen Armee vorgesehenen französischen Truppen unter ungünstigsten

Umständen interniert werden mußten, da sie zwischen dem 16. und dem 21. Juni in geschlossenen Formationen auf schweizerisches Gebiet übertraten.[50]

Der Kriegseintritt Italiens (10. 6. 40) verschlechterte die wehrgeographische Situation der Schweiz erheblich. Sie lag nun, als „trennender Raum“, zwischen den Verbündeten Deutschland und Italien.[51]

Desweiteren hatten sich die Spannungen zwischen der Schweiz und dem Deutschen Reich verschärft, als es im Mai und Juni 1940 wiederholt zu Luftkämpfen zwischen schweizerischen Jägern und deutschen Maschinen über dem Jura kam. Die nachfolgenden diplomatischen Auseinandersetzungen endeten mit einer zeitweiligen Einstellung der Kohlezufuhr durch Deutschland.[52] Darauf wird noch zurückzukommen sein.

Der ungeahnt schnelle Zusammenbruch Frankreichs und die unheimliche Wucht der deutschen Angriffe wirkten demoralisierend auf die Schweizer; das Vertrauen in die Wirksamkeit ihrer Verteidigungsmaßnahmen sank mit jedem deutschen Erfolg. Schon Anfang Juni 1940 waren einige Offiziere in der Schweiz davon überzeugt, daß deutscherseits bei einem Angriff auf die Schweiz lediglich 12 und nicht, wie der eidgenössische Generalstab annahm, 25 deutsche Divisionen notwendig seien, um den schweizerischen Widerstand zu überwinden.[53]

Dies hätte, so die eidgenössische Lesart, mit dem Erscheinen Guderians in Pontarlier den „Fall Schweiz“ auslösen können. Aber solche Bedenken erwiesen sich als unbegründet. Das Ziel der Operation Guderians war nicht die Schweiz. Nachdem seine Panzergruppe die Grenze erreicht hatte, drehte sie in nordöstlicher Richtung (Belfort) ab, um die im Rücken der Maginotlinie stehende französische 2. Armeegruppe zu zerschlagen. Unterstützt von der 7. Armee (Gen. d. Art. Dollmann), die nun an der Oberrheinfront aktiv wurde und die Hindernisse der Maginotlinie innerhalb kürzester Zeit überwand, gelang es Guderian, die sich zurückziehenden Franzosen gegen die 7. Armee zu „drücken“ und im Raum Belfort-Nancy in mehrere Kessel aufzuspalten.[54]

400.000 Gefangene sollen nach Guderian allein bei dieser Operation eingebracht worden sein, darunter die gesamte Besatzung der Maginotlinie, die kaum einen Beitrag zur Verteidigung Frankreichs geleistet hatte.[55]

Die Frage nach einer akuten militärischen Bedrohung der Schweiz vor dem Abschluß des deutsch-französischen Waffenstillstandes muß verneint werden. Die Schweiz glich fortan, wie Guisan schrieb, einem zwischen die Achsenpartner eingeschobenen Keil.[56]

Die „Verschonungsthese“

An dieser Stelle ergibt sich die Notwendigkeit, den Wahrscheinlichkeitsgehalt der sog. „Verschonungsthese“ an einem Beispiel zu erörtern. Sie besagt, daß Hitler die Schweiz bewußt verschont habe. Die Vertreter dieser Sichtweise sind in zwei Lager gespalten. Je nach Standort vertreten sie die Ansicht, daß die Schweiz – entweder ihrer, vor allem wirtschaftlichen, Bedeutung für das Deutsche Reich oder aber ihrer effektiven Abwehrbereitschaft wegen – von einem deutschen Angriff im Zweiten Weltkrieg verschont blieb.[57]

Der schweizerische Historiker Markus Heiniger veröffentlichte 1989 einen Katalog von „Dreizehn Gründe(n), warum die Schweiz im Zweiten Weltkrieg nicht erobert wurde“.[58] Darin heißt es: „Von Hitler selbst gibt es eine wichtige Aussage aus der ‘heissesten’ Zeit im Sommer 1940. Auf dem ersten Höhepunkt seiner Macht, kurz vor dem Fall Frankreichs, stellt sich für Hitler konkret die Frage eines Einmarsches in die Schweiz. In diesem Moment, im Überschwang des Sieges, entscheidet sich der Führer ausdrücklich gegen eine Verletzung schweizerischen Territoriums. Er bevorzugt eine intakte Schweiz, die für ihn produziert.“[59]

Heinigers Aussage stützt sich auf folgende Anmerkung in dem von Henry Picker herausgegebenen Band „Hitlers Tischgespräche im Führerhauptquartier“: „Als am 17. Juni 1940 das deutsche Panzerkorps des Generals Guderian bei Pontarlier die Schweizer Grenze erreichte, verbot Hitler mit Nachdruck jede Invasion der Schweiz. Uns im FHQu sagte er zu dem Problem ‘Schweiz’, daß dieses Land als Schutzmacht und als internationaler Knotenpunkt für diplomatische Aktivitäten, Spionage, Devisen-Geschäfte und die Lieferung von Mangelwaren (z. B. an Rüstungsgütern und Rüstungsrohstoffen) unvergleichlich wertvoller sei denn als Satellit.“[60] Heiniger übernahm dieses „Schlüsselzitat“ undifferenziert in seine Argumentation und suggerierte mit diesem „Hauptbeweis“, daß Hitler die Existenz der Schweiz nicht bedroht, sondern bewußt geschützt habe. Er hält diese Äußerung Hitlers für authentisch.[61]

Dagegen spricht, daß die frühesten Aufzeichnungen an Hitlers Privattafel vom 5. Juli 1941 (!) stammen und von Heinrich Heim im Führerhauptquartier (FHQ) „Wolfsschanze“, bei Rastenburg/ Ostpreußen, protokolliert wurden.[62] Und Picker wiederum, der nicht stenographieren konnte, wurde erst am 21. März 1942 in die „Wolfsschanze“ kommandiert, um Heinrich Heim bis zum 31. Juli 1942 zu vertreten.[63]

Am 17. Juli 1940 befand sich Picker nicht einmal in der Nähe des damaligen FHQ „Wolfsschlucht" in Bruly de Peche, wo sich Hitler vom 4. 6. bis zum 25. 6. 1940 aufhielt.[64] Das o. g. „Schlüsselzitat" fehlt in allen späteren Ausgaben der „Tischgespräche", die seit der Erstausgabe von 1951 publiziert wurden. Es taucht erstmals wieder in der von Picker selbst besorgten Neuausgabe von 1976 auf, in die er selbstgefertigte, kursiv abgesetzte Kommentare einstreute, die so plaziert wurden, daß sie (streckenweise) den Eindruck erwecken (können), es würde sich hierbei um Originalaussagen Hitlers handeln. Das ist auch bei der von Heiniger angeführten „Aussage Hitlers" der Fall, die in der Neuauflage von 1976 als Kommentar der Gesprächsaufzeichnung vom 5. 7. 1942 erscheint.[65] Auf die Unzulänglichkeiten dieser Auflage hat bereits Werner Jochmann hingewiesen. Pickers „Tischgespräche" sind als Quelle für den Historiker nur eingeschränkt nutzbar.[66]

Heiniger stützte sich auf Jürg Finks 1985 erschienene Dissertation „Die Schweiz aus der Sicht des Dritten Reiches", in der Pickers Kommentar als authentische Aussage Hitlers bewertet wird.[67] Fink schreibt: „Generaloberst Guderian bestätigt in seinen Erinnerungen die Aussage Pickers [indirekt – d. A.], indem er nirgends etwas von einem geplanten Angriff gegen die Schweiz erwähnt, sondern im Gegenteil schildert, wie er überraschend schnell die Schweizer Grenze erreicht habe und dann, am 17. Juni 1940, nach einem Besuch an der Grenze nordwärts Richtung Belfort abdrehte. Die Bedeutung dieser Anmerkung Pickers kann für unsere Untersuchung nicht hoch genug eingeschätzt werden ..., hier liegen ... bereits die wichtigsten Stichworte vor, welche den Stellenwert der Schweiz im deutschen Kalkül aufzeigen. Nicht militärische Erwägungen standen im Vordergrund, sondern politisch-wirtschaftliche Interessen."[68]

Heiniger saß sozusagen einem „Irrtum aus zweiter Hand" auf, der sich aus Pickers retrospektiver Erkenntnisschöpfung ergab. Eine Analyse der als authentisch präsentierten Äußerung Hitlers legt offen, daß die Wahrscheinlichkeit, daß es sich hierbei um ein „Originalzitat" handelt, äußerst gering ist. Hitler, der trotz einer völlig unzureichenden Rüstungsindustrie den siegreichen Feldzug gegen Frankreich auslöste, soll sich in diesem Moment des Triumphes über den „Erbfeind" um Devisengeschäfte, um Mangelwaren und Rüstungsgüter der Schweiz gekümmert haben?[69]

Gerade im Frühjahr und Sommer 1940 gewann das Deutsche Reich enorme Ressourcen aus den besetzten europäischen Ländern, Hitler wurde von der UdSSR vertragsgemäß wirtschaftlich massiv unterstützt und mußte zur Verwirklichung seiner Kriegsziele im Westen nur noch

Neujahrsempfang bei Bundespräsident Pilet-Golaz in Bern, Januar 1940: Der deutsche Gesandte Dr. Köcher überbringt die Glückwünsche Adolf Hitlers, daneben (in Uniform) der deutsche Militärattaché, Oberstleutnant von Ilsemann.

auf das – von ihm erhoffte – Einlenken Großbritanniens, des letzten europäischen Kriegsgegners, warten.

In diesem Kontext gesehen, ist es auch kein Zufall, daß sich keine Belege für ein besonderes Interesse Hitlers an der schweizerischen Wirtschaft im Jahr 1940 finden lassen. Das Deutsche Reich zeigte sich auffällig desinteressiert an der schweizerischen Industrieproduktion, deren Exportkapazitäten im Bereich der Rüstung von den Alliierten durch klug plazierte Aufträge nahezu ausgeschöpft wurden. Das Volumen der Rüstungsaufträge Frankreichs und Großbritanniens belief sich bis März 1940 auf 364 Millionen (!) SFr, während die deutschen Bestellungen lediglich 149.504 SFr ausmachten.[70] Vielmehr war die Schweiz ihrerseits an Kriegsmateriallieferungen aus Deutschland interessiert. Das Deutsche Reich lieferte der Schweiz zwischen Oktober 1939 und März 1940 insgesamt 90 Messerschmitt-Jagdflugzeuge (Me 109 Bf).[71]

Die Folgerungen Finks und Heinigers enthalten einen weiteren Trugschluß. Guderians Panzergruppe drehte am 17. 6. nicht deshalb nach Nordosten ab, weil – wie Fink suggeriert – Hitler die Schweiz bewußt verschonen wollte, sondern weil das operative Ziel dieses Schwenks in der Einschließung der bedeutenden französischen Kräfte lag, die sich im Raum Belfort - Straßburg - Nancy befanden.[72]

Am 17. 6. 1940 notierte Generaloberst Halder in seinem Kriegstagebuch: „Guderian muß mit rechtem Flügel nach Norden einschwenken und im Verein mit 16., 1. und 7. Armee den Ring schließen."[73]

Selbst die Dienste, die der Finanzplatz Schweiz dem Deutschen Reich 1940 leistete, bewogen Reichswirtschaftsminister Funk im Mai 1940 lediglich zu dem Hinweis, daß bei einer eventuellen Einbeziehung der Schweiz in den Krieg der Sitz der „Bank für internationalen Zahlungsausgleich" (BIZ) in Basel möglichst geschont werden solle.[74]

Am 16. 6. 1940 bat die französische Regierung unter Marschall Pétain um Waffenstillstand. Hitlers Bedingungen wurden den französischen Unterhändlern am 20. 6. in dem gleichen Eisenbahnwaggon im Wald von Compiègne übergeben, in dem die deutschen Unterhändler den Waffenstillstand von 1918 unterzeichnet hatten.[75]

Am 22. 6. nahm die französische Delegation die deutschen Bedingungen an und der Waffenstillstand wurde in Rethondes bei Compiègne unterzeichnet. Nachdem noch am gleichen Tag (22. 6. 40) ein Waffenstillstand zwischen Italien und Frankreich vereinbart worden war, herrschte ab 25. Juni 1940 (1.35 Uhr) Waffenruhe.[76]

Es bleibt die seltsame Koinzidenz, daß gerade am Tag des Waffenstillstandes Hauptmann Otto Wilhelm von Menges, Leiter der Gruppe 1 der Operationsabteilung (I) des Generalstabes des Heeres, eine erste Kurzstudie mit dem Titel „1. Vortragsnotiz über Angriff gegen die Schweiz" fertigstellte, deren operatives Ziel darin bestand, die Schweiz „... baldigst als Durchgangsgebiet nach Südfrankreich für alle Transporte nutzbar zu machen".[77] Von Menges arbeitete sogar die Nacht vom 24. 6. auf den 25. 6. , um seine Ergebnisse rechtzeitig vorlegen zu können ...[78]

Die militärische Operation der „Gruppe List" zur vollständigen Einschließung der Schweiz – Juni 1940

(vgl. Anhang C 7)

Am 18. 4. 1940, einen Tag nachdem Guderian bei Pontarlier die Schweizer Grenze erreicht hatte, trafen sich Hitler und Mussolini in München, um die Waffenstillstandsbedingungen gegenüber Frankreich abzustimmen.

Bei dieser Gelegenheit bezeichnete Hitler die Schweizer als „abtrünnige Deutsche" und erklärte, die Schweiz müsse durch einen Streifen besetzten Gebietes vollständig von Frankreich abgeriegelt werden. Die Schweiz werde sich dann zu einer entgegenkommenderen Haltung in der Transitfrage, der allgemeinen politischen Haltung und ihrer unneutralen Pressepolitik bewegen lassen.

Hitler ermutigte Mussolini, einen militärischen Vorstoß über die Seealpen nach Savoyen hinein zu unternehmen und lockte ihn mit der Einbehaltung des zu erobernden französischen Territoriums nach Friedensschluß.[79]

Mussolini sagte seine Unterstützung zu. Hitler, der am 19. Juni wieder in seinem Hauptquartier in Bruly de Peche eintraf, setzte sofort eine nach Süden gerichtete militärische Operation zur vollständigen Einschließung der Schweiz in Gang.[80] Wie ist dieser Entschluß Hitlers zu erklären? Anfang Februar 1940 hatte eine deutsche Propagandakampagne gegen die „Schweizerpresse" begonnen, weil diese sich, so der deutsche Vorwurf, in ihrer Berichterstattung antideutsch und absolut unneutral verhalte.[81]

Aber erst im Zusammenhang mit den deutsch-schweizerischen Fliegerzwischenfällen im Mai und Juni 1940 wurde Hitler auf die Schweiz aufmerksam. Am 6. Juni übergab der deutsche Gesandte Köcher dem Vorsteher des EPD eine scharfe Note der Reichsregierung, die feststellte, daß die Angriffe von Schweizer Piloten auf deutsche Maschinen, noch dazu über französischem Staatsgebiet, einem feindseligen Akt der Schweiz gleichkämen und die Reichsregierung sich alles weitere zur Verhinderung solcher Angriffe vorbehalte.[82]

Seit dem ersten Zwischenfall am 10. 5. 1940 hatte sich der Luftwaffenführungsstab im Generalstab der Luftwaffe mit dieser Problematik befaßt, die scharfe Note vom 6. Juni hatte Ribbentrop jedoch persönlich formuliert.[83]

Im EPD, wo man glaubte, daß die Reichsregierung nur noch einen Grund zum Angriff auf die Schweiz suche, wurde eine Gegennote formuliert, in der sogar angeboten wurde, „... die Schuldigen nach Maßgabe von Art. 92 des schweizerischen Militärstrafgesetzes zur Rechenschaft zu ziehen, wenn die Ereignisse sich wirklich so zugetragen hätten, wie sie in der Note dargestellt sind".[84]

Trotz dieser beschwichtigenden Geste gab die deutsche Führung der vorerst diplomatischen Krise eine ernste Wendung. Köcher und Ribbentrop beharrten auf ihrem Standpunkt, daß die Schweiz ihre Neutralitätspflichten ständig und massiv verletze. Am 9. Juni entschloß sich Hitler, die Bearbeitung der Fliegerzwischenfälle aus der

Zuständigkeit des Luftwaffenführungsstabes herauszulösen und selbst zu übernehmen.[85]

In einer Mitteilung des Luftwaffenführungsstabes heißt es, der Führer habe u. a. den kommandierenden General des hauptsächlich betroffenen Fliegerkorps 5 zum mündlichen Vortrag zu sich berufen. Alles Material über die Zwischenfälle solle dem Führer direkt zugeleitet werden.[86]

Dies läßt darauf schließen, daß alle nach dem 9. Juni in diesem Zusammenhang gegen die Schweiz unternommenen Schritte direkt von Hitler veranlaßt wurden. Die deutsche Sabotageaktion mit dem Tarnnamen „Adler", die am 13. 6. 1940 begann und die Zerstörung mehrerer schweizerischer Militärflugplätze zum Ziel hatte, wurde mit großer Sicherheit auf direkten Befehl Hitlers ausgelöst.[87]

Die starre Haltung der Schweizer in der Transitfrage tat ein übriges, um Hitler davon zu überzeugen, daß sich die Schweiz nur auf deutschen Druck hin zu einer entgegenkommenderen Haltung bringen lassen würde.[88]

Die Möglichkeit, militärischen Druck auf die Schweiz auszuüben, ergab sich für Hitler erst aus der unerwartet günstigen Kriegslage gegen Frankreich (Mitte Juni 1940). Die vollständige Einkreisung der Schweiz durch die Achsenmächte schien möglich zu sein, wenn deutsche und italienische Truppen Savoyen erobern konnten. Damit wollte Hitler seinen allgemeinen Erfolg im Westen abrunden, denn eine vollständige Blockade hätte die Schweiz auch ohne militärische Besetzung gefügig machen und zu einer grundsätzlichen Neuorientierung im Sinne Hitlers bewegen können.

Daß dies nicht nur bloße Spekulation ist, wird durch Hitlers Entscheidungen in der Julimitte überzeugend bewiesen. Den dramatischen Auftakt der gegen die Schweiz gerichteten Handlungen bildete die Erreichung der Schweizer Grenze durch das Panzerkorps Guderian am 17. 6. 1940.

Daß Guderians „Wettlauf zur Schweizer Grenze" nicht nur militärische Gründe hatte, wird durch das Kriegstagebuch der Panzergruppe bestätigt. Der Eintrag vom 16. Juni lautet: „1. Ziel für XXXIX. Pz.K. für den 17. 6. ist Erreichen der Schweizer Grenze, da die Erreichung von ausschlaggebender militärischer und politischer Bedeutung ist."[89] (Vgl. Anhang A 2)

Guderian, der unter dem Kommando der 12. Armee operierte, wurde aus militärischen und politischen (!) Gründen zum schnellstmöglichen Erreichen der Grenze gedrängt. Daß dieser Befehl an Guderian tatsächlich von Hitler selbst stammte, geht aus der im deutschen Heer unüblichen Übermittlungsmethode hervor. Die Order war am Abend des 16. Juni durch einen Verbindungsoffizier des OKH überbracht worden.[90] Der normale Befehlsweg vom OKH zu Guderian wäre über die HGr. A zur 12. Armee, und von dort – in der Regel über Funk – zu Guderians Stab verlaufen.

Politische Befehle von höchster Stelle waren nicht Sache des OKH; sie konnten nur vom „Politiker" selbst, von Hitler stammen.[91]

Daß die Operation Guderians der Vorbereitung einer militärischen Aktion zur vollständigen Einschließung der Schweiz diente, wurde erst im Kontext mit den nachfolgenden Ereignissen sichtbar.

Zunächst aber war der Grund für den „Wettlauf" ein vierfacher. Hitler erreichte damit die Einkesselung der französischen Truppen in Lothringen und konnte die gesamte Schweizer Grenze von Basel bis Pontarlier in seine Blockadepläne einbeziehen. Außerdem zeichnete sich bereits am 16. Juni ein Waffenstillstandsbegehren der Franzosen ab und Hitler gedachte, die Information über die Erreichung der Grenze gegenüber Mussolini als Beweis dafür zu verwenden, daß eine militärische Einschließung der Schweiz durchaus im Bereich des Möglichen lag. Dies sollte Mussolini die Entscheidung über die Auslösung einer italienischen Offensive an der Alpenfront erleichtern. Und die Schnelligkeit, die von Guderian gefordert wurde, war notwendig, weil eine (indirekte) Militäraktion gegen die Schweiz umgehend in Szene gesetzt werden mußte, denn die Zeit für die Realisierung militärischer Nebenaktionen wurde durch den absehbaren Waffenstillstand eingeschränkt.

Damit war die Vorbereitung der Einschließungsoperation abgeschlossen und Hitler befahl nach seiner Rückkehr aus München deren Ausführung. Am 19. 6. wurde die Gruppe Kleist angewiesen, Lyon zu besetzen, um eine günstige Ausgangsposition für eine Offensivoperation in die rückwärtigen Stellungen der französischen Alpenarmee zu sichern.[92]

Das Kriegstagebuch von Generalstabschef Halder dokumentiert die Weiterführung der Operation ausführlich. Halder schrieb am 20. 6. 1940: „Anschließend an die Morgenbesprechung beim ObdH werden die Befehle für Zusammenfassen einer Gruppe Lyon unter dem OB. 12 für Sonderauftrag in Gegend Chambery und Grenoble ausgegeben. Neben XVI. AK. sollen alle behelfsmäßigen mot. Verbände in Gefechtsgruppen zusammengefaßt ... werden, dazu ... möglichst starke Teile der Geb. Div. auf Lastwagen".[93]

Die Kampfgruppe für den Sonderauftrag wurde bis zum 21. 6. 1940 unter dem OB der 12. Armee (GenOberst Wilhelm List) im Raum Lyon zusammengestellt.

Der General der Infanterie Wilhelm List war im April 1939 zum Generaloberst befördert worden. Die Aufnahme zeigt ihn bei der von Hitler persönlich vorgenommenen Aussprache der Beförderung.

Halder und Oberst v. Greiffenberg, Chef der Operationsabteilung des Generalstabs des Heeres, arbeiteten die Befehle für den Angriff der Gruppe List in den Rücken der französischen Alpenfront aus.[94]

Nun wird ein weiterer Grund für den Wettlauf Guderians zur Schweizer Grenze offenbar. Halder schrieb am 21. 6. 1940: „Ostwärts der Linie Troyes-Moulins ist eine große Lücke [in der frz. Front – d. A.]. In der Absicht der französischen Führung sollte diese Lücke wohl durch die aus dem NO zurückzuführenden Teile geschlossen werden. Das ist durch unseren Panzerstoß bis an die Schweizer Grenze verhindert worden."[95] Der Gruppe List stand dadurch der Weg in den rückwärtigen Raum der französischen Alpenarmee offen. Dies bestätigt, daß der von Hitler am 16. 6. befohlene Wettlauf zur Schweizer Grenze mit Blick darauf geplant und ausgeführt wurde, eine militärische Operation zur Einschließung der Schweiz vorzubereiten.

Am 23. Juni begann die Gruppe List mit dem Vormarsch in Richtung Chambery. Und auch die Italiener traten am 22. 6. zu einer Offensive an der Alpenfront an, die allerdings schon nach wenigen Kilometern zum Stehen kam.[96]

Das „Comando Supremo", das italienische Oberkommando, begnügte sich nämlich mit einem symbolischen Vorstoß, der den Italienern zugedachte Teil Savoyens blieb unbesetzt. Der Grund für den schnellen Abbruch der italienischen Operation lag, abgesehen vom erfolgreichen Widerstand der Franzosen, darin, daß am 22. 6. 1940 die italienisch-schweizerischen Wirtschaftsverhandlungen mit einer vorteilhaften Übereinkunft endeten. Die Schweiz stellte Italien einen Kredit in Höhe von 200 Millionen SFr zur Verfügung, und die Italiener erklärten sich im Gegenzug bereit, den Transit von schweizerischem Handelsgut durch italienisches Gebiet zu ermöglichen.[97]

Unter diesen Umständen ist es wahrscheinlich, daß Mussolini nicht mehr an einer Einschließung der Schweiz interessiert war und an der Alpenfront lediglich eine „symbolische" Operation auslöste, um Hitler nicht zu enttäuschen.[98] Und auch die Kampfgruppe unter Generaloberst List operierte glücklos. Sie erreichte zwar am 23. Juni die Gegend nordöstlich von Valence, nordwestlich von Grenoble, Chambery und Aix-les-Bains, konnte aber die dortigen Stellungen der französischen Alpenjäger nicht durchbrechen. Am 24. 6. formulierte Halder seine Kritik an Hitlers überhasteter Offensivoperation in seinem Kriegstagebuch: „Eine solche Aktion kann nur planmäßig unter Einsatz von Gebirgstruppen angesetzt werden und bedarf der Vorbereitung. Hier kann man nicht mit eilig herangeführten mot. Alpen Btln. improvisieren."[99]

Die Gruppe List operierte bis zum Eintritt des Waffenstillstandes am 25. 6. 40 weiter, konnte jedoch ihre von Hitler gestellte Aufgabe, die Besetzung Hochsavoyens, nicht erfüllen. Damit war die Einschließung und Isolierung der Schweiz durch die Achsenmächte vorerst gescheitert.

Die deutschen Truppen hatten, wie ihre italienischen Verbündeten, in diesem Zusammenhang eine Niederlage zu verzeichnen. Am 25. 6. zogen sich die Truppen der Achsenmächte auf die im Waffenstillstandsvertrag vereinbarte Demarkationslinie zurück und der Schweiz verblieb eine gemeinsame Grenze mit dem unbesetzten Teil Frankreichs, die von Genf bis zum südöstlichen Ende des Genfer Sees (Lac Leman) bei St. Gingolph reichte und die Bahnlinie La Roche-Annecey einschloß.[100]

Die militärische Einschließungsoperation beweist, daß die Schweiz während des Frankreichfeldzuges zu einem Kriegsziel des Deutschen Reiches geworden ist. Da sich dieses Kriegsziel, die territoriale Isolierung der Schweiz, im Verlauf des Frankreichfeldzuges nicht von allein ergab, sollte es mit militärischen Mitteln durchgesetzt werden. Die Operation der Gruppe List ist als gegen die Schweiz gerichtete, indirekte Kriegshandlung anzusehen, die ihre Ziele ohne die direkte Einbeziehung schweizerischen Territoriums erreichen sollte.[101]

Die Einschätzung Heinigers, daß „die Logik des Kriegsverlaufes im Großen die Schweiz begünstigte", wird damit hinfällig.[102] Die Folgerichtigkeit der nachfolgenden Entwicklungen beweist eher das Gegenteil.

Die Schweiz und der deutsch-französische Waffenstillstand – Juni bis Juli 1940

Der deutsch-französische Waffenstillstand trat unter traumatischen Umständen in Kraft. Innerhalb von sechs Wochen war Zentraleuropa in die völlige Abhängigkeit der Achsenmächte geraten. Die Niederlande, Belgien und Luxemburg wurden zu deutschem Besatzungsgebiet. Laut Waffenstillstandsvertrag vom 22. 6. 1940 wurde Frankreich in eine von deutschen Truppen besetzte nördliche Zone und in eine unbesetzte, südliche Zone aufgeteilt.[103]

Der zunächst letzte Kriegsgegner der Achsenmächte, Großbritannien, dessen Expeditionskorps über den Kanal geflüchtet war, nahm eine Änderung seiner strategischen Schwerpunkte vor und agierte ab Juli 1940 vorwiegend maritim, mit „Commando Raids" und in der Luft.[104] Hitler war auf dem Höhepunkt seiner Macht und seines Erfolges angelangt. Der von der Goebbelsschen Propaganda verkündete Mythos der Unbesiegbarkeit der Wehrmacht gewann zunehmend, auch in der Schweiz, an Einfluß.[105]

Die Schweiz wurde fast vollständig von den Achsenmächten umklammert, ihr einseitig nach Nordosten ausgerichtetes Abwehrdispositiv war wirkungslos geworden. „Statt der französischen Armeegruppe 3, von der sich General Guisan auf Grund seiner Geheimabsprachen Schutz für die Westflanke und direkte Unterstützung im Falle eines deutschen Angriffs erhofft hatte, standen seit dem 16./17. Juni die gefährliche Panzergruppe Guderian und alsbald weitere deutsche Kampfverbände an der Juragrenze."[106]

Der unerwartet rasche Zusammenbruch Frankreichs stürzte die Schweiz in eine moralische Krise und in eine Periode militärischer Schwäche.[107]

Der weite Verteidigungsbogen, der von Genf bis Basel reichte, war zu

Schweizer Soldaten pflanzen Ende Juli 1940 an der Grenze zu Frankreich die Landesfahne auf.

dünn besetzt, um bei Überfall einen auch nur hinhaltenden Widerstand leisten zu können. Die „Front" war überdehnt, die vorhandenen Mittel der Schweiz zu gering. Alle Anzeichen sprechen dafür, daß eine überfallartige Fortsetzung des deutschen Vorstoßes in die vom französischen Schutz entblößte Schweizer Flanke im Westen und Südwesten ihre Ziele innerhalb kürzester Zeit erreicht hätte, meint Klaus Urner.[108]

In dieser bedrängten Situation hielt der Schweizer Bundespräsident Pilet am 25. 6. eine Rundfunkansprache, die mit ihren orakelhaften Formulierungen bei den Schweizern Unverständnis und Hilflosigkeit hervorrief. Pilet sprach von „... Wiederaufrichtung außerhalb veralteter Formen ...", von der Anpassung an die neuen Verhältnisse, vom Ablegen der alten Mentalität und von „... Entscheidungen, die wir nicht lange diskutieren können ...", sondern die aus der eigenen Machtbefugnis des Bundesrates heraus zu entscheiden seien.[109] Pilets Rede weckte bei vielen Schweizern Zweifel am Widerstandswillen des Bundesrates. Sie vermittelte vielmehr den Eindruck, daß sich der Bundesrat mit den Achsenmächten arrangieren wolle, vielleicht sogar in irgendeiner Form von ihnen erpreßt wurde. Die Ankündigung einer teilweisen Demobilisierung des eidgenössischen Heeres, die am 6. 7. 1940 auch wirklich stattfand, wirkte befremdend auf jene, die sich nach dem Fall Frankreichs der gesteigerten militärischen Bedrohung durch die Achsenmächte bewußt waren.[110]

In dieser Situation der Orientierungslosigkeit und Verwirrung gelang Guisan ein Geniestreich, der als Auslöser für seine Stilisierung zur Galionsfigur des absoluten Widerstandswillens anzusehen ist.

Guisan erkannte, daß die Regierung der Schweiz weitgehend handlungsunfähig war, und reagierte entsprechend. Am 25. Juli 1940 verkündete Guisan den auf der Rütliwiese versammelten Stabsoffizieren des Schweizer Heeres seinen Operationsbefehl Nr. 12, der eine Veränderung des eidgenössischen Verteidigungsdispositivs zum Inhalt hatte.[111]

Die Grundidee bestand darin, ein „reduit national", ein endgültiges Widerstandszentrum der Armee, in der südlichen Schweiz zu schaffen, das in Anlehnung an die Fortifikationen in den Alpen – mit den Werken von Sargans und St. Maurice als Eckpfeiler – alle wichtigen Alpenpässe umfassen sollte.

Guisans Konzeption sah weiterhin vor, im Falle eines Angriffs wichtige Industriegebiete, Brücken und verschiedene Tunnels – an erster Stelle St. Gotthard und Simplon – in die Luft zu sprengen. Die 1.800 km lange Grenze sollte fortan von Grenzschutzbrigaden, das Mittelland von Ortswehren verteidigt werden, deren Aufgabe es sei, einen Verzögerungskampf zu führen. Die Armee-Einheiten im Reduit sollten dadurch in die Lage versetzt werden, einem konzentrischen Angriff zu widerstehen. Die südliche Umfassung des Reduit sollte vom Unterwallis an der italienischen Grenze entlang über den Gotthard nach Sargans verlaufen. Die nördliche Umfassung sollte Luzern streifen und bis an den Genfer See reichen.[112]

Allerdings war das Reduit keine Erfindung Guisans, sondern deutschfreundlicher Offiziere, die den Rückzug in die Alpen als Unterwerfungsgeste gegenüber dem Deutschen Reich verstanden wissen wollten.[113]

Guisan entschied sich unter dem Druck der Situation für das Reduit, allerdings nicht ohne vorher das Konzept umzudeuten. Das „deutschfreundliche Reduit“ wurde durch Guisans propagandistisches Geschick zum Hort des unbedingten Widerstandswillens.[114]

Allerdings besaß das Reduit-Konzept gravierende Schwachpunkte. Das Mittelland, Wohngebiet des größten Teils der Bevölkerung und bedeutender Industriestandort, wäre im Ernstfall unverteidigt geblieben.

Außerdem war am 25. 7. allein ein Befehl Guisans ergangen. Fertige Sprengwerke und vorbereitete Stellungen, die einen sinnvollen Widerstand ermöglicht hätten, gab es nicht.[115] Der militärische Wert des Reduits war vom Baubeginn bis Mitte 1942 zumindest fraglich. Allerdings sind Spekulationen über die Effizienz des Reduits müßig, zumal eine überzeugende militärische Alternative für die Schweizer nicht bestand.

Der moralische Wert des Reduits war indes enorm. Der „Rütlirapport“ Guisans hob das Selbstvertrauen der Eidgenossen und das Ansehen der Schweiz im Ausland, das durch das schweizerische Verhalten bei den deutsch-schweizerischen Fliegerzwischenfällen in den USA und in Großbritannien stark gelitten hatte.[116]

Der Alleingang Guisans konnte die politisch-moralisch-militärische Krise der Schweiz zwar nicht aus der Welt schaffen, aber er half, sie zu entschärfen. Ein „Durchhalten bis zum Frieden“, wie Guisan es wünschte, schien möglich.[117] Die heroische Geste Guisans wirkt allerdings zweifelhaft angesichts der Tatsache, daß am 6. Juli die Armee durch Teildemobilisierung von 400.000 auf 150.000 Mann reduziert wurde. Hans Senn beurteilt diesen Kniefall folgendermaßen: „Die Armee geriet nicht nur in eine höchst schwierige strategische Lage; sie wurde gleichzeitig zu 2/3 demobilisiert, um die Siegermächte nicht zu reizen.“[118]

Die schweizerische Bevölkerung und auch viele Verantwortliche in Politik und Militär waren allerdings der Überzeugung, daß sich mit dem Abschluß des Waffenstillstandes vom 25. 6. 1940 die Gefahr eines „heißen Krieges“ gegen die Schweiz verringert habe.[119]

Das dem nicht so war, beweisen Hitlers geheime, gegen die Schweiz verfolgte Aktionspläne mit dem Tarnnamen „Tannenbaum“, die keinen Zweifel an dem Schicksal lassen, welches das nationalsozialistische Regime dem Kleinstaat zugedacht hatte.[120]

Auch die Radiosender der Schweiz wurden nach Guisans Operationsbefehl Nr. 12 vom 25. Juli 1940 militärisch bewacht.

4

„... um das Land baldigst als Durchgangsgebiet nach Südfrankreich für alle Transporte nutzbar zu machen.“ Die Operationsstudien „Tannenbaum“ und die Bedrohungslage der Schweiz bis zum Jahreswechsel 1940/ 1941

Als am 25. Juni der Waffenstillstand in Kraft trat und die Führungskrise in der Schweiz ihrem Höhepunkt zusteuerte, wurde durch Hauptmann v. Menges, den Chef der Gruppe I der Operationsabteilung beim Generalstab des Heeres, die erste Skizze eines militärischen Angriffs gegen die Schweiz fertiggestellt.[1] Diese Skizze repräsentierte bis Anfang August 1940 den letzten Planungsstand. Am 8. und am 12. August erstellte von Menges dann zwei weitere Studien, jeweils mit dem uniformen Titel „Neufassung infolge neuer Nachrichten über die Schweiz“.[2]

Diese drei Studien dienten als Arbeitsgrundlage für alle weiteren Operationsplanungen. Am 26. 8. beauftragte Generalstabschef Halder die HGr. C (v. Leeb) mit der Ausarbeitung eines weiteren, umfangreichen Operationsentwurfs gegen die Schweiz. Im Zusammenhang mit dieser Studie taucht erstmals der Tarnname „Tannenbaum“ auf.[3]

Der Entwurf der HGr. C wurde am 4. 10. fertiggestellt und, laut Verteilernotiz, der Operationsabteilung des Generalstabes und dem OB der neugebildeten HGr. D (Generalfeldmarschall v. Witzleben) zur Prüfung und Kenntnisnahme vorgelegt.[4] Der Entwurf wurde von der Operationsabteilung des OKH und schließlich von Halder selbst überarbeitet. Mit der „Stellungnahme der Operationsabteilung“, einer unter Halders Leitung am 9. 10. 1940 fertiggestellten Zusammenfassung der Erkenntnisse aller vorangegangenen Operationsstudien, endete die Reihe der gegen die Schweiz gerichteten militärischen Planungen.[5]

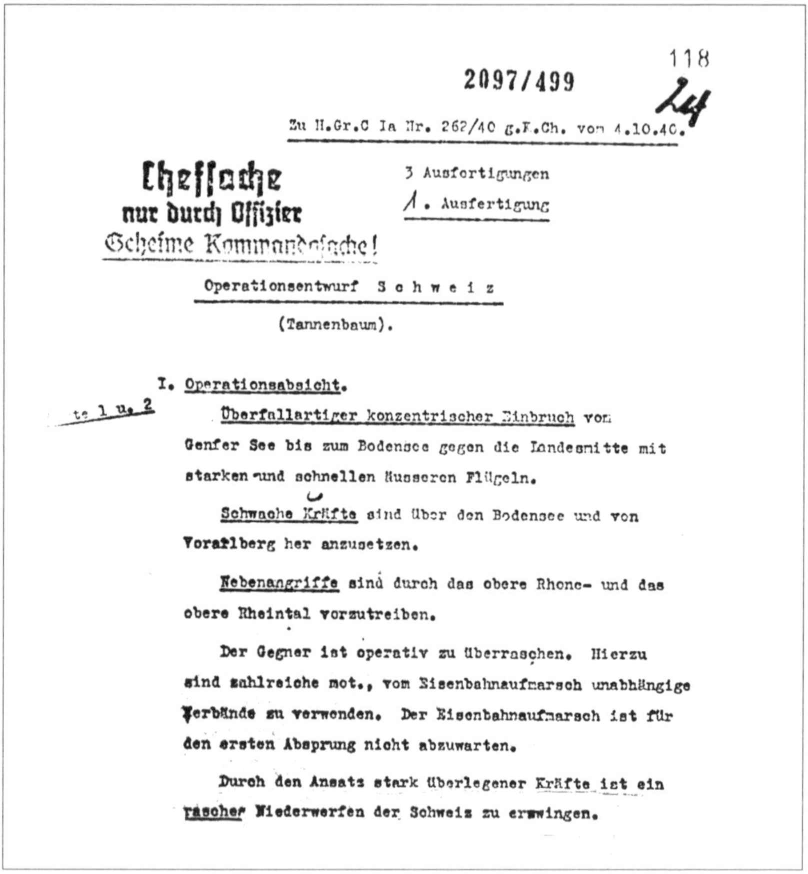

118

2097/499

24

Zu H.Gr.C Ia Nr. 262/40 g.K.Ch. vom 4.10.40.

Chefsache
nur durch Offizier
Geheime Kommandosache!

3 Ausfertigungen
1. Ausfertigung

Operationsentwurf S c h w e i z

(Tannenbaum).

I. Operationsabsicht.

te 1 u. 2

Überfallartiger konzentrischer Einbruch vom Genfer See bis zum Bodensee gegen die Landesmitte mit starken und schnellen äusseren Flügeln.

Schwache Kräfte sind über den Bodensee und von Vorarlberg her anzusetzen.

Nebenangriffe sind durch das obere Rhone- und das obere Rheintal vorzutreiben.

Der Gegner ist operativ zu überraschen. Hierzu sind zahlreiche mot., vom Eisenbahnaufmarsch unabhängige Verbände zu verwenden. Der Eisenbahnaufmarsch ist für den ersten Absprung nicht abzuwarten.

Durch den Ansatz stark überlegener Kräfte ist ein rascher Niederwerfen der Schweiz zu erzwingen.

Blatt 1 der Operationsstudie „Tannenbaum“ vom 4. Oktober 1940.
BUNDESARCHIV-MILITÄRARCHIV.

Parallel zur HGr. C arbeitete auch die HGr. D eine detaillierte Studie gegen die Schweiz aus. Sie trägt den Titel „Studie über einen Angriff gegen die Schweiz aus dem Raume der 1. Armee“ und wurde durch den Major i. G. Bodo Zimmermann – zeitgleich zum Entwurf der HGr. C – am 4. 10. 1940 fertiggestellt.[6] Die Parallelplanung der Heeresgruppen C und D dürfte damit zu erklären sein, daß die HGr. D (v. Witzleben) mit Wirkung vom 26. Oktober 1940 den bisherigen Befehlsbereich der HGr. C (v. Leeb) übernahm und auf alle Eventualitäten vorbereitet sein wollte (mußte).[7]

14

sondern parallel der Schweizer Grenze verlaufen, steht der Truppenunterbringung entgegen. Sie wird vielfach nicht in Ortsunterkünften, sondern in Ortsbiwaks notwendig werden. Auch dies deutet darauf hin, nach Möglichkeit den Aufmarsch nicht in rauhester Jahreszeit vorzunehmen.

Auf Grund aller vorstehenden Erwägungen ergeben sich folgende Aufmarschräume:

Raum A (Schwerpunkt !) im Raume von Morez - Pontarlier - Besancon - Champagnole (Bereitstellung von Kräften von dort a in den Raum um Gex erst in letzter Minute)

Raum B im Raume von Le Russcy - St.Hippolyte - südlich Montbeliard - Delle - Belfort und südwestlich davon.

Für diesen Aufmarsch kommen folgende Eisenbahnlinien in Frage:

1.) Paris - Dijon - Pontarlier
2.) Troyes - Chaumont oder Chalons s. Marne - Chaumont Langres - Vesoul - Besancon (nach Fertigstellung des Teilstückes Jussey - Port d'Atelier.)
3.) Nancy - Epinal - Lure - Belfort
4.) Strassburg - Mühlhausen - Belfort
5.) Karlsruhe - Freiburg.

Vorverlegen der Ausladeräume über die Linie Dole - Besanc Belfort - Mühlhausen nach Südosten wird nur in Richtung Pontarlier mit Teilen möglich sein. Im übrigen müssen die Div. ihre Aufmarschräume von den genannten Eisenbahn-Endpunkte aus im Landmarsch erreichen.

Legt man ein durchschnittliches Tempo des Antransportes von 24 zu Grunde, so ist für jede Division etwa eine Auslade - dauer von 2½ Tagen zu rechnen. Voraussetzung hierfür ist, das die mot.-Teile der Divisionen auf Landmarsch verwiesen werden.

Aus Tarnungsgründen erscheint es vorteilhaft, alle 5 Tran portstrassen für den Antransport auszunutzen, um die eigene Absicht nicht frühzeitig aufzudecken.

Zweckmässig erfolgt der Antransport der bei Beginn der Operation zuerst einzusetzenden Kräfte schon eine gewisse Zeit vor Angriffsbeginn, da gleichzeitiger Antransport aller be- teiligten Divisionen technisch nicht möglich erscheint.

Eine Seite aus der Operationsstudie vom 4. Oktober 1940 mit handschriftlichen Randbemerkungen von Generalstabschef Franz Halder.
BUNDESARCHIV-MILITÄRARCHIV.

Das operative Ziel aller Studien bestand in der schnellen Zerschlagung des eidgenössischen Heeres und der Eroberung des strategisch, verkehrstechnisch und wirtschaftlich bedeutenden Mittellandes der Schweiz.

Der Angriff sollte unter größter Geheimhaltung vorbereitet werden und am „Tag X" überfallartig erfolgen, um durch den Überraschungseffekt und den Ansatz stark überlegener Kräfte auftretenden Widerstand innerhalb kürzester Zeit brechen zu können.[8]

Die Studien unterschieden sich lediglich in der Detailliertheit und im unterschiedlich hoch bemessenen Ansatz deutscher Divisionen. Die Kampfkraft der Schweizer wurde durchweg als „hoch" eingeschätzt. Der Schweizer Soldat sei unerfahren, aber gut motiviert.[9]

Wodurch wurde der deutsche Planungseifer gerade am Tag des Waffenstillstandes mit Frankreich ausgelöst?

Die Schweiz stellte in keiner Beziehung irgendeine Gefahr für die Vorherrschaft der Achsenmächte in Europa dar. Handelt es sich bei dem Entstehungszeitpunkt der ersten Studie am 25. 6. wirklich nur, wie Edgar Bonjour annimmt, um ein zufälliges Zusammentreffen mit dem Datum des Waffenstillstandes?[10]

Von Hauptmann v. Menges forderte man eine kurze Beurteilungsgrundlage des operativen Problems „Schweiz", die schnell aktualisiert und vertieft werden konnte.

Die operativen Ziele wurden wie folgt formuliert:

„1. Zerschlagung des feindlichen Heeres ...,

2. ... schnelle und unversehrte Besetzung der Hauptstadt und des Waffenindustriegebietes um Solothurn."

Und, was besonders wichtig, aber am Tage des Waffenstillstandes gerade befremdend erscheint:

„3. Gewinnung der wichtigsten Eisenbahn- und Straßenknotenpunkte sowie der zahlreichen Brücken in unbeschädigtem Zustande, *um das Land baldigst als Durchgangsgebiet nach Südfrankreich für alle Transporte nutzbar zu machen.*" [Hervorhebung durch d. A.][11] (Vgl. Anhang A 3)

Erwog Hitler eine Fortführung des Krieges in Richtung Mittelmeerküste? War er nicht sicher, ob der Waffenstillstand halten würde?

Diese Fragen sind aus den „Tannenbaum"-Akten allein nicht zu beantworten. Aber es scheint zumindest klar, daß ein Einmarsch in die Schweiz deutscherseits geprüft wurde und vermutlich in konkretem Zusammenhang zu Kriegszielen und Alternativplanungen stand, die vor dem Eintritt des Waffenstillstandes nicht mehr erreicht werden konnten, oder die – das würde den Planungseifer erklären – nach dem Eintritt des Waffenstillstandes angestrebt werden sollten.

Hintergründe der Operationsplanung „Tannenbaum"

Hitler hatte – von der völligen Einschließung der Schweiz abgesehen – am 22. Juni 1940, als die Waffenstillstandsverhandlungen mit Frankreich abgeschlossen wurden, alle strategischen Ziele des Westfeldzuges erreicht. Allerdings hatte nur ein solcher Waffenstillstand für Hitler Wert, der dazu geeignet war, seinem letzten Kriegsgegner, Großbritannien, die französische Unterstützung, insbesondere in den französischen Kolonien, zu entziehen und ihm somit die Fortführung des Krieges gegen das Deutsche Reich zu erschweren.

Dieser Zielsetzung entsprechend hielten sich sowohl Hitler als auch dessen Verhandlungsführer Keitel, bei den deutsch-französischen Verhandlungen mit übermäßigen Forderungen zurück.[12]

Hitler ließ den von seinem Wohlwollen abhängigen „état française" in der unbesetzten Zone nur deshalb existieren, um das französische Militärpotential außerhalb des Mutterlandes nicht in die Arme der Briten zu treiben, sondern in eine indirekte Abhängigkeit vom Deutschen Reich zu bringen.[13]

Als dieses Dispositiv mit der Landung der Alliierten in Nordafrika im November 1942 zerbrach, bestand zur Schonung Vichy-Frankreichs kein Grund mehr. Hitler ließ seine Truppen einmarschieren.

Die Besetzung Restfrankreichs blieb somit auch nach dem Eintritt des Waffenstillstandes als bedrohliche Alternative existent.[14]

Vor dem Inkrafttreten des Waffenstillstandes war außerdem für die deutsche Seite nicht absehbar, ob die Franzosen die italienischen Bedingungen annehmen würden. Solange Frankreich nicht auch die italienischen Bedingungen annahm, dauerte der Kriegszustand für alle Beteiligten fort. Die Möglichkeit eines Scheiterns der Verhandlungen wurde von der deutschen Führung einkalkuliert. Damit stellt sich die Frage nach deutschen Alternativplanungen, die für den Fall des Scheiterns des Waffenstillstandes existiert haben müssen. Es stellt sich weiterhin die Frage, ob die Schweiz in das Kalkül dieser Alternativplanungen einbezogen wurde.

Außerdem ist zu klären, inwieweit das Scheitern des letzten Kriegsziels Hitlers, der improvisierten Aktion zur Einschließung der Schweiz, bei diesen Alternativplanungen eine Rolle gespielt hat.

Da die Einschließung fehlgeschlagen war, konnte die Schweiz bei mangelnder Willfährigkeit nicht mit der Intensität erpreßt werden, die Hitler sich in München am 18. 6. vorgestellt hatte.[15] Dies hätte bei Hitlers Unberechenbarkeit zu einer Radikallösung des „Problems Schweiz" führen können.[16]

Andererseits, und darin besteht die neue strategische Dimension, war die Schweiz als Durchgangsland für eine möglicherweise notwendige Fortführung des Krieges gegen Frankreich interessant geworden. Wenn der Waffenstillstand nicht gehalten hätte, wäre die Schweiz ein ideales „Einfalltor" nach Südfrankreich gewesen.

Es existierten Indizien, die diese Sicht belegen. Vom 22. 6. bis zum 24. 6. wurden, während die Aktion der Gruppe List noch lief, deutscherseits Truppenverschiebungen vorgenommen, um die vorläufige Demarkationslinie zu besetzen und die Schweizer Grenze von Basel bis Genf zu schließen.

Allerdings hatten die deutschen Verbände, die zu diesem Zweck verlegt wurden, eine solche Stärke, daß der Gedanke an den Aufmarsch für eine Offensivoperation naheliegt. Am 22. 6. begann die Verlegung der Panzergruppe Guderian aus dem Raum Belfort - Epinal an die Schweizer Nordgrenze. Guderian, der seit dem 18. 6. der HGr. C unterstand, verlegte seinen Gefechtsstand nach Besançon, während das Generalkommando des XXXIX. A.K. in Pontarlier Quartier nahm. Die 29. I. D. (mot.) schlug ihr Hauptquartier in Montbeliard auf; die 1. und die 2. Panzerdivision wurden im Raum Le Locle - Salins stationiert.[17] Innerhalb der „nützlichen Distanz" von der Schweizer Grenze (300 km; vgl. Kap. 2) befanden sich außerdem starke Verbände des XXXXI. A.K., die ebenfalls Guderian unterstanden.[18] Nördlich von Guderians Verbänden, im Oberelsaß, standen vier Divisionen des XXXIII. Korps der 7. Armee.

Daß dieser Aufmarsch der Schweiz galt, wird durch weitere Indizien gestützt. Am 23. 6. 1940, als der Aufmarsch an der Schweizer Grenze gerade begonnen hatte, erhielt die Operationsabteilung des Generalstabes des Heeres eine von der Abteilung „Fremde Heere West" angefertigte Studie, die Hauptmann v. Menges für die Ausarbeitung des ersten Operationsplanes gegen die Schweiz benötigte. Der Titel der Studie „Die Befestigungen der schweizerischen Grenzen und im Innern des Landes" läßt aufhorchen.[19]

Und auch Generalstabschef Halder bestätigt mit einer Eintragung in sein Kriegstagebuch, daß unsere angestellten Überlegungen praktische Relevanz hatten. Halder schrieb am 24. 6. 1940: „OBdH fliegt zur 7. Armee. Seine innere Unruhe drängt ihn zu vorbereitenden Maßnahmen für den Fall, daß die Waffenstillstandsverhandlungen mit Italien sich zerschlagen, und wir doch einen ernsten Angriff in den Rücken der französischen Alpenbefestigungen und gleichzeitig einen Vorstoß gegen die Mittelmeerküste durchführen müssen."[20]

An dieser Stelle schließt sich die Kette der Indizien.

Die Menges-Studie, die am 25. 6. fertiggestellt wurde, gehörte in den Katalog der „vorbereitenden Maßnahmen“, von denen Halder schrieb.

Der von Hauptmann v. Menges für den Angriff auf die Schweiz als notwendig erachtete Kräftebedarf betrug 9 Divisionen. Ein Vergleich mit den Ende Juni 1940 an der Schweizer Grenze stehenden Verbänden ergibt eine auffallende Übereinstimmung mit der Anzahl der von Menges „verplanten“ Divisionen.[21] Es fällt schwer, an dieser Stelle noch an praxisferne Generalstabsarbeit zu glauben.

„Der Politiker möchte, daß die Schweiz die unmittelbare Verbindung mit Frankreich verliert. Dieser politischen Forderung soll ein militärischer Mantel umgehängt werden. Daraus werden sich noch manche Unerquicklichkeiten ergeben.“[22] Dieser Eintrag in Halders Kriegstagebuch beweist, daß sich der Generalstabschef sehr wohl bewußt war, welche ungelösten Probleme in nächster Zukunft (militärisch) akut werden konnten.

Und auch Brauchitsch, dessen Unruhe zu vorbereitenden Maßnahmen drängte, muß sich als OBdH der anstehenden Probleme bewußt gewesen sein. Somit gewann, im Rahmen der vorbereitenden Maßnahmen, auch die Frage einer (vielleicht notwendigen) Besetzung der Schweiz an Aktualität. Hauptmann v. Menges erhielt den Auftrag für die Ausarbeitung der ersten Angriffsstudie am Vormittag des 24. 6. 1940, als der OBdH zur 7. Armee flog, die an der Nordgrenze der Schweiz stand, und Halder sich über die Hintergründe der Operation der Gruppe List klar wurde.[23] Die Gründe für die Auftragserteilung an Hauptmann v. Menges liegen offen.

Einerseits löste die möglicherweise notwendige Fortführung des Krieges gegen Frankreich den deutschen Planungseifer gegen die Schweiz aus, um das Land baldigst als Durchgangsgebiet nach Südfrankreich benutzen zu können.[24] Und andererseits waren sich Hitler, Brauchitsch und Halder darüber im klaren, daß die militärische Operation der Gruppe List zur vollständigen Einschließung der Schweiz am unerwartet harten Widerstand der Franzosen gescheitert war. Daraus ergab sich für Brauchitsch und Halder die Notwendigkeit, die Möglichkeiten eines Angriffs gegen die Schweiz prüfen zu lassen, um für alle Eventualitäten durch plötzliche Anforderungen Hitlers gewappnet zu sein.

Am 25. 6. lieferte v. Menges die Angriffsstudie bei seinem unmittelbaren Auftraggeber, Oberst i. G. Hans v. Greiffenberg, ab. (Vgl. Anhang B 2)

Daß Brauchitsch und Halder vorausschauend handelten, erwies sich schon am Abend des 24. 6., als sich Hitler, bei der Lagebesprechung im

Führerhauptquartier (FHQ) „Wolfsschlucht" in Bruly de Peche, über den Stand der Operation der Gruppe List informierte.[25]

Da die Einschließung der Schweiz mißglückt war, gedachte Hitler, noch aus dem Rückzug der betreffenden Truppenteile Gewinn zu ziehen. Bei der Lagebesprechung wurde offenbar, daß die Bahnlinie Genf-La Roche-Annemasse-Annecey – unzerstört und für deutsche Truppen unerreichbar – selbst eine zeitweilige Isolation der Schweiz verkehrstechnisch zur Fiktion werden ließ.

Die 13. I. D. (mot.) hatte zwar Aix-les-Bains erreicht, konnte aber die Bahnlinie nicht zerstören, weil die französischen Alpenjäger ihre Stellungen erfolgreich verteidigten. Hitler war sich bewußt, daß die Schweiz damit über eine unkontrollierte, leistungsfähige Verkehrsverbindung zum unbesetzten Teil Frankreichs verfügte.[26]

Es kam zu den von Halder am Vormittag des 24. Juni befürchteten "Unerquicklichkeiten". Halder schrieb am 25. Juni: „Morgens Auseinandersetzung mit OBdH: Die politische Führung wollte die Bahnverbindung zwischen der Schweiz und Frankreich unterbrochen wissen. Aus diesem Grunde war ein entsprechender Auftrag an List ergangen, die Bahnlinie La Roche - Annecey nachhaltig zu zerstören. Infolge des Verlaufes der Kriegshandlung ist es nicht mehr zur Ausführung dieses Auftrages gekommen. OBdH fordert daher, daß jetzt nach Inkrafttreten des Waffenstillstandes durch ein Patrouillenunternehmen des Heeres die Zerstörung erfolgen soll. Ich widerspreche. Wenn man einmal Waffenruhe hat in Kraft treten lassen, dann ist ein solcher militärischer Auftrag unmöglich. Er kann höchstens durch Canaris ausgeführt werden. Nach Rücksprache ... gebe ich entsprechenden Auftrag an Canaris."[27]

Hitler fällte aufgrund des Mißerfolgs der Gruppe List und wegen der möglichen Fortführung des Krieges gegen Frankreich zwei, für die Schweiz bedeutsame Entscheidungen. Er regte an, die Bahnlinie Genf-Annecey nachträglich zu zerstören, und gab Befehl, die notwendigen Vorbereitungen für einen überraschenden Angriff auf die Schweiz einzuleiten.[28]

Die Angriffsvorbereitungen werden im folgenden Abschnitt behandelt.

Die Zerstörung der Eisenbahnlinie wurde von Admiral Canaris, dem Leiter der Abwehr, in Szene gesetzt. Am 4. September 1940 sprengte ein Kommando der Abwehr den, auf halber Strecke zwischen Annemasse und Annecey gelegenen, Eisenbahnviadukt von La Villat.[29]

Daß sich Hitler am Abend des 24. 6. mit der Schweiz beschäftigte, wird durch einen Bericht des schweizerischen Nachrichtendienstes bestätigt.

Der Bericht besagt, Hitler habe sich im Laufe einer Konferenz in der Berliner Reichskanzlei jeden Angriff auf die Schweiz strikt verbeten.[30]

Edgar Bonjour, Hans Senn und auch Markus Heiniger übernahmen diese Aussage undifferenziert in ihre Argumentation: Hitler habe die Schweiz bewußt verschont, nicht bedroht. Senn schreibt: „... dem Bericht ... [darf] ein hoher Wahrheitsgehalt zuerkannt werden."[31]

Dabei wurde freilich übersehen, daß sich Hitler am Abend des 24. 6. gar nicht in Berlin, sondern im FHQ in Bruly de Peche befand, die Lagebesprechung leitete und danach mit seinem Gefolge die Rundfunkansprache zum Waffenstillstand verfolgte.[32] (Vgl. auch Anhang B 5)

Allerdings besagt der Bericht, auf den sich Bonjour, Senn und Heiniger beziehen, von den ausschmückenden Details befreit, nichts weiter, als daß am 24. 6. deutscherseits über eine Besetzung der Schweiz gesprochen wurde. Lag dem Kern dieser Nachricht ein realer Vorgang zugrunde? Die im folgenden Abschnitt beschriebenen Dispositionen der deutschen Führung lassen darauf schließen.

„Vorbereitung für eine Sonderaufgabe, für die Befehl ergeht." Der Aufmarsch der 12. Armee an der Schweizer Nordgrenze – Juni bis Juli 1940

(vgl. Anhang C 8 und C 9)

Noch vor dem Abschluß des deutsch-französischen Waffenstillstandes gab es deutscherseits die ersten Vorüberlegungen für die Umgruppierung der deutschen Streitkräfte. Am Nachmittag des 23. 6. 1940 wurde bei einer „Führerbesprechung", an der auch Generaloberst Halder teilnahm, Lists 12. Armee erwähnt. Halders Notiz lautet: „Aufgaben der 12. Armee gedanklich vorbereiten. List: Personal Kuebler, Bergmann, Fahrmbacher, Schörner."[33]

Die Bedeutung dieser Notiz erschließt sich erst im Zusammenhang mit den nachfolgend beschriebenen Dispositionen der deutschen Führung.Der Hauptgegenstand der Besprechung war jedoch die Vorbereitung der Umgruppierung der deutschen Streitkräfte für die Zeit nach dem deutsch-französischen Waffenstillstand.[34]

Unmittelbar nach der Lagebesprechung informierte v. Brauchitsch die Oberbefehlshaber der Heeresgruppen A, B und C schriftlich über ihre zukünftigen Aufgaben.[35]

Die Heeresgruppen A und B sollten demnach an der Kanal- bzw. Atlantikküste disloziert werden, den Krieg gegen England fortführen, die Truppen ausbilden und die Küste sichern. Der Auftrag an die HGr. C lautete anders: „HGr. C wird in dem übrigen zu besetzenden Teil Frankreichs eingesetzt. Aufgaben: Neuordnung und Ausbildung der unterstellten Verbände, *Vorbereitung für eine Sonderaufgabe, für die Befehl ergeht* ."[36] [Hervorhebung von mir – d. A.]

Zum Aufgabenbereich der HGr. C gehörte der gesamte, nicht von den Heeresgruppen A und B zu besetzende Teil Frankreichs und somit auch die Schweizer Grenze von Basel bis Genf.Stand Brauchitschs Formulierung in konkretem Zusammenhang mit v. Menges' erster gegen die Schweiz gerichteter Operationsstudie vom 25. 6. 1940?

Am 26. 6. löste Brauchitsch per Befehl die Umgruppierung aus. Die Befehle an die einzelnen Heeresgruppen wurden von Halder am Abend des 27. Juni ausgefertigt.[37]

Die Umgruppierung begann am 28. 6. 1940 mit einer Besprechung der Chefs der Heeresgruppen, der Chefs der Operationsabteilungen und der Generalquartiermeister, die in Versailles stattfand.[38] Der HGr. C wurden die 1., die 2. und die 12. Armee zugeteilt. Die 12. Armee (List) sollte nördlich der Schweizer Grenze aufmarschieren. Der Chef der Operationsabteilung des OKH, v. Greiffenberg, forderte ein schnelles Eintreffen der 12. Armee im zukünftigen Einsatzgebiet und formulierte zu deren Aufgabenstellung: „In der fraglichen Angelegenheit hat der Führer lediglich geäußert, daß unter gewissen Umständen eine Besetzung in Frage kommt."[39]

Damit scheint bewiesen, daß sich die ominöse „Sonderaufgabe" auf die Schweiz bezog. Die nachfolgend durchgeführten Dispositionen des OKH erhärten diesen Verdacht. Mit der Unterstellung der 12. Armee (List) unter die HGr. C (v. Leeb) wurden zwei „Schweiz-Spezialisten" auf einer hohen Kommandoebene verbunden. Der Aufmarsch der 12. Armee an der schweizerischen Nordgrenze dauerte bis zum 9. Juli 1940. Während die Schweiz am 6. 7. eine teilweise Demobilmachung durchführte, war der größte Teil von Lists Truppen bereits in ihre Bereitstellungsräume verlegt worden.[40]

Die Anzahl der deutschen Verbände und ihre spezifische Zusammensetzung stand in keinem Verhältnis zu etwaigen Sicherungsaufgaben an der Schweizer Grenze bzw. der Demarkationslinie zum unbesetzten Teil Frankreichs. Hier wurde ein aggressives Offensivpotential geschaffen. Das Heeresgruppenkommando C unter v. Leeb bezog sein Hauptquartier in Dijon. List wählte Salins les Bains, 50 km nordöstlich von Pontarlier gelegen, als Standort aus.[41]

Zum Bestand der 12. Armee zählten neun kriegsstarke Divisionen, die von Basel bis Genf die gesamte Schweizer Grenze abdeckten. Zwei davon waren Gebirgsdivisionen, der Rest Infanteriedivisionen.[42] Guderians Verbände wurden abgelöst.

Auffallend ist wiederum, daß die Anzahl der Divisionen der 12. Armee mit der Anzahl der von Hauptmann v. Menges für einen Angriff auf die Schweiz „verplanten“ Divisionen übereinstimmt. Menges schrieb am 24./25. 6.: „b) Kräftebedarf: 1 A.O.K., 4 A.K. (aus Geländegründen hohe Zahl nötig), 3 Inf. Div., 3 mot. Div., 1 Pz. Div., 2 Geb. Div. = 9 Div.“[43]

Und auch die bei der „Führerbesprechung“ am 23. 6. 1940 erwähnten Offiziere Kübler und Schörner tauchen im Bestand der 12. Armee wieder auf. General Ludwig Kübler war der Kommandeur der 1. Gebirgsdivision, Oberst Ferdinand Schörner befehligte die 6. Gebirgsdivision. Diese beiden, speziell für den Kampf in Gebirgsregionen ausgebildeten und ausgerüsteten Verbände wurden zum XVIII. Armeekorps, mit Hauptquartier in Malbiusson, zusammengefaßt.[44]

Dem XVIII. A.K. wäre im Falle einer militärischen Operation gegen die Schweiz die Aufgabe zugefallen, das im Zentrum der deutschen Angriffsrichtung gelegene wichtige Waffenproduktionsgebiet um Solothurn zu erobern. (Vgl. Anhang C 7 und C 8)

Die Ablösung von Guderians Panzerverbänden durch die, speziell auf die Geländeverhältnisse der Schweiz hin zusammengestellten Einheiten der 12. Armee ist ein weiteres Indiz dafür, daß konkrete Vorbereitungen für einen Angriff auf die Schweiz getroffen wurden.[45]

Allerdings fehlt ein eindeutiger Dokumentenbeweis dafür, daß die Schweiz das Ziel des Offensivaufmarsches der 12. Armee gewesen ist. Indes läßt sich, bringt man die Planungen v. Menges' und den Aufmarsch der 12. Armee zur „Deckung“, feststellen, daß dieser These ein hoher Wahrscheinlichkeitsgehalt zuzumessen ist.

Gestützt wird diese Sicht durch eine ganze Anzahl indirekter Bestätigungen, die durch den schweizerischen Historiker Klaus Urner publik wurden.[46] Urner ist überzeugt, daß sich die „Sonderaufgabe, für die Befehl ergeht“ gegen die Schweiz richtete. Am 10. Juli 1940 – so Urner – rekognoszierte v. Leeb mit seinem ersten Generalstabsoffizier (Ia) Vincenz Müller, dem späteren Generalleutnant der kasernierten Volkspolizei der DDR, die schweizerische Grenze von Morez bis zum Grenzübergang Les Verrieres. Der Befund war eindeutig: „Keine Geländeschwierigkeiten beim Einmarsch in die Schweiz.“[47] Da aber die Eisenbahnbrücken im Grenzraum zur Schweiz noch immer zerstört waren und der deutsche Aufmarsch sich in nächster Nähe zu schweizerischen Zollstationen vollzog, monierte Leeb: „Wenn die Sonderaufgabe für Heeresgruppe C, wenn auch auf unbestimmte Zeit, überhaupt noch in Erwägung gezogen wird, ist es notwendig, die beiden vorstehend bezeichneten Punkte baldmöglichst durch entsprechende Anordnungen zu berücksichtigen."[48]

Der Ia der 21. Division führte analoge Rekognoszierungen im Sundgau durch. Und auch der „Reichsführer-SS und Chef der Deutschen Polizei", Heinrich Himmler, ließ sich bei einem Besuch der 6. Gebirgsdivision durch Oberst Schörner über die Lage an der Schweizer Grenze informieren.[49]

Dieser Besuch Himmlers, der eher wie ein „untergeordneter Bankbeamter und keineswegs wie Deutschlands oberster Polizeichef aussah" und der 1940 so gut wie nichts mit militärischen Führungsaufgaben zu tun hatte, bekommt Sinn, wenn man die Karten des Operationsentwurfes vom 12. August 1940 betrachtet.[50] (Vgl. auch Anhang C 7 und C 8)

Die Eliteverbände der SS-Leibstandarte „Adolf Hitler" und der SS-Panzerdivision „Totenkopf", die um Metz und Auxerre disloziert waren, hätten bei einem Angriff auf die Schweiz als schnelle Reserven herangeführt werden sollen. Diese Verbände waren zwar den jeweiligen Armeeoberkommandos unterstellt, doch Himmler blieb ihr (de jure) höchster Vorgesetzter. Die mit Bezug auf die Schweiz in jener Zeit kursierende und von Hitler stammende Bemerkung: „Das macht mir dann der Dietrich mit der Leibstandarte ...!", scheint in diesem Zusammenhang gesehen, keineswegs überzogen.[51]

Die „Sonderaufgabe, für die Befehl ergeht" hat sich mit an Wahrscheinlichkeit grenzender Sicherheit auf den Einmarsch in die Schweiz bezogen. Die Vorbereitungen für den Angriff waren soweit gediehen, daß es lediglich eines Befehls bedurft hätte, um die „Aktion Schweiz" auszulösen.

Kalkül und Strategie

Die Eroberung der Schweiz gehörte nicht zu den Primärzielen, die Hitler bei seinem Feldzug gegen Frankreich erreichen wollte.

Die Schweiz wurde zu einem Ziel indirekter Kriegführung, als die militärischen Erfolge des Deutschen Reiches und der Kriegseintritt Italiens eine vollständige Einschließung der Schweiz erreichbar erscheinen ließen. Dies hätte Hitlers Erfolg im Westen abrunden können.

Die improvisierte Operation der Gruppe List in Savoyen war nichts anderes als eine gegen die Schweiz gerichtete Kriegführung, ohne deren Territorium direkt anzugreifen. Die völlige Einschließung hatte sich nicht von selbst ergeben; sie mußte als zusätzliches Kriegsziel durch militärische Operationen erst erreicht werden.[52]

Daß die Schweiz für Hitler zu einem Kriegsziel wurde, hatte eine strategische Dimension. Da Hitler nicht sicher sein konnte, ob der deutsch-französische Waffenstillstand halten würde, ergab sich die Notwendigkeit, militärisch vorausschauend zu planen. Das heißt, alle Eventualitäten, die sich aus einem möglichen Scheitern des Waffenstillstandes und der dadurch notwendigen Fortführung der Operationen in Richtung Mittelmeerküste ergeben konnten, mußten Eingang in militärische (Voraus-) Planungen finden.

Zu diesem Zeitpunkt muß die Eroberung der Schweiz in das Kalkül strategischer Vorausplanungen eingegangen sein. Während die Operation Lists ausschließlich der indirekten Kriegführung gegen die Schweiz diente, sind die direkt gegen die Schweiz gerichteten Operationsentwürfe „Tannenbaum" als ein Teilstück großstrategischer Planungen einzustufen.

Menges formulierte am 25. Juni: „... um das Land baldigst als Durchgangsgebiet nach Südfrankreich für alle Transporte nutzbar zu machen."[53]

Folglich ist der deutsche Aufmarsch an der Schweizer Nordgrenze eine lediglich sekundär gegen die Schweiz gerichtete Maßnahme mit, für Hitler, positiven „Nebeneffekten" gewesen. Strategische Überlegungen, die primär Frankreich galten, hatten Priorität und standen im Zentrum. Das heißt nicht, daß die Schweiz „unbedroht" war. Hielt der Waffenstillstand, blieb die Schweiz verschont, konnte aber durch die ständige militärische Präsenz konsequent unter Druck gehalten werden. Der Aufmarsch der 12. Armee wirkte als permanente Besetzungsdrohung. Damit war die Schweiz, auch ohne den Erfolg Lists, erpreßbar geworden.

Daß die Schweiz bei einem Bruch des Waffenstillstandes besetzt worden wäre, hätte sich für Hitler, als willkommene Zugabe, zwangsläufig und automatisch ergeben. Das Endziel hätte aber darin bestanden, die Schweiz als Aufmarsch- oder Durchgangsgebiet, als „Sprungbrett" zu den französischen Mittelmeerhäfen, in denen ein Großteil der französischen Flotte lag, zu nutzen. Die Mittelmeerküste war als strategisches Ziel durchaus im Gespräch. Generaloberst Guderian schrieb später: „Damals [vor Eintritt des Waffenstillstandes – d. A.] erblickte ich den wirksamsten Weg zur Herbeiführung eines baldigen Friedens in der unverzüglichen Fortsetzung unserer Operationen zur Rhonemündung, um sodann – nach Gewinnung der französischen Mittelmeerhäfen im Zusammenwirken mit den Italienern – zu einer Landung in Afrika und zur Wegnahme von Malta durch die ... Fallschirmtruppe zu gelangen."[54]

Auch Halder zog diese Möglichkeit in Betracht. Er notierte am 24. 6. 1940: „OBdH fliegt zur 7. Armee. Seine innere Unruhe drängt ihn zu vorbereitenden Maßnahmen für den Fall, daß ... wir ... einen Vorstoß gegen die Mittelmeerküste durchführen müssen."[55]

Bereits am 23. Juni, einen Tag bevor Hitler vom Mißerfolg Lists erfuhr, ließ er bei der erwähnten „Führerbesprechung" die zukünftigen Aufgaben der 12. Armee „gedanklich vorbereiten" und hatte, nach Halders Kriegstagebuch, auch schon personell disponiert.[56]

General Kübler und Oberst Schörner wurden bereits erwähnt. Die Alternativplanungen, deren erste Ausführung Hauptmann v. Menges am 25. 6. 1940 vorlegte, hatten nichts anders zum Ziel, als nach einem möglichen Fehlschlag Lists oder nach dem Eintritt bzw. Scheitern des Waffenstillstandes die militärische Bedrohung der Schweiz aufrecht zu erhalten. Damit hielt sich Hitler die Option der Besetzung der Schweiz, als Voraussetzung zur Eroberung der Mittelmeerküste, offen.

Wäre es zur Realisierung der Pläne gekommen, hätte Hitler in einem Zug zwei „Probleme" lösen können. Die „Führerbesprechung" vom 23. Juni 1940 scheint – gemessen an der tatsächlich erfolgten Bereitstellung der 12. Armee für die „Sonderaufgabe, für die Befehl ergeht" – der Beweis dafür zu sein, daß Hitler schon frühzeitig, mit Blick auf die Schweiz und Frankreich, vorausplante. Hier zeigt sich exemplarisch, daß Hitler, dem von Maser sowohl bedeutende operative als auch strategische Führungsleistungen zugebilligt werden, eine bemerkenswerte taktische Flexibilität besaß. Er verfolgte Langzeitstrategien, ohne Sekundärziele aus den Augen zu verlieren.[57]

Hiermit wird auch der deutsche Planungseifer gerade am Tag des Waffenstillstandes erklärbar. Die Theorie der „Schubladenentwürfe" ist damit – um dies noch einmal festzustellen – hinfällig.

Die Koinzidenz zwischen der Umgruppierung der Heeresgruppen, dem Planungseifer der HGr. C und dem Aufmarsch der 12. Armee läßt mit hoher Wahrscheinlichkeit annehmen, daß die „Tannenbaum"-Planungen konkrete Absichten widerspiegeln und zur praktischen Ausführung bestimmt waren. Klaus Urner meint dazu: „Welches Schicksal das nationalsozialistische Regime der Schweiz zugedacht hatte, daran lassen die von Hitler insgeheim verfolgten Aktionspläne keinen Zweifel ..."[58]

Ein Grund, warum die Schweiz im Zweiten Weltkrieg nicht erobert wurde

Warum die Schweiz nicht, wie in der Angriffsstudie vom 26. 6. beschrieben, „... als Durchgangsgebiet nach Südfrankreich nutzbar ..." gemacht wurde, liegt in ersten Linie daran, daß der deutsch-französische Waffenstillstand „hielt", womit der Grund für eine Besetzung der Schweiz entfiel. Hitler hat die Schweiz nicht bewußt geschont – vielmehr bewahrte der Waffenstillstand die Schweiz so lange vor einem deutschen Angriff, bis die Vorteile einer selbständigen Schweiz für das Deutsche Reich ein derartiges – primär ökonomisches – Gewicht erhielten, daß eine deutsche Besetzung nicht mehr in Frage kam.

Selbst beim deutschen Einmarsch in Vichy-Frankreich im November 1942, als die strategischen Randbedingungen (Durchmarschgebiet!) für eine Besetzung der Schweiz gegeben waren, verzichtete die deutsche Führung auf die Realisierung der „Aktion Schweiz".

Im Jahr 1942 wären die Vorteile einer Annektion durch den Ausfall der für Deutschland produzierenden schweizerischen Industrie mehr als kompensiert worden. Der November 1942 scheint somit die „Nagelprobe" und deutscherseits der Zeitpunkt des endgültigen Verzichts auf die Durchführung der „Aktion Schweiz" gewesen zu sein. Wie sich die deutschen Prioritäten in Bezug auf die Schweiz durch die Gesamtkriegslage bedingt änderten, zeigte sich im Sommer und Herbst 1940.

Hitler hielt den militärischen Druck, den die 12. Armee auf die Schweiz ausübte, bis zum Jahreswechsel 1940/41 aufrecht. Mitte Dezember 1940 wurden bedeutende Kräfte der 12. Armee zur Vorbereitung des Unternehmens „Marita", den deutschen Angriff auf Griechenland, nach Wien verlegt.[59]

Wilhelm List, seit Juli 1940 Generalfeldmarschall, wurde am 21. Dezember durch „Führerbefehl" zum Oberbefehlshaber einer starken Kräftegruppierung in Südrumänien ernannt. Die letzten Einheiten der 12. Armee folgten List Ende 1940 in Richtung Osten.[60]

Der militärische Druck auf die Schweiz ließ nach.

Die Schweiz am Rande des Großmachtkrieges – August bis Dezember 1940

Nach dem siegreichen Feldzug gegen Frankreich setzte bei Hitler eine strategische Umorientierung ein, die dann mit der „Weisung Nr. 21 des

OKW“ für den „Fall Barbarossa“ (18. 12. 1940) ihren endgültigen Abschluß fand.[61]

Im Juli 1940 schien Hitlers strategische Konzeptionsfähigkeit erschöpft zu sein.[62]

Das Kriegstagebuch Halders gibt Aufschluß über Hitlers Zielvorstellungen. Halder notierte am 30. 6. 1940:

„a) Wir können die Erfolge dieses Feldzuges nur mit den Kräften erhalten, mit denen sie errungen wurden, also mit militärischer Gewalt.

b) Für Friedensbildung noch keine handgreiflichen Unterlagen.

c) Augen stark auf den Osten gerichtet.

d) England wird voraussichtlich noch einer Demonstration unserer militärischen Gewalt bedürfen, ehe es nachgibt und uns den Rücken frei läßt für den Osten.“[63]

Somit ergaben sich für Hitler zunächst drei Ziele, die er z. T. parallel und mit unterschiedlicher Intensität zu erreichen suchte. Das erste Ziel bestand darin, die Weiterführung des Krieges durch französische Kolonialtruppen unter exilfranzösischer oder englischer Regie zu verhindern. Das zweite Ziel, die Weiterführung des Krieges gegen Großbritannien, ergab sich aus einer Fehleinschätzung Hitlers, der überzeugt war, daß die Briten nach der raschen Niederlage Frankreichs Verständigungsbereitschaft zeigen würden. Dies war ein Trugschluß. Hitler mußte, wenn auch halbherzig, den Krieg gegen Großbritannien weiterführen.[64] Hier rächte sich, daß er lediglich mit Blick auf Frankreich strategische Vorausplanungen forciert hatte. Das dritte Ziel Hitlers war, nun endlich seine Uridee eines „Germanenzuges nach Osten“, den Krieg gegen die UdSSR zu realisieren, die sich ebenfalls auf einen Angriffskrieg gegen das Reich vorbereitete, wie Werner Maser in seinem Buch „Der Wortbruch. Hitler, Stalin und der Zweite Weltkrieg“ nachgewiesen hat.[65]

Ein viertes, bei Halder nicht genanntes Ziel, das Hitler anstrebte, war der Aufbau des „Neuen Europa“. Hitler meinte damit einen europäischen Kontinentalblock unter deutscher Führung, der, mittels einer einseitig verstandenen Kollaboration, die Nutzung der wirtschaftlichen Kapazitäten aller abhängigen Länder zugunsten der Achsenmächte optimieren sollte.

Jedes dieser Ziele hatte mehr oder minder starke Auswirkungen auf die Bedrohungslage der Schweiz. Die deutsche Kriegführung gegen Großbritannien berührte die Sicherheitsinteressen der Schweiz kaum. Die Bedrohung bzw. Besetzung der Schweiz war für die Erreichung deutscher Kriegsziele gegen die Briten belanglos. Eine mögliche Weiterführung des Krieges aus den französischen Kolonien heraus hätte die Schweiz unmittelbar berührt. Hitler ließ die Schweiz nur dann in relativer Ruhe existieren, wenn der Waffenstillstand hielt. Der Aufbau des „Neuen Europa" berührte die Belange der Schweiz in ähnlich direkter Form. Die Achsenmächte wollten (und konnten) auf das wirtschaftliche Potential der Schweizer Industrie nicht verzichten. Seit Anfang Juli 1940 drängten sie auf eine einseitige Umpolung der schweizerischen Kriegsmaterialexporte zu ihren Gunsten. Bis dato war praktisch die gesamte verfügbare Kapazität der Schweizer Rüstungsindustrie durch geschickt plazierte Aufträge der Westalliierten blockiert worden. Nun beanspruchte Hitler für sich, was die Schweiz bis dahin für die Westmächte produziert hatte.[66]

Der Beginn des deutschen Aufmarsches gegen die Sowjetunion wirkte sich erstmals spürbar auf die Schweiz aus.

Zunächst aber hatte für Hitler die Weiterführung des Krieges gegen Großbritannien Priorität. Gleichzeitig hoffte er, diesen Krieg, den er einmal als Krieg mit „verkehrten Fronten" bezeichnet hatte, beenden zu können. Der Krieg gegen die Briten band bedeutende Kräfte und bestärkte Hitler in der Annahme, daß er dadurch unnötig viel Zeit verlor, die er für den „Lebensraum"-Kampf benötigte. Aus diesen Grund offerierte Hitler den Briten in seiner Reichstagsrede vom 19. Juli 1940 ein neuerliches Friedensangebot. Vielleicht wollte er damit seine schon in „Mein Kampf" favorisierte Lieblingskonstellation einer deutsch-britisch-italienischen Allianz gegen die UdSSR erreichen. Doch die Briten, von denen sich Hitler ein idealtypisches Bild machte, enttäuschten diese Hoffnungen. Hitlers „Appell an die Vernunft" erfuhr am 22. Juli eine entschiedene Zurückweisung durch den britischen Außenminister Halifax.[67] Insgeheim hatte Hitler jedoch, von den Chancen einer deutsch-britischen Einigung nur halb überzeugt, schon drei Tage vor seinem Auftritt im Reichstag die „Weisung Nr. 16 über die Vorbereitung einer Landungsoperation gegen England" („Seelöwe") befohlen.[68]

Am 21. Juli gab Hitler, die „Augen stark auf den Osten gerichtet", dem OBdH den Auftrag, einen Operationsplan gegen die UdSSR auszuarbeiten.[69]

Bei einer Lagebesprechung auf dem „Berghof" in Berchtesgaden am 31. Juli 1940 nahm er den 1. September für die geplante Landung in Großbritannien in Aussicht. Am 5. August wurde eine erste „Aufmarschstudie Ost" fertiggestellt.[70]

Gegenüber Großbritannien zauderte Hitler. Er hatte seine Flexibilität und seinen Schwung eingebüßt.[71] Am 17. September verschob er den Beginn des Unternehmens „Seelöwe" auf den 12. Oktober; am 12. Oktober wurde „Seelöwe" schließlich aufgegeben. Die Vorbereitungen dazu wurden jedoch zum Zweck der Täuschung weitergeführt.[72]

Hitler entschied sich, gegen Großbritannien eine Minimalvariante der offensiven Kriegführung, eine halbherzig geführte Luftoffensive anzuwenden. Diese Offensive der Luftwaffe, die als „Luftschlacht über England" in die Literatur Eingang fand, begann am 13. August („Adlertag") und mißlang bereits Mitte September 1940.[73] Sie scheiterte einerseits, weil die Luftwaffe nicht über die „richtigen" Flugzeugtypen verfügte, und andererseits deshalb, weil Douhets Theorie, man könne alle militärischen Probleme mit Hilfe der Luftwaffe lösen, falsch war.[74] Hitler flüchtete sich in strategische Ersatzplanungen. Er erwog, Großbritannien an seiner Peripherie zu treffen, um das Mutterland zum Aufgeben zu bewegen.[75]

Für die Schweiz ergab sich aus der Intensivierung der deutschen Kriegführung gegen Großbritannien zunächst eine spürbare Entspannung. Da der Befehl für die „Sonderaufgabe" ausblieb, wurden die 1. und die 6. Gebirgsdivision am 24. 7. 1940 aus dem Jura abgezogen und der 16. bzw. der 9. Armee für die Vorbereitung des Unternehmens „Seelöwe" zur Verfügung gestellt.[76] Daß das Schicksal der Schweiz mit dem Frankreichs verknüpft blieb, zeigte sich in den folgenden Monaten mit aller Deutlichkeit.

Die am 8. und am 12. August durch Hauptmann v. Menges erstellten Operationsstudien mit dem uniformen Titel „Neufassung infolge neuer Nachrichten über die Schweiz" waren beileibe keine „Schubladenentwürfe".[77] Sie dienten der laufenden Anpassung an die für einen Angriff zur Verfügung stehenden Kräfte. Die „Aktion Schweiz" sollte innerhalb kürzester Zeit realisierbar sein, wenn ein gegen Frankreich gerichteter Handlungsbedarf entstand. Zu diesem Zweck sollten die durch „Seelöwe" gebundenen Gebirgsjäger wieder an die Schweizer Grenze herangeführt werden. Der Zeitbedarf für die Besetzung der Schweiz wurde auf zwei Tage geschätzt. Außerdem heißt es in der Studie vom 12. August: „Bei der augenblicklichen Lage in der Schweiz ist es möglich, daß diese auf ultimative Forderungen eingeht ..."[78]

Diese Aussage macht deutlich, daß v. Menges die bei La Charité erbeuteten schweizerisch-französischen Generalstabspapiere kannte und in sein Kalkül einbezog. Menges nahm, wahrscheinlich zu Recht, an, daß die Veröffentlichung der Papiere die in der Schweiz schwelende Führungskrise verstärkt hätte. Die Schweiz war erpreßbar geworden, weil die Generalstabsabsprachen mit Frankreich eine eklatante Verletzung der Neutralitätspflichten darstellten. Bei einer Veröffentlichung, so Menges, wäre vielleicht ein „kalter Anschluß" wie im Falle Österreichs möglich gewesen. Warum die „La Charité-Papiere" nie ver-

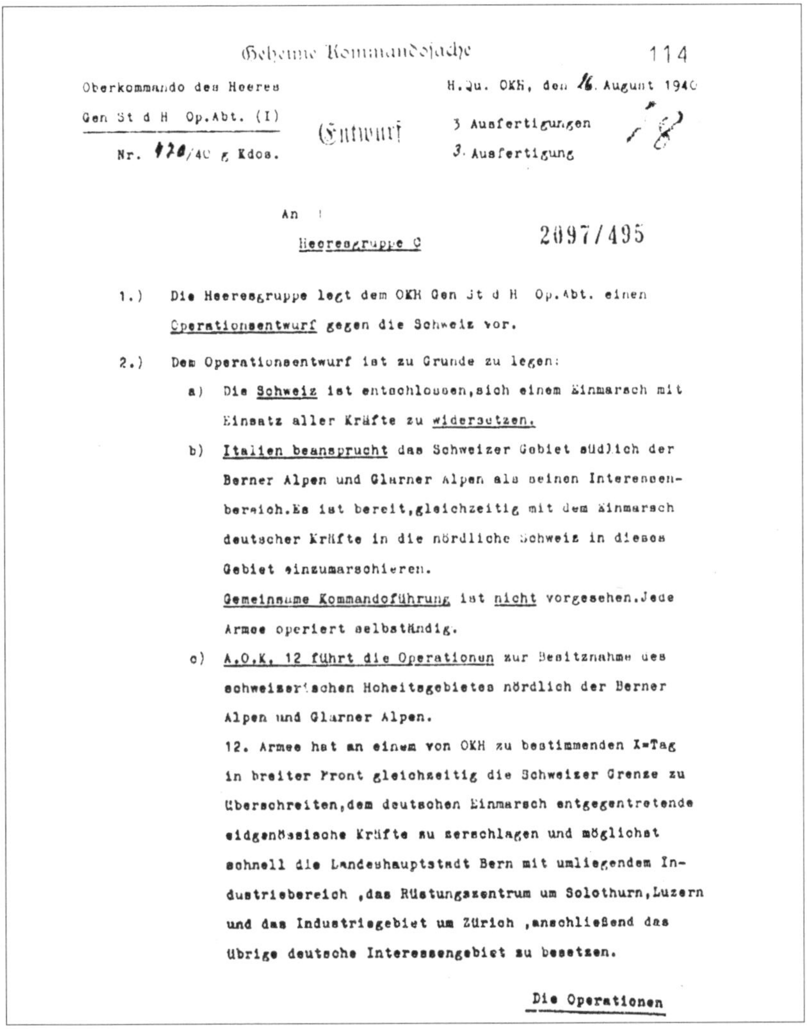
Geheime Kommandosache 114

Oberkommando des Heeres — H.Qu. OKH, den 26. August 1940

Gen St d H Op.Abt. (I) — Entwurf — 3 Ausfertigungen

Nr. 170/40 g Kdos. — 3. Ausfertigung

An

Heeresgruppe C — 2097/495

1.) Die Heeresgruppe legt dem OKH Gen St d H Op.Abt. einen Operationsentwurf gegen die Schweiz vor.

2.) Dem Operationsentwurf ist zu Grunde zu legen:

a) Die Schweiz ist entschlossen, sich einem Einmarsch mit Einsatz aller Kräfte zu widersetzen.

b) Italien beansprucht das Schweizer Gebiet südlich der Berner Alpen und Glarner Alpen als seinen Interessenbereich. Es ist bereit, gleichzeitig mit dem Einmarsch deutscher Kräfte in die nördliche Schweiz in dieses Gebiet einzumarschieren.
Gemeinsame Kommandoführung ist nicht vorgesehen. Jede Armee operiert selbständig.

c) A.O.K. 12 führt die Operationen zur Besitznahme des schweizerischen Hoheitsgebietes nördlich der Berner Alpen und Glarner Alpen.
12. Armee hat an einem von OKH zu bestimmenden X-Tag in breiter Front gleichzeitig die Schweizer Grenze zu überschreiten, dem deutschen Einmarsch entgegentretende eidgenössische Kräfte zu zerschlagen und möglichst schnell die Landeshauptstadt Bern mit umliegendem Industriebereich, das Rüstungszentrum um Solothurn, Luzern und das Industriegebiet um Zürich, anschließend das übrige deutsche Interessengebiet zu besetzen.

Die Operationen

Blatt 1 des Schreibens von Generalstabschef Franz Halder an die Heeresgruppe C vom 26. August 1940 mit dem unter 1. formulierten Befehl: „Die Heeresgruppe legt dem OKH … einen Operationsentwurf gegen die Schweiz vor.“ BUNDESARCHIV-MILITÄRARCHIV.

öffentlicht wurden, ist nur eines der Rätsel der eidgenössischen Historie. Es besteht die Möglichkeit, daß sie in Berlin unter Verschluß gehalten wurden, um sie der Schweiz bei einer großen „Generalabrechnung“ zu präsentieren. Sicher ist nur, daß Ribbentrop den deutschen Gesandten

Köcher am 14. 10. 1940 dahingehend instruierte, die Existenz der Papiere gegenüber dem Bundesrat zu leugnen.[79]

Ende August 1940 wurden die deutschen Planungen beinahe zur Realität.

Am 22. August warf der französische General Huntzinger den deutsch-italienischen Vertretern der Waffenstillstandskommission Vertragsbruch vor. Der Streit, der einen Bruch des Waffenstillstandes zur Folge haben konnte, entzündete sich am französischen Protest gegen die Annektion Elsaß-Lothringens durch das Deutsche Reich.[80]

Der Streit wurde geschlichtet, gab aber Anlaß, deutscherseits alle Eventualplanungen durch nochmalige Überarbeitung auf den neuesten Stand zu bringen. Halder befahl der HGr. C am 26. August, „... dem OKH ... einen Operationsentwurf gegen die Schweiz ..." vorzulegen.[81]

Die Weisung ging an die HGr. C (v. Leeb) und nicht an die 12. Armee (List), weil starke Teile der 12. Armee bereits nach Wien und ins „Generalgouvernement" verlegt worden waren. List traf am 25. September 1940 in Krakau ein.[82]

Die Planungen verlagerten sich damit zur Heeresgruppe C, die am 4. 10. 1940 einen aktualisierten Planungsentwurf bei Halder vorlegte.[833]

Da das neugebildete Heeresgruppenkommando D (GFM Erwin v. Witzleben) mit Wirkung vom 26. Oktober 1940 den bisherigen Befehlsbereich Leebs übernehmen sollte, wurde, zeitgleich mit dem zweiten Entwurf der HGr. C (4. 10. 1940), ein Entwurf der HGr. D bei Halder abgeliefert. Ausfertigender war Major i. G. Bodo Zimmermann, der Ia der 1. Armee.[84]

Halder ließ diese Studie anfertigen, damit die HGr. D bei der Übernahme des Befehlsbereiches sofort über alle Eventualitäten informiert war.

Mit der „Stellungnahme der Operationsabteilung", einer unter der Regie Halders am 9. Oktober fertiggestellten Zusammenfassung der Erkenntnisse aller vorangegangenen Operationsstudien, endete die Reihe der gegen die Schweiz gerichteten Planungen.[85]

Am 8. Dezember 1940 forderte Hitler die Ausarbeitung eines Operationsplanes zur Besetzung Vichy-Frankreichs, da er, nicht ohne Grund, annehmen mußte, daß der französische Oberbefehlshaber in Nordafrika, General Weygand, eine Gegenregierung, analog derjenigen de Gaulles in London, bilden werde.[86]

Der Plan bekam den Tarnnamen „Attila". Ein Ziel des Plans bestand darin, sich der französischen Flotte in Toulon zu bemächtigen. Da es aber nicht zu der Sezession Weygands kam, unterblieb „Atilla". Die Schweiz als mögliches Durchgangsgebiet und auch Vichy-Frankreich blieben von einer deutschen Besetzung allerdings verschont.

Hier wirkte sich für die Schweiz günstig aus, daß am Jahresende 1940 die Prioritäten für Hitlers militärische Dispositionen bereits im Osten lagen.[87]

Die ständige Aktualisierung der Operationspläne gegen die Schweiz erklärt sich nicht durch ökonomische Interessen, sondern war primär vom Halten des Waffenstillstandes mit Frankreich abhängig. Eine Umorientierung Hitlers von Zielen im Westen auf Ziele im Osten Europas kann erst mit der „Weisung Nr. 21 des OKW" vom 18. 12. 1940 konstatiert werden. Dies brachte eine gewisse militärische Entlastung für die Schweiz und eine gleichzeitige Intensivierung der wirtschaftlichen Kriegführung. Hitlers strategische Maßlosigkeit zeigte sich daran, daß er zu viele Ziele auf einmal verfolgte und dadurch seine Kräfte „verzettelte". Görlitz, dem die Offensivvorbereitungen der UdSSR noch unbekannt waren, beurteilt diesen Prozeß folgendermaßen: „Bisher hatte sich Hitler seiner Genialität gerühmt, die ihn nur Einfrontenkriege führen ließ. Jetzt rühmte er sich genialer, staatsmännischer Weitsicht, weil er sich den Krieg gegen die Sowjetunion auf den Hals lud, obwohl England unbesiegt war ..."[88]

5

Der deutsche Handels- und Wirtschaftskrieg gegen die Schweiz – 1940 bis 1943

Im modernen Krieg kommt der wirtschaftlichen Absicherung der Kriegführung ebenso große Bedeutung zu wie den militärischen Operationen selbst.

Mit dem Bewegungskrieg, dem Einsatz von Verbrennungsmotoren für Flugzeuge, Panzer und LKW, der ständigen Verbesserung und Neuentwicklung von Waffen und Waffensystemen wurde der Krieg im 20. Jahrhundert immer mehr zum Krieg um Rohstoffe und wirtschaftliche Ressourcen.[1]

Für die napoleonischen Feldzüge galt noch das Diktum, daß der Krieg sich selbst ernähre. Diese Aussage hatte im 20. Jahrhundert, spätestens in den Materialschlachten des Ersten Weltkrieges, ihre Berechtigung verloren.

Der Krieg wurde zum „Abnutzungskrieg", und die wirtschaftliche Potenz eines Staates entschied, neben den militärischen Operationen, über Sieg oder Niederlage. Für die Kriegführenden ergab sich die Notwendigkeit, die gesamte Volkswirtschaft für die eigene Kriegführung nutzbar zu machen. Damit wurde der Krieg um eine Facette reicher: den Wettlauf um Technologien, Ressourcen und Arbeitskräfte.[2]

Waren die Rohstoffquellen erschlossen, wurden die Transportkapazitäten, die weiterverarbeitende Industrie und die Finanzierung aller Transaktionen zum Gradmesser wirtschaftlicher und damit militärischer Leistungsfähigkeit. Hier zeigten die kriegführenden Mächte des Zweiten Weltkrieges die Tendenz, sich fremder, ausländischer Produktionsfaktoren auf Kosten des jeweiligen Gegners zu versichern. Die Folge war Handels- und Wirtschaftskrieg. Im Kalkül der Großmächte sind gerade die Neutralen durch diese flankierenden

Maßnahmen der Kriegführung betroffen, weil sie als Inseln friedlicher Produktion und als Bankplätze, von militärischen Operationen verschont, ungestört produzieren und kreditieren können.

Wenn der Schweiz auch während des Zweiten Weltkrieges der militärische Kampf erspart blieb, mußte sie doch feststellen, daß sie sich, trotz integraler Neutralität, nicht aus dem Konflikt „heraushalten" konnte.

Zur indirekten Kriegführung gegen die Schweiz auf wirtschaftlichem Gebiet dienten vor allem Blockade- und Gegenblockademaßnahmen. Dieser „Kalte Krieg" wurde sowohl von den Achsenmächten als auch von den Alliierten geführt, wobei die Stärke der Einflußnahme durch den Kriegsverlauf bestimmt war. Hinzu kam, daß die Schweiz durch ihre exportorientierte Wirtschaft, bei Abhängigkeit von Rohstoffimporten, für einen wirksamen Wirtschafts- und Handelskrieg geradezu prädestiniert war.

Mehr als die Hälfte aller 4,2 Millionen Schweizer wurde durch den Export ernährt und beschäftigt. Ohne eigene Seehäfen war die Schweiz, sowohl auf der Import- als auch auf der Exportseite, auf das Wohlwollen ihrer Nachbarn angewiesen. Die unzureichende heimische Nahrungsmittelproduktion verschärfte die prekäre Lage.[3]

Die Aufgabe der schweizerischen Außenhandels- bzw. Außenwirtschaftspolitik im Zweiten Weltkrieg bestand darin, die wirtschaftlichen Kampfmaßnahmen der Achsenmächte und der Alliierten zu kompensieren oder zu neutralisieren.

Die Schweiz bewältigte diesen Balanceakt, wobei die eingesetzten Mittel (Kriegsmaterialexporte und Clearingkredite) nicht unumstritten sind.[4] Bei Kriegsende beliefen sich die im schweizerisch-deutschen Clearingverkehr von den Eidgenossen an das Reich geleisteten Vorschüsse auf die Summe von 1.119 Millionen Franken.[5]

Wichtiger als der finanzielle Verlust war die Diskreditierung der Schweizer Neutralität, die das Land international isolierte. Die Schweiz habe, so der Vorwurf der Alliierten, durch Kriegsmateriallieferungen und Kreditgewährung die Achsenmächte einseitig und neutralitätswidrig unterstützt. Noch dazu habe die Schweiz diese Unterstützung durch ihre eigenen Kredite vorfinanziert.

„Kollaboration" war das Schlagwort. Der Standardwitz der damaligen Zeit beleuchtet die Situation. Sechs Tage in der Woche, heißt es dort, arbeiteten die Schweizer für Hitler, um am siebenten für den Sieg der Alliierten zu beten.[6]

Inwieweit gibt diese Aussage einen realen Sachverhalt wieder? Inwieweit resultiert diese Anschauung aus der „Moral der Sieger"?

Die Bedeutung der „Lücke“ zwischen Genf und St. Gingolph für die Schweiz und die Aktivitäten des „Sonderstabes HWK“ – 1940 bis 1942

Bei Kriegsausbruch befanden sich die Alliierten, bezogen auf die Einleitung wirtschaftlicher Kampfmaßnahmen gegen Deutschland, in der besseren Position. Der Abschluß von sog. Blockadeabkommen mit Frankreich (24. 4. 1940 „Accord du blocus“) und mit Großbritannien (24. 4. 1940 „War trade agreement“) beschränkte den Außenhandel der Schweiz mit den Achsenmächten mengen- und wertmäßig auf den Umfang der Durchschnittsausfuhr von 1937/ 38.[7]

Doch nach der Niederlage Frankreichs begannen die Achsenmächte, ihre wirtschaftlichen Interessen gegenüber dem Kleinstaat rücksichtslos durchzusetzen. Bei den deutsch-schweizerischen Wirtschaftsverhandlungen (27. 5. bis 9. 8. 1940) verlangten die deutschen Verhandlungsführer die vollständige Sperrung der schweizerischen Ausfuhren nach Großbritannien und in den unbesetzten Teil Frankreichs. Dies wäre einer Aufgabe der Neutralität und einer Unterwerfung unter ein Diktat der Achsenmächte gleichgekommen. Die Schweizer lehnten das deut-

Um die Folgen der britischen Blockade der Achsenmächte möglichst gering zu halten, charterte die Schweiz im Herbst 1939 Handelsschiffe. Die Aufnahme zeigt den griechischen Frachter „Marpessa“ mit schweizerischem Hoheitszeichen und der zusätzlich angebrachten Bezeichnung „Switzerland“.

Zürich, Herbst 1941: Wegen zunehmender Benzinknappheit erfolgen notwendige Versorgungstransporte mittels an die Straßenbahn angekoppelter Güterwagen. Das Schild am Wagen lautet: „Lebensmittelverein Zürich“.

sche Ansinnen mit dem Hinweis darauf ab, daß die Kontrollmaßnahmen an den schweizerischen Außengrenzen Sache der Achsenmächte seien.[8]

Die Verhandlungen führten am 9. August 1940 zum Abschluß eines deutsch-schweizerischen „Gegenblockadeabkommens“. Dieses Handels-, Verrechnungs- und Durchfuhrabkommen ermöglichte der Schweiz die Wareneinfuhr und Warenausfuhr durch Deutschland und die von ihm und seinen Verbündeten besetzten Gebiete. Deutschland sicherte der Schweiz die Lieferung von 870.000 t Kohle bis zum Jahresende zu und die Schweiz gewährte dem Reich ein Kreditlimit von 150 Millionen Franken. Es gelang den Schweizern, drei Viertel ihrer Exporte von der Gegenblockade zu befreien.[9]

Die Realisierung dieser Exporte in Richtung Großbritannien und USA erfolgte vor allem über die von Deutschland kaum zu kontrollierende Lücke zwischen Genf und St. Gingolph.[10]

Mit der Eisenbahnlinie Genf - La Roche - Annecey besaß die Schweiz

Anschluß an das Eisenbahnnetz des unbesetzten Frankreich. Der Lastwagenverkehr und die Schmuggelpfade taten ein übriges, um die deutsche „Gegenblockade" zu durchlöchern. Auf diesem Wege realisierte die Schweiz, bis zur Besetzung Restfrankreichs im November 1942, einen beträchtlichen Teil ihres Warenverkehrs in Länder, die vom deutsch-schweizerischen Blockadeabkommen betroffen waren. Gleichzeitig war die Lücke letzter legaler Emigrationsweg aus dem Machtbereich der „Achse" (via Spanien nach Lissabon) und diente in umgekehrter Richtung als Fluchtweg, als Vichy-Frankreich 1942 von deutschen Truppen besetzt wurde.

Durch die Lücke gelang es, kriegswichtige Präzisionsteile via Lissabon nach Großbritannien zu exportieren; und sie diente den alliierten Nachrichtendiensten als Transportweg für Nachrichten und Material zum Aufbau von Operationsbasen für Spionagezwecke.[11]

Vor allem private Schweizer Unternehmen betrieben eine gezielte Umgehung der Gegenblockade, die über Spanien und Portugal bis nach Übersee reichte. Die Deutsche Botschaft in Bern bezifferte 1940 das Volumen der schweizerischen Exporte nach Übersee und Großbritannien auf 11,3 Millionen Franken. Noch Ende Juli 1940 wurde nicht einmal 10 % dieser Wertquote an die deutsche Siegermacht geliefert, schreibt Urner.[12]

Diesem florierenden Handel sollte durch das Abkommen vom 9. August ein Riegel vorgeschoben werden. Das darin geregelte Geleitscheinsystem sollte verhindern, daß die Schweiz den Achsenmächten nicht genehme Güter in „Feindstaaten" exportierte. Es bestanden Listen für „freie" und „geleitscheinpflichtige" Waren, wobei der Verkauf von Kriegsgerät an die Alliierten einem allgemeinen Aus- und Durchfuhrverbot unterlag.[13]

Mit diesem Passus verletzte die Schweiz zwar den, im 9. Artikel der Haager Konvention vom 18. 9. 1907 festgelegten, Gleichbehandlungsgrundsatz, aber dieser Fehltritt wurde durch die Weigerung, aktiv an der Gegenblockade teilzunehmen, kompensiert. Die „schwarzen" Ein- und Ausfuhren, auch von kriegswichtigen Gütern, liefen weiter, da die Achsenmächte kein funktionierendes Kontrollregime der Schweizer Außengrenzen errichten konnten.[14]

Um der Schweiz die Möglichkeit zu unkontrolliertem Warenverkehr zu nehmen, ließ Hitler am 3. September 1940 durch ein Sabotagekommando der Abwehr einen Eisenbahnviadukt der Strecke La Roche - Annecey sprengen. Daraufhin stiegen die Schweizer Im- und Exportfirmen auf Lastwagenverkehr um; der Warenverkehr konnte nicht wirkungsvoll unterbrochen werden.

Um dies doch noch zu erreichen, öffnete die deutsche Besatzungsbehörde in Frankreich am 20. November die Eisenbahnstrecke Genf - Bellegarde wieder.[15] Dabei ging die deutsche Seite davon aus, daß diese Strecke eine wesentliche Erleichterung für den Warenverkehr aus und in die Schweiz darstellte. Sie nahm an, daß ein Großteil der Transaktionen der Schweiz nun wieder über diese, von deutschen Truppen kontrollierte Strecke abgewickelt werden würde. Die maßgeblichen deutschen Stellen hofften, im französischen Grenzort Pougny Zollkontrollen durchführen und geleitscheinpflichtige Waren aufspüren zu können. Da diese Absicht zu offensichtlich war, ließen die Schweizer Unternehmen auf dieser Strecke ausschließlich Leerwaggons in den unbesetzten Teil Frankreichs bringen und führten geleitscheinpflichtige Waren weiterhin über die Strecke Genf - La Roche - Annecey ein und aus. „Es findet also ein Ringverkehr statt ...“, resümierte der deutsche Zoll in Pougny.[16]

Eine weitere Methode zur Durchbrechung der Gegenblockade ergab sich aus den internationalen Bestimmungen des Briefpostverkehrs. Da die Verschickung von Briefsendungen bis zu 2 kg (!) nicht geleitscheinpflichtig war und sogar über Reichsgebiet bis nach Großbritannien funktionierte, wurden Zeitzünder, feinmechanische und feinoptische Präzisionsteile und Lagerdiamanten via Deutsche Post nach England transferiert. Nachdem diese Art von „Rüstungsexport“ von deutscher Seite entdeckt worden war, brachte man die präparierten Briefsendungen dann durch die Lücke an ihre Bestimmungsorte.[17]

Im Februar 1941 ging der deutsche „Sonderstab HWK“ (Handels- und Wirtschaftskrieg) zur „Offensive“ über. Der Sonderstab war ein Koordinationsorgan des OKW zur Führung und Abstimmung von wirtschaftlichen Kampfmaßnahmen.[18]

Der schweizerische Bundesrat sollte über das deutsche Auswärtige Amt unter Druck gesetzt werden, um den Geleitscheinmaßnahmen zum Erfolg zu verhelfen. Eine neue deutsch-schweizerische Verhandlungsrunde sollte, durch überzogene wirtschaftliche Forderungen, den notwendigen Druck schaffen. Obwohl in Bern bereits am 7. 2. 1941 eine schweizerisch-deutsche Vereinbarung über eine Kreditgewährung in Höhe von 165 Millionen Franken abgeschlossen worden war, machten erneute deutsche Kreditforderungen am 26. Februar das Übereinkommen vom 7. 2. 1941 gegenstandslos.

Wenn die Schweiz ihr Kreditlimit nicht erhöhe, so die deutsche Position, werde man die schweizerische Mitwirkung bei der Geleitscheinkontrolle erzwingen und mithin die Gesamtkontrolle über den Schweizer Außenhandel übernehmen.[19]

Da der Bundesrat aber unbeirrt am Autonomieprinzip festhielt und sich nicht einschüchtern ließ, griff der Sonderstab HKW zu indirekten wirtschaftlichen Kampfmaßnahmen.[20] Geleitscheinanträge wurden schleppend bearbeitet oder abgelehnt; der Transit von schweizerischen Waren behindert. Italien ließ, auf Wunsch Berlins, den für die Schweiz wichtigen Hafen von Genua für gecharterte Schiffe schließen. Der bevorstehende Ablauf des deutsch-schweizerischen Vertrages über Kohle- und Stahllieferungen am 30. 4. 1941 ließ deutscherseits erwarten, die Schweizer Wirtschaft weitgehend lahmlegen zu können. Der deutsche Sonderstab ging davon aus, daß der Bundesrat „... schon sehr bald die Wiederaufnahme ... der Verhandlungen beantragen" werde.[21]

Das Deutsche Reich wollte damit allen Versuchen einer Durchbrechung der Gegenblockade endgültig einen Riegel vorschieben und gleichzeitig die Erhöhung des Kreditvolumens auf 1,2 Milliarden Franken erreichen.[22]

Mit Wirkung vom 20. Mai 1941 wurde die (Vichy-)französische Grenzkontrollautonomie gegen Erleichterungen an der Demarkationslinie und einen teilweisen Erlaß der Besatzungskosten preisgegeben. Das Deutsche Reich setzte durch, daß die Franzosen künftig nur noch einen Grenzübergang ins unbesetzte Frankreich offenließen.[23]

Der Eisenbahnverkehr wurde auf deutschen „Wunsch" hin auf die Strecke Genf - Pougny - Bellegarde beschränkt und damit die Lücke erstmals geschlossen. Wie wichtig für das Deutsche Reich die Kontrolle der französischen Außengrenzen war, zeigten die Vorbereitungen zum Unternehmen „Attila". Außer dem Hauptziel, die französische Flotte in Toulon zu erobern, sah „Attila" vor, die französische durch eine deutsche Grenzüberwachung zu ersetzen.[24]

Die Schweiz, die sich mit einer unhaltbaren Situation konfrontiert sah, mußte Konzessionen an die deutsche Seite machen, um die lebenswichtigen Kohle- und Stahllieferungen wieder in Gang zu bringen. Am 13. 5. 1941 veranlaßte der Bundesrat die Wiederaufnahme von Wirtschaftsverhandlungen mit Deutschland. Genau einen Monat später erließ der Bundesrat, mit Wirkung vom 19. 6. 1941, ein Verbot der Warenausfuhr im Briefpostverkehr bis 2 kg.[25]

Daraufhin setzten die USA, die dieses Verbot als Affront auffaßten, mit der „Executive Order Nr. 8785" eine Finanzblockade gegen die Schweiz in Kraft. Sämtliche schweizerische Guthaben in den USA, in Höhe von 5,3 Milliarden Franken, wurden eingefroren. Erst am 25. 5. 1946 wurde diese Anordnung wieder aufgehoben.[26]

Im deutsch-schweizerischen Abkommen vom 18. 7. 1941 erhöhte die Schweiz ihre Kredite an Deutschland auf insgesamt 850 Millionen

Franken. Im Gegenzug sicherte die deutsche Seite die Erhöhung der monatlichen Kohle- und Eisenlieferungen zu. Allerdings blieb der LKW-Verkehr von restriktiven Bestimmungen verschont und das schweizerische „Lastwagentransportsyndikat Autotransit" (Gründung: 30. 5. 1941) beförderte auf der Route Portugal - Schweiz bis zum Juni 1944 ca. 2.190 t lebenswichtiger Güter.[27]

Durch diese erpreßten Zugeständnisse wurde die Schweiz zunehmend international isoliert. Die Alliierten bezichtigten sie des Neutralitätsbruchs und der bewußt einseitigen Kollaboration mit dem Reich. Der Bundesrat lehnte zwar eine ständige, aktive Beteiligung an der Gegenblockade ab; aber die übernommenen Verpflichtungen zur indirekten Mitwirkung, z. B. bei der Geleitscheinpflicht, wurden gegenüber dem Deutschen Retch mit einer Loyalität erfüllt, die der vollen Nutzung der Chancen, die die Lücke bot, im Wege stand.[28]

Doch auch nach dem Juli 1941 blieben für Firmen, die ihre traditionellen Geschäftsbeziehungen zu den Alliierten nicht abreißen lassen wollten, vielfältige Möglichkeiten, die Gegenblockade zu durchbrechen. Die nun in Hochsavoyen arbeitenden deutschen Zollstellen besaßen weder genügend Personal noch technische Ausrüstung für eine effektive Kontrolle. Falschdeklarierung von Geleitscheinen, Schmuggel auf Ziegenpfaden und Versendung von Präzisionsartikeln in die französischen Kolonien, die erst von dort in die USA oder nach Großbritannien transferiert wurden, waren Normalität.[29]

Elektrische Zünduhren wurden in, nicht geleitscheinpflichtige, Einzelteile zerlegt und konnten bei ihrer Ankunft aufgrund der Standardisierung leicht wieder zusammengefügt werden. Werke von Stoppuhren, Mikrometer und Teile für die Bombenwinden britischer „Wellington"-Bomber wurden aus der Schweiz nach Großbritannien geschmuggelt. „His Majesty's Commercial Counsellor" in Bern, John Lomax, organisierte Ende 1941 einen schwunghaften Handel mit nicht geleitscheinpflichtigen Grammophonen. Das Herzstück dieser Grammophone war eine Mechanik, die sich ebensogut als Bombenwinde verwenden ließ.[30] Die deutsche Intention nach absoluter Kontrolle über die Schweizer Im- und Exporte erwies sich als Fehlschlag. Zwar erfüllten schweizerische Regierungsstellen buchstabengetreu die deutsch-schweizerischen Vereinbarungen, aber privatwirtschaftlichen Unternehmen waren (neutralitätsrechtlich gesehen) bei halblegalen oder illegalen Transaktionen mit den Alliierten kaum Grenzen gesetzt. Ein weiteres Handicap für das Deutsche Reich stellte der passive Widerstand der französischen Grenzbeamten dar.[31]

Vor allem im OKW war ein starkes Interesse an der Kontrolle des

Personenverkehrs entstanden, denn Unregelmäßigkeiten konnten nur bei regelmäßigen Stichproben festgestellt werden. So tauchten in den Listen der französischen Grenzkontrolle lediglich Diplomaten auf, die aus neutralen oder mit den Achsenmächten verbündeten Staaten stammten, obwohl dem OKW Informationen vorlagen, die besagten, daß auch Diplomaten aus „Feindstaaten“ in die Schweiz und nach Vichy-Frankreich ein- und ausreisten.[32] Diplomaten, Kuriere und Nachrichtendienstler der Alliierten reisten über Genf - Annecey nach Lissabon. In Deutschland kriegsdienstpflichtige Elsässer, entwichene Kriegsgefangene und Emigranten wurden, teils von der „Sureté Nationale“, durch die deutschen Kontrollen geschmuggelt.[33]

Diese Aktivitäten setzten sich bis zur Schließung der Lücke im November 1942 fort. Es gelang der deutschen Seite nicht, eine effiziente Personenkontrolle einzurichten. Die „Grüne Grenze“ blieb bis zur Besetzung Vichy-Frankreichs durch deutsche Truppen offen. Die hermetische Abriegelung der Schweiz, die Hitler 1940 vergeblich zu erreichen versucht hatte, wurde erst Anfang 1943 vollendete Tatsache.

Noch im November 1942 gelang es Allen W. Dulles, dem Leiter der europäischen Sektion des „Office of Strategic Services“ (OSS), über die Lücke in die Schweiz einzureisen und ein effektives Spionagenetz aufzubauen.[34] Der Schweizer Sozialdemokrat Otto Pünter konnte über Kuriere, die durch die Lücke reisten, den Briten Nachrichten über die deutschen Vergeltungswaffen „V I“ und „V II“ zuspielen, worauf die Royal Air Force deren Produktionsstätten wirkungsvoll bombardierte.[35]

In Deutschland war man der Meinung, daß die Schweiz „ein Spionagezentrum schlimmster Sorte“ sei.[36] Am 16. Dezember 1942 richtete Deutschland an die französische Regierung eine äußerst schroff gehaltene Note, in der es grundsätzlich jeden Verkehr über die französisch-schweizerische Grenze sowie jeden Transit durch das unbesetzte Frankreich untersagte. Ausnahmen mußten forthin bei deutschen Stellen beantragt werden.[37]

Damit war die Lücke zwischen Genf und St. Gingolph wirkungsvoll geschlossen.

Der „Märzalarm“ 1943

Am 7. Februar 1941 wurde in Bern eine schweizerisch-deutsche Vereinbarung unterzeichnet, die dem Deutschen Reich eine Kreditgewährung von 165 Millionen Franken zubilligte. Im Gegenzug verpflichtete sich die deutsche Seite zur Aufrechterhaltung der monatlichen Kohlelieferungen in Höhe von 150.000 Tonnen.[38]

Bereits drei Wochen später, am 26. 2., wurden deutscherseits höhere Kreditforderungen gestellt, die das Abkommen vom 7. 2. gegenstandslos werden ließen.[39]

Der Bundesrat lehnte Verhandlungen über eine erweiterte Kreditgewährung ab, die Wirtschaftsverhandlungen mit Deutschland wurden unterbrochen.[40]

Die nachfolgenden Aktivitäten des Sonderstabes HWK veranlaßten den Bundesrat am 13. 5. 1941, die Wiederaufnahme der schweizerisch-deutschen Kontakte anzuregen. Nach zähen Verhandlungen, bei denen die schweizerische Seite Zugeständnisse machen mußte, wurde am 18. Juli 1941 ein schweizerisch-deutsches Verrechnungsabkommen abgeschlossen.[41]

Der Vertrag, bis Ende 1942 befristet, gestand dem Deutschen Reich ein Kreditlimit von 850 Millionen Franken zu. Die deutschen Gegenleistungen bestanden in der Erhöhung der monatlichen Quoten der Kohle-, Öl-, Benzin- und Eisenlieferungen und in der Erleichterung des Exports in Drittstaaten. Die Schweiz versprach sich von diesem Abkommen eine langfristig gesicherte Versorgung mit Rohstoffen. „Es ist das Resultat der militärischen Lage und des daraus folgenden starken Drucks der Achsenmächte", folgert W. Koller.[42]

Edgar Bonjour schreibt: „Jedesmal, wenn die Wirtschaftsverhandlungen mit der Schweiz schwierig wurden, trafen Meldungen über [deutsche – d. A.] Truppenmassierungen an der Grenze ein, tauchten Gerüchte über Invasionsabsichten auf, so daß der Gedanke nahe liegt, Deutschland habe diese ... Truppenbewegungen immer wieder als Pressionsmittel benützt."[43]

Ende 1941 sahen sich die Schweizer um ihre Hoffnungen auf eine langfristige Rohstoffversorgung betrogen. Im Dezember wurde die Mineralölvereinbarung durch Deutschland gebrochen, und auch die zugesicherten Kohlelieferungen blieben Anfang 1942 hinter der vertraglich vereinbarten Höhe zurück.

Am 16. März 1942 kürzte Deutschland die vertraglich festgelegten Benzin- und Schmieröllieferungen einseitig und vertragswidrig um ein Drittel.[44] Mitte 1942 wurde deutscherseits eine erhebliche Verringerung der Kohle- und Stahlexporte in die Schweiz in Aussicht gestellt und gleichzeitig von der Schweiz eine unlimitierte Kreditgewährung gefordert.[45] Bei Ablauf des im Juli 1941 geschlossenen Abkommens am 31. 12. 1942 lag Deutschland bei den Kohlelieferungen um 960.000 t, bei der Lieferung von Stahl um 130.000 t und bei Benzin- und Mineralölprodukten um 78.000 t gegenüber den Vertragsvereinbarungen im Rückstand.[46]

Aus diesen Gründen ließ es die schweizerische Seite bei der neuen Verhandlungsrunde am 15. 1. 1943 auf ein Scheitern der Gespräche ankommen. Damit begann im Wirtschaftsverkehr beider Staaten ein vertragsloser Zustand, der bis zum 23. Juni 1943 andauerte.[47]

Es kam zu einer Kraftprobe zwischen der Schweiz und Deutschland. Hier hatte sich eine Situation entwickelt, deren Randbedingungen den Wunschvorstellungen Hitlers vom Juni 1940 entsprachen. Damals hatte er erklärt, die Schweiz müsse vollständig von Frankreich abgeriegelt werden. Sie werde sich dann zu einer entgegenkommenderen Haltung bewegen lassen.[48] Jetzt, im Januar 1943, war die Schweiz bereits seit Monaten vollständig von Truppen der Achsenmächte umklammert und damit erpreßbar.[49]

Die Richtigkeit dieser Überlegung Hitlers wurde durch die deutschen Aktivitäten gegen die Schweiz bewiesen, die seit November 1942 liefen.

Am 8. November 1942 berichtete der schweizerische militärische Nachrichtendienst, daß im OKH eine „Aktion Schweiz" diskutiert werde.[50] Frühere Projekte seien durch ein neues ersetzt worden. Mit der Leitung der Arbeiten befasse sich der Gebirgsspezialist Generaloberst Dietl. Er unterhalte in der Nähe von München, in Freising, ein Stabsquartier. Vor allem der Reichsführer-SS, Heinrich Himmler, und mit ihm alle höheren SS-Führer seien für eine Liquidierung der Schweiz.[51]

Ähnlich lautende Informationen trafen auch im Dezember 1942 und zu Beginn des Jahres 1943 ein. Sie wurden, bislang nichts weiter als Gerüchte, dennoch ernstgenommen.

Nach der fehlgeschlagenen deutschen Sommeroffensive in Rußland 1942, die mit dem britischen Sieg bei El Alamein zusammenfiel, schien für viele Schweizer der Krieg entschieden zu sein.[52] Am 8. November 1942 landeten die US-Truppen in Nordafrika. Drei Tage später ließ Hitler Vichy-Frankreich besetzen und verkündete sein Verteidigungskonzept unter dem Namen „Festung Europa", das die Schweiz, zumindest geographisch, einschloß.[53]

Deutscherseits, so das schweizerische Oberkommando, konnten Pläne zur Besetzung der Schweiz akut werden, wenn die Alliierten in Italien landeten. In diesem Fall könnten die Deutschen vielleicht die Schweiz besetzen, um das südliche Reduit in ihr Verteidigungsdispositiv einzubeziehen. Diese Möglichkeit schien gegeben, denn das deutsche Oberkommando verfügte nachweisbar noch über 900.000 frisch ausgebildete Soldaten.[54]

Goebbels erklärte vor Auslandsjournalisten, die Wehrmacht verfüge über eine unverminderte, ja gesteigerte Schlagkraft, so daß sie die Schweiz innerhalb kürzester Zeit restlos besiegen könne.[55]

Mit dem Stocken der deutschen Offensive gegen Rußland hatte sich die Gefahr für die Schweiz erhöht.[56]

Am 30. Januar 1943, zwei Wochen nachdem im Wirtschaftsverkehr zwischen der Schweiz und Deutschland ein vertragloser Zustand begonnen hatte, traf beim schweizerischen Armeeoberkommando die Meldung ein, die deutsche Führung prüfe den „Fall Schweiz" im Rahmen der allgemeinen Lage im Mittelmeerraum.[57]

Am 18. März 1943 schien der „Fall Schweiz" akut zu werden. Die Nachrichtenlinie „Wicking", die bis in das Führerhauptquartier reichte, meldete:

„1. Die Schweiz ist ins Gespräch gekommen und damit in den Gefahrenbereich.

2. Wir werden Euch innert ein bis zwei Wochen wieder benachrichtigen, ob konkrete Pläne gefaßt wurden.

3. Zeigt durch eine geeignete Geste, daß die Schweiz nicht überrumpelt werden kann."[58]

Die „Aktion Schweiz", fügte „Wicking" hinzu, beginne wahrscheinlich schon vor dem 6. April 1943. Am nächsten Tag meldeten, unabhängig voneinander, zwei andere Geheimdienstquellen, die Gefahr sei ernst, der „Fall Schweiz" werde im Führerhauptquartier engagiert diskutiert. Die Meldungen bestätigten deutsche Truppenansammlungen in Bayern. Wiederum wurde Generaloberst Dietl als Oberbefehlshaber des „Kommando Schweiz" genannt.[59] Ihm, Dietl, seien starke Gebirgs- und Fallschirmjägerverbände unterstellt; insgesamt wären ca. 40 (!) deutsche Divisionen verfügbar.[60]

Daraufhin wurden in der Schweiz die Stäbe aller Heereseinheiten an ihre Kriegsstandorte verlegt und das Heer in Alarmbereitschaft versetzt.[61]

Der Inhalt der „Wicking"-Meldungen war allerdings in drei Punkten völlig unzutreffend: Fallschirmjäger waren, seit ihrem verlustreichen Einsatz auf Kreta 1941, ausgesprochene Mangelware; Anfang 1943 gab es keine Konzentration von 40 deutschen Divisionen in Bayern; und Generaloberst Dietl befand sich nicht in Deutschland, sondern auf dem Gefechtsstand der 20. Gebirgsarmee in Rovaniemi in Finnland.[62]

Am 27. März meldete „Wicking", die „Aktion Schweiz" werde nicht durchgeführt, es bestehe keine akute Gefahr mehr. „Der Entscheid im Führerhauptquartier ist gefallen. Die Schweiz wird vorerst nicht angegriffen."[63]

Die Meinungen über den Hintergrund (oder die Hintergründe) des sogenannten „Märzalarms 1943“ sind widersprüchlich. Es besteht die Möglichkeit, daß die Informationen, die den „Märzalarm“ in der Schweiz auslösten, Teil eines nachrichtendienstlichen „Spiels“ gewesen sind. Der SS-Brigadeführer Walter Schellenberg, Leiter der Auslandsspionage im Reichssicherheitshauptamt (RSHA) habe, so die eine These, bewußt Gerüchte über einen bevorstehenden deutschen Angriff auf die Schweiz ausgestreut.[64] Auf diese Weise habe Schellenberg erfahren, daß eine Nachrichtenlinie aus dem FHQ in die Schweiz führte.[65]

Diese These ist glaubwürdig, da die „gezielte Desinformation“ durch Verbreitung von „Spielmaterial“ zur gängigen Praxis aller Geheimdienste gehörte und gehört.[66]

Die zweite These zum „Märzalarm“ geht davon aus, daß „Wicking“ durch die Übermittlung o. g. Informationen eine Steigerung der schweizerischen Verteidigungsbereitschaft erreichen wollte. „Wicking“, so die These, befürchtete Anfang 1943 die Kapitulation Italiens. Hitler werde sich dann, so „Wicking“, um die Rückzugs- und Transportwege zu den Truppen von GFM Kesselring offenzuhalten, in den Besitz des neutralen Drittels der Alpen setzen wollen.[67]

Der schweizerische Historiker Hans Rudolf Fuhrer argumentiert: „So erhielt der mit phantastischen Zahlen operierende ‘Angriffsplan Dietl’, welcher der schweizerischen Eitelkeit sehr schmeichelte, einen Sinn“.[68] Durch die erhöhte Verteidigungsbereitschaft im Zuge des Märzalarms habe sich Hitler davon abhalten lassen, die Schweiz in sein Verteidigungsdispositiv einzubeziehen.

Dies ist zwar denkbar, aber unwahrscheinlich. Im Gegensatz zu 1940 sind auf keiner maßgebenden operativen Planungsstufe von Wehrmacht oder Heer irgendwelche Vorarbeiten für eine „Aktion Schweiz 1943“ geleistet worden.[69]

Am wahrscheinlichsten ist, daß die Gerüchte über deutsche Absichten gegen die Schweiz bewußt ausgestreut wurden, um die Schweiz für die kurz bevorstehende neue Runde der deutsch-schweizerischen Wirtschaftsverhandlungen einzuschüchtern. Gegenüber den immer neuen wirtschaftlichen Forderungen des Deutschen Reiches verhielten sich die Schweizer mehr und mehr „zugeknöpft“. Krediterhöhungen und steigende Mengen an Kriegsmaterial waren nicht mehr ohne weiteres zu haben.[70]

Der „Märzalarm“ erbrachte den von der deutschen Seite gewünschten Erfolg. Am 12. 4. 1943 wurden die deutsch-schweizerischen Wirtschaftsverhandlungen wieder aufgenommen.[71]

Bei den Verhandlungen zeigte sich, daß Deutschland das vertraglich festgelegte Kreditlimit (Vertrag vom 18. 7. 1941) widerrechtlich um ca. 500 Millionen Franken überschritten hatte.[72] Da daraufhin zahlreiche bereits erteilte Aufträge an Schweizer Firmen von der Schweiz annulliert wurden, hatte die deutsche Seite nichts außer der Wiederaufnahme der Verhandlungen gewonnen. Durch die Annullierung konnte die Schweiz die Kreditüberschreitungen auf die Hälfte beschränken.[73]

Das Deutsche Reich mußte sich bereit erklären, seine Verpflichtungen aus dem vorausgegangenen Handelsabkommen (vom 18. 7.1941) zu erfüllen, ohne neue Kredite von der Schweiz zu erhalten. Außerdem mußte die deutsche Seite der Kontingentierung der schweizerischen Kriegsmaterialexporte nach Deutschland zustimmen.[74]

Damit war der deutsche Handels- und Wirtschaftskrieg gegen die Schweiz gescheitert. Mit dem provisorischen Abkommen vom 23. 6. 1943 setzte ein Loslösungsprozeß der Schweiz aus der Abhängigkeit vom Deutschen Reich ein, der bis zum Kriegsende 1945 andauerte.[75]

War die Schweiz im März 1943 durch das Deutsche Reich militärisch bedroht? Edgar Bonjour meint dazu: „Diese Frage muß auf Grund der deutschen Militärakten verneint werden. Alle in der Nähe der Schweizer Grenze stationierten Truppen besaßen so geringen Wert, ... daß sie sich nicht zu einem Überfall eigneten ... die Bedrohung entbehrte einer realen militärischen Basis."[76] Die Gerüchte, die zum „Märzalarm" führten, wurden mit an Sicherheit grenzender Wahrscheinlichkeit deutscherseits ausgestreut, um die Wiederaufnahme der schweizerisch-deutschen Wirtschaftsverhandlungen zu forcieren.

Operative Planungen, adäquat den Operationsstudien „Tannenbaum" von 1940, wurden 1943 nicht ausgearbeitet. Während 1940 die Besetzung der Schweiz für das Deutsche Reich von Vorteil gewesen wäre, um das Land als Durchmarschgebiet nach Südfrankreich zu nutzen, hätten 1943 die Kosten einer militärischen Operation in keinem Verhältnis zu dem begrenzten Nutzen gestanden.[77] „Nach Stalingrad und während der Wende in Afrika hatte die deutsche Führung andere militärische Sorgen."[78]

Zu Beginn des Zweiten Weltkrieges war die schweizerische Rüstungsindustrie fast vollständig durch geschickt plazierte Aufträge der Alliierten blockiert. Und das Deutsche Reich zeigte sich, von Ausnahmen abgesehen, 1939 und 1940 an schweizerischen Kriegsmaterialexporten auffallend desinteressiert.[79] Im März 1940 bestellten Frankreich und Großbritannien in der Schweiz Kriegsmaterial im Wert von 264 Millionen Franken, während sich das Auftragsvolumen des Deutschen Reiches lediglich auf 149.504 Franken belief.[80]

In der Folgezeit blieb die Überforderung der deutschen Wirtschaft durch den Mehrfrontenkrieg nicht aus. Dies veränderte die Interessenlage des Deutschen Reiches gegenüber der Schweiz. „Eine allzu statische Beurteilung, die die nachfolgende Entwicklung schon in den Sommer 1940 zurückprojiziert, gelangt zwangsläufig zu einer Überschätzung der Bedeutung, die damals [im Jahr 1940 – d. A.] diesem Kleinstaat in der deutschen Führung zugemessen wurde.“[81]

Im Juni 1944 landeten die Westalliierten in Frankreich, und der Druck, den die Briten und Amerikaner auf die Schweiz ausübten, wurde immer stärker. Zum Jahresende 1944 standen die 60 deutschen Divisionen, die bislang die Westfront gegen die vorrückenden Amerikaner und Briten verteidigt hatten, an der ehemaligen Westgrenze des Deutschen Reiches.[82]

Die Schweizer Armee, von der „Rundumbedrohung“ durch die Streitkräfte der Achsenmächte befreit, hatte schon im Sommer 1944 begonnen, das Reduit zu verlassen.[83] Fortan konzentrierte sie ihre Verteidigungsanstrengungen auf die Nord- und Südgrenze der Schweiz. Dadurch sollte eine militärische Bedrohung durch Verzweiflungsschläge deutscher Truppen neutralisiert werden.[84]

Bis zum Kriegsende wurde eine Teilmobilmachung der eidgenössischen Armee aufrechterhalten. Der Bestand der Feldarmee betrug am 8. 5. 1945 noch 78.000 Mann.[85]

Am 19. 8. 1945, fünf Tage nach der japanischen Kapitulation und dem Ende des Zweiten Weltkrieges, verlas der schweizerische Oberkommandierende General Guisan seinen Schlußrapport zum Aktivdienst und gab, mit Wirkung vom 20. 8. 1945, seine Vollmachten an den Bundesrat zurück.[86] Damit war der Zweite Weltkrieg auch für die Schweiz beendet.

Die Sieger warfen der Schweiz Bruch der Neutralitätspflichten und einseitige wirtschaftliche Kollaboration mit dem Deutschen Reich vor.[87]

Die schweizerische Außenhandelspolitik im Krieg

Der Schweiz wurde durch die alliierten Mächte, bereits während des Krieges, der Vorwurf gemacht, sie kollaboriere einseitig neutralitätswidrig mit dem Deutschen Reich. Diese Anschuldigung bezog sich vor allem auf die Gewährung von Clearingkrediten und die schweizerischen Kriegsmateriallieferungen an die Achsenmächte. Die UdSSR verstieg sich sogar zu der Behauptung, die Schweiz habe eine „feindliche und profaschistische Politik“ verfolgt.[88]

Dieser undifferenzierten Kritik seitens der Siegermächte wäre, wollte man ebenso undifferenziert urteilen, entgegenzusetzen, daß die späteren Westalliierten mit der „Appeasementpolitik" der dreißiger Jahre und die Sowjetunion mit dem „Hitler-Stalin-Pakt" durchaus „profaschistische" Politik betrieben haben. Beides begünstigte Hitler in hohem Maße.

Alle Argumentationen dieser Art sind indes anfechtbar und setzen sich dem Vorwurf der Vordergründigkeit aus. „Da der richtige Sachverhalt nur schwer durchschaubar war, hatten solche Angriffe [auf die Schweiz – d. A.] ein leichtes Spiel."[89]

Hier müssen verschiedenste Aspekte – volkswirtschaftliche, politische und völkerrechtliche – beachtet werden. Die Sachlage ist vielschichtig und mit unsachlichen Anwürfen gegen die Schweiz nicht zu klären.

Zur Ausgangslage ist festzustellen, daß die Schweiz im Großmachtkrieg ab 1940 einer doppelten Blockade unterlag. Der von beiden Seiten aktiv geführte Handels- und Wirtschaftskrieg verzerrte die Außenhandelsstruktur der Schweiz in allen Bereichen (vgl. Anhang D 1 und D 2). Die Schweiz konnte, vor allem wegen ihres Neutralitätspostulats, nicht aktiv in den Handelskrieg eingreifen. Sie durfte, wollte sie ihre Neutralitätspflichten erfüllen, auf ausgeübten Druck lediglich reagieren und dem Druck Widerstand entgegensetzen. Die Schweiz durfte infolge des Haager Abkommens von 1907 nicht zu wirtschaftlichen Kampfmaßnahmen greifen.[90]

Die Blockadepolitik, sowohl der Achsenmächte als auch der Alliierten, verfolgte jeweils zwei Ziele:

1. Verhinderung der Nutzung des wirtschaftlichen Potentials durch den Gegner und

2. Einsatz von Druckmitteln zur Nutzung des Potentials von Drittstaaten zum eigenen Vorteil.

Um die Unabhängigkeit der Schweiz gegen derartige wirtschaftliche Kampfmaßnahmen verteidigen zu können, wurde per BRB vom 24. 10. 1939 die „Zentralstelle für die Überwachung der Ein- und Ausfuhr" geschaffen.[91] Dieses Amt hatte die Aufgabe, den schweizerischen Außenhandel von direkten ausländischen Kontrollen freizuhalten. Dies war nur bei Einhaltung und Überwachung der mit den Blockademächten getroffenen Vereinbarungen möglich.

Hier liegt auch die Problematik der Konzeption staatlicher Überwachung. Die Praxis lief auf eine Mitarbeit an beiden Blockaden hinaus. Um die „wirtschaftliche Lebensfähigkeit" zu erhalten, mußte die Schweiz mit den Blockademächten zusammenarbeiten und eine Einschränkung ihrer Souveränität hinnehmen. Um diesen Prozeß nicht der Eigendynamik des Krieges oder dem Gutdünken der kriegführenden Mächte zu überlassen, was einer nationalen Selbstaufgabe gleichgekommen wäre, wurde mit beiden Blockademächten verhandelt. Die Schweiz wollte damit zum Ausdruck bringen, daß die Blockaden außerhalb der Schweiz initiiert worden waren und die Eidgenossenschaft für ihre Wirkungen nicht verantwortlich zu machen war.

Daß die Schweiz bei jeglicher Verhandlung mit einer der Blockademächte Zugeständnisse machen mußte, war der Glaubwürdigkeit ihrer Neutralität, jeweils in den Augen der „anderen Seite", abträglich.

Dabei legt der 9. Artikel des V. Haager Abkommens vom 18. Oktober 1907 lediglich fest, daß Beschränkungen und Verbote hinsichtlich Kriegsmaterialien auf die Kriegführenden gleichmäßig anzuwenden seien („Gleichbehandlungsgrundsatz"). Damit folgte das Haager Abkommen den Rechtsgrundsätzen der Gleichheit und der Billigkeit.[92] Von einem Verbot der Kriegsmaterialexporte ist dort nicht die Rede. Dieser Gleichbehandlungsgrundsatz bezieht sich auf die formelle Gleichbehandlung aller Kriegführenden, nicht auf den jeweiligen Lieferumfang.[93]

Die Schweiz mußte, wollte sie nicht gegen das Abkommen verstoßen, bei einem Interesse der Kriegführenden an schweizerischem Kriegsmaterial lediglich darauf achten, daß sie den Kriegführenden die jeweils gleichen Bedingungen bei der Auftragserteilung zubilligte. Ob und in welcher Höhe die Kriegsparteien Rüstungsaufträge plazierten, war deren Sache.

Am 14. April 1939 verbot der Bundesrat die Waffen- und Kriegsmaterialausfuhr aus der Schweiz.[94] Dies war konsequent. Am 28. Juni 1939 hob der Bundesrat dieses Verbot wieder auf und zog sich auf die formal-rechtlich zwar einwandfreie, neutralitätsrechtlich aber bedenkliche Position des V. Haager Abkommens zurück. Allerdings nutzte das Deutsche Reich daraufhin nicht – wie oft angenommen wird – einseitig die leistungsfähige Schweizer Rüstungsindustrie.[95]

Ein Exportverbot für Kriegsmaterial, so die Einstellung der Schweizer 1939 und teilweise 1940, mußte zu schweren Konflikten mit den Westalliierten führen. Da die zu späterer Zeit gegen die Schweiz von beiden Seiten geübte Willkür wirtschaftlicher Kampfmaßnahmen im Jahr 1939 noch keine Rolle spielte, dachte man in der Eidgenossenschaft auch nicht über den Schutz vor Willkür durch eine konsequente Neutralitätspolitik nach. Außerdem, so das schweizerische Selbstverständnis im Jahr 1939, unterstützte man mit den Rüstungsexporten indirekt die „gute Sache" der Westalliierten gegen das nationalsozialistische Deutschland.

Daß mit dieser Einstellung, bei einer Radikalwendung des Kriegsglücks in Richtung Deutschland, automatisch einer Gleichbehandlungsforderung der anderen, deutschen Seite, Tür und Tor geöffnet wurde, scheint den Verantwortlichen nicht klar gewesen zu sein. „Damit waren die Weichen langfristig gestellt.“[96]

Durch den Bundesratsbeschluß vom 13. Februar 1940 wurde die Freigabe von Kriegsmateriallieferungen durch die Schweiz publik. Das Deutsche Reich wurde aufmerksam.[97] Im März 1940 sah die Auftragserteilung bei der schweizerischen Rüstungsindustrie folgendermaßen aus[98]:

Frankreich	142,7 Millionen Franken
Großbritannien	121,2 Millionen Franken
Deutsches Reich	149.504 Franken

Die Einseitigkeit der Kriegsmateriallieferungen an die Alliierten nahm ein Ausmaß an, das für den Fall eines – nicht vorhersehbaren – deutschen Sieges im Westen eine denkbar ungünstige Verhandlungsposition der Schweiz mit Deutschland bedeutete.[99]

Folgerichtig warf das Deutsche Reich der Schweiz nach dem Sieg über Frankreich eine einseitige, neutralitätswidrige Begünstigung der Alliierten vor. Deutschland bezog die „Kriegsmaterialparität“ auch auf den Lieferumfang. Bis Mitte 1940 hatte die Schweiz in einer völkerrechtlichen Grauzone operiert und bekam nun von Deutschland die Rechnung des Siegers präsentiert. Nach dem Sieg der deutschen Truppen in Frankreich gab man der Schweiz aus Berlin zu verstehen, daß man die Schweizer Industrie für das Reich produzieren sehen wolle. Eine Weigerung könne für die Schweiz Folgen haben.[100]

Daraufhin kehrte sich das Exportvolumen der Schweiz um. Das Gros der Kriegsmateriallieferungen lief fortan in das Deutsche Reich.[101]

Wäre die Schweiz weniger unter Druck gesetzt worden, wenn sie ein striktes Ausfuhrverbot für Kriegsmaterial erlassen hätte? Die Zielstellungen eines Wirtschafts- und Handelskrieges, egal durch wen initiiert, lassen das Gegenteil vermuten.

Im Wirtschaftskrieg von 1939-1945 zählten, wie auf den Schlachtfeldern, nur die Eigeninteressen der Kriegführenden. Beide Kriegsparteien bemaßen den Wert der schweizerischen Neutralität nach den Vor- und Nachteilen, die ihnen daraus resultierten. Moral spielte keine Rolle.

Die kriegführenden Mächte waren lediglich an der Verbesserung ihrer eigenen Machtposition interessiert. Das Deutsche Reich warf der Schweiz vor, sich zum Werkzeug der Alliierten zu machen und schlußfolgerte: „Duldet der Neutrale die Verletzung [der Neutralität – d. A.], dann hat die andere Kriegspartei das Recht zu Repressalien, sowohl dem Kriegsgegner als auch dem Neutralen gegenüber."[102] Die deutsche Seite argumentierte, wie die Alliierten 1945, in der Manier der Sieger.

Vorgeschobene moralische Entrüstung und völkerrechtliche Spitzfindigkeiten bemäntelten auf allen Seiten das Interesse am schweizerischen Kriegsmaterial. Trotz des ausländischen Drucks, der, je nach Kriegsverlauf, von der übermächtigen Seite ausgeübt wurde, verfiel die Schweiz aber nicht in blinden Opportunismus.

Als Richtlinien ihres Handelns galten die jeweiligen Blockadeabkommen, die man schweizerseits, so die Möglichkeit bestand, buchstabengetreu erfüllte.

Die Schweiz versuchte im Zweiten Weltkrieg ihren Außenhandel nach allen Richtungen hin offenzuhalten. Die Kontrolle der Außengrenzen der Schweiz blieb dem Vermögen der Achsenmächte überlassen. Die Schweiz widersetzte sich nach Möglichkeit den Forderungen aller Kriegsparteien nach einem völligen Exportstop in das feindliche Wirtschaftsgebiet.

Die Anstrengungen, die der Kleinstaat unternahm, um die Gegenblockade der Achsenmächte zu durchbrechen, sind der Schweiz von den Westalliierten schlecht gelohnt worden. Obwohl der Warenverkehr mit Großbritannien und den USA auf ein Minimum absank, lieferte die Schweiz wertmäßig mehr Waren, als sie von dort erhielt.[103] Gerade in der kritischen Phase 1943/1944, als die Westalliierten der Schweiz die dringend benötigten Lebensmittelimporte vorenthielten, lieferte die Schweiz Güter im Wert von ca. 363 Millionen Franken in die USA und nach Großbritannien. Die Gegenleistungen dieser beiden Länder betrugen wertmäßig nicht einmal ein Drittel der schweizerischen Exporte (ca. 82,1 Millionen Franken).[104] Die Wirtschaftsbeziehungen zu den Alliierten hatten für die Schweiz solange eine zweitrangige Bedeutung, wie diese nicht in der Lage waren, das Deutsche Reich als Hauptlieferant lebenswichtiger Güter abzulösen.

Seit 1943 begannen die Westalliierten verstärkt Druck auf die Schweiz auszuüben. Die Schweiz solle ihre Kriegsmateriallieferungen und Kreditvergaben an Deutschland reduzieren und könne nur im Gegenzug mit wirtschaftlicher Hilfe durch Großbritannien und die USA rechnen.[105]

Die Verhandlungen mit den Westalliierten vom Frühjahr 1945 zeigten noch einmal, wie gering die Sieger die wirtschaftliche Neutralität der Schweiz einschätzten, „... auf der zu beharren ihnen jetzt als geradezu verwerflich erschien".[106]

Sie verlangten die sofortige Einstellung der Exporte von Waren und Elektroenergie nach Deutschland, forderten die Sperrung der deutschen Guthaben in der Schweiz, die Unterbindung des Transits zwischen Italien und dem Reich, die Erfüllung der Empfehlungen von Bretton Woods sowie eine Finanzhilfe zum Wiederaufbau Europas. Von den Deutschen sei man nie schlechter behandelt worden als jetzt von den Alliierten, hieß es dazu in der Schweiz.[107]

Zusammenfassend ist zu sagen, daß die Schweiz ihren Neutralitätspflichten, wie sie im Haager Abkommen kodiziert sind, nicht absolut korrekt nachgekommen ist. Die Schweiz behielt zwischen 1939 und 1945 weitgehend die Kontrolle über ihre Außenhandel, auch wenn dieser durch Blockade und Gegenblockade auf ein Minimum des Vorkriegsstandes absank. Dies zu beeinflussen, lag allerdings nicht in der Macht der Schweiz, sondern im Ermessen der kriegführenden Blockademächte.

6

“Raubgold“-Frage und nachrichtenlose Konten – Die Kampagne

„Schmerzhaft erlebten die Schweizer, wie eine beispiellose Kampagne ihren Ruf ruinierte. Sie wurden der Welt als ein Volk von elenden Krämerseelen und Beutelschneidern vorgeführt, das Geld und Gold hortet, das ihm nicht gehört, und sich an Notgroschen von Opfern des Holocaust bereichert hat.“ [1]

„Die Bundesversammlung befaßt sich seit längerer Zeit mit der Frage der nachrichtenlosen Vermögen und der Geschichte der Schweiz im Zweiten Weltkrieg [...]. Sie hat in der Wintersession 1996 einstimmig den dringlichen ‘Bundesbeschluß betreffend die historische und rechtliche Untersuchung des Schicksals der infolge der nationalsozialistischen Herrschaft in die Schweiz gelangten Vermögenswerte’ verabschiedet. Der auf Initiative der Kommission für Rechtsfragen des Nationalrates erarbeitete Bundesbeschluß bildet die Gesetzesgrundlage für die Einsetzung einer Expertenkommission (Historikerkommission Bergier). Im weiteren wurden verschiedene parlamentarische Vorstösse zum Thema eingereicht.”[2]

Den Hintergrund dieser parlamentarischen Initiative bildete eine Kampagne, in deren Verlauf sich die Schweiz ihrer Geschichte stellen mußte.

Zur Genesis der Kampagne I – 1994 bis 1996

Nachdem sich Ende der achtziger Jahre die innerschweizerische Diskussion um die nachrichtenlosen Vermögenswerte beruhigt hatte, schien das Thema aus der Welt, zumindest bis Ende 1994, als in der internationalen Presse Berichte auftauchten, die besagten, auf Schweizer Konten lägen horrende Werte von Holocaust-Opfern, die die Schweizer

Banken den Erben vorenthalte. Im April 1995 berichtete die israelische Presse von 40-50 Millionen Franken auf Schweizer Konten. Die "schlechte Presse" ließ einen Imageverlust der Schweiz im Ausland befürchten – Politik und Banken sahen Handlungsbedarf. Eine interne und nicht zur Veröffentlichung bestimmte Umfrage der Schweizerischen Bankiersvereinigung (SBVg) bei ihren 444 Mitgliedern zwischen Mai und September 1995 erbrachte erstmals konkrete Zahlen: die Banken gaben an, sie verwalteten noch insgesamt 775 nachrichtenlose Konten mit total 38,7 Millionen Franken.[3]

Vor allem der Jüdische Weltkongreß (Jewish World Congress - JWC) unter seinem Vorsitzenden Edgar M. Bronfmann erwies sich im Verein mit anderen jüdischen Interessenvertretungen in der Folge als schärfster Kritiker der Schweiz, der auch fähig war, hochrangige Politiker zu mobilisieren und so die Medienkampagne zu einer „offiziellen" politischen Kampagne umzumünzen. Bronfmann steckte die strategischen Ziele ab, sein Generalsekretär Isaac Singer kümmerte sich ums Tagespolitische. Der 68 Jahre alte Bronfmann ist Polit-Profi.[4]

Seit seinem Amtsantritt 1981 konnte er schon einige Erfolge verbuchen. Am Ende der achtziger Jahre z. B. agierte Bronfmann erfolgreich in der Waldheim-Affäre. Der österreichische Präsident Waldheim sei als Wehrmacht-Offizier auf dem Balkan Teil der Nazi-Mordmaschinerie gewesen, der eigentlich in Nürnberg hätte verurteilt werden müssen, so Bronfmann. Waldheim trat 1991 zurück.[5]

Was die Öffentlichkeit nicht erfuhr war, daß Georg Krayer, der Vorsitzende der Schweizer Bankiersvereinigung bereits im September 1995 in einem vertraulichen Gespräch eine Einigung der Banken mit dem JWC gesucht, Bronfmann aber falsch eingeschätzt hatte. Krayers Angebot, als endgültige Regelung eine Pauschalabfindung in Höhe der o. g. 38,7 Millionen zu akzeptieren, lehnte Bronfmann kategorisch ab, zumal er glaubte, die Bankiers wollten ihn, sowohl was die Anzahl, als auch das Volumen der Konten angehe, „über den Tisch ziehen". Bronfmann, der wohl Aufklärung, Entschädigung, Rechenschaft und eine Entschuldigung erwartet hatte, wandte sich daraufhin an den republikanischen Senator Alfonse „Al" D'Amato, der eine beispiellose Kampagne gegen die Schweiz auslöste. D'Amato machte sich Bronfmanns Argumentation zu eigen und brachte damit eine Lawine ins Rollen – mit den bekannten Folgen für die Schweiz.

Auf der Homepage des Senators liest sich das wie folgt: „Als US-Senator aus New York und Vorsitzender des Banken-Komitees des Senats leite ich eine Untersuchung über den Stand des Vermögens europäische Juden und anderer, das sich seit seiner Deponierung im

Zweiten Weltkrieg im Besitz der Schweizer Banken befindet. Im Dezember 1995 suchte mich Edgar Bronfmann, der Präsident der JWC auf und erbat meine Hilfe bei dem Vorhaben, die Wahrheit über die Aktionen der Schweizer Banken im und nach dem Krieg herauszufinden. Ich stimmte zu und wir begannen in den National Archives zu recherchieren. In den folgenden Monaten machten wir erschreckende und schockierende Funde. Einiges davon ist nachfolgend aufgeführt. [...] Das Komitee will den umfassenden Versuch unternehmen alle Konten aufzufinden ...“ [6]

Um das zu erreichen, mußte der Druck auf die Schweiz erhöht werden. D' Amato und Bronfmann kamen überein, die Banken dort zu packen, wo sie am verletzlichsten erschienen. Tom Bower: „Die Bankiers der Schweiz, darin waren sich D' Amato und Bronfmann einig, waren besonders verwundbar. Verglichen mit den amerikanischen Banken sind die schweizerischen Geldinstitute winzig, ihr wirtschaftlicher Erfolg hängt in hohem Maße von ihren Geschäftsaktivitäten in den Vereinigten Staaten ab. Ein Entzug der Erlaubnis, in Amerika Geschäfte zu machen, würde sie empfindlich treffen”. [7]

Der Entzug der Geschäftserlaubnis ist Sache des Bankenauschusses, dem D' Amato vorsteht. Was Bower verschweigt ist, daß Schweizer Banken seit einigen Jahren mit großem Erfolg in das US-Vermögensverwaltungsgeschäft eingestiegen sind und den US-Banken harte Konkurrenz machen. D' Amato, als Vorsitzender der Bankenkommission Adressat der Wallstreet-Lobbyisten, erkannte die Vorteile des doppelten Engagements für die Holocaust-Opfer und die US-Banken. Er gab Bronfmann seine Zusage, als ersten Schritt eine „unabhängige und unparteiische Anhörung“ zum Thema zu veranstalten. Bronfmann brach mit diesem Schritt die Vertraulichkeitsvereinbarung mit Krayer, aber auch dieser gedachte nicht, sich daran zu halten, denn der Druck der internationalen Presse auf die Schweiz war bis Februar 1996 derart gestiegen, daß sich Krayer zu einer Informationsoffensive genötigt sah. Um die Öffentlichkeit zufriedenzustellen und die Schweiz aus der Schußlinie zu bringen, stellte Krayer am 7. 2. 1996 vor der Presse kategorisch fest: 38,7 Millionen Franken lägen in der Schweiz auf nachrichtenlosen Konten. Darüber hinaus gäbe es kein Geld in Schweizer Safes. Dieses Ergebnis rief heftige Reaktionen von Vertretern jüdischer Organisationen hervor, die die Umfrage als inakzeptabel zurückwiesen.[8]

D'Amato hatte jedoch inzwischen US-Dokumente aus der Zeit des Krieges aufgetan, die bewiesen, daß es in der Schweiz Altkonten gab, die in Krayers Schlußrechnung nicht auftauchten und der SBVg unbekannt waren – da es sich um einen Treuhänder handelte, was die Banken nicht wissen konnten, da dies bei der Kontoeröffnung nicht angegeben werden mußte. Hier hatte D'Amato einen argumentativen Hebel gefunden, denn er konnte die Banken der Lüge bezichtigen. Krayer hatte nicht nur einen Vertrauensbruch begangen, sondern auch einen taktischen Fehler gemacht. Statt zu beschreiben, daß sich die Banken jetzt und weiterhin um die Auffindung nachrichtenloser Vermögen bemühten, präsentierte er kategorisch eine konkrete Zahl als *Endergebnis* der Recherchen, was man nach Belieben anzweifeln konnte. Am 23. April 1996 fand das erste Hearing des Senats-Bankenausschusses unter dem Vorsitz D'Amatos statt. Um dem Vorwurf der „Goldgräberei" zu entgehen, einigten sich Bronfmann und D'Amato im Vorfeld darauf, das Hearing als Verfechtung einer moralischen Sache medienwirksam in Szene zu setzten. Der Erfolg des Hearings, bei dem auch Zeitzeugen befragt wurden, stand von vornherein fest. Ebenso die Schlüsse, die D'Amato zog: die Banken hätten den Opfern und deren Erben unrechtmäßig Geld vorenthalten und eine gezielte Verschleierungspolitik betrieben, Profit aus dem Tod von sechs Millionen Juden gezogen und den Tod vieler amerikanischer Soldaten verschuldet. Dieses Totschlagargument, das auf Konstruktion einer Mitschuld abhob, wurde von der Presse gierig aufgegriffen. Fortan mußte sich die Schweiz *insgesamt* mit dem undifferenzierten und durch eine undifferenzierte Rezeption der Presseverlautbarungen öffentlich erhobenen Vorwurf auseinandersetzten, sie sei der Erfüllungsgehilfe nationalsozialistischer Politik gewesen. Die Schweiz demonstrierte denn auch guten Willen, um sich von diesem ungeheuerlichen Vorwurf reinzuwaschen. Die weitere Suche der Banken nach nachrichtenlosen Konten sollte fortan durch einen unabhängigen Prüfungsauschuß aus Mitgliedern des JWC und SBVg überwacht und koordiniert werden. Daraufhin wurde am 2. Mai 1996 ein Übereinkommen zwischen internationalen jüdischen Organisationen und der SBVg zur Schaffung des „Independent Commitee of Eminent Persons", nach seinem Vorsitzenden Paul A. Volcker auch Volcker-Kommission genannt, geschlossen. (Dokumente). Bronfmann und D'Amato sahen darin jedoch nur eine Hinhaltetaktik. Beide kamen überein, den propagandistischen Druck auf die Schweiz nicht nur aufrechtzuerhalten, sondern noch zu steigern, indem sie der Presse regelmäßig aus dem Kontext gerissene Archivalien übergaben, ungeachtet dessen, daß diese Informationen z. T. schon Jahre bekannt waren und noch dazu auf ungesicherten Geheimdienst-Informationen des Office of Strategic Service (OSS) beruhten. Sie sollten offenbar nur schockieren. Diese „Steigerung der Schlagzahl" ließ in der Schweiz den Eindruck entstehen, man hätte sie „auf Betreiben der Juden ins Fadenkreuz genommen" – man wolle, wahr oder nicht sei einmal dahingestellt, das Land als Finanzplatz demontieren. „Der WJC brauchte ein emotional besetztes Thema, das den Holocaust und die Schweiz miteinander verknüpfte.“[9]

So wurde publik gemacht, daß sich in dem Gold, daß die Schweizer Nationalbank (SNB) während des Krieges von Deutschland gekauft hatte, auch Zahngold von KZ-Opfern befand, was für D'Amato den Vorteil mit sich brachte, durch die Ausweitung des Themas auch den Gold-Komplex und die "Hehler-Rolle" der Schweiz im Zuge der deutschen Kriegsfinanzierung thematisieren zu können. Bronfmann nahm die Gelegenheit wahr, das Thema auch international auszuweiten. Greville Janner, Vizepräsident des JWC und Labour-Abgeordneter im Unterhaus, unterstellte der britischen Regierung im Frühsommer 1996 – was sich im nachhinein als schwerer taktischer Fehler erweisen sollte –, sie hätte 1946 in einem „Geheimabkommen“ mit der Schweiz ganz bewußt auf eine harte Verhandlungsposition verzichtet und damit der Schweiz den Einbehalt unrechtmäßig erworbenen Goldes ermöglicht. [10]

Janner, dessen historische Kenntnisse offenbar wenig fundiert sind, meinte das Washingtoner Abkommen von 1946, dessen Verlauf in jeder guten Fachpublikation nachzulesen ist und dessen Protokolle u. a. in den regierungsamtlichen Kompendien "Foreign Relations of the US" nachzulesen sind. Dennoch sah sich die britische Regierung genötigt, am 10. September 1996 einen Bericht herauszugeben, der allerdings einen entscheidenden Fehler enthielt. Dort heißt es, die Schweiz habe nach amerikanischen Schätzungen im Krieg von Deutschland Gold im Gesamtwert von 500 Millionen US-$ übernommen. Durch die schlampige Zitation eines Sitzungs-Protokolls der Washingtoner Konferenz seitens des Foreign Office waren aus den dort erwähnten „500 million swiss francs“ (= 200 Millionen US-$) „500 million dollars“ geworden.[11]

Wenn 1946 noch für 500 Millionen Dollar Nazigold in der Schweiz lagerte und nur 58 Millionen davon zurückgegeben worden waren, dann, so rechneten die findigen Köpfe, habe die Schweiz einen Gewinn von 450 Millionen Dollar gemacht. Inzwischen wäre die Sore, nicht inflationsbereinigt, knappe 6 Milliarden Dollar wert. Die Medien stürzten sich auf diese Darstellung. Das Magazin „Focus“ titelte "Schweigen ist Gold ..." und schrieb: "Nach Meinung der Briten und der Amerikaner lagerte zu Kriegsende Nazi-Gold im damaligen Wert von rund 550 Millionen Dollar bei Schweizer Banken. Die bestritten das bislang entschieden."[12]

Tom Bower: "So aufsehenerregend und dienlich diese Darstellung der Dinge auch sein mochte, sie war vollkommen falsch." [13]

Das Ansehen der Schweiz erreichte seinen Tiefpunkt. Der JWC legte nach und behauptete nun, daß auf den nachrichtenlosen Konten in der Schweiz zwischen sieben und zwanzig Milliarden Dollar lägen, die ausschließlich Holocaust-Opfern gehörten. Insgesamt sei dies der größte Raub der Weltgeschichte, die Schweizer seien Räuber. Nachdem am 3. Oktober 1996 auch die erste Sammelklage von Nazi-Opfern gegen die Schweizer Banken ins Rollen gekommen war, hielt Bronfmann, der sich der Weltöffentlichkeit inzwischen sicher sein konnte, die Zeit für gekommen, sich über Hilary Clinton der Hilfe des Präsidenten zu versichern. Bill Clinton kündigte daraufhin am 6. Oktober 1996 regierungsamtliche Untersuchungen über den Verbleib des Nazi-Goldes und der jüdischen Vermögen an und beauftragte den damaligen US-Sonderbeauftragten für die Eigentumsrückgabe in Mittel- und Osteuropa und Unterstaatssekretär im Handelsministerium, Stuart Eizenstat, umfassende Ermittlungen in den Archiven aller beteiligten Behörden anzustellen, die Beweise gegen die Schweiz liefern sollten.[14]

Am 16. Oktober 1996 folge das zweite Hearing unter dem Vorsitz D'Amatos, der mit sechs Zeitzeugen, allesamt Bankenopfer, aufwartete. D'Amatos Credo: die Schweiz habe am Holocaust profitiert, es sei „an der Zeit Gerechtigkeit zu üben". [15]

D'Amato hatte einen neuerlichen Plot auf Lager – die Veröffentlichung der Schweizer Geheimabkommen mit Polen und Ungarn. O-Ton D'Amato: „Vor kurzem haben wir erfahren, daß die Schweiz [...] Geheimabkommen mit den kommunistischen Regimes Polens und Ungarns abgeschlossen hat. Gewissenlos übertrug der Schweizer Staat die Aktiva, einschließlich der Lebensversicherungspolicen polnischer und ungarischer Juden, die vermutlich tot waren, diesen Staaten"[16]

Den Hintergrund bildeten die geheimgehaltenen Entschädigungsabkommen der Schweiz mit Polen und Ungarn aus den Jahren 1949/50. Dort hatten die Schweizer nachrichtenlose Vermögen von Polen in der Schweiz aufgelöst und entschädigten mit diesem Geld die in Polen enteigneten Schweizer Staatsbürger. Der Übertrag wurde den Polen zur Entschädigung von Nazi-Opfern überwiesen. Die Schweiz reagierte mit dem Hinweis darauf, daß das Abkommen nicht umgesetzt worden sei. Außerdem sei es in der amtlichen Quellensammlung des Eidgenössischen Departements des Äusseren (EDA) seit langem publiziert und mitnichten geheim. Dennoch sah sich die Schweiz veranlaßt, eine koordinierende „Task Force Vermögenswerte" unter Thomas Borer zu bilden.[17]

Inzwischen waren die durch umtriebige Anwälte in New York organisierten „Class actions", die Sammelklagen, zu einem echten Problem für die Banken geworden, denn die Forderungen auf die Herausgabe diverser Vermögenswerten hatte sich durch eine zweite Sammelklage vom 23. 10. 1996 auf ein Volumen von 20 Milliarden Dollar (sic !) erhöht. Die Schweiz hielt, wenn auch nur mühsam, dem Druck stand, zumal sie, mit wachsenden finanziellen Forderungen überhäuft, überzeugend argumentieren konnte, es gehe bei der Kampagne nicht darum, Gerechtigkeit herzustellen, sondern allein um Geld. Ein wenig Konstruktivität gewann die Diskussion erst dann, als der Bankenausschuß des US-Repräsentantenhauses in Washington ein Hearing unter dem Vorsitz von Jim Leach für den 12. Dezember 1996 anberaumte. Thomas Borer und auch der Vorsitzende des Schweizerischen Israelitischen Gemeindebundes (SIG), Rolf Bloch, nutzten die gebotene Plattform zur Darstellung der Schweizer Position. Borer und Bloch gaben bekannt, daß die Schweiz den unumstößlichen Willen zur Ergründung der Wahrheit habe. Sie habe im Eilverfahren zwei Gesetze durch beide Häuser des Parlaments gebracht, wovon eines die Einrichtung einer unabhängigen Expertenkommission vorsehe. Diese werde innerhalb von zwei bis drei Jahren das Schicksal der in der Schweiz liegenden Vermögen von Holocaust-Opfern klären und diese zurückgeben. Die Tätigkeit werde eng mit der Volcker-Kommission abgestimmt, die bei dem Verfahren die Banken kontrollieren werde. Bloch forderte als „jüdischer Schweizer“ Gerechtigkeit für die Juden und Fairneß für die Schweiz. Fairneß bedeute, keine Vorverurteilungen zuzulassen, keine Einzeldokumente außerhalb ihres historischen Kontextes zu publizieren und nicht zu generalisieren. Bronfmann war über die Einladung Blochs nach Washington wenig erbaut, nahm er doch einen Teil des durch die jüdischen Organisationen aufgebauten Drucks von der Schweiz.[18]

Doch Bronfmann, D'Amato und der JWC fütterten die Presse weiterhin geschickt mit Dokumenten, die weltweit große Resonanz hatten. Die D'Amato-Homepage: „Die Dokumente zeigen deutlich, daß die Schweizer Banken den Nazis aktiv beim Transport riesiger Summen Geldes und anderer Vermögenswerte nach außerhalb Europas halfen und daran verdienten. Prominente Nazis wie Göring, von Ribbentrop, Goebbels u. a. verbrachten Millionen Dollar nach Südamerika, in Schweizer Diplomatengepäck. Die Transaktion wurde Schweizer Bankern anvertraut.“[19]

Ein Senator, eine Lobbygruppe und die Presse haben in den USA mehr Einfluß als man gemeinhin in Europa annimmt.[20]

Trotz allem schien es Ende 1996 so, als hätte die Schweiz mit der einstimmigen Verabschiedung des Bundesbeschlusses „betreffend die historische und rechtliche Untersuchung des Schicksals infolge der nationalsozialistischen Herrschaft in die Schweiz gelangten Vermögenswerte" vom 13. Dezember 1996, der die Bildung der unabhängigen Historikerkommission (Bergier-Kommission) einleitete, ein wenig Initiative zurückgewonnen. Die Volcker-Kommission votierte bereits für eine Vermittlungslösung, die SBVg drängte die Regierung, keinerlei Zugeständnisse zu machen. Zwar schien die politische Elite der Schweiz noch immer unfähig, die Tragweite der Kampagne zu erfassen und konnte sich angesichts „des Krieges gegen die Schweiz“ nicht auf eine einheitliche politische Gegenstrategie einigen, doch der größte Druck schien vorbei. Um so unverständlicher erscheint die Interview-Aussage des scheidenden Schweizer Bundespräsidenten (zugleich Justizminister) Jean-Pascal Delamuraz (60): Am 31. Dezember 1996 erklärte er sinngemäß, die schlimmsten Ereignisse seiner Amtszeit als Bundespräsident seien die Diskussionen um die nachrichtenlosen jüdischen Vermögen und die um den Handel der SNB mit Nazigold gewesen. Delamuraz führte unglücklich aus, daß er sich manchmal frage, ob Auschwitz in der Schweiz liege. Es seien wohl jüdische Bestrebungen im Gange „die Schweiz zu destabilisieren und zu kompromittieren“. Die jüdische Wiedergutmachungsforderung an die Schweiz sei eine reine „Lösegeld-Erpressung“. Die Schweiz werde von den Juden unter Druck gesetzt, es gehe nicht um Gerechtigkeit sondern um Geld.[21]

Damit gab er dem schäumenden D'Amato argumentativ neue Munition an die Hand. D'Amato: „Der Schweizer Staat ist mitschuldig, den Nazis geholfen zu haben ihre Beute in Südamerika in Sicherheit zu bringen. Nach einem halben Jahrhundert der Geheimhaltung kommen die Tatsachen dieses unrühmlichen Kapitels der Geschichte ans Licht. Kürzlich bezeichnete der Schweizer Justizminister Jean Pascal Delamuraz unseren Ruf nach einem vorläufigen Ausgleichs- oder Entschädigungsfonds als Erpressung. Wie kann er es wagen, so etwas zu behaupten! Die wahre Erpressung ereignete sich 50 Jahre zuvor, als Schweizer Banker der Gestapo halfen, die Kontonummern von verfolgten Juden zu erpressen.“[22]

Die Medien griffen das Thema dankbar auf und bescheinigten der Schweiz antijüdische Ressentiments. „Focus“ postulierte gar, eine Welle des Antisemitismus überrolle die Schweiz. Es gingen Schmähbriefe und Anrufe beim Schweizerischen Israelitischen Gemeindebund (SIG) und den jüdischen Gemeinden ein. Delamuraz, hieß es, heize dies Klima an.[23]

Bronfmann und die Jewish Agency (JA) drohten daraufhin mit einem weltweiten Boykott der Schweizer Banken und dem Abzug aller jüdischen Einlagen. In den Parlamenten dreier US-Bundesstaaten kündigten Volksvertreter an, über die Möglichkeit, den Schweizer Banken die Lizenzen zu entziehen, diskutieren zu wollen, und der New Yorker Stadtrat unternahm einen Vorstoß, der Stadtverwaltung alle Geschäftsbeziehungen zu Schweizer Banken zu untersagen.[24]

Dem beugte sich der Minister und faxte dem Vorsitzenden des JWC, Edgar Bronfmann, es tue ihm leid. Darauf Bronfmann im Bewußtsein seiner starken Position: er freue sich auf die Fortsetzung des Dialoges mit Schweizer Banken und Behörden. Am 14. Januar erklärt Delamuraz öffentlich, er bedauere, daß er die Gefühle vieler Menschen verletzt habe.[25]

Zur Genesis der Kampagne II – 1997 und 1998

Hätte es in dieser Situation noch weiterer Gründe bedurft, der Schweiz Zugeständnisse abzuringen, wären sie durch den „Fall Meili" und den „Fall Jagmetti" zweifellos erbracht worden. Christoph Meili, Angestellter einer Wachdienstfirma, reagierte beherzt, als er am 8. Januar 1997 vor dem Reißwolf der Schweizerischen Bankgesellschaft in der Zürcher Bahnhofstraße Akten aus den zwanziger und dreißiger Jahren entdeckte. Die zu vernichtenden Bestände belegten auf eindrucksvolle Weise den erzwungenen Verkauf von jüdischem Eigentum in Deutschland.[26]

„Ich dachte bei den Immobilien sofort an Arisierungen", so der Wachmann.[27]

Er riß 40 Journalblätter aus den Jahren 1930-40 heraus, auf denen der Verkauf zwangsversteigerter Berliner Immobilien durch eine SBG-Tochter verzeichnet war, schmuggelte die Dokumente nach Schichtende aus der Bank und übergab sie dem Präsidenten der Israelitischen Cultusgemeinde Zürich (ICZ), Werner Rom, der sie an die Polizei weiterleitete. Die Bank entschuldigte sich für den, im übrigen widerrechtlichen, „bedauerlichen Irrtum", den der Archivar und gleichzeitige Vizedirektor Erwin Haggenmüller begangen hatte. Meili wurde geschaßt, Haggenmüller suspendiert. Robert Studer, der Chef der SBG, unterstellte dagegen in einer Fernsehsendung, daß Meili aus unlauteren Motiven gehandelt habe. Weil er die Beschuldigung weder konkretisierte, noch zurücknahm, handelte sich Studer eine Verleumdungsklage Meilis ein.[28]

Den Hintergrund liefert die Homepage D'Amatos: „Die Spekulationen in der schweizerischen Presse, daß es wegen dieser Aktion, die möglicherweise Schweizer Recht verletzt, Absprachen zwischen Meili und meinem Büro gegeben habe, sind empörend und stellen den simplen Versuch der Einschüchterung des jungen Mannes dar, um den Versuch, die Wahrheit zu erfahren, zu stoppen." [29]

Dies sei „Kalte-Kriegs-Taktik", Meili sei ein Held, kein Verbrecher. Die Schweizer Administration (sic!) solle die Einschüchterungskampagne beenden. Es sei gleichermaßen ein Schlag ins Gesicht der Opfer, daß ein junger Mann, der in diesem Fall helfen wollte, nun selbst zum Opfer werde. „Christoph" habe hunderte von Todesdrohungen erhalten, die ihm nahelegten, das Land zu verlassen. D'Amato: „Voller Dankbarkeit werden wir dafür sorgen, daß Christoph und seine Familie Zuflucht in den USA finden werden. Sie können versichert sei, daß ich dieses Problem bis zum Ende verfolgen werde. Wir müssen die Wahrheit aufdecken und dahin wirken, daß den Opfern des Holocaust, den Überlebenden und den Erben Gerechtigkeit geschieht. Ihre Ehre muß wiederhergestellt und die Ungerechtigkeit der Vergangenheit gesühnt werden." [30]

Den Sargnagel des Schweizer Widerstandes schlug allerdings der Schweizer Botschafter in Washington, Carlo Jagmetti, ein. Durch die Veröffentlichung eines internen Papiers aus der Botschaft wurde bekannt, daß Jagmetti die ausländischen Angriffe auf die Schweiz als „Krieg" charakterisiert hatte. Jagmetti trat am 27. 1. 1997 zurück. [31]

In diesem Klima forcierte D' Amato seine Angriffe. Am 12. 1. 1997 hatte er geheime amerikanische Berichte publik gemacht, nach denen die SNB in den vierziger Jahren 280 Wagenladungen mit ursprünglich deutschem Gold auf die iberische Halbinsel geschafft haben soll. Der Schlag ging inhaltlich ins Leere, weil diese Fakten schon lange bekannt waren. Die SNB teilte mit, sie habe schon im Dezember 1996 über die Goldgeschäfte mit dem Reich berichtet. So habe sie angegeben, sie habe von Deutschland zwischen 1939 und 1945 Gold für 1,21 Milliarden Franken gekauft. Es sei auch schon lange bekannt gewesen, daß ein nicht geringer Teil des Goldtransfers in Richtung Portugal lief, teilte der Sprecher mit. „Der Charakter dieser Transaktionen ist seit gut zehn Jahren bekannt", schrieb die „Neue Zürcher Zeitung" (NZZ).[32]

Das ist zweifellos richtig, denn Werner Rings hatte bereits 1985 in der Schweiz ein Buch über die Goldgeschäfte der Schweiz während des Zweiten Weltkrieges veröffentlicht. Darin beschrieb der Autor, wie die SNB in Deutschland Gold gegen SFr kaufte. Mit diesen SFr bezahlten die Deutschen Importe, z. B. Wolfram aus Portugal. Die Lieferländer tauschten die erhaltenen Schweizer Franken dann bei der SNB wieder gegen Gold ein – Gold, das zuvor Deutschland in den eroberten Ländern konfisziert hatte. „Die jüngste 'Enthüllung' D'Amatos nähert sich dem Kern der ohne Zweifel sehr fragwürdigen Rolle der Schweizerischen Nationalbank, ohne deswegen eine Neuigkeit darzustellen", schrieb die NZZ. Und: „Vermutlich wird diesbezüglich eine Meldung – entsprechend dem bisherigen Rhythmus – in etwa drei Wochen als neueste Erkenntnis an alle Agenturen verschickt werden". [33]

Ein Deal war für die Schweiz lebensnotwendig geworden, denn der ausländische Druck stieg von Tag zu Tag. In London hatten die Schweizer Banken bereits Probleme, weil ihnen die Broker aus Angst um ihre Karriere die Dienste verweigerten. Die Schweiz begann nachzugeben. Nachdem die Bundesversammlung bereits am 7. Januar 1997 den jüdischen Organisationen signalisierte, sie sei bereit, Gespräche über die Schaffung eines Fonds für die Nazi-Opfer zu führen, wurden Verhandlungen mit den jüdischen Organisationen aufgenommen. Der Bundesrat gab am 12. Februar 1997 seiner Absicht Ausdruck, zweistufig vorgehen zu wollen. Zuerst sei als Soforthilfe ein Fonds für die Holocaust-Opfer zu schaffen, dann wolle man über eine endgültige Form der Entschädigung nachdenken. Die für den Holocaust-Fonds von den Schweizer Großbanken nun bereitgestellten 100 Millionen Franken erschienen den Vertretern der jüdischen Organisationen jedoch nicht hoch genug. Aus Sicht des JWC erschienen 250 Millionen angemessen, verbunden mit einem öffentlichen Schuldeingeständnis der Schweiz.[34]

„Daß die Schweiz ums Überleben kämpfte, während sie sich mit ihrer Vergangenheit und der Kritik der Öffentlichkeit auseinandersetzen mußte, war für die USA belanglos. Man meinte, man müsse nur abwarten, bis die Schweiz nachgeben und eine demütigende Entschuldigung sowie eine enorme Entschädigungszahlung anbieten würde. Für die Schweiz sollten die Kosten der Reue wahrhaft erschreckend sein." [35]

Die Schweiz befand sich in einer äußerst schlechten Verhandlungsposition, als sich Borer, Volcker, D'Amato und Eizenstat am 14. Februar 1997 in New York trafen. Sie verbesserte sich jedoch erheblich, als der Bundesrat am 26. Februar die Ernsthaftigkeit der Schweizer Bemühungen mit dem Beschluß über die „Verordnung betreffend den Spezialfonds für bedürftige Opfer von Holocaust/Shoa" sichtbar unter Beweis stellte.[36]

Die professionell inszenierte Verunglimpfung, die zwischen einfachen Bürgern, Politikern und Verantwortlichen aus Banken und Industrie keinen Unterschied machte, ließ jedoch erst dann nach, als der Fonds neben den 100 Millionen der Großbanken mit 65 Millionen aus der übrigen Wirtschaft und rund 100 Millionen Franken der Nationalbank aufdotiert wurde, zumal die Kontrolle des Kapitals in die Hände jüdischer Interessenvertretungen gelegt wurde. Doch dann gelang der Schweiz am 5. März ein Befreiungsschlag, mit dem niemand mehr gerechnet hatte. Für politischen Mut und kreative Ideen war Arnold Koller (63), Justizminister der Eidgenossen, bis dahin nicht bekannt. Der Jura-Professor, der 1997 neben seinem Ministeramt turnusmäßig auch das Amt des Bundespräsidenten ausübte, galt als Zauderer.[37]

In einer Ansprache vor der Bundesversammlung überraschte er das In- und Ausland jedoch mit der Idee, in Absprache mit dem Präsidenten der SNB eine „Stiftung für Solidarität" zu schaffen.[38]

Das Stiftungskapital von 7 Milliarden Franken wurde durch die Neubewertung der Goldreserven der SNB aufgebracht. Die bisher künstlich tief ausgewiesenen Reserven der Schweiz wurden um 14 Milliarden Franken aufgewertet, die Hälfte des Betrages als Kapital in die neue Stiftung überführt. Das Vermögen, das einen jährlichen Zinsertrag von rund 350 Millionen Franken erbringt, solle, so Koller, für Wohltätigkeitsprojekte zugunsten Bedürftiger im In- und Ausland eingesetzt werden. Grundsätzlich solle die Hilfe allen Personen in schwerer Not, den „Opfern schwerer Armut, Katastrophen, Folter und Völkermord" und nicht allein den Überlebenden des Holocaust oder deren Nachkommen zugute kommen.[39]

Die Stiftung soll eine dauerhafte Einrichtung werden, die auf dem Prinzip der Solidarität basiert. Als Überraschungscoup geplant, um Ansehen und Selbstverständnis der Schweiz wiederherzustellen, das von D'Amato und Funktionären jüdischer Organisationen systematisch demontiert worden war, wurde die Stiftung auf positive Außenwirkung und therapeutische Effekte nach innen hin konzipiert. In nur zwei Wochen vorbereitet, stellt diese Verfahrensweise für die Schweiz ein Novum ohne Beispiel dar und neben Zuspruch regte sich in der Schweiz allenthalben Widerstand und Kritik.[40]

Die schweizerische Linke warnte angesichts wachsenden Sozialabbaus vor dem Alibicharakter der Stiftung, und Nationalrat Blochers Schweizerische Volkspartei sah darin die Kapitulation vor dem Druck des Auslands. Sogar besorgte Befürworter wiesen auf die politischen Probleme hin, die von den Argumenten der Gegner ausgingen: viele Schweizer betrachteten das Projekt als Schuldeingeständnis.[41]

Unbehagen bereitete auch der Gedanke daran, was mit der zweiten Hälfte des Aufwertungsgewinns geschehen solle. In Anbetracht der wirtschaftlichen Probleme der Schweiz falle die Einrichtung der Stiftung auf einen ungünstigen Zeitpunkt. Und vor allem lege die Idee Hand an die bisher unantastbaren Goldreserven des Landes, aufs Volksvermögen.

Damit schwäche sie auch das Vertrauen in den Franken und stelle die Unabhängigkeit der Nationalbank in Frage. Die Schweizer Parteienlandschaft reagierte auf Kollers Initiative seltsam reserviert. Die Freisinnig Demokratische Partei (FDP) merkte an, die Idee Kollers sei prüfenswert, bedürfe jedoch bei einer Umsetzung der Verfassungsänderung zur Aufhebung der obligatorischen Golddeckung der Schweizer Währung. Die Christdemokratische Volkspartei (CVP) sprach von einem innen- und außenpolitisch staatsmännischen Akt, der zeige, daß das Volk der Schweiz gewillt sei, seine Aufgabe als Souverän wahrzunehmen. Die Sozialdemokratische Partei meldete sich mit der Einschätzung zu Wort, daß die Handlung Kollers in Verbindung mit dem Bankenplatz richtig, die Details allerdings klärungsbedürftig seien. Blochers Schweizerische Volkspartei (SVP) sah den Schritt Kollers als überstürzten und fraglichen Befreiungsschlag, den letztlich das Volk bezahlen müsse. Dies sei vom Ausland erzwungen und damit als Geste des freien Willens untauglich. Die internationalen Reaktionen gaben Koller jedoch recht. Bonn äußerte Erstaunen über den geplanten Umfang der Stiftung, und auch die führenden Blätter der USA („Washington Post", „New York Times", „Wall Street Journal") äußerten sich ausnahmslos positiv über die Initiative. Die französischen Medien sprachen von einer "guthelvetischen Gleichgewichtsübung" zur Beruhigung im Inland und zur Imageverbesserung im Ausland, auch in Großbritannien gab es Lob: Der Schritt widerlege die Stereotypen über die Schweiz. Egal wie motiviert, sei es eine große Geste. Österreich vermerkte "Helvetische Größe", denn die Schweiz habe zwar Fehler begangen, habe aber keineswegs eine faschistische, antisemitische oder kriegerische Vergangenheit. Auf dem guten Ruf der Schweiz laste allerdings der Eindruck, sie habe sich im Krieg bereichert, ihr Wohlstand basiere auf Hehlerei. Harte Kritik übte allein JWC-Geschäftsführer Elan Steinberg in New York. Sein Standpunkt: die vom Bundesrat eingesetzte Arbeitsgruppe hätte nicht ausdrücklich Holocaust-Opfer als Nutznießer der Stiftung für Solidarität aufgeführt.

Die Zweckbeschreibung der geplanten Stiftung wurde damit zum Gegenstand einer neuen Kontroverse zwischen dem JWC und der Schweiz. Die Arbeitsgruppe hatte zwar eingeräumt, daß die derzeitige Debatte über die Rolle der Schweiz im Zweiten Weltkrieg die Stiftungsidee beeinflußt habe, doch zugleich unterstrichen, daß sie weit über die Tagesaktualität hinausreichen solle. Entsprechend wurde der Stiftungszweck allgemein formuliert, ohne jedoch die Holocaust-Opfer auszuschließen. Der JWC wollte dies jedoch explizit formuliert wissen. Diese Eindeutigkeit wollten die Schweizer aber bewußt vermeiden, wäre sie doch allzu leicht als mittelbares Schuldgeständnis mißdeutbar.[42]

Die Atempause, die sich die Schweiz durch diesen ungewöhnlichen Schritt verschafft hatte, war nur von kurzer Dauer. Am 7. Mai 1997 forderte D' Amato von der Schweiz, daß er „lieber Taten als süßklingende diplomatische Gespräche“ sehen wolle. D'Amato: „Zeigt mir das Geld“.[43]

Der am gleichen Tage veröffentlichte Eizenstat-Bericht verschärfte den Konflikt. In dem Bericht, der unter der Ägide des US-Unterstaatssekretärs im Handelsministerium, Stuart Eizenstat, entstanden war, wurden schwere Vorwürfe gegen die Neutralen Länder im Zweiten Weltkrieg, vor allem aber gegen die Schweiz erhoben.[44]

Strenggenommen war der Bericht noch nicht das Resultat der Untersuchung selbst, sondern eine „vorläufige Studie“ mit dem Titel „Die Bemühungen der USA und der Alliierten, Gold und andere von Deutschland während des Zweiten Weltkrieges gestohlene oder versteckte Wertsachen aufzufinden und zurückzuerstatten". Er wurde von über 20 Spezialisten unter der Leitung des Historikers des Außenministeriums, William Slany, zusammengestellt und umfaßt rund 200 Seiten. Ein Appendix von 277 Seiten ergänzt das Werk. Der Bericht konzentriert sich, obwohl von der Grundlage amerikanischer Politik ausgehend, auf die Schweiz, insbesondere das Verhalten der SNB, und spart nicht mit Kritik. In den Augen der NZZ-Korrespondenten machte Eizenstat aber "... einmal mehr deutlich, daß er in seiner präzisen, noblen Art das pure Gegenteil des hemdsärmeligen, die Fakten sehr grosszügig behandelnden Senators D'Amato ist“.[45]

„Die Schweiz war Nazideutschlands Bankier und Finanzier“, heißt es in der Publikation. Der nach umfassender Durchsicht amerikanischer Dokumente erstellte Report stellt fest, daß Gold im Wert von 579 Millionen Dollar (nach heutigem Kurs 5,7 Milliarden Dollar) in die Schweiz gelangt sei. Es stamme aus den besetzten Ländern, darunter sei aber auch Zahngold von Nazi-Opfern aus den deutschen KZs. Von allen Neutralen, darunter Schweden, Spanien, Portugal und die Türkei, habe Bern die direktesten Verbindungen zu Deutschland unterhalten. Diese hätten nicht nur die Schweizer Banken reicher gemacht, sondern auch dazu beigetragen, einen der blutigsten Konflikte der Geschichte zu verlängern. Der Eizenstat-Bericht hielt aber auch fest, daß die Schweiz damals nicht gewußt habe, daß Totengold in die Barren aus Deutschland eingeschmolzen worden war. Außenminister Cotti nannte den Bericht „sehr korrekt“, meinte aber, daß die schwierige Lage, in der sich die Schweiz damals befunden habe, nicht angemessen gewürdigt worden sei. Das von den Achsenmächten umzingelte Land habe keine andere Wahl gehabt, als mit Deutschland Handel zu treiben. Ähnlich äußerte sich auf einer Pressekonferenz in Washington der Chef der Schweizer Task Force, Thomas Borer. Er verwies darauf, daß nach damals gültigem Kriegsrecht Besetzer eines Landes dessen Goldreserven legal übernehmen durften. Eizenstat beschrieb dagegen das deutsche Vorgehen als den "größten Diebstahl der Geschichte". Der Schweiz müsse klar gewesen sein, daß die Deutsche Reichsbank keine Reserven mehr gehabt habe, das Gold insofern gestohlen sein mußte. Die Schweiz habe auch von dem Nazi-Raub in Frankreich gewußt, bei dem es um Gold aus Belgien und anderen Ländern ging. Nach dem Zweiten Weltkrieg habe Bern die geldbringende Beziehung zu den Nazis nicht eingestanden und sich Bemühungen widersetzt, Entschädigungen zu zahlen. Der Bericht übt auch Selbstkritik an der Haltung der USA. Aus politischen Gründen seien die Verhandlungen mit Neutralen von US-Seite aus nicht hart genug geführt worden. Eizenstat meinte weiter, es gehe nicht um Schuldzuweisungen, sondern darum, in einem Heilungsprozeß die Fehler der Vergangenheit zu kurieren. Der JWC nannte den Bericht am 7. Mai in New York ein „historisches Dokument, das in der modernen amerikanischen Geschichte Meilensteine setzt." Der Bericht rechtfertige die Ansprüche, Befürchtungen und Aussagen von Holocaust-Überlebenden und begründete Forderungen nach moralischer und materieller Wiedergutmachung. [46]

Der Schweiz wurde im Speziellen der Vorwurf gemacht, sie habe bei den Verhandlungen, die 1946 zum Washingtoner Abkommen führten, moralisch kaum vertretbare legalistische Positionen eingenommen. In dem Abkommen mit den USA, Großbritannien und Frankreich hatte sich die Schweiz per Saldo aller Ansprüche der Alliierten entledigt, indem sie 250 Millionen Franken in die Fonds der interalliierten Tripartite Gold Commission (TGC) einzahlte. Gefragt, ob er eine Neuverhandlung des Washingtoner Abkommens empfehle, hielt sich Eizenstat allerdings bedeckt. Er könne diese Möglichkeit weder ausschließen noch bestätigen. Zunächst müßten die anderen Länder ihre Schlüsse aus dem Bericht ziehen. Diese Aussage deutete darauf hin, daß die US-Regierung ihr weiteres Vorgehen von den Reaktionen des Auslands abhängig machte. Der US-Regierung wirft Eizenstat vor, sie habe nach dem Krieg zu wenig Druck auf die Neutralen ausgeübt, vor allem auf die Schweiz. Nur so sei die Renitenz der Schweiz bei den damaligen Verhandlungen zu erklären. Die eingefrorenen Schweizer Guthaben seien zu früh freigegeben worden. Damit habe man sich des einzigen Hebels beraubt, die Schweizer zum Einlenken zu zwingen. Als Resultat habe man den Neutralen zuviel Nazi-Gold überlassen. Entscheidend für die amerikanische Zurückhaltung seien allerdings der Kalte Krieg und die sowjetische Gefahr gewesen. Der Wiederaufbau des zerstörten Europa und die Errichtung eines demokratischen deutschen Teilstaates seien letztlich wichtiger gewesen, als die Eintreibung geraubten Goldes. Der Bericht präsentierte außerdem Belege dafür, daß ein Teil des "Opfergoldes" in die Fonds der Tripartite Gold Commission (TGC) eingezahlt wurde. Bei der von den Alliierten eingesetzten, für die Rückerstattung von Raubgold an die geschädigten Länder zuständigen TGC wußte man offenbar genausowenig wie in der Schweiz oder anderen Ländern, daß sich in den Goldbeständen aus deutscher Herkunft auch Opfer- oder Totengold befand. Sechs metrische Tonnen Gold im Wert von rund 70 Millionen Dollar befinden sich noch heute im Besitz der TGC. Eizenstat schlug vor, einen Teil diese Betrages den Überlebenden des Holocaust direkt zu überantworten. Der Bericht endet mit einem Aufruf an alle Beteiligten – die USA, Alliierte und Neutrale –, durch humanitäre Aktionen ihren guten Willen unter Beweis zu stellen. Die Schweiz, so Eizenstat, habe dabei die Führung übernommen und könne anderen ein Vorbild sein.[47]

In der Phalanx der Schweiz-Gegner zeigten sich die ersten Risse. Die Eidgenossen gewannen ihre Handlungsfähigkeit aber nicht zuletzt deshalb zurück, weil sie am 23. Juli und am 29. Oktober 1997 mehrere Namenslisten zu den nachrichtenlosen Vermögenswerten veröffentlichten.[48] (Vgl. Kapitel Nachrichtenlose Vermögen). Der Vorwurf der Hinhaltetaktik, der bewußten Verschleierung war damit obsolet geworden.

Die Londoner Konferenz – Dezember 1997

Die häufigste Prognose zur Konferenz lautete, daß das Hauptaugenmerk der Teilnehmer einmal mehr auf der Schweiz liegen werde. Die Schweizer Delegation war nach Worten ihres Leiters, Thomas Borer, auf das Schlimmste gefaßt, glaubte aber, gute Gründe für ein selbstbewußtes Auftreten zu haben und entfaltete vor dem Beginn eine Informationsoffensive. Borer hob anläßlich einer Pressekonferenz hervor, die Schweiz erfülle ihre Versprechen und habe eine Führungsrolle bei der Erhellung der Vergangenheit übernommen. Viele Konferenzteilnehmer fanden vorab lobende Worte für die kritische Selbsterforschung der Schweiz, die ein klares Zeichen für die verbesserte Zusammenarbeit mit den jüdischen Organisationen sei. Die Konferenz war für Borer eine Gelegenheit, die "vielen beispiellosen Schritte" herauszustreichen, die die Schweiz in letzter Zeit unternommen hatte. Er räumte die langsame Reaktion der Schweiz ein, machte aber gleichzeitig geltend, daß das Land, was konkrete Maßnahmen im Zeichen von Wahrheit, Gerechtigkeit und Solidarität betreffe, allen anderen Ländern außer Deutschland weit voraus geeilt sei. Hauptziel der Konferenz sei es, Antworten auf offene historische Fragen zu finden. Die Schweiz werde einen konstruktiven Vorschlag zur Förderung der Forschung machen, in dessen Mittelpunkt der unbeschränkte Zugang zu den Archiven stehe. Die Schweizer Delegation wollte die Diskussion auf die Sachebene zurückführen. Die einzige Möglichkeit das zu erreichen bestand darin, einer umfassende Diskussion der historischen Ereignisse im internationalen Zusammenhang den Vorzug vor einem Schlagabtausch zu geben. Die Rationalisierung der Gesprächsgrundlage konnte für das Verständnis der Situation der Schweiz im Krieg förderlich sein. Borer erhoffte sich eine faire Behandlung. [49]

Ähnlich äußerte sich der britische Historiker Harold James in London. Er plädierte u. a. dafür, den Experten mehr Zeit zu geben, um der Öffentlichkeit ein vollständiges und ausgewogenes Bild über den Goldhandel der Schweiz vermitteln zu können. Das bisherige Bild sei keineswegs eindeutig, und gewisse Details wiesen in eine andere Richtung. Dazu gehöre z. B. ein Dreiecksgeschäft zwischen den USA, Deutschland und der Schweiz im Jahre 1941, als die Amerikaner dem Reich Erdöl lieferten und die Bezahlung über Schweizer Geschäftsbanken abwickelten. In der Hauptsache gehe es darum, die einschlägigen Statistiken zu interpretieren und die Motive der handelnden Personen zu bewerten. Dazu sei die Aufarbeitung bislang nicht zugänglicher Reichsbank-Akten vor allem in russischen Archiven notwendig, die allerdings weniger Aufschluß über die Schweiz, als über die die Geschäftsaktivitäten der Deutschen Reichsbank nach 1943 versprechen würden. Außerdem sei eine Auswertung zum Verbleib des Totengoldes aus den KZ wichtig.[50]

Der Präsident des JWC Bronfmann hatte dagegen am 1. Dezember 1997 die Schweiz wiederum zu einer Milliardenzahlung aufgefordert. Er erwarte, daß die Schweiz mindestens eine Milliarde Dollar Entschädigung an die Holocaust-Opfer zahle. Auf die Frage, wer in der Schweiz dieses Geld aufbringen solle, sagte Bronfmann, dies sei ihm egal. Bedingung sei aber, daß es nicht zu einer Volksabstimmung über den Betrag komme. Der Abgeordnete und Vizepräsident des JWC, Lord Janner, bekräftigte die Forderung des JWC. Nur durch eine solche Entschädigung könne eine Neuverhandlung des Washingtoner

Abkommens von 1946 vermieden werden. So verwundert es auch nicht, daß die vor Konferenzbeginn geplante Veröffentlichung eines britischen Berichts über die staatliche Beschlagnahme der Konten von Naziopfern auf britischen Banken verschoben wurde. Angeblich weil die Minister keine Zeit hatten, ihn zu lesen und abzusegnen. Da viele, für den britischen Staat peinliche Fakten durch eine Veröffentlichung des Holocaust-Education-Trust bereits bekannt waren, argwöhnte die Presse, die Labour-Regierung, die eine moralische Außenpolitik predige, habe vermeiden wollen, zum Objekt schweizerischer Kritik zu werden. Die konservative britische Sonntagszeitung „Sunday Telegraph" lancierte dagegen noch kurz vor Konferenzbeginn eine neue Missetat der Schweiz im Zweiten Weltkrieg. Die Schweizer Regierung habe im Rahmen ihrer Guten Dienste einen Teil des Geldes, daß sie von Großbritannien und den USA zur Hilfe für die alliierten Soldaten in japanischer Gefangenschaft erhalten habe, zur Kompensation schweizerischer Forderungen an Japan verwendet. Suggeriert wird hier, daß die Schweiz dadurch zum Tod von rund 100.000 alliierten Soldaten beigetragen habe. Borer antwortete mit dem Hinweis, daß die Schweiz die Alliierten von der Existenz des auf japanischen Wunsch vertraulichen Verrechnungsabkommens vom August 1944 unterrichtet und ihnen in die Zahlungsvorgänge laufend Einblick gegeben habe. Das Interessenvertretungsmandat sei nach dem Krieg zur Zufriedenheit der Alliierten beendet worden. Dies gehe aus publizierten diplomatischen Dokumenten und aus einer Forschungsarbeit des Schweizer Historikers Marc Perrenoud von 1988 hervor.[51]

Die Vertreter von 41 Regierungen und Staatsbanken sowie von Holocaust-Opfern hatten vor, in London Klarheit über Herkunft und Verbleib des Nazi-Goldes zu gewinnen, die bisherigen Kompensationszahlungen zu sichten und über weitere Entschädigungen zu diskutieren. Die Konferenz kam auf Anregung von Lord Greville Janner und Stuart Eizenstat zustande.[52]

Im August 1997 wurde sie vom britischen Außenminister Cook offiziell einberufen. Sie stand unter dem Patronat der TCG, der neben dem Gastgeber die USA und Frankreich angehören und die 1946 den Auftrag erhalten hatte, das von den Alliierten sichergestellte Nazi-Gold an seine rechtmäßigen Besitzer zurückzugeben. Lord Mc Kay of Clashfern, ein ehemaliger Vorsitzender des britischen Oberhauses, leitete die nichtöffentlichen Sitzungen, um, wie die Veranstalter sagten, gegenseitige Vorwürfe im Rampenlicht der Medien zu vermeiden und sachbezogen zu bleiben. Den Delegationen stand es aber frei, Interviews zu geben und ihre schriftlichen Beiträge zu verbreiten. Das britische Außenministerium betonte, daß es in der Hauptsache um die Sammlung, Sichtung, Gewichtung und Auswertung historischer Fakten gehe und keine Entscheidungen gefällt würden. Drei Punkte standen auf der Tagesordnung: Herkunft und Verbleib des Raubgoldes, bisherige Schritte zur Entschädigung von besetzten Ländern und individuellen Opfern sowie weitere Schritte in dieser Richtung. Ein weiteres Ziel der Briten bestand darin, die weltweite Öffnung der Archive durchzusetzen. Das Foreign Office ließ verlauten, man werde sich auf das Goldthema konzentrieren. Das heiße aber nicht, daß nicht auch andere Fragen aufgeworfen werden könnten, was auch schnell geschah. Hinter den Kulissen der Konferenz tobte eine Schlammschlacht. Frankreich, die USA und die Bundesrepublik waren uneins in der Frage, ob die Archive der TGC sofort offengelegt werden sollten. Außenminister Cook hatte vorab vorgeschlagen, den unverteilten Rest TCG-Gold im Wert von 32 Millionen Pfund in einen neuen Entschädigungsfonds einzubringen und individuell an Opfer zu verteilen. Hintergrund war die durch Archivalien belegte Erkenntnis, daß mit den Restitutionen nicht nur „Staatsgold", sondern auch individuellen Opfern geraubtes „Blutgold" Eingang in die Bestände der TGC gefunden hatte. Laut einem Memorandum des Foreign Office vom Mai 1997 ist dieser Anteil klein, wird aber nie genau bemessen werden können.[53]

Der JWC, Urheber der Cook-Initiative, versprach sich davon Hinweise darauf, ob die Alliierten nach dem Krieg gewußt hatten, daß sich unter dem zurückerstatteten Zentralbankgold auch sogenanntes Opfergold befunden hatte. Cooks Vorpreschen sollte wahrscheinlich verhindern, daß diese Frage auf der Konferenz thematisiert wurde. In diesem Fall befand sich die Schweiz primär in der Rolle des interessierten Zuschauers. Das war, zumindest am ersten Konferenztag, allerdings die Ausnahme.[54]

Auf die Eröffnungsansprache Cooks folgte eine ausgewogene Rede Eizenstats, in der sich eine Kursänderung der USA gegenüber der Schweiz andeutete. Schlüsselfigur in der Debatte um das Nazigold und die nachrichtenlosen Vermögen, verfolgte Eizenstat zeit der Kampagne im Umgang mit der Schweiz eine wohldosierte Mischung von anhaltendem Druck und Anerkennung für die bisher unternommenen Anstrengungen der Schweiz. [55]

Er gab sich weniger kämpferisch als bei anderen Anlässen, und erklärte, er wolle keine Schuldzuweisungen vornehmen. Die Aufarbeitung der Geschichte habe Priorität. Eizenstat: "... the most important test for any country is not what it did or failed to do 50 years ago; it is rather what it is doing now and will do in the future to face the past honestly".[56]

Eizenstat avisierte beispielhaft eine Zahlung der USA in Höhe von 25 Millionen Dollar über einen Zeitraum von drei Jahren in einen Fonds, der zusammen mit dem Rest des TCG-Guthabens an die Opfer ausgezahlt werden soll. Edgar Bronfmann zeigte sich weniger moderat und startete die Konferenz mit der Wiederholung seiner Breitseite vom Vortage. Er wolle in der Schweiz Schulden in Höhe von zwei bis drei Milliarden Dollar eintreiben. Um ein Urteil zu dieser bemerkenswerten Summe gebeten, bemerkte Harold James, es sei offenbar noch immer nicht allen bewußt, daß „nur ein relativ kleiner Teil des Goldes, das von der Nationalbank übernommen wurde, auch in der Schweiz blieb".[57]

Am zweiten Konferenztag kam es für die Schweiz zu einem bemerkenswerten Intermezzo. Als Thomas Borer im Rahmen seiner Ausführungen einmal mehr bekräftigte, daß das Washingtoner Abkommen von 1946 aus Schweizer Sicht nicht zur Disposition stehe, ergriff Eizenstat das Wort und holte zu einem längeren Votum aus. Er wiederholte die Positionen seines „Eizenstat-Berichtes": die Schweiz habe von den 258 Millionen Dollar Raubgold, die sich nach amerikanischen Schätzungen in ihrem Besitz befunden hätten, bloße 58 Millionen zurückerstattet. Zudem sei für die bei Kriegsende in der Schweiz liegenden deutschen Privatguthaben, auf die die Alliierten Anspruch erhoben hatten, lediglich eine bescheidene Abschlagszahlung von 28 Millionen Dollar geleistet worden. Auffällig war weniger Eizenstats Statement, als vielmehr, daß er daraus keine Forderungen ableitete. Er ließ offen, ob seine Ausführungen nun als Forderung nach einer Neuverhandlung des Washingtoner Abkommens verstanden werden sollten, oder als bloßer Versuch, historische Faktenvermittlung zu betreiben. Dies dürfte kein Zufall gewesen ein. Im Gegenteil: Eizenstat stand vor dem Problem, ganz unterschiedliche Interessen unter einen Hut bringen zu müssen. Die Maximalforderungen des JWC, die Interessen seiner Demokratischen Partei, die Vermeidung der Verschlechterung der Beziehungen der Schweiz zur USA. Daher das Signal an die Schweiz, den Konflikt nicht bis zum Exzeß treiben zu wollen. Für Eizenstat gehört die konsequente und öffentliche Ablehnung der Boykott-Drohungen gegen Schweizer Banken in den USA dazu. In seinen öffentlichen Auftritten unterließ Eizenstat es nie, immer wieder ein Lob für die bisherigen Anstrengungen der Schweiz einzuflechten, was um so mehr auffiel, als es sonst niemand tat. Eizenstat wollte sich vermutlich die Option einer Verhandlungslösung offenhalten. Die Schweiz hätte sich dann der wohligen Illusion hingeben können, die Verhandlungen seien ohne Druck zustande gekommen. Ohne Zweifel scheint dies ehrlich gemeint. Er verurteilt nicht (mehr) rigoros und vermag damit auch anderen betroffenen Ländern wie Frankreich, Schweden, Spanien oder Portugal einen Maßstab vorzugeben, wie er sich die Lösung dieses „letzten unbewältigten Vermächtnisses des Zweiten Weltkrieges" vorstellt: historische Aufarbeitung der Vergangenheit plus materielle Kompensation für die überlebenden Opfer des Holocaust. Eizenstat hält die Frage des Washingtoner Abkommens offen, und damit den Druck auf die Schweiz weiter aufrecht. Er signalisierte in London, daß die USA so lange nicht offiziell auf eine Neuverhandlung des Washingtoner Abkommens verzichten werden, bis die Schweiz das aus seiner Sicht Nötige geleistet hat. Das dies auch Diskussionen über Geld meint, ist offensichtlich.[58]

Die Londoner Konferenz hat zweifellos dazu beigetragen, die moralisierende Debatte um das „Schweizer Raubgold" zu versachlichen und in einen internationalen Kontext zu stellen. Internationalen Beifall erhielt die Schweiz für die Ernsthaftigkeit ihrer Bemühungen zur Aufarbeitung ihrer Geschichte, andererseits aber hielt der Druck, weitere Kompensationen zu leisten, an. Bindende Entscheidungen zu treffen war nicht Sache der Konferenz gewesen. Dennoch wurden einige richtungsweisenden Absprachen getroffen, und alle Beteiligten bezeichneten die dreitägige Sitzung im Lancaster House als ergiebig. Laut Vorsitzendem Lord Mac Kay herrschte in den Gesprächen keine Atmosphäre der Feindschaft, sondern eine der konstruktiven Prüfung gegenwärtiger Aktionen und künftiger Pläne. Eizenstat prägte die Formel, man dürfe nicht ins neue Jahrtausend eintreten, ohne die unerledigten Geschäfte dieses Jahrhunderts zu Ende zu bringen. Die TGC der Westalliierten ist aufgefordert, ihren Restbestand von 5,5 Tonnen Nazigold endlich zu liquidieren und ihre Archive zugänglich zu machen. Über die historischen Fakten der Goldfrage herrscht, wie die Konferenz zeigte, schon weitgehend Klarheit, am meisten verschwommen bleibt der Umfang des „nichtmonetären" Goldes und dabei insbesondere der Anteil von Totengold. Hier könnte die von Rußland nunmehr versprochene und der Schweizer Bergier-Kommission bereits gewährte Öffnung einschlägiger Archive weiterhelfen. Zusicherungen in diesem Sinn haben auch Polen und die Tschechische Republik gegeben, sowie die deutsche DEGUSSA, wo Raubgold hauptsächlich umgeschmolzen worden war. Nichts war vom Vatikan, in dessen Akten wesentliche Aufschlüsse vermutet werden, zu vernehmen. Seine Delegierten waren nur als Beobachter nach London gekommen und verharrten drei Tage lang in Schweigen. Washington hat die Teilnehmerstaaten zudem zur Freigabe relevanter Geheimdienstinformationen aufgefordert. Ferner regten die Amerikaner die weitere Koordination der Forschung durch

Computereinsatz und die Schaffung einer Web-Site im Internet an.[59]

Angesichts ihrer Hauptrolle bei der Abnahme deutschen Raubgoldes während des Zweiten Weltkrieges war es nicht verwunderlich, daß die Schweiz zeitweise im Mittelpunkt der Konferenz stand. Am zweiten und dritten Tag ist aber auch anderen Staaten, die damals neutral waren, vermehrt Aufmerksamkeit zuteil geworden. Laut Borer gab es um die Schweiz im Konferenzsaal wenig Polemik, außerdem hätten die Vertreter des JWC ihre Milliardenforderungen zwar vor den Medien, nicht aber in den Verhandlungen erhoben. Zweifellos stehe die Schweiz in den Augen der Weltöffentlichkeit heute besser da als noch ein Jahr zuvor. Dennoch werde sie weiterhin einem starken Druck ausgesetzt sein. Die israelische Delegation stellte z. B. das Washingtoner Abkommen in Frage, weil damals nicht alle Fakten bekannt gewesen seien. Mac Kay sagte abschließend, die Schweiz habe die extreme Schwierigkeit ihrer Lage im Zweiten Weltkrieg klar dargestellt und sei darin von der deutschen Delegation bestätigt worden, ihre heutigen Maßnahmen zur Klärung der Geschichte und zur Hilfe an die Opfer seien von den Teilnehmern begrüßt worden. Der Sprecher des JWC, Elan Steinberg, trug folgende Meinung vor: Nach Würdigung der Tatsache, daß diese Konferenz überhaupt zustande gekommen sei, sagte er, es seien allein zwei Delegationen negativ aufgefallen, die des Vatikans und die der Schweiz. Der Heilige Stuhl, weil er bloß als Beobachter anwesend war, obwohl die Vatikanbank Raubgold aus Kroatien entgegengenommen habe – was Steinberg quellenmäßig belegte –, wobei die Zahlungen über die Schweiz liefen. Die Schweiz stellte er in die Kritik, weil sie „business as usual" praktiziert habe. Um Präzisierung gebeten führte Steinberg aus, die Schweiz habe Milliarden an Raubgold entgegengenommen, stelle sich aber weiterhin auf den Standpunkt, sie dürfe diese behalten. Dagegen, so die NZZ-Korrespondenten, „... fand er nur positive Worte für die teilweise vagen und numerisch nicht immer sehr beeindruckenden Versprechungen anderer Länder, Beiträge in den neu geschaffenen Fonds für Holocaust-Opfer zu leisten. In diesem Fall waren ihm die Zahlen unwichtig; wichtig sei lediglich die symbolische Bedeutung dieser von den USA und Großbritannien angeregten neuen Institution."[60]

Ein Kreuzzug gegen die Banken? Ein Kreuzzug gegen die Neutralität?

Die „Macher" der Kampagne verfolgten diverse Ziele, die aus einer vielschichtigen Interessenlage und kaum rekonstruierbaren Motiven resultierten. In der Öffentlichkeit wurde jedoch stets betont, es gehe allein um die Interessen der Opfer nationalsozialistischen Rassenwahns. Deren Interessen sind eindeutig und mehr als berechtigt.

An erster Stelle dürfte die Wiedergutmachung stehen. Die Interessen ihrer Vertreter sind weniger klar und eindeutig. Obgleich Verschwörungstheoretiker jeder Couleur annehmen mögen, die Kampagne gegen die Schweiz sei einem „Plan" gefolgt, weisen jedoch alle Fakten in eine andere Richtung. Zu unterschiedlich die Absichten, zu wenig haltbar scheinen die gegen die Schweiz kurzfristig geschmiedeten Zweckbündnisse. Die Entwicklung folgte keinem „Plan", die Rückschau offenbart eine Dynamik aus Aktion und Reaktion, eine Summe von z. T. einander zuwiderlaufenden ad hoc-Entscheidungen aller Seiten, die der inneren Logik des Konfliktes folgten.

Betrachtet man die Entwicklung seit 1994, wird klar, daß zuerst die Banken, dann aber Schritt für Schritt das ganze „System Schweiz" unter Beschuß gerieten. Nicht nur eine inhaltliche, sondern auch eine institutionelle Ausweitung des Konflikts ist festzustellen. Zuerst die Presse, die Öffentlichkeit, die Banken und die Interessenvertreter, später erst die politische Ebene wurden nach und nach involviert. Ein Element, der Druck auf die Banken, seine Motivation und Ziele lassen sich relativ klar nachzeichnen.

Zuerst nur ein griffiges Instrument, um die Schweizer zur Aufgabe ihrer „harten Haltung" zu bewegen, hat der Druck auf die Banken im Laufe des Konfliktes eine Eigendynamik gewonnen und sich verselbständigt. Der Beweis: auch nachdem die Schweiz im Laufe des Jahres 1997 weitgehende Zugeständnisse gemacht hatte, blieben „die Banken" Adressat ausländischer Forderungen. Der ursprüngliche „Hebel" hat sich als erfolgreiches Mittel zur Durchsetzung amerikanischer Forderungen an die Schweiz gezeigt. Der „Hebel" ist nunmehr zum Selbstzweck geworden.

Bereits im Juni 1996 orakelte der Lausanner „Nouveau Quotidien", die Annahme sei zwar „politisch unkorrekt, aber deswegen nicht notwendigerweise unbegründet", daß die rufschädigende Kampagne gegen die Schweiz auch wirtschaftliche Interessen verfolge.

Die Schweizer Großbanken sind in den letzten Jahren in London und New York stark ins hart umkämpfte Vermögensverwaltungsgeschäft eingestiegen. Das machte sie verwundbar, wie D'Amato weiß. Offen drohte er den Schweizern, ihnen ihre Geschäfte in USA gründlich zu verderben.

Als guter Taktiker wußte D'Amato, wo er den Hebel zuerst ansetzen mußte, nämlich dort, wo er den meisten Einfluß besaß und bei geringstem Widerstand einen größtmöglichen Effekt erzielen konnte: beim Auslandsgeschäft der Schweizer Banken in den USA. Der Erfolg gab ihm Recht. Der SBVg drohte eine Spaltung in Fragen der Zahlungen an den JWC. Die Inlandbanken wehrten ab, die im Auslandsgeschäft tätigen Banken zeigten sich zu Zugeständnissen bereit. Die Nationalbank konnte es sich noch leisten, eine neutrale Haltung einzunehmen.[61]

Nicht anders die Situation im Februar 1997, als im New Yorker Stadthaus ein Hearing über die Angemessenheit von Sanktionen gegen Schweizer Banken stattfand. Dabei erklärte der Sprecher des Stadtparlaments, daß die Schweiz unter Androhung eines Bankenboykotts zur Schaffung eines „angemessenen" Holocaust-Fonds angehalten werden müsse. Grundlage war ein Gesetzesantrag im Staate New York, der die Stadt bei Verabschiedung per Gesetz verpflichtet hätte, alle Finanzgeschäfte mit Schweizer Banken einzustellen. Diese Maßnahme hätte rund 225 Millionen Dollar betroffen, die New York kurzfristig bei Schweizer Banken angelegt hatte. Der Schweizer Holocaust-Fonds in Höhe von 100 Millionen Dollar könne nur ein erster Schritt und nicht Anlaß sein, den Gesetzesantrag zurückzunehmen. Der Druck müsse vielmehr aufrecht erhalten werden. Autor der Initiative war der Sprecher des Stadtparlaments Peter F. Vallone.[62]

Hatte bis dato die Meinung, es handele sich bei dem Ganzen um eine „Privatfehde" D'Amatos und Bronfmanns gegen raffgierige Pfeffersäcke, eine gewisse Berechtigung, gewann sie durch die Schwäche der Schweiz Anfang 1997, durch die nachfolgende Ausweitung auf andere Themen (Raubgold-Frage, Kollaboration, Flüchtlingspolitik), durch die Internationalisierung (die Einbindung Großbritanniens – Rifkind-Bericht) und das offizielle Engagement der USA (Clinton, Eizenstat) eine primär *politische* Qualität, die den ursprünglichen Rahmen der Wiedergutmachungsforderung sprengte, die Frage nach dem Sinn der Neutralität thematisierte und damit das ganze „System Schweiz" in Frage stellte. „Nicht mehr nur die Schweizer Banken sind angeklagt – vor allem aber sie", titelte das „Neue Deutschland" im Juli 1997.[63]

Der Druck auf die Banken stellte nur mehr eine Waffe unter vielen dar. Interessant ist jedoch, daß sich, nachdem der Höhepunkt der Auseinandersetzung überschritten war (Ende 1997), bei der Handhabung eben dieses Instruments – und nur dort –, eine Kontinuität abzeichnet, die die anderen Aktionsfelder (politischer Druck, Neutralitätskritik, Geschichtsaufarbeitung) nicht aufweisen. Insofern darf angenommen werden, daß es die Schweiz geschafft hat, die Phalanx ihrer Gegenspieler zu spalten. So kann es z. B. nicht im Interesse offizieller amerikanischer Politik liegen, die Schweiz nachhaltig zu destabilisieren.

Wohl aber liegt es im Interesse Bronfmanns und D'Amatos, mit dem Druck auf die Eidgenossen nicht nachzulassen. Das diese Interpretation stimmig ist, zeigte sich in den Auseinandersetzungen nach Ende der Londoner Konferenz. Zusammen mit Vertretern des JWC hat der höchste Finanzbeamte der Stadt New York, Alan G. Hevesi, auf einer von ihm einberufenen Tagung von US-Finanzbeamten ein dreimonatiges Moratorium für Sanktionen gegen Schweizer Banken gefordert.[64] Er folgte damit einem Vorschlag Bronfmanns, der wohl eine Reaktion auf den für den JWC unbefriedigenden Ausgang der Londoner Konferenz darstellte. Bronfmann wiederholte seine Forderung an die Schweiz, daß sie noch immer einen neunstelligen Milliardenbetrag in Dollar schulde.

Eizenstat, der sich vertreten ließ (!), distanzierte sich in einem Interview von diesem Schritt und wies das Mittel der Sanktionen vorbehaltlos zurück. Er erinnerte an die positiven Schritte der Schweiz und an das bevorstehende Referendum über die Solidaritäts-Stiftung. An der Reaktion des Task Force-Chefs Thomas Borer zeigte sich, daß er sich der veränderten Situation sehr wohl bewußt war. Er deutete seinerseits eine Drohung an, indem er vorrechnete, daß die Schweiz als Wirtschaftspartner der USA mit einem Volumen von 25 Milliarden Dollar zu den sieben größten Direktinvestoren in den USA gehöre. Schweizer Firmen beschäftigten 300.000 Amerikaner in den USA, wo sie auch erhebliche Steuern bezahlten. Ferner hätten die USA für 14 Milliarden Dollar Güter und Dienstleistungen in die Schweiz exportiert. Das ermögliche einen bilateralen Handelsüberschuß von drei Milliarden, der für den Ausgleich des Defizits der USA gegenüber Lateinamerika ausreiche. Borer warnte auch mit dem Hinweis darauf, daß Sanktionen in der Schweiz Antiamerikanismus weckten und 70 Parlamentarier unlängst eine Motion verfaßt hätten, nach der Regierungskäufe amerikanischen Rüstungsmaterials zu stoppen wären. Die Motion sei zwar vom Bundesrat zurückgewiesen worden, doch sei die Regierung darauf angewiesen, daß von amerikanischer Seite ebenfalls keine wirtschaftliche Druckmittel eingesetzt würden. Borer scheint gelernt zu haben und hat sich in der Wahl der Mittel der US-Seite angepaßt.[65]

Das endgültige Abklingen des Konfliktes scheint zwar noch in weiter Ferne zu liegen, aber die Avancen der offiziellen USA an die Schweiz sind eindeutig und laufen auf einen Vergleich und eine umfassende Regelung aller strittigen Fragen hinaus. Daß die außenpolitische Linie der USA gegenüber der Schweiz im schwelenden Konflikt durchaus von Flexibilität geprägt ist und nicht die vollkommene Unterwerfung sucht, zeigte sich bei einem Besuch Eizenstats in Zürich im Dezember 1997. Felix Müller, Mitarbeiter der NZZ, hat die Situation brillant analysiert.

Gegen die in den USA gegen Schweizer Banken anhängigen „Class Actions“ gerichtet, sondierte Eizenstat in Zürich mit Bankenvertretern die Rahmenbedingungen für einen Vergleich zwischen den Opfern und den Banken. Das Angebot: wenn die Schweiz einen Vergleich mit den Opfern schließt, werden die Sammelklagen fallengelassen. Eizenstats Initiative erscheint hier als Honorar für die bisherigen Bemühungen der Schweiz und ihre konstruktive Haltung auf der Londoner Konferenz. Wohl aus taktischen Gründen nahm an dem Gespräch kein Vertreter der offiziellen Schweiz teil. Jedes Engagement der Schweizer Politik in dieser Richtung hätte eine Übernahme der Verantwortung signalisiert. Die Sammelklagen, so die Argumentation, seien allein Sache der Banken. Müller: „Das trifft, formal betrachtet, durchaus zu. [...] Gerade in den USA wird man [aber – d. Verf.] von den Banken auf das ganze Land schliessen und versucht sein, eine Zahlung in Milliardenhöhe als generelle Schuldanerkennung der Schweiz für ihr Verhalten im Zweiten Weltkrieg zu verstehen.“[66]

Denn: Die Zuschauerrolle der Schweizer Regierung erscheint kurzsichtig. Ist der Vergleich erst einmal geschlossen, wird man in den USA bei passender Gelegenheit (möglicherweise auch bei nichtigen Anlässen – d. Verf.) kaum der Versuchung widerstehen können, das Scheinwerferlicht wieder auf die Schweiz insgesamt zu richten, um diesmal vom Bundesrat weitere Leistungen zu fordern. Ist der Mechanismus einmal etabliert, kann er verschiedene Zielfunktionen haben, schließlich arbeiteten Nationalbank wie Geschäftsbanken, Politik, Militär und Wirtschaft im Zweiten Weltkrieg mit dem stillen oder erklärten Einverständnis der obersten politischen Behörden des Landes. Die Schweiz ist erpressbar geworden, postuliert Müller. Damit befindet er sich argumentativ auf der Linie Christoph Blochers. [67]

Jede überstürzte Lösung der Banken in Richtung Vergleich könne sich bitter rächen und das US-Argument für ein schnelles Handeln sei nicht überzeugend. Für die Überlebenden stünden 273 Millionen Franken Soforthilfe bereit, die man schon morgen auszahlen könne, wenn die jüdischen Organisationen nur daran interessiert wären.[68]

Ob Müller letztlich recht behält wird sich zeigen. Derzeit fährt allein der Hardliner D'Amato einen harten Kurs gegen die Schweiz, mit begrenztem Erfolg. Seine neuerlichen Angriffe auf die Schweiz richten sich gegen die seit dem 8. Dezember 1997 bekannten Fusionspläne zwischen dem Schweizerischen Bankenverein (SBV) und der UBS-Schweizerische Bankgesellschaft. D'Amato schrieb einen gegen die Fusion gerichteten Brief an den Vorsitzenden des U.S. Federal Reserve Board. Der Inhalt: die US-Aufsichtsbehörde möge die Fusion der

Großbanken in den USA blockieren, denn dadurch würden die Rechte der Shoah-Opfer geschmälert. Das erscheint als barer Unsinn und verstärkt nur die Vermutung, daß D'Amato „auf dem Buckel der Opfer des Holocaust" Wahlkampf betreibt.[69]

Es steht weiterhin zu vermuten, daß sich D'Amato bei mangelnder Resonanz aus der Diskussion um die Rolle der Schweiz im Zweiten Weltkrieg zurückziehen wird. Aber auch das Gegenteil ist möglich, wenn die angekündigten internationalen Recherchen zu anderen „Raubgütern" (Kunstwerke) und dem bisher nicht beachteten Feld der Versicherungsunternehmen Eingang in die internationale Diskussion finden. Die Anzeichen, auch diesen Bereich zu thematisieren, sind unübersehbar: am 12. Februar 1998 fand bereits ein Hearing des US-Repräsentantenhauses zum Thema „Raubgut und Versicherungspolicen" statt.[70]

Nachtrag

Am 25. Mai 1998 legte die Bergier-Kommission in Zürich ihren unspektakulären 200seitigen Zwischenbericht vor. Er bestätigt die im Dezember 1997 getroffenen Aussagen, ergänzt um wichtige Bewertungen der deutsch-schweizerischen Goldgeschäfte. Nach Ansicht der Kommission war die Schweiz unzweifelhaft die wichtigste Drehscheibe für deutsche Goldexporte während des Krieges. Die Schweiz übernahm insgesamt vier Fünftel des gesamten, während des Krieges vom Deutschen Reich in Verkehr gebrachten Goldes, zwischen 1939 und 1945 immerhin Gold im Gesamtwert von 441 Millionen Dollar. Davon ging ein Zehntel an die Geschäftsbanken, die der Reichsbank mit komplizierten Dreiecksgeschäften Devisen beschafften. Den größten Teil erwarb indes die SNB. Nach Berechnungen der Kommission verfügte Deutschland zu Beginn des Krieges über Goldreserven im Wert von 265 Millionen Dollar. Bei den Zentralbanken der besetzten Länder wurden ca. 500 Millionen konfisziert, den Privaten ca. 80 Millionen geraubt. Der Grundsatz des Handelns der SNB, so Bergier, sei „Business as usual" gewesen. Der Bericht präsentiert auch weitere Details zur Frage des „Toten-" oder „Opfergoldes". Zwischen Januar 1943 und Juni 1944 kaufte die Schweiz von der Reichsbank Gold, das nachweislich von ermordeten Juden stammte. Es wurde umgeschmolzen, als Reichsbankreserve deklariert und in die Schweiz verkauft. Die SNB wußte nicht um dessen Herkunft. Der Anteil des

"Totengoldes" am Gesamtvolumen betrug mit 600.000 Franken jedoch weniger als ein Prozent des Gesamtgeschäfts. Zur Kritik der SNB meinte die Kommission: die SNB sei zur Annahme des Goldes nicht verpflichtet gewesen, und auch das nachgeschobene Argument der deutschen Bedrohung könne nicht ohne weiteres akzeptiert werden. Das Argument des gutgläubigen Erwerbs, das die SNB für sich reklamierte, wies die Kommission ebenfalls zurück. Die SNB wußte ab 1941, spätestens aber ab 1943, was sie da kaufte, setzte sich aber über amerikanische Warnungen hinweg und erhielt dem Reich bis April 1945 die Möglichkeit, für Gold Devisen zu erwerben. Gewinnstreben, so der renommierte Historiker Saul Friedländer, scheide als Motiv ebenso aus wie die Angst um die Aufrechterhaltung der obligatorischen Golddeckung für den deutlich erhöhten Franken-Umlauf während der Kriegszeit.[71]

Die Historiker sehen als Motiv der Goldkäufe vor allem Interessen von Finanzgläubigern: „... einerseits wollte man [...] notfalls mit Raubgold Forderungen eintreiben und andererseits sich eine gute Ausgangslage schaffen für Geschäfte nach dem Krieg." [72]

Die Ergebnisse der Historiker beruhen auf der Auswertung von Beständen russischer, amerikanischer, schweizerischer, polnischer und deutscher Archive, zu denen sie ungehindert Zugang hatten. Insofern ist die Unabhängigkeit der Kommission unzweifelhaft. Kritisch anzumerken ist, daß der Forschungsstand zur militärischen Bedrohung der Schweiz kaum gewürdigt wurde. Das Argument der Bedrohung erscheint der Bergier-Kommission als Schimäre. In der zwanzigsten Kalenderwoche 1998 beschloß der US-Bundesstaat New Jersey, künftighin alle Schweizer Banken zu boykottieren, weil die Schweiz in den Goldhandel mit dem Reich verstrickt war.[73]

Der Widerspruch zwischen der Aufklärungsarbeit der Historiker, mögen die Ergebnisse für das Schweizer Selbstverständnis noch so schmerzhaft sein, und der Handlungsweise eines US-Bundesstaates ist offenkundig. Hier bemüht sich eine Historikerkommission um Erkenntnisgewinn, dort argumentiert ein Gliedstaat pauschal. Warum? Propaganda ist wirksam, wenn das Wissen um die Realien marginal ist. Propaganda bedient emotionale Zerrbilder und zelebriert liebgewonnene Klischees. In amerikanischer Sicht verbinden sich hier vielfach vereinfachende Darstellungen mit wenig differenzierenden Geschichtsbildern, deren Schlußfolgerungen pauschal auf die Schweiz, aber auch auf Deutschland übertragen werden. Der Ex-US-Botschafter in Bonn, Richard Burt, gestand z. B., er könne sich nicht erinnern, in der letzten Zeit über Deutschland etwas anderes gesehen zu haben als den Auftritt von Neonnazis. Hier wird die Komplexität europäischer oder nationalstaatlicher Entwicklungen auf ein Thema reduziert, was wiederum auf die Meinungsbildung der amerikanischen Öffentlichkeit zurückschlägt. „Das neue Deutschland" (seit der Wende – d. Verf.), so Burt, „nehmen wir kaum wahr."[74]

Immer öfter erinnern US-Zeitungen beiläufig an die NS-Zeit, obwohl den behandelten Themen jeder direkte Bezug zum Nationalsozialismus fehlt. Die Bedeutung der Vergangenheit für das Deutschland- und das Schweiz-Bild in den USA wächst. Das New Yorker „Armonk Institute" warnt schon seit Jahren davor, daß für viele Amerikaner deutsche Geschichte immer noch im Jahr 1945 endet. Dieses Klima der Nicht-Information gibt Argumenten Raum, die auch in der jetzigen Anti-Schweiz-Kampagne greifen und zu irrationalen Bewertungen des Gewesenen führen. Resultat sind ebenso irrationale Schlußfolgerungen und Handlungen im Heute. „In der US-Presse verweisen die Autoren in steigendem Maß auf die Nazi-Zeit, wenn sie Entwicklungen in Deutschland kommentieren." [75]

Von den Artikeln amerikanischer Zeitungen in der Dekade 1987-1997 verwiesen 1990 ca. 38%, 1996 jedoch bereits rund 58% auf Zusammenhänge des Kommentierten mit der NS-Zeit. Für die Schweiz dürfte, multipliziert durch die jetzige Kampagne, ähnliches gelten. Die Reaktion des Staates New Jersey ist nur unter diesem Aspekt verständlich. Natürlich kann man auch unterstellen, daß hier eine aktuelle Entwicklung im Ausland den Vorwand darstellt, im Inland unliebsame Konkurrenz auf dem Bankenssektor loszuwerden.[76]

US-Weltpolitik zwischen Partnerschaft und Konkurrenz – Die Grundzüge der amerikanisch-westeuropäischen Sicherheits-, Außen- und Wirtschaftsbeziehungen

Tom Bowers Buch „Das Gold der Juden" steht exemplarisch für die Haltung der USA zur Schweiz.[77]

Am Schluß heißt es dort sinngemäß, es gehöre zum Vermächtnis der westlichen Zivilisation, daß sie die dickköpfigen Schweizer mit friedlichen Mitteln davon überzeugen müsse, daß es wider die Moral und Menschlichkeit war, sich an Blutgeld zu bereichern. Bower, Rechtsanwalt und Journalist, ist Mitglied der Senatskommission, die im Auftrag des JWC und betroffener jüdischer Familien nach dem Verbleib von jüdischen Vermögenswerten fahndet. Er pauschalisiert zuweilen und steht eindeutig auf der Seite der „Schweiz-Gegner" – ist also Partei –, doch sein Buch ist gut recherchiert und ebenso gut mit Quellen belegt. Die Interpretation ist stringent, aber „auf Wirkung" berechnet. Sein Credo: Die Schweizer Bankiers haben das von den Deutschen in die Schweiz gelieferte Gold und andere Werte verwaltet, gewaschen und weitergeleitet. Deutschland nutzte den Bankenplatz zur Finanzierung seiner Rohstoffeinkäufe auf dem Weltmarkt, als Tresor für Raubgold aus den besetzten Ländern Europas und für Nazi-Fluchtgelder. Außerdem wurden die Vermögen, die wohlhabende Juden den Schweizer Banken in der Gewißheit übergaben, sie dem Zugriff der Nazis entzogen zu haben, nach dem Holocaust in die stillen Reserven der Banken überführt, praktisch gestohlen. Während andere Staaten kämpften, so Bower, schacherte die Schweiz, was nicht unbemerkt blieb, aber nach Kriegsende geringer gewichtet wurde, weil allein die deutschen Verbrechen die Öffentlichkeit beschäftigten und der Kalte Krieg zu eine Art „Systemschutz der westlichen Welt", insbesondere den Bankenwelt, führte.[78] Daraus resultiere eine Schuld der Schweiz, die sie nun durch moralische und finanzielle Wiedergutmachung einlösen müsse.

Spätestens seit dem Ende des Zweiten Weltkrieges Weltmacht, versteht sich US-amerikanische Außenpolitik immer auch als „Weltpolitik". Für die USA gehören die Beziehungen zu den wichtigsten Industriestaaten Westeuropas, unter ihnen die Schweiz, noch immer zu den Eckpunkten amerikanischer Weltpolitik. Der hohe Stellenwert beruht auf einer Vielzahl hochbewerteter Interessen, welche die USA seit jeher mit dem Kontinent verbinden. Nach den Weltkriegen entstand die Überzeugung, sich zur Wahrung sicherheits- und wirtschaftspolitischer Interessen dauerhaft in Europa engagieren zu müssen. Dem amerikanischen Standpunkt in der aktuellen Debatte um die Rolle der Schweiz im Zweiten Weltkrieg mangelt es nicht an inhaltlicher Geschlossenheit, wohl aber an Objektivität – von Fairneß ist nicht viel zu spüren. Der bloße Hinweis auf ein anderes Geschichts- und Politikverständnis, mithin ein anderes Rechtsempfinden, kann zur Klärung des Hintergrundes, der Motivation und der Zielstellung der Kampagne nur von begrenztem Nutzen sein. Und auch der Hinweis auf "Wallstreet-Interessen" und die starken jüdischen Verbände in den USA kann keine hinreichende Begründung für die Vehemenz der Kritik geben. Von der Hand zu weisen sind diese Überlegungen allerdings auch nicht, denn das amerikanische Vorgehen legt die Vermutung nahe, daß im konkreten Fall die berechtigten Forderungen der Opfer nationalsozialistischer Politik mit anderen Interessen, über deren Beschaffenheit,

Stellenwert und Gewichtung allerdings nur spekuliert werden kann, gekoppelt sind. Öffentlichkeit und Politik sind in den USA enger verbunden als in Europa, was vermuten läßt, daß auch primär politische Zielsetzungen eine Rolle spielen, die von Interessen getragen werden, die weniger auf sicherheitspolitischem als auf wirtschaftspolitischem Gebiet zu vermuten sind. Auch Terminierung und Mechanik des Vorgehens geben Rätsel auf. Die wesentlichen Fakten der schweizerischen Verquickung in die deutsche Kriegswirtschaft waren den Alliierten schon im Krieg bekannt – und wurden damals bei weitem nicht für so schwerwiegend angesehen, daß sie zu dem Urteil verführt hätten, die schweizerische Neutralität sei unmoralisch. Warum also jetzt? Die seitens der USA postulierte monströse Singularität der Schweizer Haltung im Krieg ist anfechtbar. Dennoch ist diese Konstruktion kleinster gemeinsamer Nenner und Grundlage der heutigen Kritik, was im Umkehrschluß auf eine grundlegende Interessenidentität der Initiatoren hinweist. Zur Verdeutlichung werden nachfolgend einige Aspekte umrissen, wobei Vollständigkeit in diesem Rahmen weder beabsichtigt noch möglich ist. Hier könnten einige Motive für das US-Engagement zu finden sein.

Das Parteiensystem der USA ist traditionell ein Zweiparteiensystem mit periodisch alternierender Dominanz im Weißen Haus.[79] Regierung und Opposition, Senatoren, Kongreßabgeordnete und Kongreßausschüsse sind seit jeher Adressaten der Wünsche jener Vertreter von Gruppeninteressen, die gemeinhin Lobbyisten genannt werden und die versuchen, Abgeordnete für „ihre Sache" zu gewinnen. Der Abgeordnete wird mit Spenden für die Kriegskasse seiner Partei abgefunden. Lobbyismus ist ein durchaus anerkannter, keineswegs illegaler Teil des politischen Willensbildungssystems der USA. Die Lobbyisten haben traditionell großen Einfluß auf die US-Politik. Ihre Betätigungsfelder sehen sie in der Außen- und Außenhandelspolitik, vor allem aber in der Finanz- und Wirtschaftspolitik. Ende der 1980er Jahre gab es in den USA ca. 7.000 eingetragene Lobbyisten, Schätzungen gehen dagegen von 20 - 40.000 aus. Vertreten sind alle gesellschaftlich relevanten Interessengruppen und die Methoden sind ebenso vielfältig, wie die vorgebrachten Anliegen. Der Bogen spannt sich vom Tier- und Umweltschutz, vom Waffenbesitz- und Abtreibungsrecht, über die kalifornische Weinlobby, die Rüstungs- und Raumfahrtindustrie bis hin zu ethnischen und religiösen Interessenvertretungen. Bei der jetzigen Kampagne gegen die Schweiz lassen sich idealiter die Intentionen der involvierten "public interest groups", der diversen "Lobbying Organizations", der Medien und der Politik(er) verbinden.[80]

Ein Senator, eine Lobbygruppe und die Presse haben in den USA mehr Einfluß als man in Europa gemeinhin annimmt, gesteht Tom Bower.[81]

In die gleiche Richtung argumentiert Hans J. Kleinsteuer, wenn er zur Rolle der Medien in der amerikanischen Politik schreibt: „Wer in den USA politisch erfolgreich werden oder es bleiben wollte, mußte sich schon immer mit den Medien arrangieren können. Es gibt eine lange Tradition des Ringens der Politik um die Unterstützung der Medien, die sich in diesem Prozeß als so etwas wie eine Vierte Gewalt begreifen. Der Kampf um die Öffentlichkeit ist längst auch zu einem integralen Bestandteil des politischen Systems geworden.“ [82]

Vom Isolationismus zur Weltmachtstellung – Paradigmenwechsel auf amerikanisch

Wie wenig gerade die USA bereit waren, den völkerrechtlichen Status der Neutralität in ihren politischen Zielsetzungen zu berücksichtigen, wird bei der Betrachtung der „Neutralitätspolitik“ Roosevelts vor dem Zweiten Weltkrieg überdeutlich. Er ließ 1937 für die USA den Status der Neutralität abweichend vom Völkerrecht definieren und durch den Status „non-belligerency“ (Nichtkriegführung) ersetzen. Die Haltung der USA war seitdem weniger durch faktische Neutralität, als durch die Elemente Isolationismus und Nichtkriegführung gekennzeichnet. Diese Haltung lief praktisch auf eine völkerrechtliche Indifferenz der Vereinigten Staaten gegenüber Krieg und Frieden hinaus, sofern die USA nicht gerade selbst Kriegspartei waren. Sie führte im Friedensfalle zu absoluter Abstinenz, im Kriegsfalle jedoch zur totalen Parteinahme und motiviert(e) die Vorbehalte der USA gegenüber dem völkerrechtlich eindeutigeren Modell der Schweiz, trotz der Vorteile, die die USA aus der Schweizer Neutralität selbst gezogen haben. Die Tatsache, daß eine einseitige Parteinahme der Schweiz zugunsten der Alliierten zu unabsehbaren Folgen geführt hätte, wird dabei nicht in Betracht gezogen.[83]

In der Zeit zwischen den beiden Weltkriegen führte der Kongreß den nach Versailles begonnenen Prozeß der politischen Isolierung von Europa durch die Verabschiedung diverser Neutralitätsgesetze ab 1935 logisch und radikal zu Ende. Das rigorose dritte Neutralitätsgesetz von 1937 etwa enthielt ein unparteiisches Verbot für die Ausfuhr von Waffen, Munition und Kriegsgerät, das Verbot, kriegführenden Staaten Anleihen zu gewähren, das Verbot für US-Bürger, auf Schiffen von Kriegführenden zu reisen, das Verbot für US-Schiffe, Waren an Kriegführende zu liefern und das Verbot, Schiffe der US-Handelsmarine zu bewaffnen. Eine Ausnahme stellte allein die „cash and carry“-Klausel dar, die es, mit Ausnahme „tödlicher Waffen“, allen kriegführenden Nationen gestattete, Waren in den USA zu kaufen, wenn sie nur in der Lage waren, diese bar zu bezahlen und auf eigenen Schiffen zu transportieren.[84]

Zur Erklärung: In den USA der 1930er Jahre existierte eine isolationistische Mehrheitsmeinung, die sich erst unter dem Eindruck der japanischen Intervention in Asien und dem Vormarsch der Achsenmächte in Europa änderte. Die „Isolationisten“ trachteten – vor allem mit Blick auf künftige europäische Konflikte – danach, die USA aus der Weltpolitik herauszulösen. Ergo: die Haltungen der USA und der Schweiz in den dreißiger Jahren ähnelten einander. Die „Internationalisten“ unter Roosevelt reduzierten dagegen das Nationale Interesse der USA nicht auf die westliche Hemisphäre, sondern bestimmten es im globalen Maßstab, und zwar wirtschaftlich, militärisch und ideell, ohne vor dem japanischen Angriff auf Pearl Harbor argumentativ zum Zuge zu kommen. Das vierte Neutralitätsgesetz von 1939 hob das US-Waffenembargo auf und ermöglichte es ohne Ausnahme allen Ländern, vom „cash und carry“-Verfahren Gebrauch zu machen. Das “Lend and Lease“-Gesetz von 1941, das dem Präsidenten Generalermächtigung erteilte, alle Güter an diejenigen Nationen zu verkaufen, zu verleihen oder zu verpachten, deren Verteidigung im vitalen Interesse der USA lag, machte der halbherzigen Neutralität der USA endgültig den Garaus. Dazu kam die Erkenntnis der Isolationisten, daß alle Versuche, die USA durch Neutralitätsgesetze aus dem Zweiten Weltkrieg herauszuhalten, gescheitert waren. „In Zukunft würde die USA Kriege nur vermeiden können, wenn Amerika einem System kollektiver Sicherheit beitrete, daß auch wirklich fähig wäre, zukünftige Kriege zu vermeiden“.[85]

Aus diesem Grund entwickelte Roosevelt seine idealtypische Vorstellung der vier Weltpolizisten USA, UdSSR, Großbritannien und China, die den künftigen Weltfrieden dauerhaft sichern sollten. Er wußte, daß dieser Frieden kein Rechts-, sondern ein Machtfrieden sein mußte.[86]

Dieses Ziel der US-Außenpolitik hat sich auch nach dem Ende des Kalten Krieges nicht geändert. Geändert haben sich allein die Konstellationen in Europa, angesichts derer dieses Konzept seine Tragfähigkeit immer aufs neue beweisen muß. Die Nachkriegszeit brachte die Bewährungsprobe des Kalten Krieges, der von der Tradition des Mißtrauens und des Antikommunismus seit 1917 bestimmt und durch die Kriegskooperation nur schwach überdeckt worden war. Aber trotz zeitweiliger Spannungen betrieben die Machtblöcke unter ihren Führungsmächten im Kernbereich des politischen Konfliktes, in Europa, letztlich eine Status-quo-Politik. Wird „containment“ nicht als Zurückdrängung kommunistischen Einflusses, sondern als Verhinderung weiterer Expansion verstanden, darf diese Politik im Endergebnis als geglückt und seit 1989 als letztlich erfolgreich bewertet werden.[87]

Der Zweite Weltkrieg und in seinem Ergebnis der Ost-West-Konflikt mit der Nahtstelle in Deutschland und die reale Führungsrolle der USA im westlichen Bündnis veranlaßten die USA, von der 150jährigen isolationistischen Tradition abzugehen, und führten zur NATO, einem System kollektiver Sicherheit, das an Dauerhaftigkeit und Solidität alle bisherigen Systeme bei weitem übertrifft. Darüber hinaus existiert in den USA und Europa das gemeinsame wirtschaftliche Interesse, ein liberales und multilaterales Weltwirtschaftssystem zu etablieren.[88]

Seitdem wirkliche Weltmacht, ist amerikanische Politik immer auch Weltpolitik. Diese Vormachtstellung wurde von den Europäern, vor allem von de Gaulles Frankreich, erstmals in den sechziger Jahren in Frage gestellt. Hier spielten primär sicherheitspolitische Überlegungen eine Rolle, aber auch die beachtlichen Erfolge im westeuropäischen Einigungsprozeß. Die EG, später die EU, trat nun als Wirtschaftskonkurrent in Erscheinung. Während die USA militärpolitisch in der NATO dominieren, gehen die Europäer in den Binnen- und transatlantischen Wirtschaftsbeziehungen zunehmend eigene Wege, deren Komplexität sich durch die Wandlungen in Osteuropa seit 1986 bzw. 1989 noch erhöht. Perspektivisch wird die NATO weiterhin das Hauptinstrument der US-Europapolitik als auch der amerikanischen Weltpolitik bleiben. Es ist allerdings absehbar, daß die politische Komponente des Bündnisses weiterhin an Einfluß gewinnen wird. Dadurch müssen die USA eine Schmälerung ihres Einflusses auf dem alten Kontinent hinnehmen.[89]

Es scheint nur logisch, daß die USA ihre Initiativen zur Rückgewinnung verlorener Positionen auch auf andere Politikfelder ausweiten müssen. Außerdem scheint die Dominanz militärpolitischer Intentionen der USA in Europa einer Dominanz wirtschaftlicher Interessen gewichen zu sein. Hier könnte eine Antwort auf die Frage nach der Motivation des amerikanischen Engagements gegen die Schweiz verborgen sein.

Außenwirtschaftspolitik als Weltpolitik

Die Außenhandelspolitik der USA wird vom Kongreß bestimmt, wobei die Initiative traditionell dem Präsidenten überlassen wird. Diese

Politik ressortiert in der Administration beim Handelsbeauftragten. Er ist Verhandlungsführer, exekutiert die US-Außenhandelspolitik und ist damit, bildlich gesprochen, die „Speerspitze" der amerikanischen Handelspolitik. Ihm obliegt es, jährlich einen Bericht über die Handelshemmnisse anderer Länder vorzulegen und jene zu benennen, wo sich ein Verfahren zur Marktöffnung für die amerikanische Wirtschaft am meisten lohnt. Er kann Untersuchungen oder Verhandlungen zum Abbau der Hemmnisse einleiten.[90]

Im Grundprinzip ist die US-Außenhandelspolitik vom klassischen Liberalismus des Freihandels geprägt. Aufgrund ihrer starken wirtschaftlichen Situation können es sich USA leisten, binnenmarktorientiert zu handeln. Die Bedeutung ihrer Wirtschaftsmacht macht sie aber gleichermaßen verantwortlich für die weltwirtschaftliche Entwicklung. Wie die USA ihre vergleichsweise starke Verhandlungsposition in der internationalen Handelspolitik nutzen, steht auf einem anderen Blatt. Prinzipiell, und nur das ist hier von Bedeutung, können sie diese Stellung zur Verfolgung protektionistischer Ziele ebenso nutzen wie zur Liberalisierung des Welthandels. In den letzten Jahren haben sich aus verschiedenen Gründen die protektionistischen Absichten mehr und mehr in den Vordergrund geschoben. Anders gesagt: die liberalen Strömungen wurden schon immer, wenn es dem Eigeninteresse der US-amerikanischen Wirtschaft diente, von protektionistischen Strömungen überlagert.[91]

Die Außenhandelspolitik der USA steht im steten Spannungsfeld zwischen binnen- und außenwirtschaftlichen Zielen (Arbeitslosigkeit versus Führungsrolle der USA). Freihändlerisch zeigen sich die USA meist dann, wenn eigene Interessen eher durch freien Handel als durch Handelsbeschränkungen verfolgt werden können bzw. wenn sie einen deutlich komparativen Vorteil gegenüber anderen Ländern besitzen. "Liberale Prinzipien in den internationalen Wirtschaftsbeziehungen werden von der amerikanischen Öffentlichkeit eher akzeptiert, wenn dies unmittelbar amerikanischen Interessen dient."[92]

In den fünfziger Jahren noch zu Vorleistungen beim Abbau von Handelshemmnissen bereit, fordern die USA heute eher andere Länder zum Abbau ihrer Handelsschranken auf. Wirtschaftliche Konflikte sind vorprogrammiert, wobei die Verantwortung für den zunehmenden Protektionismus geschmeidig zwischen den Handelspartnern hin und her geschoben wird. Multilateralismus scheint der Bevorzugung bilateraler Problemlösungen gewichen zu sein. "Liberalisierung wird nicht mehr allein im Weltmaßstab angestrebt, sondern vornehmlich dort, wo es den USA direkt Vorteile bringt und wo die Partner dazu bereit sind."[93]

Insgesamt zeigte sich seit Mitte der siebziger Jahre eine starkes Ungleichgewicht im Handel der USA mit den OECD- und den sechs EFTA-Staaten.[94]

Die USA erzielten nur bei einigen dieser Staaten einen geringen Handelsüberschuß. Die dagegen permanenten Einfuhrüberschüsse und das daraus resultierende Gesamtdefizit im Handel schufen ein rasch wachsendes Konfliktpotential zwischen USA und einigen OECD- und EFTA-Ländern, das durch die wirtschaftliche Integration dieser Länder noch verstärkt wird. Während Handelsdefizite gegenüber einigen Einzelländern noch keinen Grund zur Sorge darstellen müssen, empfinden die Amerikaner das hohe Defizit gegenüber der Mehrheit der Industrieländer als bedrohlich. Es läßt auf eine mangelnde Wettbewerbsfähigkeit der eigenen Industrie schließen und nährt vor allem den Verdacht auf unfaire Handelspraktiken der Partnerländer. Die wachsenden Kapitalimporte aus dem Ausland, die Kehrseite der defizitären US-Außenhandelspolitik, lassen zudem die Furcht vor wachsender Auslandsabhängigkeit steigen.[95]

Die EG ist in besonderer Weise Adressat von US-Forderungen und Gegenstand amerikanischer Befürchtungen. Während Europa, wie bereits geschildert, auf dem Feld der militärischen Sicherheit immer noch den Charakter eines Protektorats aufweist, ist auf dem Feld der Handelsbeziehungen eine starke Relativierung der Machtpositionen der USA festzustellen. Das ist u. a. aus dem Rückgang ihrer Position im Welthandel, gemessen an den beiden größten Konkurrenten, Europa und Japan, ersichtlich. Zum Defizit in der Handelsbilanz, kam das Defizit im Bundeshaushalt – der hohe Fremdbedarf der US-Wirtschaft an Kapital zur Deckung der Finanzierungslücke verursachte erhöhten Kapitalimport aus Europa, führte zu Kursschwankungen des Dollar, was wiederum das Zinsgefüge in die Höhe trieb und das europäische Währungssystem zum Wanken brachte. Der transatlantische Handel gestaltete sich für die USA zunehmend defizitär und ist es heute noch. Es verwundert daher nicht, daß zwischen den USA und der EG, jetzt EU, in der Vergangenheit des öfteren Handelskonflikte entstanden, die, hartnäckig ausgefochten, zu den gebetsmühlenartig ausgetauschten Vorwürfen führten, beide Seiten beachteten nicht die Regeln des freien Welthandels. So z. B. beeinträchtige die starke Subventionierung des Agrar- und Stahlsektors in der EG amerikanische Exportinteressen. Jedoch kam es in der Regel zu Kompromissen, die zur Marktregulierung auf dem Verhandlungswege führten. Aber auch auf den Gebieten Technologieentwicklung, Forschung, Telekommunikation und Flugzeugbau gibt es handfeste Differenzen. Im Welthandel werden sich die

USA und die EG somit auch in Zukunft sowohl als Partner wie auch als Konkurrenten gegenüberstehen. Zwei Effekte sind abzusehen. Einerseits ist die USA am Abbau der Handelsschranken interessiert, andererseits muß sie befürchten, daß sich exportorientierte, kapitalstarke und bisher wirtschaftlich ungebundene Länder wie die Schweiz der EU annähern werden, um dem wachsenden Protektionismus adäquat begegnen zu können. Dies dürfte den Konkurrenzdruck auf die amerikanische Wirtschaft noch verstärken und zeigt überdeutlich, daß Protektionismus ein zweischneidiges Schwert ist.

Vor diesem Hintergrund scheint es bei einer flexiblen Politik der USA durchaus möglich, den Druck auf die Schweiz so auszutarieren, daß diese sich amerikanischen Interessen künftig geneigter zeigt, ohne eine außenpolitische Kehrtwendung in Richtung EU vorzunehmen. Das Vertrauen in den Banken- und Wirtschaftsstandort zu beschädigen oder es nachhaltig zu zerstören, sind zweierlei Dinge. Der Binnenmarkt ist für die USA Gegenstand des Interesses und gleichzeitig Anlaß zu Befürchtungen, denn die interne Liberalisierung des Marktes der EU geht einher mit der Sorge, die Europäer könnten eine Verstärkung ihres Außenschutzes ins Auge fassen, ihren Wirtschaftsraum zur „Festung Europa“ umgestalten. Zwischen der EU und den USA bestehen erhebliche Interessendivergenzen, denn so sehr die USA aus politischen Gründen ein einiges und freies Europa befürworten, so entschieden fordern sie einen liberaleren Kurs dieses ökonomischen Blocks. Ihre prinzipielle Befürwortung der europäischen Einigung wird zunehmend überschattet von den Befürchtungen, ein geeintes Europa werde zu einem nach außen hin abgeschotteten Wirtschaftsblock. Für US-Exporteure verbinden sich damit Befürchtungen eines wachsenden, nun europäischen Protektionismus. Die Handelspolitik gegenüber Nicht-EG-Ländern wurde dagegen zur Residualgröße der Binnenmarktintegration degradiert, ein im Hinblick auf die Weltwohlfahrt unbefriedigendes Ergebnis. Die USA fordern von der EU z. B. einen liberaleren Kurs im Hinblick auf die Zulassung ausländischer Banken auf dem jeweiligen nationalen Markt, verweigern den EU-Ländern für ihr Staatsgebiet jedoch die Anwendung der „Reziprozitätsformel“. Diese besagt, daß europäische Banken in den USA genau die gleichen Rechte genießen sollen wie die US-Banken im Gastland (z. B. als Universalbank). Das zeigt, daß sich das Verhältnis der USA zur EU in manchen Beziehungen getrübt hat.[96]

Vor diesem Hintergrund scheint im republikanisch beherrschten Kongreß das alte diplomatische Instrument der Sanktionen populärer denn je zu sein. Angesichts dessen erscheint die Überlegung, die Kampagne gegen die Schweiz werde auch von wirtschaftlichen Interessen getragen, weniger abwegig als etwa nur bei einem flüchtigen Blick auf die Leitartikel der nationalkonservativen AUNS.[97]

So hat der Kongreß im vergangenen Jahr die Unterstützung Clintons für wirtschaftliche Strafmaßnahmen gegen ausländische Konzerne gewonnen, die massiv in verstaatlichte Unternehmen in Kuba oder in die Ölindustrie von Iran und Libyen investieren. Der Kongreß fand zudem in den Parlamenten der einzelnen US-Bundesstaaten immer mehr Unterstützung. So liegen den Parlamenten der Bundesstaaten New York und New Jersey Initiativen vor, die Firmen bestrafen wollen, die mit der Schweiz Geschäfte tätigen. Ein mögliches Motiv: die ausländischen Direktinvestitionen in der Schweiz stiegen den Jahren 1993-1996 kontinuierlich an. Nordamerika (USA und Kanada) nehmen dabei im Kanon der Industrieländer hinter der EU den zweiten Platz ein. Der Wunsch, mehr Einfluß auf die Wirtschafts- und Außenpolitik der Schweiz zu erlangen, könnte hier ein auslösender Faktor sein.[98]

Außerdem erwägt der Kongreß, in ähnlicher Weise gegen Staaten vorzugehen, die seiner Ansicht nach religiöse Minderheiten diskriminieren oder die Glaubensfreiheit einschränken.[99]

Hier lassen sich politische und wirtschaftliche Zielstellungen idealiter miteinander verbinden. Historische Parallelen belegen die Bereitschaft der USA, dieses Mittel mitunter rigoros einzusetzen. Die Inhalte und Formen mögen sich verändert haben, die Mechanik und die Zielstellungen des Vorgehens blieben indes die gleichen und stehen für eine Kontinuität amerikanischen Handelns auf dem Feld der Außenpolitik/Außenwirtschaftspolitik. So bot und bietet der "Osthandel" vielfach Zündstoff im Verhältnis Europas zur USA. Bereits 1950, unter den Bedingungen des Kalten Krieges, schufen die USA, Frankreich, Großbritannien, Italien, die Niederlande, Belgien und Luxemburg mit dem "Commitee for Multinational Export Control" (COCOM) ein internationales Exportkontrollsystem, dem nach und nach alle NATO-Staaten beitraten. Der Sinn der Übung bestand darin, den Export in die sozialistischen Länder zu kontrollieren, wenn nötig zu unterbinden. Von den Exportverboten waren Nuklearmaterial und Nukleartechnologien ebenso betroffen wie Kriegsmaterial und duale Güter, die sowohl zivilen, als auch militärischen Zwecken dienen können. Unter dem Druck der USA mußten in den 80er Jahren auch Schweden, die Schweiz (sic!) und Österreich autonome Exportkontrollsysteme einführen. Was von eventueller militärischer Relevanz sein könnte, wurde/wird in den USA äußerst breit ausgelegt. Es erscheint nur logisch, daß sich die USA des COCOM-Instrumentariums auch zur Durchsetzung handels- und außenpolitischer Ziele bedienten/bedienen, können dadurch doch die Exportmöglichkeiten der jeweils betroffenen Staaten erheblich eingeschränkt werden.[100]

Es darf spekuliert werden, warum gerade zwei Exponenten der amerikanischen Politik, die einschlägige Erfahrungen auf diesem Gebiet haben, als Frontmänner der Kampagne gegen die Schweiz agieren: der republikanische Senator Alfonse D' Amato und der Unterstaatssekretär im Handelsministerium Stuart Eizenstat. Eizenstat, der kühle Diplomat, und D' Amato, der Mann fürs Grobe, erinnern in der Flexibilität ihres Vorgehens gegen die Schweiz unwillkürlich an amerikanische Kriminalfilme und dort an das Klischee vom „guten" und vom „bösen Bullen", eine Technik, bei der der „böse Bulle" den Betroffenen durch Maximalforderungen in die Ecke drängt, der „gute Bulle" dagegen diplomatisch vorgeht und wartet, bis er die Früchte des Druckes ernten kann.

Die Frontmänner der Kampagne

1. Der hemdsärmelige Populist: Senator Alfonse D'Amato

Laut Selbsteinschätzung ein „standhafter Anhänger Israels", präsentiert sich der republikanische Senator Alfonse D'Amato der Öffentlichkeit seit 1980 auch als hemdsärmeliger Anwalt jüdischer Interessen. Sein Credo: Da die Schweiz von den Verbrechen der Nazis profitierte und eine restriktive Flüchtlingspolitik betrieb, habe sie eine moralische und pekuniäre Mitschuld an den nationalsozialistischen Verbrechen. Nun stehe sie vor dem Gerichtshof der Geschichte und müsse sich für ihren Pakt mit dem Teufel verantworten. „Wir fordern einen Rechenschaftsbericht."[101]

Wer ist der Mann? Geboren 1937 in New York, absolvierte er, bevor er sich der Politik zuwandte, die Syracuse University mit einem Abschluß in Verwaltungswissenschaften. Aus Brooklyn stammend, verkörpert er das Urbild eines self-made-man, eines „underdog", der es aus eigener Kraft „geschafft" hat. Inwieweit dieses Bild der Realität entspricht, ist kaum auszumachen. Fest steht: der 60jährige New Yorker ist kein Diplomat, wohl aber einer der mächtigsten Männer unter der Kuppel des Capitols, der immer, wo es ihm richtig erscheint, „mit dem Kopf durch die Wand" geht. Dies zeigt sich, wenn er sich für die Rechte der Holocaust-Opfer, aber auch für die umstrittene Scientology-Organisation einsetzt. Das erste Mal 1980, das dritte Mal 1992 mit knappen Mehrheiten für die Republikaner in den Senat gewählt, ist Alfonse „Al“ D'Amato „... the first United States Senator from New York of Italian descent.“[102]

Sein Einsatz für die Machtlosen und Entrechteten scheint nicht nur Selbstzweck, nicht allein wahltaktischem Verhalten (Stimmenfang) geschuldet. Es resultiert wohl auch aus einem rigorosen Gerechtigkeitsempfinden. Er ist ein guter Taktiker, der aus der Not eine Tugend gemacht hat, fehlendes diplomatisches Gespür durch öffentlichkeitswirksame Aggressivität zu kompensieren weiß und bei seinen Wählern Vertrauen genießt, eben weil er ihre (und damit seine) Interessen äußerst hartnäckig verfolgt. Er ist kein Leisetreter und schreckt auch nicht vor verzerrenden Wertungen zurück, wenn sie denn dem einmal als „richtig“ erkannten Ziel dienen. D'Amato ist ein Polit-Profi durch und durch, dem die Kampagne gegen die Schweiz eine Gelegenheit zum politischen Handeln gab. Als Vorsitzender der Bankenkommission und Mitglied der Finanzkommission des Senats besitzt er außerdem Einfluß auf die Geschäfte der Wallstreet und ist damit der Anlaufpunkt der Finanzlobbyisten, der Banker und Broker, der seit Jahren eine aggressive Deregulierungspolitik in der Bankenindustrie vorantreibt und sich seit geraumer Zeit, mit wechselndem Erfolg, um einen amerikanischen Bilanzausgleich bemüht.[103]

Der „Tagesanzeiger“ kommt denn auch zu der Einschätzung: „Deutlicher [als am Beispiel D'Amatos – d. Verf.] läßt sich das Verhältnis von Geld und Politik in den USA nicht illustrieren“.[104]

Als Saubermann der konservativen Rechten in den USA beteiligt er sich vehement am Kampf gegen illegale Drogen und votiert für die Todesstrafe bei schweren Drogendelikten. „D'Amato, der Vertreter der Banken- und Finanzindustrie, tut dies mit der gleichen Aggressivität, mit der er das Big Business vertritt“.[105]

Seine politischen Interessen sind vielfältig: in der Sicherheits-, der Außen- und der Außenwirtschaftspolitik scheint er laut Selbsteinschätzung bereit, mit harten Bandagen kämpfen zu wollen, wenn irgendwo in der Welt vitale amerikanische Interessen in Gefahr scheinen. Zitat: „... he supports fair trade, seeking open markets abroad for U.S. products and strong U.S. enforcement against illegal and predatory trade practices by foreign firms“.[106]

Wem nützt D'Amatos Engagement gegen die Schweiz? Zuerst einmal natürlich ihm selbst, denn er muß bei den letzten knappen Wahlergebnissen bestrebt sein, für eine vierte Legislaturperiode Wählerstimmen zu „sammeln“. In zweiter Linie den Opfern des Holocaust, drittens der Lobby, deren Interessen er vertritt, und viertens dem

Wirtschafts- und Bankenstandort USA. D'Amatos Position im aktuellen Konflikt ist ungleich vorteilhafter als die der Schweiz. Er kann sich der Sympathie der Opfer, deren berechtigte Interessen er vertritt, sowie der Unterstützung der Öffentlichkeit und der Medien sicher sein. Sein Vorgehen entspricht zudem den Regeln der „Political Correctness". Er kann seine politischen Interessen mit den (wirtschafts-) politischen Zielen der Clinton-Administration verbinden, d. h. mittelbar Druck auf die Schweiz ausüben und gleichzeitig noch Wählerstimmen gewinnen. Damit präsentiert er sich als ein Politiker, der Gerechtigkeit dort herstellte, "... wo die Schweiz bisher nicht in der Lage oder auch nicht willens gewesen ist".[107]

Daß dabei historische Wahrheit lediglich eine untergeordnete Rolle spielt, ist nur natürlich. Am 19. 9. 1997 leitete D'Amato die Anhörung prominenter Mitglieder der „Scientology Church" vor einem Senats-Untersuchungsausschuß zum Thema „Religiöse Diskriminierung in Europa". dpa meldete aus Washington: „Prominente Scientology-Mitglieder haben bei einer Anhörung vor dem Senat in Washington den Kongreß aufgefordert, die in Deutschland ausgeübte 'Diskriminierung' gegen die Organisation zu verurteilen".[108]

Daraufhin brachten mehrere Abgeordnete im Repräsentantenhaus eine Resolution ein, die sich gegen die „fortgesetzte und wachsende Diskriminierung" der Scientology-Mitglieder in Deutschland wendet. Damit macht sich D'Amato zum Fürsprech einer dubiosen Organisation, welche die Reaktionen der Bundesrepublik auf das wachsenden Engagement der Scientology in Deutschland, von jedem historischen Wissen unbelastet, mit dem Beginn der Judenverfolgung in Nazideutschland gleichsetzt.[109]

Daß die Scientology-Organisation (SO), die sich selbst als religiöse Gemeinschaft in der Tradition fernöstlicher Kulte geriert, keine Religionsgemeinschaft im Sinne des Artikels 4 Grundgesetz, sondern eine verdeckt operierende, antidemokratische Organisation mit totalitären Zügen ist, hat in Deutschland höchstrichterliche Bestätigung gefunden. Das Bundesarbeitsgericht stellte fest, daß die SO unter religiöser Tarnung langfristig das Ziel anstrebt, Wirtschaft, Gesellschaft und letztlich die Politik zu unterwandern, um über Einfluß auf diesen Gebieten zu politischer Macht zu gelangen. Der Politikwissenschaftler Hans Gerd Jaschke sieht in der SO gar eine neue Form des politischen Extremismus. Konsequenterweise wird die SO in Deutschland seit Juli 1997 durch den Verfassungsschutz mit nachrichtendienstlichen Mitteln beobachtet.[110]

In einer gemeinsamen Initiative wollen Abgeordnete beider Häuser des republikanisch beherrschten US-Kongresses nun Sanktionen gegen Staaten durchsetzen, in denen es religiöse Verfolgung gibt. In praxi bedeutet dies die Einrichtung einer Spezialstelle im Weißen Haus, welche die Verfolgung wegen religiöser Gründe dokumentieren soll. Wer auf die Schwarze Liste kommt, soll von Präsident und Kongreß mit der Einstellung der nicht-humanitären US-Hilfe bestraft werden. Im Visier haben die Parlamentarier vor allem Staaten wie China, Rußland, Burma, Kuba, Saudi-Arabien, Indonesien und Laos. Nach Einschätzung der Organisation „USA Engage", in der sich 645 US-Unternehmen und Verbände zusammengeschlossen haben, müßten bei der Verwirklichung der Initiative jedoch auch wichtige US-Alliierte wie Deutschland, Frankreich und Griechenland mit Sanktionen belegt werden.[111]

2. Der kühle Diplomat: Unterstaatssekretär Stuart Eizenstat

Im Kriegsjahr 1943 geboren, hat Stuart Eizenstat, wie so viele seiner Generation, für amerikanische Verhältnisse eine leidlich linke Vergangenheit. Nach einem Studium der Rechte und der Politikwissenschaft in Chapel Hill und Harvard arbeitete er unter Johnson als Hilfskraft im Weißen Haus, später als Forschungsdirektor in der Präsidentschaftskampagne Hubert Humphreys. 1977 bis 1981 war Eizenstat innenpolitischer Berater Carters, in den folgenden Jahren Anwalt. 1993-1996 arbeitete er bei der EU in Brüssel und war dort als „Sonderbotschafter für die Rückerstattung von Besitz" zuständig für die Bemühungen der USA, die Regierungen der Länder Zentral- und Osteuropas dazu zu bringen, den Menschen, die von den Nazis oder den Kommunisten enteignet wurden, ihr früheres Eigentum zurückzuerstatten. Nach diesem Intermezzo trat Eizenstat ins Handelsministerium der Administration Clinton ein. Dort als Unterstaatssekretär für den internationalen Warenaustausch tätig, hatte er sich u. a. mit der wirtschaftlichen Tätigkeit der USA im Zweiten Weltkrieg zu befassen.

Der „Eizenstat-Bericht", der unter seiner Ägide entstand, durchleuchtet nicht primär die Schweiz, sondern das Verhalten der amerikanischen Regierung während des Zweiten Weltkrieges und das Verhältnis der USA zur Drittnationen. Er pflegt einen zurückhaltenderen, diplomatischeren Stil als D'Amato, der aber nicht weniger deutlich ist. Moderater im Umgang und weniger pauschalisierend äußerte Eizenstat vor der Bankenkommission des Repräsentantenhauses im Dezember 1996: „Ziel unserer Task Force ist es, ein klares Bild über die Rolle der Vereinigten Staaten bei der Sicherstellung und Verteilung von Nazigold und anderen Guthaben zu erhalten und die gegenwärtige Politik in bezug auf diese Aktionen einer genauen Prüfung zu unterziehen."[112] Dies werde auch die strittige Rolle der Schweiz erhellen.

Außerdem hat Stuart Eizenstat mehr internationale Kritik einzustecken als die meisten Beamten der Clinton-Administration, denn seine Aufgabe besteht im wesentlichen darin, den Standpunkt Washingtons in internationalen Wirtschaftsdisputen deutlich zu machen. Sein Schwerpunkt auf diesem Gebiet ist gegenwärtig die internationale Vermittlung der amerikanischen Embargo-Politik gegen das Castro-Regime auf Kuba. Auf internationale, auch europäische Kritik stößt hier vor allem, daß der von Eizenstat propagierte „Helms-Burton-Act", mit dem die USA das kubanische Regime und die Länder, die mit ihm Handel treiben, bestrafen wollen, willkürlich und einseitig ist. Das Gesetz bedroht all jene mit wirtschaftliche Kampfmaßnahmen, die mit Kuba Handel treiben, wohingegen China, das die Menschenrechte wesentlich massiver bricht als Kuba, keinerlei Sanktionen unterworfen wird.[113]

Zwischenbilanz

Auf den Kern reduziert und verkürzt dargestellt, befinden sich die Schweizer Anfang 1998 in einer ähnlichen Situation wie die Deutschen nach 1945, mit dem großem Unterschied, daß sie keine Täter waren. Ob und auf welchen Gebieten sie Mittäter waren, wird die Forschung weisen. Deren Ergebnisse müssen im Konnex internationaler staatlicher und nichtstaatlicher Verflechtungen mit dem Nazi-Regime gewichtet werden, nicht um zu relativieren, sondern um ein möglichst objektives Bild der Schweiz im Zweiten Weltkrieg zwischen allen Fronten zu gewinnen. So wird auch die Neutralität in der Diskussion bleiben. Geschichtsaufarbeitung braucht Zeit. Zeit, die die Überlebenden des Holocaust nicht haben. Hier hat die Schweiz, sehr spät und nur unter Druck, aber dann mit äußerster Konsequenz, Großes geleistet. Die diversen, hochdotierten Fonds und ein unbürokratisches Vorgehen sichern den Überlebenden, vor allem in Osteuropa, wo Hilfen am dringendsten gebraucht werden, eine wie auch immer zu bewertende Entschädigung. Die Wirkung der Kampagne auf das Selbstverständnis der Eidgenossen war enorm, die „Splendid Isolation" hatte endgültig ausgedient. Das völlig unzureichende Krisenmanagement der Schweizer Politik auf dem Höhepunkt der Kampagne eröffnete der Schweiz aber auch die reale

Chance, ihre Geschichte gleichsam vom Ballast helvetozentrischer Mythen zu befreien und, derart geläutert, zur innen- und außenpolitischen Neupositionierung zu schreiten. Von einer pauschalen Schuldanerkennung meilenweit entfernt, hat die Schweizer Politik bewiesen, daß sie fähig zu konstruktiven Schritten ist. Ob sich ein eidgenössischer Willy Brandt findet, bleibt abzuwarten. Ob die Schweiz erpreßbar geworden ist, ist nicht mit letzter Sicherheit zu klären. War sie es nicht schon während des Krieges? Und ist diese Frage nicht nur falsch gestellt, sondern auch völlig überflüssig, weil die umfassende Antwort darauf durch das weltweit existierende Problem der Ungleichgewichtigkeit von „Goliaht-zu-David-Beziehungen" hinreichend beschrieben wird? Rein formal gesehen ist die Kampagne gegen die Schweiz kein Präzedenzfall. Druck und Zwang zwischenstaatlicher Beziehungen existieren überall auf der Welt, egal ob man diesen Fakt billigt oder nicht. Die Frage nach der Erpreßbarkeit resultiert denn wohl auch aus dem, im Urgrund ungebrochenen Selbstverständnis des Fragers, der eine Sonderrolle/Sonderstellung der Schweiz postuliert und über den Umgang mit seinen heiligsten Gütern kindlich erstaunt ist. Andererseits wurde, aufgrund der (historischen) Verflechtungen eines demokratischen Staates mit einem Terrorregime, ein thematischer Präzedenzfall geschaffen. Insofern ist die Kampagne (bislang noch?) einzigartig. Gerade der Vergleich mit der „erzwungenen re-education" in Deutschland „hinkt" sowohl quantitativ als auch qualitativ, unterstellt er doch, die Deutschen hätten sich nach 1945 allein aus Zwang der Demokratie zugewandt. Die Kritik an der Kampagne sollte aus einer ungeschminkten Draufsicht resultieren. Alle beteiligten Parteien postulierten, es gehe ihnen ausschließlich um die Opfer des Holocaust. Alle Parteien wuschen öffentlich ihre schmutzige Wäsche: die Schweiz defensiv, die „Angreifer" offensiv. Herausgekommen ist, wenn man so will, eine bona-fide-Erpressung, gut für die Opfer und deren Erben, schlecht für alle Kontrahenten, denen das Unwürdige des Vorgangs nicht bewußt gewesen zu sein scheint. Auf allen Seiten darf ein Selbstverständnis vermutet werden, das dem Problem von Menschen, die schlimmeres durchgemacht haben als die Aktivdienstzeit oder politische Karrieren, nicht gerecht wird. Brisanter erscheint hier jedoch die Frage nach dem Umgang „wirklicher Kollaborateure" mit ihrer eigenen Geschichte. Und: Haben auch jene Länder, die die Horthy, Tiso, Pétain, Mussert, Quisling usw. hervorbrachten, mit Situationen zu rechnen, in denen sie durch moralisierende Argumente unter Druck geraten? Was bleibt, ist das Fehlverhalten, die wie auch immer zu gewichtende „Mitschuld der Schweizer Bankiers". Aber auch sie ist nicht einzigartig, denn „die

Banken“ haben – pars pro toto – im Rahmen ihrer Zweckbestimmung „nur“ getan, was sie immer tun: Kapital akkumulieren, umschichten, waschen, verkaufen, horten usw. Darin gleichen die Schweizer Bankiers allen Bankiers der Geschichte. Die Einzigartigkeit kann, abseits aller neutralitätsrechtlichen Überlegungen, allein darin bestehen, daß sie es für die Nazis getan haben. Eine Binsenweisheit: Banken sind Instrumente in den Händen derer, die sie lenken, und gleichermaßen derer, die sich ihrer Angebote bedienen. Das schließt die „Gutmenschen“, aber auch allerlei Gelichter ein. Es ist absolut naiv zu glauben, kriminelle Gewinne ließen sich „irgendwie abschaffen“. Möglich erscheint allein, die Bewirtschaftung dieser Vermögen zu verhindern. Der Hebel muß also bei den Banken angesetzt werden, bei dem Service, den sie jedem angedeihen lassen, der Geld hat. Angreifbar wurden die Schweizer Banken aber vor allem durch die zeitgeschichtliche Bindung ihres Handel(n)s an den Holocaust, dessen Singularität die Konstruktion einer „Mitschuld“ erst ermöglichte. Sie wird allein durch diese Kausalität bedingt; keiner der selbsternannten Moralisten erinnert, trotz der offensichtlichen Vergleichbarkeit der Fälle, zugleich an die Involvierung amerikanischer Kreditinstitute in die Iran-Contra-Affäre oder andere Fälle „internationalen Bankenbanditismus“.[114] Nicht die Rolle der Schweiz oder ihrer Banken, sondern der zeitgeschichtliche Rahmen, der eigenen Gesetzen folgte, ist einzigartig. Aber erscheint es, mit einer moralischen Elle gemessen, nicht genauso übel, wenn russische Banken Mafia-Gelder waschen, amerikanische Banken terroristischen Regimes Kredite gewähren, überall auf der Welt Gewinne aus Drogendeals gewaschen werden? Will man überhaupt mit dieser Kategorie operieren, kommt man zwangsläufig zu dem Schluß, daß sich die „Moral der Banken“, und das nicht erst seit Marx, letztlich über den zu erwartenden Profit definiert. Non olet – es stinkt nicht. Pecunia, Geld nämlich, auch wenn es aus unsauberen Quellen stammt. Die Moral der Banken spiegelt die Moral der Kunden und umgekehrt. Es reicht, einmal unterstellt diese Praxis wäre usus, eben doch nicht aus, die üblen Geschäftspraktiken „der Banken“ mit dem ethischen Mäntelchen unternehmerischer Seriosität/Solidität zu bedecken. Hier sollten „die Banken“ im Interesse des Geschäfts selbst ansetzen, denn „es“, was immer es auch ist, kommt ja doch heraus. Es wird immer wieder findige Köpfe geben, die sich veranlaßt sehen, in einem konkreten Fall tiefer zu graben, und auch die “vierte Gewalt“, die Presse, sollte nicht unterschätzt werden. Das Geschäftsgebaren der Banken sollte national und international in einen rechtlichen Rahmen eingebettet werden, der nicht nur moralische Mindestanforderungen an den einzelnen Banker stellt. Solange allein die

Bilanz Richtschnur unternehmerischen Handelns bleibt, wird sich nichts ändern; auf „Selbstkontrolle" zu hoffen erscheint angesichts der Gewinnspannen und der harten Konkurrenz naiv. Eine Kontrolle könnte allenfalls in einem internationalen Rahmen funktionieren. Hier könnte, auf der Grundlage multilateraler Regelungen, ein politisch nicht instrumentalisierbares Gremium geschaffen werden, das eine internationale Kontrollfunktion besitzt und alle Institute, die Illegales tun, vom Geschäftsverkehr ausschließt. So gesehen erscheint die legalistische Argumentation der Schweiz vor dem konkreten Hintergrund nicht ausreichend. Sie ist allerdings verständlich, da die Schweiz befürchten muß, daß jede andere Argumentation einem offiziellen Schuldeingeständnis gleichkäme. Die entlastenden Momente (die reale militärische Bedrohung, die wirtschaftliche Abhängigkeit, der neutralitätsrechtliche Rahmen usw.) müssen jedoch in die Gesamtrechnung Eingang finden. Nur so läßt sich ein objektives Bild zeichnen.

Die staatliche Ausplünderung der deutschen Juden und das jüdische Fluchtkapital – 1933 bis1940

Bis Kriegsbeginn stand die jüdische Auswanderung in Richtung Palästina im Mittelpunkt der nationalsozialistischen Rassenpolitik. [115] 1933 und in den folgenden „Friedensjahren" war die systematische Vernichtung der Juden für die Rassenfanantiker allenfalls ein stiller Wunschtraum, eine Möglichkeit, deren Verwirklichung bestimmte politische und technische Bedingungen voraussetzte, die zu dieser Zeit noch nicht gegeben waren. Erst das stabilisierte und durch außenpolitische und wirtschaftliche Erfolge gestärkte Nazi-Regime ging dazu über, jüdische Vermögen zu enteignen und die ausgeplünderten Juden völlig mittellos auszutreiben, später, im Zuge der „Endlösung der Judenfrage", zu vernichten.[116]

Um die Auswanderung zu beschleunigen, arbeiteten deutsche Stellen noch bis 1938 eng mit jüdischen Organisationen zusammen. Diese aus gegensätzlichen Motiven gespeiste Zusammenarbeit hatte zur Folge, daß die Nazis für die Ausfuhr jüdischer Vermögen Ausnahmeregelungen zu den ansonsten restriktiven Devisenbestimmungen des Reiches schufen und ihnen die Möglichkeit gab, Teile ihres Vermögens auf „legalem" Wege ins Ausland zu transferieren. [117]

Geschichtsrevisionisten sollten sich keinen Illusionen hingeben:

Dieser „legale" Weg war keineswegs altruistisch motiviert. Er basierte auf den rassenpolitischen Vorgaben der Nazis und war nur ein probates Instrument zur „Arisierung" der deutschen Wirtschaft und Gesellschaft. Aber die jüdische Selbsthilfe beschritt auch „illegale" Wege des Vermögenstransfers ins Ausland, wobei der „legale Transfer" letztlich aus zwei Gründen überwog. Zum ersten ließ die 1933 etablierte „Reichsvertretung der deutschen Juden", motiviert durch Angst vor verstärkter Pression bei „illegalem" Vorgehen, keinen Zweifel daran, daß sich ihre Aktivitäten in den Grenzen strikter Legalität bewegen würden, zum zweiten waren dem illegalen Transfer durch restriktive Devisenbestimmungen von vornherein enge Grenzen gesetzt. Vorab: Die Nutzung „illegaler" Möglichkeiten, Vermögen vor den Nazis in Sicherheit zu bringen, war auf jeden Fall legitime Notwehr entrechteter und willkürlicher Auspressung preisgegebener Menschen. Angesichts des hohen Risikos und aufgrund ihres immer noch bestehenden Respekts vor „dem Gesetz" konnten sich die meisten deutschen Juden jedoch nicht zu derlei „illegalen" Versuchen durchringen. Der israelische Historiker Avraham Barkai kommt denn auch zu der Einschätzung: „Es läßt sich heute nicht mehr feststellen, wieviel Geld die deutschen Juden noch auf illegalen Wegen ins Ausland bringen konnten. Erstaunlicherweise melden auch die sonst sehr ergiebigen Akten der Gestapo [...] nur vereinzelte Fälle."[118]

Das ist nicht erstaunlich, denn die Gestapo begann erst im Dezember 1936 mit der systematischen Überwachung von Juden, die eine Auswanderung vorbereiteten. Eine ausdrückliche Verordnung, vor der Versendung von Umzugsgut der zuständigen Devisenstelle genaue Angaben über den Inhalt und die eigene Vermögenslage zu machen, erging erst per Erlaß des Reichswirtschaftsministeriums vom 13. 5. 1938. Gleichzeitig wurden die Sonderbestimmungen für die Mitnahme von Umzugsgut nach Palästina aufgehoben. Bis dahin war es noch relativ einfach, Geld ins Ausland zu überführen, so daß im Gegensatz zu späteren Jahren noch manches jüdische Vermögen gerettet werden konnte. Hier waren wohlhabende und weitsichtige Juden, Industrielle und Bankiers mit geschäftlichen und finanziellen Verbindungen ins Ausland viel eher in der Lage praktikable Wege zu finden, als das Gros der jüdischen mittelständischen Erwerbstätigen, deren Kapital zum großen Teil in Geschäften und Grundstücken gebunden war.[119]

Je mehr die Berufs- und Verdienstmöglichkeiten der Juden in Deutschland durch „spontane" Boykotte oder auf dem Verwaltungswege eingeschränkt wurden, desto enger schlossen sich die in Deutschland verbleibenden Juden nach 1933 in einem weitgehend geschlossenen „jüdischen Wirtschaftssektor“ zusammen. Die dort Kooperierenden gaben sich kaum noch Illusionen über den Wert legalistischer Intentionen hin.[120]

So entstand eine neue Branche von Finanzberatern und Transferexperten, die sich darauf spezialisierten, mit Hilfe von Tauschgeschäften und ausländischen Unternehmensbeteiligungen jüdisches Kapital ins Ausland zu schaffen. Selbst die „Arisierungen“ boten findigen Köpfen noch Möglichkeiten, so Barkai, „... gewerbsmäßig jüdische Betriebe in arischen (sic!) Firmen zu tarnen, mit jüdischen Geldern Patente aufzukaufen, um diese ins Ausland zu verschieben, sowie dorthin auf ungesetzlichem Wege Vermögenswerte ins Ausland zu verschieben“.[121]

Dazu gehörten u. a. der Austausch von Grundstücken und anderem Besitz mit Deutschen, die nach Deutschland zurückkehren oder ihren Auslandsbesitz zu günstigen Bedingungen veräußern wollten. Dazu kamen Treuhandschaften und Holding-Geschäfte mit ausländischen Beteiligungen sowie Bareinzahlungen bei ausländischen Banken. Sehr viel mehr ist über die „illegalen“ Aktivitäten der deutschen Juden nicht bekannt. Die Schwierigkeiten beim Vermögenstransfer ins Ausland reichten schon vor den Machtantritt der Nazis zurück. Bereits 1931 hatte die Regierung Brüning die Devisenausfuhr gesetzlich beschränkt, um die in der Wirtschaftskrise verhängnisvolle Kapitalflucht ins Ausland zu verhindern. Neben anderen Notverordnungen wurde die Reichsfluchtsteuer eingeführt. Unter den Nazis wandelte sich die Brüningsche Steuer dann zu einem legalen Instrument der Ausplünderung auswanderungswilliger Juden. Die Steuer in Höhe von 25% der Gesamtsumme, die ursprünglich nur für Vermögenstransfers ab 200.000 RM galt, wurde seit Mai 1934 schon ab 50.000 RM erhoben. Auch nach Zahlung der Steuer konnte der Emigrant sein Geld aufgrund der bestehenden Devisenbestimmungen nicht ins Ausland transferieren, sondern mußte es in Deutschland auf einem sog. „Auswanderer-Sperrmark-Konto“ deponieren. Der Verkauf der Sperrmark-Konten gegen Devisen war mit erheblichen Kursverlusten verbunden. Bis Anfang 1935 zahlte die Reichsbank noch die Hälfte des offiziellen Marktkurses aus, dann setzte sie die Quote auf 30% herab, um sie schließlich bis auf 4% (!) im September 1939 zu senken. Noch dazu wurden die Ausgetriebenen durch die willkürliche Manipulation der Wechselkurse schamlos ausgeplündert. Solange die Auswanderung möglich war, zahlten die deutschen Juden insgesamt 939 Mio. RM an Reichsfluchtsteuer, was einem Gesamtvermögen von ca. 3,5 Mrd. RM entsprach. Bereits 1933 schloß das Reichswirtschaftsministerium auf eigene Initiative hin mit jüdischen

Stellen das sog. „Haavara-Transferabkommen".[122]

Seit dem 19. Zionisten-Kongreß in Luzern 1937 unter der offiziellen Kontrolle der Jewish Agency, diente das Abkommen der Regelung des „legalen" Kapitaltransfers jüdischen Vermögens nach Palästina, aber eben nur dorthin. Das Haavara-Abkommen funktionierte nach Art eines bilateralen Clearings, bei dem auswanderungswillige Juden ihre Reichsmark auf ein Sperrkonto einzahlten und dafür den vollen Gegenwert, zum offiziellen Kurs des Palästina-Pfund, in Sachwerten erhielten – z. B. eine Plantage. Das auf den Sperrkonten gesammelte Geld wurde zum Import deutscher Waren nach Palästina verwendet. [123]

Die Gründe für die Vorgehensweise beider Seiten liegen auf der Hand: Palästina war das einzige Land der Welt, daß trotz britischer Restriktionen für eine organisierte jüdische Einwanderung größeren Umfanges geeignet war, die Jewish Agency war die einzige Organisation, die eine Auswanderung diesen Ausmaßes organisieren konnte. Nur so ließ sich ein Teil des jüdischen Vermögens in Deutschland „legal" retten und, durchaus in wohlverstandenem Eigennutz, ein Teil der deutschen Juden zur Siedlung in Palästina bewegen. Die Nazis wiederum präferierten bis zum Kriegsausbruch eine beschleunigte Auswanderung und konnten zudem auf eine Absatzsteigerung deutscher Produkte und dadurch auf erhöhte Erwerbstätigkeit im Inland hoffen. Zur Durchführung des Clearings wurde in Berlin unter Beteiligung jüdischer Privatbanken, vor allem des Hamburger Bankhauses Warburg, die „Palästina-Treuhandstelle" (Paltreu) gegründet. [124]

Als Partner in Palästina fungierte die bei der „Anglo-Palästina-Bank" eingerichtete „Haavara". Bis zum Kriegsausbruch transferierten diese Institutionen ca. 140 Mio. Mark nach Palästina. Von den ca. 105.000 Juden, die Deutschland zwischen 1933 und 1937 verlassen hatten, nahm denn auch ca. 1/3 die Möglichkeit der Auswanderung nach Palästina wahr. Dem entsprach auch ein höherer Umwechselkurs als der übliche, der sich allerdings im Laufe der Jahre verschlechterte. Nach den Bestimmungen der britischen Mandatsregierung für Palästina war nämlich die Einwanderung mittelloser Juden nach jährlichen Quoten beschränkt, während sogenannten Kapitalisten, die ein 'Vorzeigegeld' von mindestens 1000 Palästina-Pfund (LP) besaßen, ein 'Kapitalisten-Einwanderungs-Zertifikat' ausgestellt wurde, mit dem sie unbeschränkt einwandern konnten. [125]

Ursprünglich zahlten die „Kapitalisten" für die obligatorischen 1000 Palästina-Pfund (LP) 12.500 RM auf ein Sperrmark-Konto ein. Durch verschiedene Bestimmungen erhöhte sich der Betrag bis 1935 auf 15.000, erreichte 1937 20.000 RM und gegen Ende des Jahres 1938 die bis zum

Kriegsausbruch übliche Summe von 40.000 RM. Die Abwertung belief sich also bis zum Tiefstpunkt auf knapp 70%. Die für Auswanderer in andere Länder gültige Sperrmark, die nur noch 4% des Marktwertes wert war, machte allerdings eine Abwertung von rund 95 % durch. Insgesamt wurden zwischen 1933 und 1939 knapp 140 Mio. RM jüdischen Vermögens gerettet.

Mitte 1938 waren die meisten deutschen Juden bereits im wahrsten Sinne des Wortes verarmt. Im Dezember 1938 wurde sowohl der „illegale" als auch der „legale" Transfer jüdischen Kapitals ins Ausland end-

Clearing [engl.]

Verrechnung der laufend fällig werdenden gegenseitigen Forderungen und Verbindlichkeiten. Es ist zu unterscheiden zwischen dem Clearing innerhalb eines Landes und dem Clearing im internationalen Zahlungsverkehr (Devisenclearing). Zahlungstechnisch ist es eine bargeldlose Verrechnung; im internationalen Verkehr zwischenstaatliche Verrechnung von Zahlungen zwischen bestimmten Teilnehmern. Dabei ist zwischen multi- und bilateralem Clearing zu unterscheiden. Das bilaterale Clearing beruht in jedem Fall auf einem Clearingabkommen. Hier erfolgt die Verrechnung der aus gegenseitigen Warenlieferungen und Dienstleistungen entspringenden Forderungen und Verbindlichkeiten nur zwischen zwei Ländern. Ein Übertrag (Transfer) bilateral entstandener Forderungen auf dritte Länder ist in der Regel ausgeschlossen. Das bilaterale Clearing legt die Verwendungszwecke der gegenseitig zu verrechnenden Forderungen und Verbindlichkeiten nach Zahlungstiteln, häufig mit Begrenzung der Höhe der Verrechnungssumme, fest. Es wird über Verrechnungskonten (Abkommenskonten), die bei den kontenführenden Banken lt. Clearingabkommen unterhalten werden, abgewickelt. Grundlage ist die zwischen den Abkommenspartnern festgelegte Clearingwährung (Verrechnungswährung). Die Abkommens- partner räumen sich gewöhnlich technische Verrechnungskredite (Swing) ein, die zur zeitweiligen und gegenseitigen Deckung der sich nicht ausgleichenden Spitzen aus dem bilateralen Clearing dienen. Die Laufzeit des bilateralen Clearing ist laut Abkommen begrenzt.

gültig gestoppt. Die Zwangs„arisierung" aller noch bestehenden Betriebe wurde angeordnet, ebenso die Deponierung von Bargeld, Wertpapieren, Schmuck und anderen Wertgegenständen auf Sperrkonten bzw. -schließfächern. Die Verfügung darüber war genehmigungspflichtig. Fluchtkapitalbewegungen waren ab diesem Zeitpunkt unwahrscheinlich. Was die in Deutschland Zurückbleibenden erwartete, konnte letztlich niemand wissen – viele ahnten es indes: endgültige Pauperisierung, Ghettoiisierung, Vernichtung im Zuge der „Endlösung". Der „legale" Kapitaltransfer jüdischen Vermögens war bis Mai 1937 ausschließlich in Richtung Palästina möglich. Erst dann wurde mit der „Allgemeinen Treuhandstelle für die jüdische Auswanderung G.m.b.H." (Altreu) eine Stelle geschaffen, die die Auswanderung über Sperrmark-Konten auch in andere Länder ermöglichte. Die Transferbedingungen waren allerdings ungünstiger als bei der Haavara-Auswanderung. Der Kursverlust betrug 50 v. H. und die für den Transfer zugelassenen Beträge waren auf 5.000 RM für Einzelpersonen und 8.000 RM für Familien mit Kindern beschränkt, von denen jeweils nur 50% in Devisen ausgezahlt wurden. Da das Archiv der „Altreu" nicht erhalten blieb, kann nicht ermittelt werden, wieviele Juden auf diesem Wege auswanderten und welcher Anteil an dem „legalen" Fluchtkapital von insgesamt 140 Mio. RM ihnen zuzurechnen ist.[126]

Diese Summe machte allerdings nur einen Bruchteil des jüdischen Vermögens in Deutschland aus, das 1933 zwischen 10-12 Mrd. RM betragen hatte. Nach Abzug der „legalen" 140 Mio. RM verbleiben zwischen 9,86 - 11,86 Mrd. RM, von denen ein nicht bestimmbarer Teil bis zum Ende jeglichen jüdischen Kapitaltransfers im Jahr 1938 als "illegales" Fluchtkapital ins Ausland geflossen sein könnte. Die Schlußfolgerung: es dürften sich in allen Ländern mit (bereits damals) funktionierendem Bankensystem sowohl „legale" als auch „illegale" Fluchtgeldkonten befinden, von denen eine nicht bestimmbare Anzahl zu „nachrichtenlose Konten" wurde. In diese Richtung weist auch eine Pressemeldung vom 5. 11. 1997. Die Deutsche Presseagentur (dpa) berichtete, daß israelische Banken tausende nachrichtenloser Vermögen von Opfern des NS-Regimes verwalten. Das ZDF-Magazin „Frontal" bezifferte den Gesamtwert auf 250 Mio. Mark. „In der Schweiz beträgt die Gesamtsumme auf Konten von Ausländern, deren Erben gesucht werden, 84 Mio. Mark. Auch israelische Banken haben zu den Guthaben Jahrzehnte geschwiegen", konstatierte dpa.[127]

Der Hintergrund: Israel veröffentlichte am 10. September 1997 eine Liste mit 10.000 Namen von Eigentümern nachrichtenloser Vermögen. Es handelte sich um die Namen europäischer Juden, die vor dem Zweiten Weltkrieg im damaligen Palästina Vermögen besessen hatten und von den Nazis ermordet wurden. Daraufhin forderte der Banken-Unterausschuß der Knesset die israelischen Banken auf, bis Ende 1997 eine Namensliste aller Inhaber nachrichtenloser Vermögen zu veröffentlichen.[128]

Daß auch in Israel nachrichtenlose Konten auftauchten, ist, betrachtet man die internationale Flüchtlingspolitik der dreißiger und vierziger Jahre genauer, nicht außergewöhnlich.

Die internationale Flüchtlingspolitik der dreißiger und vierziger Jahre im Vergleich

Die PDS-Zeitung „Neues Deutschland" zur schweizerischen Flüchtlingspolitik: „Schweizer Behörden hatten sich die NS-Rassengesetze schon 1933 zu eigen gemacht".[129]

Diese Einschätzung ist in doppelter Hinsicht – faktisch und inhaltlich – falsch: 1933 hätten sich die Schweizer nicht mit den NS-Rassegesetzen identifizieren können, denn die Nürnberger Gesetze wurden erst 1935 verabschiedet. Richtig ist: Dr. Heinrich Rothmund, der Direktor des Eidgenössischen Justiz- und Polizeidepartments und damit zuständig für die in die Schweiz strömenden Flüchtlinge, war bekennender Antisemit katholischer Provenienz. Von den rund 500.000 deutschen Juden flohen bis 1939 ca. 250.000 aus Deutschland ins vermeintlich sichere Ausland. Davon gingen 52.000 nach Großbritannien, 30.000 nach Frankreich, 33.000 nach Palästina und rund 3.000 nach Schweden. Die Schweiz nahm ca. 12.000-14.000 Flüchtlinge auf, von denen sie einen Teil aber wieder auswies. Am 13. August 1938, so Tom Bower, ergriffen Schweizer Diplomaten die Initiative und fragten in Berlin an, ob man die Pässe der ausreisewilligen Juden nicht in geeigneter Form, kennzeichnen könne? Am 7. September stimmte Berlin zu. [130]

Die Kosten für die in der Schweiz aufgenommenen ca. 7.000 jüdischen Flüchtlinge mußten die Schweizer Juden in einer Art Kollektivstrafe tragen, denn sie wurden in der Schweiz nicht als politische Flüchtlinge anerkannt. "Das Boot ist voll", hieß es in der Schweiz. [131] Die Flüchtlings- und Asylpolitik der Schweiz vor und während des Krieges ist in der Tat zu Recht kein Bestandteil helvetischer Mythen.[132]

Sie stellt aber auch keinen Einzelfall dar. Im Kontext des Desasters der internationalen Flüchtlingspolitik war das Handeln der Schweiz kaum besser und nur wenig schlechter als das Handeln aller anderen Aufnahmeländer. Es erscheint nur dann einzigartig, wenn der Betrachtende bewußt darauf verzichtet, die schweizerische Flüchtlingspolitik als Teil der internationalen Flüchtlingspolitik jener Jahre zu kennzeichnen. Unterläßt man diesen Schritt, entsteht fälschlicherweise das schiefe Bild einer Schweiz, die ein Ausbund an Antisemitismus und

Ausländerfeindlichkeit gewesen ist. Den Blickwinkel derart zu verengen, heißt Geschichte zu fälschen. Das unrühmliche Verhalten der Schweiz gegenüber Flüchtlingen ist weder diskutabel noch relativierbar. Dennoch: Flüchtlinge, noch dazu mittellose Flüchtlinge, z. T. als „Staatenlose" auf den „Nansen-Paß" angewiesen, waren in den dreißiger und vierziger Jahren, wie heute, nirgendwo wirklich willkommen.[133]

Die ersten Flüchtlinge aus Deutschland wurden in den westeuropäischen Ländern noch mit offenen Armen empfangen, aber diese Einstellung hielt nicht lange an. Spätestens nach der zweiten, 1935 durch die Nürnberger Rassengesetze ausgelösten Fluchtwelle, setzte sich in ausnahmslos allen potentiellen Immigrationsländern eine restriktive Behandlung des Flüchtlingsproblems durch. [134]

Kurt Tucholsky, zu dieser Zeit bereits im schwedischen Exil, bemerkte bereits Anfang 1933, daß „ [...] Europa nicht aufnahmefähig für solche Leute ist. Sie [werden] verhungern." [135]

Verkürzt und auf den Kern reduziert, war die kollektive Unmoral der Immigrationsländer fünffach „realpolitisch" motiviert:

1. war die nationalsozialistische Judenpolitik in ihrer Konsequenz weder kalkulierbar, noch vorhersehbar,
2. beschränkten die Folgen der Weltwirtschaftskrise die Aufnahmekapazität und Aufnahmebereitschaft,
3. folgten den reichen und prominenten Flüchtlingen der ersten Emigrationswelle staatlich ausgeplünderte, pauperisierte Juden, die die Sozialsysteme der Immigrationsländer belasteten,
4. stand zu befürchten, daß eine liberale Handhabung potentielle Flüchtlinge zur Emigration ermutigte und
5. erschien es den meisten Aufnahmeländern im Zuge der Beschwichtigungspolitik gegenüber Hitler („Appeasement") nicht opportun, die deutsche Seite allzu sehr zu verärgern.

Das Jahr 1938 wurde schließlich zum Krisenjahr der Flüchtlingspolitik. Nach dem „Anschluß" Österreichs sahen sich die potentiellen Zufluchtsländer durch die rasch wachsende Zahl jüdischer Flüchtlinge veranlaßt, ihre Grenzen nur um so fester gegen die verarmten Migranten abzuschotten.[136]

Unverkennbar deutlich kam dies im Sommer 1938 durch die Konferenz von Evian zum Ausdruck.[137] Dort trugen alle Immigrationsländer unisono und überzeugend vor, daß ihr „Boot voll" sei. Wohl um sich nicht dem Verdacht des Antisemitismus auszusetzen, wählte man die irreführende Bezeichnung "Flüchtlingskonferenz", wohlwissend, daß es sich bei denen, deren Aufnahme nacheinander alle Staaten ablehnten, hauptsächlich um Juden handelte. Nicht einmal die liberale Regierung Roosevelt war bereit, Maßnahmen für die Rettung der Juden zu treffen, zumal kein Land die durch die USA vorgeschlagene Kontingentierung der Flüchtlinge mittragen wollte. Ein Hauptargument gegen eine konzertierte Rettungspolitik war die Furcht, der Zuzug der Flüchtlinge könne die Arbeitslosenzahlen in die Höhe treiben.[138]

Allein der australische Vertreter brachte seine antisemitischen Ressentiments auf den Punkt. Australien, so führte er aus, könne keine größere Zahl Einwanderer dulden, die nicht gleicher Abstammung seien wie die Mehrheit der Bevölkerung. Australien habe kein Rassenproblem (sic!) und sei nicht bereit, eines zu importieren. Dieses Votum sorgte seiner Offenheit wegen für Aufsehen, weil es denselben Beweggrund für eine Nichtaufnahme aussprach, den die Nazis für die Austreibung angaben, nämlich Antisemitismus.[139]

Als Teil der Appeasementpolitik gegenüber Deutschland wurde Evian zu einer weiteren Voraussetzung dafür, daß vor allem bereits ausgeplünderte Juden Deutschland nicht mehr „legal" verlassen konnten. Einige Beispiele: in Wien befanden sich 20.000 Juden polnischer Staatsangehörigkeit, die nach dem „Anschluß" von den deutschen Behörden nach Polen abgeschoben werden sollten. Um sie nicht aufnehmen zu müssen, verabschiedete die polnische Regierung flugs ein Gesetz, das allen Personen die Staatsbürgerschaft entzog, die sich mehr als 5 Jahre im Ausland aufgehalten hatten. Die Juden wurden deutscherseits trotzdem in einer Nacht-und-Nebel-Aktion über die Grenze abgeschoben und saßen bis zum Herbst 1939 in einem polnischen Internierungslager unweit von Zbaszyn, bis sie dann endgültig von den Deutschen zur Vernichtung deportiert wurden.[140]

In Evian versprach der argentinische Botschafter Hilfe bei der Suche nach Lösungen für das Flüchtlingsproblem in Europa. Die „Lösung" erwies sich jedoch realiter als Restriktion: am 28. 7. 1938 erließ die argentinische Regierung eine Verordnung zur schärferen Überwachung der Grenzen. Bei der Zulassung von Einwandernden bekamen fortan diejenigen Immigrationswilligen den Vorrang, die „Argentiniens Bedürfnissen in Hinsicht auf Gesellschaft, Kultur und Wirtschaft entsprachen". Im Februar 1939 folgte eine Konferenz der Finanzminister Argentiniens, Uruguays und Paraguays, die beschloß, den Transit von Menschen zu verhindern, die erforderliche Visa oder Dokumente nicht besaßen, als gefährlich für die öffentliche Ordnung oder aufgrund ihrer Vergangenheit als unerwünscht galten. Infolge dessen wurden zwischen 1938 und 1942 insgesamt 35 Schiffe, die in Buenos Aires ankamen, nach Europa zurückgeschickt. Die Konsequenzen für die Betroffenen müssen nicht beschrieben werden. Jüdische Einwanderer nach Australien mußten bis 1936 bei der Einreise einen Obolus in Höhe von 500 Pfund entrichten oder Angehörige im Lande als Bürgen nachweisen. In den Jahren 1936 bis 1939 wurde der „Eintrittspreis" auf 50 Pfund gesenkt. Nun konnten auch jüdische Organisationen als Bürgen auftreten. Ausländer ohne Bürgen mußten 200 Pfund berappen. Bei Kriegsbeginn verhängte die australische Regierung einen Aufnahmestopp. Zudem wurden deutsche, österreichische und ungarische Flüchtlinge als feindselige Ausländer eingestuft, die sich regelmäßig bei der Polizei zu melden hatten, das zugewiesene Wohngebiet nicht verlassen durften und ihre Radios abliefern mußten. Bis dahin waren lediglich 7.200 Juden in Australien aufgenommen worden. Kuba wies 1939 ein Schiff mit 936 Passagieren (davon 930 Juden) ab, da angeblich keine gültigen Einreisepapiere vorlagen. Zuvor hatten die Passagiere gültige Papiere bei einem kubanischen Beamten gekauft, obwohl diese laut Verordnung der kubanischen Regierung kostenlos sein sollten. Die britischen Behörden schoben ab 1938 illegale jüdische Flüchtlinge aus Deutschland, Österreich und der Tschechoslowakei, deren Einwanderung nach Palästina sie befürchteten, nach Mauritius ab. Die Männer wurden im Zentralgefängnis "Beau Bassin" und die Frauen in Baracken vor dem Gefängnis interniert.[141]

Aber auch nach dem Krieg änderten sich die Bedingungen für jüdische Flüchtlinge erst mit der Gründung des Staates Israel 1948. Die britische Mandatsmacht, die sich ihren Einwanderungsquoten mehr verpflichtet sah als den Überlebenden des Holocaust, verweigerte bis 1947 Flüchtlingsschiffen voller „Illegaler", u. a. der „Exodus", die Einreise nach Palästina. Leon Uris hat das Geschehen später literarisch gestaltet. 142

Darüber war es zum offenen Konflikt zwischen den Briten und den jüdischen Kampfeinheiten (Haganah, Stern-Gruppe, Irgun) gekommen, der zu einem Partisanenkrieg auszuufern drohte. Dieser Konflikt hatte so ernste Formen angenommen, daß 100.000 britische Soldaten notwendig waren, um die Sicherheit einigermaßen aufrecht erhalten zu können. Außerstande das Problem selbst zu lösen, wandten sich die Briten an die UNO, die im Herbst 1947 für das kommende Jahr die Bildung des Staates Israel bestimmte. Schärfste Verfechter des jüdischen Staates und der jüdischen Ansiedlung in Palästina waren die USA. Der amerikanische Kongreß sprach sich für die ungehinderte Einwanderung in Palästina aus. „Es wirft allerdings ein ironisches Licht auf die Glaubwürdigkeit der amerikanischen Palästina-Politik, daß zur gleichen Zeit, da in der UNO-Debatte das Elend hunderttausender von heimatvertriebenen Juden beschworen wurde, der Kongreß in Washington die Gesetzesvorlage für die Erleichterung der Einwanderung von Flüchtlingen [in die USA – d. Verf.] an den zuständigen Ausschuß zurückverwies und daß die gleichen amerikanischen Volksvertreter, die den 1,2 Millionen palästinensischen Arabern eine Viertelmillion jüdischer Einwanderer aufnötigen wollten, in den ersten acht Monaten des Jahres 1946 genau 4.767 jüdische Flüchtlinge – knapp die Zahl der illegalen Einwanderer, die sich auf der 'Exodus' befanden – im eigenen Land aufgenommen hatten."[143]

Im Klartext: Um die Juden aus Europa nicht aufnehmen zu müssen, hatten die USA in der UNO jeden nur erdenklichen Druck ausgeübt, um die Gründung Israels zustande zu bringen.

7

„Raubgold“-Frage und nachrichtenlose Konten – Die Details

„Die [Schweizer – d. Verf.] Historiker haben ihre Hausaufgaben längst gemacht und – um Herrn D'Amato zu zitieren – in die Ecke aufgesagt. Davon ließ sich die Legende Schweiz nicht erschüttern. Sie hat sich seit der Schlacht von Marignano aus der Weltgeschichte verabschiedet. Der Rest war im Prinzip immerwährende Neutralität mit ein paar Zwischenfällen. Und jetzt soll man [...] ein Täter gewesen sein, sogar durch Unterlassung. Ein Mittäter der Nazis. Wer gewohnt war, die Geschichte als eine Art Kaltes Buffet zu betrachten, von dem man holt, was einem schmeckt, der schluckt das nicht.“ [1]

Adolf Muschg, 1997

„Wenn Ihnen Nazigoldzähne Kopfschmerzen bereiten – Siniphen“[2]

Schweizer Annonce, Februar 1997

„ ... in wahrer Nibelungentreue hielt man [die Schweiz – d.Verf.] zu Nazideutschland bis zum Ende“ [3]

Günter Wermusch, 1997

„Die Untersuchungen werden eine verflochtene Kette zeigen, die weit über die Schweiz hinausgeht“ [4]

Klaus Urner, 1996.

Im Zuge der aktuellen Debatte wurden die deutsch-schweizerischen Goldtransaktionen und die Geschäftspolitik der schweizerischen Nationalbank (SNB), die in den Kriegsjahren zweifellos fragwürdige Aspekte aufwies, thematisiert. Eine Dokumentation des britischen Foreign Office vom September 1996, der sogenannte „Rifkind-Bericht“[5], warf die Frage des deutschen Raubgoldes in der Schweiz erneut auf. Sie war bereits in den Jahren 1943-1946 Gegenstand eidgenössisch-alliierter Verhandlungen gewesen, die mit dem

Washingtoner Abkommen vom Mai 1946 endeten. Die Schweiz zahlte an die Alliierten einen Ausgleich in Höhe von „nur" 250 Millionen Franken. Die zum Teil heftigen Pressereaktionen auf die britische Publikation beruhen auf zwei dilettantischen Fehlern in der Dokumentation: *allein* die SNB habe von Deutschland Gold im Wert *500 Millionen Dollar* erhalten.[6]

Der Vorwurf an die Schweiz: sie habe, durch Profitgier motiviert, mit dem Ankauf deutschen Raubgoldes Hitlers Krieg erst möglich gemacht. Sie habe aus dem Geschäft astronomische Gewinne geschlagen und nach dem Krieg widerrechtlich Gold einbehalten. Es müsse noch heute in den Tresoren der Schweizer Banken lagern. Erst der „Bergier-Bericht" vom Dezember 1997 stellte die Diskussion „vom Kopf auf die Füße".[7]

Die Kommission kommt nach der Auswertung diverser Archivalien zu dem Schluß: die SNB *und* die Schweizer Geschäftsbanken haben *zusammengenommen* während des Krieges von Deutschland Gold im Gesamtwert von *450,4 Millionen Dollar* angekauft. Welcher Teil davon aus den deutschen KZ stammte, ist unbekannt.[8]

Von der Mitschuld der (deutschen) Banken

Seit 1940 erwarben die beiden größten deutschen Geschäftsbanken, die Deutsche Bank und die Dresdner Bank, regelmäßig Gold von der Reichsbank. Das Gold war zuvor von der DEGUSSA und der preußischen Staatsmünze eingeschmolzen, gereinigt und in Barren gegossen worden und trug einen rückdatierten Prägestempel der Reichsbank. Das Gold diente fortan dazu, kriegswichtige deutsche Importe (Chromerz, Wolfram, Molybdän, Vanadium) aus dem und über das neutrale Ausland zu beschaffen. Verantwortlich für diese Geschäfte zeichnete u. a. Hermann Josef Abs, gläubiger Katholik mit Verbindungen zum Kreisauer Kreis, und seit 1937 verantwortlich für das Auslandsgeschäft der Deutschen Bank.[9]

Bei Rohstoffkäufen im neutralen Ausland stellten die Banken den Importeuren Gold als Zahlungsmittel zur Verfügung, das sie zuvor von der Reichsbank unter der Maßgabe erhalten hatten, es nur mit Genehmigung der Reichsdevisenstelle für einen genau definierten Zweck veräußern zu dürfen. Der Import zusätzlicher Rohstoffe über den vereinbarten Saldo der bilateralen Clearing-Verträge hinaus war oft nur mit Bardevisen oder Gold möglich, so daß der Bezahlung von

Rohstoffimporten mit Barrengold seit 1940 nichts außergewöhnliches mehr anhaftete.[10]

Zwar erfuhren die Banken indirekt von den Deportationen, denn sie mußten die Geschäftskonten und Depots ihrer für „Staatenlos“ erklärten jüdischen Kunden dem Fiskus zuführen, der Zusammenhang zwischen den Deportationen und den Goldeinlieferungen an die Banken blieb ihnen vermutlich jedoch verborgen, da sie seit 1940 regelmäßig mutmaßliches Beutegold aus den besetzten Staaten erworben hatten. „Deutsche Bank und Dresdner Bank leisteten Beihilfe bei der Verwertung der Goldreserven aus den besetzten Staaten, sind aber von einer Mitverantwortung beim Goldraub an den europäischen Juden freizusprechen“, schlußfolgert der Historiker Christoph Kopper.[11]

Die Logik dieser Argumentation ist zwingend: infolge der Devisen-, Grund- und Rohstoffbewirtschaftung und im Ergebnis staatlicher Lenkungsmaßnahmen als Teil nationalsozialistischer Wirtschaftspolitik büßten die Geschäftsbanken ihre ursprüngliche Funktion als unabhängige Kreditgeber ein. Der Kreditsektor wurde zum monetären Erfüllungsgehilfen des Staates und der Rüstungswirtschaft reduziert. Die Banken paßten sich, wenn auch unterschiedlich schnell, den rassepolitischen Vorgaben der Polit-Spitze des Reiches an und wurden schließlich in den wirtschaftlichen Teil der „Arisierung“ und „Entjudung“ eingebunden. Koppers Schlußfolgerung: „Nach dem Abschluß der ‘Arisierungen’ bestand die Rolle der Banken darin, die Guthaben und Depots der jüdischen Opfer auf Anweisung des Reichsfinanzministeriums zugunsten des Reiches zu liquidieren. Die Kreditinstitute dienten [...] als ein Zahnrad im hochgradig arbeitsteiligen Deportationsprozeß. Nur die starke Arbeitsteilung der Deportation und der Vernichtung erlaubte es ihnen, die Konsequenzen ihre Handelns nicht zur Kenntnis zu nehmen und sich durch ihr punktuelles Verantwortungsbewußtsein von einer Mitbeteiligung freizusprechen.“[12]

Raubgold: Definition

„Gold- oder Devisenreserven sind bei der Reichsbank nicht mehr vorhanden“, teilte der Chef der Reichsbank Hjalmar Schacht seinem Führer am 7. Januar 1939 mit.[13]

Am 30. Juni 1939 wies die Reichsbank noch ganze 76 Millionen RM an Gold und gleichgestellten Devisen aus (entspricht ca. 27 Tonnen

Gold). Hitler begann seinen Krieg also mit leeren Kassen - die Reichsmark war international nicht kursfähig.[14]

Um der Kriegswirtschaft trotzdem zu den dringend benötigten Rohstoffen wie Chrom, Vanadium, Eisenerz usw. zu verhelfen, wurden die Nationalbankreserven aller besetzten Länder kraft Kriegsrecht konfisziert, privater Goldbesitz requiriert und in die Reichsbankreserve überführt. In allen besetzten Gebieten kamen zudem sog. „Devisenschutzkommandos“ zum Einsatz, die Jagd auf private Vermögenswerte und vor allem auf Edelmetalle machten. Auch hier blieb der Schein der Legalität gewahrt. Die Kommandos "kauften" Wertsachen gegen Quittung und bezahlten mit Papiergeld. Die schauerlichste Goldquelle der Nazis waren die deutschen KZ. Die Reichsbank erhielt Zahngold und Wertgegenstände über das SS-Wirtschaftsverwaltungshauptamt (SS-WVHA). Oft wurde das Gold, um es international handelbar zu machen und die Herkunft zu verschleiern, in Barren umgeschmolzen, nötigenfalls gereinigt, mit einem rückdatierten Prägestempel der Reichsbank versehen und über die neutrale Schweiz in den internationalen Goldhandel eingebracht. Hauptabnehmer waren die Schweizerische Nationalbank (SNB) und, was bislang weitgehend unbekannt war, die Schweizer Geschäftsbanken. Die Reichsbank (RB) verkaufte der SNB Gold vor allem zur Erfüllung deutscher Verpflichtungen in der Schweiz, aber auch gegen Schweizer Franken, die von den neutralen Drittländern zur Bezahlung im Warenverkehr eher akzeptiert wurden als deutsches Gold. Der Franken war seit 1941 die einzige frei konvertierbare Währung Europas und wurde überall als Zahlungsmittel anerkannt. Deutschland bezahlte damit seine Importe, die Neutralen erhielten Franken, mit denen sie in der Schweiz vormals deutsches Gold kauften und so den angedrohten oder befürchteten Pressionen der Alliierten von vornherein auswichen. Deutschland benutzte die Schweiz als „Goldwaschanlage“, die Exportländer gebrauchten die Schweiz faktisch als „spanische Wand. Die Ankäufe der SNB erreichten 1942/43 ihren Höhepunkt. Außer der SNB handelte auch die BIZ (Basel) mit deutschem Gold. Die Schweizer Banker konnten nicht wissen, daß es sich um Raubgold handelte, zumal die Transaktionen durch die Nazis geheimgehalten wurden. Verdacht schöpfen konnten sie allenfalls durch die Menge des Goldes, denn die Goldreserven eines jeden Landes sind den anderen annähernd bekannt. Die Alliierten, die um diese Verfahrensweise wußten, froren daraufhin im Juni 1941 die schweizerischen Guthaben in den USA im Wert von 1,9 Milliarden Dollar ein.[15]

Die Folgen für die Eidgenossen blieben milde. Sie verpflichteten sich

Reichsbank Berlin: Blick in eine der Goldbarren-Boxen im Keller-Tresorgeschoß. Aufnahme von 1942.

im Washingtoner Abkommen vom 25. 5.1946, den Alliierten 250 Millionen Franken in Gold als freiwilligen Beitrag zum Wiederaufbau Europas zur Verfügung zu stellen. Im Gegenzug verzichteten die USA, Großbritannien und Frankreich ein für allemal auf weitere Forderungen. Die meisten ausgeplünderten Staaten sind inzwischen weitgehend entschädigt, nur Albanien beansprucht noch 2,6 Tonnen Gold.[16]

Nicht nur „KZ-Gold", nicht nur „Raubgold"

Es darf als gesichert gelten, daß die Nazis „Totengold" nicht allein aus den Arbeits- und Vernichtungslagern, sondern auch von den Opfern der, gemeinhin als „Euthanasie" bezeichneten Mordaktionen sammelten und im internationalen Zahlungsverkehr verwendeten. Es handelt sich dabei um zwei Aktionen, die die Tarnbezeichnungen „T 4" und „Sonderbehandlung 14 f 13" führten. Die „Aktion T 4" (nach dem Sitz der Euthanasie-Zentrale in der Berliner Tiergartenstraße 4) lief von 1939-1941 und steht für die „Vernichtung lebensunwerten Lebens", dem Mord an Patienten in psychiatrischen Anstalten ganz Deutschlands, dem ca. 70.000 Personen zum Opfer fielen. Die an „T 4" anknüpfende „Sonderbehandlung 14 f 13" (nach dem verwendeten Aktenzeichen) steht für die Ermordung von KZ-Häftlingen zwischen 1941 und 1945 in drei weitergenutzten „Euthanasie-Anstalten", darunter auch in der in Sachsen-Anhalt gelegenen Heil- und Pflegeanstalt Bernburg. [17]

Bei der Ankunft mußten sich die im Rahmen von „T 4" zur Tötung nach Bernburg geschafften Patienten entkleiden und ihre persönliche Habe (Trauringe, Ketten u. ä.) abgeben, bevor sie in den Gaskammern mit Kohlenmonoxid-Gas getötet wurden. Die Wertgegenstände wurden in Beuteln für je eine getötete Person gesammelt und registriert. Den Getöteten wurden dann die Goldzähne aus dem Kiefer gebrochen, in einer Formalin-Lösung desinfiziert, verzeichnet und von Kurieren nach Berlin geschafft. Die Wertgegenstände und das Zahngold wurden spätestens ab Herbst 1941 an das SS-Wirtschaftsverwaltungshauptamt (SS-WVHA), das zu diesem Zeitpunkt die Aufgaben einer Verwaltungszentrale für die „Sonderbehandlung 14 f 13" übernommen hatte, weitergeleitet. „Ein Transport", erinnerte sich eine Schreibkraft, „ergab jeweils ein kleineres Päckchen mit Goldzähnen".[18]

Tschechisches Gold – belgisches Gold

Die 1930 gegründete Bank für internationalen Zahlungsausgleich (BIZ) in Basel war als „Zentralbank der Zentralbanken" die Hüterin der Goldreserven ihrer Mitgliederländer und sollte Ordnung in die durch den Ersten Weltkrieg zerrütteten Finanzsysteme bringen. Eine ihrer Hauptaufgaben war die Abwicklung der deutschen Reparationszahlungen an die Alliierten.[19]

Ihre Schlüsselstellung wurde offenbar, als sie nach der Besetzung der Tschechoslowakei 1939 deren Berner Golddepot per telegraphischer Anweisung aus Berlin auf die Reichsbank umbuchen ließ. Sogar die bei der Bank of England deponierten tschechischen Einlagen wurden auf Anweisung der gerade durch das Reich übernommenen Zentralbank für das Protektorat Böhmen und Mähren am 15. März 1939 zugunsten der Reichsbank liquidiert, so daß die Reichsbank bereits am 24. März über den Devisengegenwert von 23,1 Tonnen Gold verfügen konnte. Dagegen wurde die Übertragung des Goldes der baltischen Staaten an Stalin im Zuge der sowjetischen Annexion blockiert.[20]

Mit den Belgiern hatte die Reichsbank größere Schwierigkeiten. Das belgische Nationalbankgold hatte eine lange Odyssee hinter sich. Zu Beginn des Krieges war es nach Frankreich ausgelagert, später nach Afrika in Sicherheit gebracht worden; von dort holte es die Vichy-Regierung zurück, damit es die Bank von Frankreich unter der Federführung Pétains an die Reichsbank auslieferte.[21]

Brüssel hatte zudem für den Kriegsfall vorgesorgt und seine Staatsbank privatisiert. Dieser Schachzug erlaubte den Belgiern nun die Berufung auf die Haager Landkriegsordnung (LKO) von 1907, die die Beschlagnahme privater Vermögenswerte verbietet. Die legalistischen Deutschen bemühten sich dann auch, den Schein zu wahren und boten Brüssel 500 Millionen RM an. Als die Belgier den Kuhhandel ablehnten, verzichteten die Deutschen auf die belgische Zustimmung. Unter Berufung auf das Reichsleistungsgesetz vom 1. 9. 1939 deklarierte Berlin 198.414, 4 kg Feingold als sein Eigentum. Den belgischen und französischen Banken teilte man Anfang Oktober 1943 mit, daß dafür auf Befehl des „Reichsmarschalls und Beauftragten für den Vierjahresplan", Hermann Göring, ein Äquivalent von – außerhalb der Reichsgrenzen so gut wie wertlosen – Reichsschatzanweisungen über die Summe von 552.378.218,15 RM beim Amtsgericht Mitte zugunsten der Belgier hinterlegt worden waren. Das Gold wurde eingezogen, umgeschmolzen, mit einem vordatierten Prägestempel der Reichsbank versehen und an die SNB verkauft.[22]

Die deutsche Kriegsfinanzierung

Kriegsfinanzierung umschreibt die Summe der Methoden, die ein Staat anwendet, um den durch den Krieg sprunghaft ansteigenden Finanzbedarf zu decken, dazu gehören u. a. Devisen-, Rohstoff- sowie Güterbewirtschaftung und Kriegsanleihen. Für militärische Zwecke gab Deutschland im Ersten Weltkrieg 147 Milliarden, im Zweiten Weltkrieg rund 445 Milliarden Mark aus.

Erster Weltkrieg: Der „außerordentliche Finanzbedarf" wurde nahezu ausschließlich über Kredite gedeckt, die man aus Reparationen der Besiegten zu tilgen hoffte. Der Staat verschuldete sich zunächst kurzfristig („schwebend") bei der weisungsgebundenen Reichsbank, die zu diesem Zweck von jeder Goldbindung ihrer Geldemission befreit wurde. Das vom Staat für Rüstung verausgabte Geld wurde sodann durch Kriegsanleihen wieder abgeschöpft und an die Reichsbank zurückgezahlt. Im Endstadium des Krieges wuchs die Notenbankschuld permanent an. Die Niederlage von 1918 und die Finanzierung der Kriegsfolgelasten erlaubten keine Tilgung, brachten vielmehr die Fortsetzung der „Staatsfinanzierung durch die Noten -

presse", was zur totalen Geldentwertung in der Hochinflation 1922/1923 führte, die den Staat praktisch entschuldete und die Anleihezeichner und Sparer ruinierte.

Zweiter Weltkrieg: Der „außerordentliche Finanzbedarf" wurde z. T. durch Steuererhöhungen, im wesentlichen aber erneut durch Kredite gedeckt, wobei eine geheime, durch die Reichsbank finanzierte Rüstungspolitik bereits ab 1934 mit Hilfe der sog. Mefo-Wechsel betrieben wurde. Da im Zweiten Weltkrieg mit einer erneuten freiwilligen Kriegsanleihezeichnung nicht zu rechnen war, erfolgte die Staatsverschuldung diesmal „geräuschlos": Sparkassen, Geschäftsbanken und Versicherungen mußten ihre Einlagen in Staatsanleihen anlegen. Den Ersparnissen der Überlebenden standen also am Ende des Krieges nur wertlose Schuldscheine eines bankrotten Staates gegenüber. Die aufgeblähte Spar- und Bargeldmenge traf auf ein katastrophal vermindertes Güterangebot. Der inflationäre Geldüberhang wurde erst durch die alliierte Währungsreform im Jahr 1948 „gekappt".[23]

Die Rahmenbedingungen und der „Totengold"-Nachweis

Neutrale können im Kriegsfall den internationalen Zahlungsverkehr, der ja trotz der Auseinandersetzung weiterläuft, nicht einfach unterbrechen. Dies gilt in besonderem Maße für neutrale Finanzplätze. Die als Darlehen gewährten Außenstände bei ausländischen Regierungen und die Direktinvestitionen in ausländischen Unternehmen bestehen fort. Dieser Umstand machte die Schweiz im Zweiten Weltkrieg gleichermaßen sicher und verwundbar. Ein tugendhafter Verzicht auf Goldimporte aus Deutschland erscheint auch aus heutiger Perspektive als unmöglich. Hitler hätte massiven Druck ausgeübt, mit dem Einmarsch gedroht, oder ihn vollzogen. Der Verzicht auf Goldgeschäfte hätte den Krieg weder aufgehalten noch verkürzt, noch eine Aggression auf die Schweiz verhindert, sondern die schweizerische Wirtschaft gelähmt und früher oder später zur politischen Anpassung an Deutschland geführt. Wenn die Goldgeschäfte mit den Alliierten und den Deutschen kein Gleichgewicht aufwiesen, so ist dies den Umständen anzulasten (Einkreisung, wirtschaftlicher und militärischer Druck). Bei den Geschäften der SNB im Kriege handelte es sich um eigenverantwortlich und ohne staatliche Kontrolle durchgeführte multilaterale Geld- und Finanzgeschäfte, die sowohl der Achse als auch den Alliierten dienten. Die Alliierten ließen sich allerdings schon damals von der Vorstellung leiten, die Schweiz habe Deutschland einseitig begünstigt.[24]

Ob eine politische Kontrolle durch den Bundesrat hier Abhilfe geschaffen hätte, ist allerdings strittig, vor allem, wenn man sich die außenpolitische Linie Pilet-Golaz' ab 1940 vor Augen hält. Viel wichtiger als die Rahmenbedingungen erscheint hier allerdings die Frage nach Quantität und Qualität des Geschäfts. Es stellt sich die Frage, ob sich die Schweiz, in wohlverstandenem Eigennutz, bewußt oder unbewußt über die Herkunft des deutschen Goldes hat blenden lassen. Der Erwerb kraft Kriegsrecht beschlagnahmten holländischen Goldes z. B. war rechtens. Auch die Annahme von Reichsbankgold war zweifellos rechtens. Wie verhält es sich aber mit „Reichsbankgold", daß zu einem gewissen Prozentsatz aus „Totengold" bestand? Der „unrechtmäßige Erwerb" braucht hier nicht einmal einen Beweis. Wußten die Schweizer darum? Konnten sie ahnen, daß es sich u. a. um Zahngold aus deutschen KZ handelte? Und wenn ja, was hätte die Konsequenz sein müssen? Die Antwort ist: Man hätte ahnen können, daß es sich nicht ausschließlich um legal erworbenes Eigentum der Reichsbank handeln konnte. Schon die gehandelte Menge war viel zu groß, als daß sie aus der, im übrigen international bekannten, Reichsbankreserve stammen konnte. Was die Schweizer nicht wissen, ja nicht einmal ahnen konnten, vielleicht aber auch nicht wissen wollten, war der Anteil unrechtmäßig erworbenen Goldes, der ja durch Säuberung und Umschmelzung unkenntlich gemacht worden war. Ist mit heutigen Methoden der Nachweis zu erbringen bzw. auszuschließen, daß „Totengold" auch in Schweizer Banken lagert? Die damaligen Analysetechniken konnten keinen Aufschluß über die Herkunft des Goldes liefern. Zahn- und Schmuckgold ist aus Stabilitätsgründen nie rein – es wäre zu weich. Klassisches Gelbgold z. B. ist eine Legierung verschiedener Metalle und weist einen Reinheitsgrad von 75% oder 18 Karat auf. Es besteht aus 75 Anteilen Gold und zu 25 Teilen aus Beimengungen von Kupfer und Silber. Werden diese Legierungen in Barren umgeschmolzen, besteht heute, im Gegensatz zur damaligen Zeit, die Möglichkeit, diese Beimengungen durch spektralanalytische Verfahren nachzuweisen. Im internationalen Goldverkehr bestehen seit Oktober 1934 internationale Standards. Damals wurde der Reinheitsgehalt international gehandelten Goldes auf mindestens 99,5% (995er Gold) festgelegt. Der Fremdstoffanteil durfte damit nur 5 Promille betragen. Nur Barren dieser durch Feinscheidung (statt bloßer Einschmelzung) erreichten Qualität stellen eine „gute

Legierung" dar. Während des Krieges wurden nach Auskünften der SNB durch die Schweiz Reinheiten von 995, aber auch Münzbarren mit Reinheiten von 900 und 916,6 akzeptiert. Die Spektralanalyse kann den Nachweis der Reinheit bis zum millionsten Teil eines Barrens erbringen – und damit (theoretisch) auch die Herkunft des gehandelten Goldes erforschbar machen. Würde man heute in Goldbarren nach Zahngold fahnden, müßte man nach signifikanten Platin- oder Palladiumresten anstatt der üblicherweise vorherrschenden Silber- oder Kupferspuren suchen. Das wäre ein Indiz für eine Herkunft aus Zahngold oder aus Schmuckstücken. Doch ebensogut könnten diese Reste aus einer Mine stammen, die im Golderz Platin oder Palladium mitführt.[25]

Fazit: Barren mit „Totengold", die auf die beschriebenen Standards veredelt worden sind, geben in der Analyse ihren Ursprung nicht mit Verläßlichkeit preis. Es war/ist also schlicht unmöglich, die Herkunft des von der Reichsbank an die SNB verkauften Goldes genau festzustellen und den unrechtmäßigen Erwerb zu beweisen. Nach dem Krieg verzichteten die Alliierten denn auch darauf, von der Schweiz die Rückgabe des „holländischen Goldes", des „belgischen Goldes" oder des „Totengoldes" zu verlangen. Sie verlangten lediglich eine Zahlung in Höhe von 250 Millionen Franken. Der Bundesrat bestritt zwar die juristische Berechtigung der Forderung, ließ aber die Summe trotzdem zahlen, um sich von allen späteren Ansprüchen reinzuwaschen.[26]

Die Reaktion der Alliierten: Das Washingtoner Abkommen von 1946

In den ersten Kriegsjahren unternahmen die Alliierten nichts gegen den deutsch-schweizerischen Goldhandel. Sie hatten militärische Probleme, die schwerer wogen als die deutsche Kriegsfinanzierung. Erst mit mit dem Umschwung der militärischen Lage im Jahr 1943 wurde das Gold zum Thema. Am 5. Januar 1943 verkündeten die Alliierten in der „Declaration against Acts of Dispossession", daß sie Geschäfte mit Beutegut als ungültig ansehen und ersatzlose Rückgabe einfordern würden. Bereits damals war allerdings klar, daß die Herkunft von eingeschmolzenem und umgeprägtem Gold faktisch nicht nachzuweisen war.[27]

Darum drängten die Alliierten die Schweiz, die Annahme deutschen Goldes überhaupt abzulehnen, was de facto jedoch kaum absehbare Konsequenzen für die Schweiz hätte haben können, denn die latente militärische Bedrohung der Schweiz durch Deutschland hörte erst auf, als die Soldaten De Lattre de Tassignys im Frühjahr 1945 den Ring der Achsenmächte sprengten. Die an alle Neutralen, insbesondere aber an die Schweiz gerichtete „Gold Declaration" der Alliierten vom 22. Februar 1944 machte überdeutlich, daß die Alliierten von jedem Land Rechenschaft über dessen Edelmetallerwerb verlangen und Raubgold den Besitzern rückerstatten würden. Der damalige US-Finanzminister Morgenthau warnte die Neutralen ausdrücklich davor, daß die USA die Übertragung der Rechtsansprüche von geraubtem Gold nicht anerkennen und auch später nicht anerkennen würden. Könne kein Nachweis der Eigentumsverhältnisse geführt werden, werde automatisch unrechtmäßiger Erwerb angenommen. Diese Ankündigung gehörte zum sogenannten „Safe Haven"-Programm, das deutsche Finanztransaktionen verhindern sollte.[28]

„Safe Haven" [engl.]: sicherer Hafen.
Das vor allem auf US-Initiative zurückgehende „Safe Haven"-Programm von 1943 sollte verhindern, daß deutsche Guthaben juristischer wie natürlicher Personen dem alliierten Zugriff entzogen wurden, um später revanchistischen Bestrebungen zu dienen, wie dies nach dem Ersten Weltkrieg der Fall gewesen war. Deutsches Kapital sollte nicht in neutralen Ländern, sondern in den Reparationskassen der Alliierten landen. Konkret richtete sich „Safe Haven" gegen finanzielle Tarnoperationen und Kapitalflucht. Von Deutschen geraubte Guthaben sollten sichergestellt, unrechtmäßige Enteignungen rückgängig gemacht werden. [29]

Daraufhin fanden vom 12. Februar bis zum 8. März 1945 in Bern Gespräche mit dem US-Sondergesandten Laughlin Currie statt. Als Zeichen guten Willens blockierte der Bundesrat am 12. Februar 1945 die deutschen Guthaben in der Schweiz. Nach anfänglichem Widerstand willigte er auch ein, die deutschen Privatguthaben in der Schweiz zu untersuchen, Tarnoperationen (Fluchtgeld) zu verhindern und Gesetze zur Rückerstattung nachweislich geraubter Werte zu erlassen. Auch sollte fortan kein deutsche Gold mehr als Zahlungsmittel zugelassen werden. Strittig blieb die Höhe der deutschen Einlagen in der Schweiz. Die ausgewiesenen Einlagen bei Schweizer Banken waren zwischen 1941 und 1945 von 332 auf 845 Millionen Franken gestiegen, die Goldreserven hatten sich von 503 Millionen auf 1,04 Milliarden verdoppelt. Die Schweizer bezifferten die deutschen Einlagen auf runde 250 Millionen Dollar, während die Alliierten von über einer Milliarde Dollar ausgingen.[30]

Nach der deutschen Kapitulation waren die vier Mächte zum Rechtsnachfolger des Reiches geworden, besaßen das Kontroll- und Verfügungsrecht über deutsche Guthaben im Ausland und verlangten, völkerrechtlich nicht unproblematisch, deren Herausgabe. Durch die Pariser Konferenz im Winter 1945-1946 wurde dieser Wille in Form der interalliierten Reparationsagentur (IARA) institutionalisiert, die Reparationen und Restitutionen aus einem durch die vier (später drei) Siegermächte verwalteten Goldpool (Tripartite Gold Commission - TGC) finanzieren sollte. Die Schweiz war das erste Land, mit dem in dieser Angelegenheit verhandelt wurde. Am 18. März 1946 begannen in Washington die Verhandlungen zwischen der Schweiz und den Westalliierten. An der Spitze der Schweizer Delegation stand Minister Walter Stucki, die SNB war durch Generaldirektor Alfred Hirs vertreten. Scheiterten die Verhandlungen, befürchtete die Schweiz wirtschaftliche Sanktionen und die Nichtfreigabe in den USA und Deutschland eingefrorener Schweizer Guthaben, sowie die Weiterführung der „schwarzen Listen" gegen eidgenössische Unternehmen, die sich im Handel mit Deutschland allzu sehr exponiert hatten. Zur Debatte standen die Auslieferung der deutschen Privatguthaben und im Zentrum der Diskussion – das Raubgold.[31]

Es erschien den Alliierten in Washington sinnvoll moralisch zu argumentieren, denn nur die Alliierten hätten sich geopfert, während die Neutralen profitable Geschäfte machten. Nur so könne man einen Beitrag der Neutralen zum Wiederaufbau erlangen, denn es sei vorhersehbar, daß die Neutralen legalistische Positionen vertreten würden.[32]

Ihre „Rückkehr in die Völkergemeinschaft" wurde von entsprechenden Zahlungen abhängig gemacht, waren die Neutralen doch, so die alliierte Argumentation, von ihnen soeben erst vor der nazistischen Bedrohung gerettet worden. Die Schweiz entgegnete, dies widerspreche dem Neutralitätsstatus, ihrer Gesetzgebung und der internationalen Privatrechtsordnung. „Da die Westmächte wussten, daß ihr Standpunkt die Souveränität der neutralen Länder missachtete und damit völkerrechtlich schlecht fundiert war, wählten sie statt ebenfalls erwogener Wirtschaftssanktionen bewusst eine moralische Argumentation, um an deutsche Guthaben im Ausland heranzukommen."[33]

Frankreich war am stärksten an der Goldfrage interessiert. Die französische Nationalbank hatte Belgien bereits für die in Frankreich deponierten und vom Vichy-Regime an Deutschland ausgelieferten 198

Tonnen Gold aus seinem Staatsschatz entschädigt und dafür die belgischen Ansprüche auf den Goldpool übernommen. Die Schweizer befürchteten einen finanziellen Aderlaß ohnegleichen, zumal die alliierte Argumentation ihnen Gleichgültigkeit, ja Zynismus vorwarf. Die Schweiz redete sich, durch Hirs unglaubwürdig vertreten, darauf hinaus, man habe das Gold in dem gutem Glauben angenommen, es sei Gold aus Vorkriegsbeständen. Allerdings wurde die Schweizer Delegation daraufhin mit Reichsbankunterlagen konfrontiert, die bewiesen, daß die SNB sehr wohl gewußt haben mußte, was sie da entgegengenommen hatte. Die Position der Schweiz war kompromittiert. Die Schweizer gingen nun, taktisch klug, von ihrer legalistischen Argumentation, zu keinerlei Restitutionen verpflichtet zu sein, ab, schwenkten auf die moralische Argumentation der Alliierten ein und zeigten sich zu Zugeständnissen bereit. Sie erklärten, daß sie einen freiwilligen Beitrag zum Wiederaufbau Europas leisten würden. Es bestehe jedoch lediglich eine moralische, keine rechtliche Zahlungsverpflichtung. Die Position der Alliierten war nicht einhellig, die Materie schwierig und die zähen Verhandlungen liefen auf einen Kompromiß hinaus. Am 2. Mai 1946 einigten sich die Parteien mehrheitlich auf folgendes: der Schweiz wurde auferlegt, die Hälfte der deutschen Auslandsguthaben an die Alliierten herauszugeben, während die andere Hälfte der Schweiz als Ausgleich für die Schulden des Reiches bleiben sollte.[34]

Außerdem verpflichtete sich die Eidgenossenschaft, 250 Millionen Franken zur Abgeltung der alliierten Goldforderungen zu erstatten. Als Gegenleistung verlangte die Schweizer Delegation eine Saldoquittung, mit der die Westmächte für sich und die anderen fünfzehn IARA-Staaten für immer auf alle weiteren Ansprüche verzichteten. „Nach dreiwöchigen internen Beratungen und gegen anhaltenden französischen Widerstand akzeptierten die Alliierten am 21. Mai den Vorschlag. Am 25. Mai, nach über zwei Monaten Verhandlungen, wurde das Washingtoner Abkommen unterzeichnet."[35]

Der Kuh-Handel war geschlossen. Die Schweiz glaubte sich exkulpiert und aller künftigen Ansprüche ledig. Bald darauf verzichteten die Alliierten im Eigeninteresse auf eine weitere Aufklärung. Der Kalte Krieg kam zum Tragen. Ruhe im eigenen Lager war wichtiger als die Aufklärung über den Verbleib von Nazi-Gold und Nazi-Vermögen.[36]

Das Schweizer Bußgeld wurde am 6. Juni 1947 in den durch die Tripartite Gold Commission (TGC) verwalteten Pool der IARA eingezahlt, der schon Gold enthielt, das in Deutschland und Österreich gefunden worden war. Dieser Pool wurde, nach einem Schlüssel, der die Kriegsverluste rechnerisch widerspiegelte, auf die Alliierten verteilt und von diesen an die Restituanten weitergeleitet. Etwa zwei Drittel der Verluste all jener Länder wurden so ausgeglichen, deren Goldbestände durch das Reich beschlagnahmt worden waren. Als letztes Land der Welt soll nun auch Albanien seinen Anteil von 2,6 Tonnen Gold erhalten. Auf den Rest im Wert von ca. 40 Millionen Dollar, der bis heute bei der US-Federal Reserve Bank und der Bank of England liegt, erheben nun jüdische Organisation im Namen der Holocaust-Opfer Anspruch.[37]

Raubgold in den USA ?

Ende 1996 äußerte sich der Zürcher Historiker Klaus Urner zum Verbleib des Goldes: „Die Untersuchungen werden eine verflochtene Kette zeigen, die weit über die Schweiz hinausgeht“.[38]

Kaum zwei Jahre später scheint sich Urners Vermutung zu bestätigen. Francos Spanien hatte das ehemals deutsche, ehemals schweizerische Gold entweder direkt aus der Schweiz oder über eine Tochtergesellschaft der Deutschen Bank in Buenos Aires erhalten. Wo ist das Gold verblieben? Einen interessanten Hinweis gibt die uruguayische Zeitschrift „Brecha“: „Als Spanien 1951 bei der US Citi-Bank ein 300-Millionen-Dollar-Darlehen beantragte und 600 Goldbarren als Garantie anbot, stellte sich heraus, daß 190 davon aus den Beständen der Reichsbank stammten und mit dem Hakenkreuz gekennzeichnet waren, so der Schweizer Ökonomieprofessor Gian Trepp. Dies sei auch der Föderativen Reserve Bank der USA bekannt gewesen. Das Gold sei dann in US-Barren umgegossen worden. Als solche kamen sie 1958, als Spanien den Kredit zurückgezahlt hatte, zurück in die Madrider Tresore.“[39]

Das legt die Annahme nahe, daß die USA, in unvergleichlich besserer machpolitischer Situation und ohne Not, vergleichbar handelte wie die Schweizer zuvor. Der Fakt: Die Führungsmacht der freien Welt, die USA, gewährten einem totalitären Regime Kredit gegen Gold aus ehemals deutschen Beständen und schmolzen es, um die Herkunft unkenntlich zu machen, um.

Der Bergier-Bericht – Dezember 1997

Am 1. Dezember 1997 stellte die Bergier-Kommission in Bern ein kommentiertes zwanzigseitiges Arbeitspapier über die Goldtransaktionen der Schweiz im Zweiten Weltkrieg vor. Der „Minibericht“ wurde als wissenschaftlicher Beitrag zur Londoner Konferenz konzipiert und ähnelt mehr einer statistischen Übersicht, als einem Bericht[40] (vgl. Tabellen im Anhang).

In dem Report werden die Goldbestände der Reichsbank 1933-1945, der Goldverkehr zwischen RB und SNB sowie die Goldtransfers an Schweizer Geschäftsbanken dokumentiert. Der Bericht förderte kaum Überraschungen zutage. Die SNB hat von der RB während des Krieges Gold im Wert von 389,2 Millionen Dollar gekauft. Nur die Goldlieferungen der RB an die Schweizer Geschäftsbanken wurden höher ausgewiesen als bisher angenommen.[41]

Im 1998 folgenden Zwischenbericht will sich die Kommission auch zur Funktion des Goldes in den Schweizerischen Handels- und Finanzbeziehungen sowie zur Rolle der SNB und der Behörden äußern. Von besonderem Interesse dürften, wie die Kommission schreibt, die Ausführungen zu den strukturellen Rahmenbedingungen sein. Welche Konsequenzen hatte die Tatsache, daß der Franken die einzige in Europa frei konvertierbare Währung war, was wiederum die Schweiz zum Zentrum internationaler Goldbewegungen werden ließ? Dort sollen auch die kriegs- und neutralitätsrechtlichen Aspekte der Goldtransaktionen und die bisher ungeklärte Frage, ob das Washingtoner Abkommen auch die Goldgeschäfte Deutschlands mit Schweizer Geschäftsbanken abdeckt, beleuchtet werden.[42]

Auf der Grundlage neuer Definitionen werden Herkunft und Verwendung des Goldes mit dem Instrumentarium einer klassischen Warenbuchhaltung (Input-Output-Analyse) quantitativ untersucht.[43]

Eizenstat begrüßte den Bericht, der auf Seriosität hindeute. Er sei ein wichtiger Beitrag zu einem klaren Bild über die wahren Dimensionen des Goldhandels und ein Beweis für die mutige Art und Weise, wie sich die Schweizer Regierung einem schwierigen Kapitel ihrer Geschichte stelle. Die übliche Unterscheidung zwischen monetärem und nichtmonetärem Gold war nach Meinung der Kommission zu technokratisch, zu stark auf Staaten und Zentralbanken fixiert und vernachlässigte die Opferdimension. Die Kommission schlug deshalb fünf verschiedene Kategorien vor:

1. mit staatlichen Zwangsmitteln eingetriebenes Gold,
2. konfisziertes und geplündertes Gold,

3. Opfergold,
4. Gold aus den Währungsreserven der Zentralbanken und
5. Gold aus Beständen, die vor 1933 in den Besitz der Reichsbank gelangt waren oder vor Kriegsausbruch in ordentlichen Transaktionen erworben wurden. [44]

1. Die Transaktionen der Deutschen Reichsbank

Die Liste der Transaktionen der RB zeigt links alle Eingänge auf: hier fallen vor allem das konfiszierte österreichische und tschechische Gold ins Gewicht, aber auch die unter der Rubrik „Vierjahresplan-Aktivitäten" aufgeführten 71,8 Millionen US$, die größtenteils aus Konfiskationen stammen dürften. Auch das „Melmer-Gold", nach dem gleichnamigen SS-Haupsturmführer, der das KZ-Gold verwaltete und unter seinem Namen bei der RB ein Konto hielt, ist von Gewicht. Auch der Position „Andere Vermögenswerte" kommt große Bedeutung zu. Dort findet sich nochmals Gold von KZ-Opfern. Zugleich ist es „... die Residualgrösse, welche die Totale der beiden Seiten der Goldbuchhaltung ins Gleichgewicht bringt. Unter die 71,7 Millionen $ fallen damit nicht auf andere Kategorien zuweisbare Eingänge sowie deutsche Goldkäufe [finanziert durch den Verkauf von Wertsachen – d. Verf.] auf Schwarzmärkten und durch den Verkauf von französischem Besatzungsgeld. Ob es sich daher immer um letztlich private Gelder gehandelt hat, ist offen". [45]

Die rechte Seite zeigt, daß die RB im Krieg Gold für 594,3 Millionen an ausländische Banken lieferte. Wichtigster Abnehmer war die Schweiz. Sie lieferte dafür Maschinen, Waffen und Franken, die damals einzige frei konvertierbare Währung Europas. Die Schweizer Banken fungierten als Kanäle, über die das Gold an Drittländer, insbesondere Spanien, Portugal und Schweden transferiert werden konnte. Außerdem benutzte das Reich die Schweiz bis 1941 dazu, seine Verbindlichkeiten für Importe aus den USA und der UdSSR durch Dollarzahlungen abzugleichen. [46]

2. Die Rolle der SNB und der Geschäftsbanken

Der zweite Teil des Berichts hat die Goldlieferungen der RB an die SNB und die Geschäftsbanken sowie die Goldoperationen der SNB zum Inhalt. Gezählt werden nicht nur die Lieferungen an die SNB, sondern auch diejenigen an die Geschäftsbanken. Die Gesamtsumme ist daher größer als jene, die an das Depot der SNB in Bern ging. Aus diesem

Depot wurde Gold im Wert von 445 Millionen Franken an die Nationalbank (und nur diese wird in der Tabelle berücksichtigt), aber auch an andere Institute (Notenbanken von Portugal und Schweden, BIZ) verkauft. Das frappierendste Ergebnis der Kommission ist die Information, daß die Goldlieferungen der Reichsbank an Schweizer Geschäftsbanken größer waren als bisher angenommen. Bis dato ging man für die Zeit 1940/41 von Lieferungen der RB im Wert von 20,3 Millionen US$ aus. Die Kommission gibt das Gesamtvolumen, das sich auf diverse Banken verteilt, jedoch mit 61,2 Millionen US$ an. Die Differenz erklärt sich zum Teil daraus, daß alte Berechnungen erst im Mai/Juni 1940 ansetzten, die Kommission dagegen alle Transfers ab Anfang 1940 einrechnete. Bei den nach Korrektur verbleibenden 14 Millionen US$ könnte es sich um „physische Goldtransfers" in die Schweiz gehandelt haben, bei denen die Geschäftsbanken nicht die Endabnehmer waren. Hier könne nur eine Analyse weiterer Quellen Aufschluß erbringen.[47]

Zur Quellenlage

Im Zuge der laufenden Debatte wurde in einer Reihe von Aussagen zur Quellenlage und zum Forschungsstand betont, hier beschreite man historisches Neuland. Diese Aussage bedarf der Nuancierung. Ein Wiederauftauchen von Archivbeständen, die die Quellenlage verändert haben, trifft nur für die osteuropäischen Archive zu. In fast allen westeuropäischen Archiven dagegen liefen Mitte der siebziger Jahre die Sperrfristen für Archivbestände aus der Kriegszeit aus und in den USA verschaffte der 1972 erlassene „Freedom of Information Act" allen Interessierten relativ ungehinderten Zugang zu den Archiven. Die heute als Druckmittel gegen die Schweiz verwendeten Dokumente sind also in vielen Fällen seit langer Zeit zugänglich, wurden zum Großteil ausgewertet bzw. publiziert und unterliegen nur in Ausnahmen Beschränkungen. Bislang nur ein Insiderthema für Historiker, dessen Ergebnisse kaum wahrgenommen wurden, erscheinen die historischen Fakten im Spiegel der Medien nun als sensationelle Neuigkeiten. Hinzu kommt, daß in der angelsächsischen Welt eine extreme Rezeptionsunwilligkeit gegenüber nichtenglischer Fachliteratur besteht. Europäische Forschungsergebnisse haben nur eine Chance wahrgenommen zu werden, wenn sie in englischer Übersetzung vorliegen. Helvetica, et Germanica et Romanica – non legitur … ![48]

Ergo: Die laufende Diskussion hebt bislang tendenziell auf die Makro-Historie ab (Beziehungen zwischen Staaten und staatlichen Organisationen) – was zu teilweise unzulässigen Verallgemeinerungen führt, die einer geschichtswissenschaftlichen Überprüfung in keinem Fall standhalten dürften –, während die Mikroebene (konkrete Umsetzung staatlicher Erlasse, Beziehungen Einzelner oder Gruppen gegenüber Banken, Treuhändern usw.) wenig bis gar nicht erforscht ist. Geschichtsaufarbeitung ist notwendig, braucht aber Zeit. Zeit, die sich die Schweiz unter den gegebenen Umständen erkämpfen muß.[49]

Das schweizerische Bankgeheimnis und die Publikation nachrichtenloser Konten 1997

Seit dem 17. Jahrhundert wurden den Schweizer Banken Fluchtgelder verschiedenster Art anvertraut. Die Vermögen kamen von französischen Hugenotten und exilierten Adligen, von Juden, von mehr oder weniger prominenten Vertretern des Dritten Reiches und nach dem Weltkrieg von Steuerhinterziehern, Diktatoren und Waffenschiebern aus aller Herren Länder. Das Schweizer Gesetz zum Bankgeheimnis soll seit 1934 die Kontoinhaber schützen: nur sie dürfen Informationen erhalten. Der Staat hat keinerlei Informations- und Zugriffsrechte, auch ausländischen Behörden muß keine Rechtshilfe gewährt werden. Zulässig sind anonyme Nummernkonten, Treuhandschaften und Strohmann-Geschäfte. Gerade aus diesem Grund deponierten in Deutschland verfolgte Juden Sachwerte und Geld auf anonymisierten Konten. Treuhänder und Rechtsanwälte wurden zwischengeschaltet, um diese Werte dem Zugriff der Nazis zu entziehen. Hier könnte ein Grund dafür liegen, daß nach 1945 viele Vermögenswerte nicht mehr auffindbar waren: Die Banken, die unter den angegebenen Familiennamen recherchierten, fanden nichts. Das Bankgeheimnis, das Tätern wie Opfern zugute kam, wandte sich in dieser Situation gegen die Opfer.[50]

Als finanztechnisches Instrument war/ist das Bankgeheimnis durchaus janusköpfig: Es gibt den Banken ein Höchstmaß an unternehmerischer Freiheit und läßt sie in jedem Fall als Verbündete der Anleger agieren. Hier gilt Vespasians Diktum „Geld stinkt nicht".[51]

Das eidgenössische Bankengesetz repräsentiert denn letztlich nur moralische Mindestanforderungen, die die Banken mitunter dazu verführten/verführen, im Zuge eines guten Geschäfts die Augen vor der Herkunft des Vermögens zu schließen. Aber: „Non omne quod licet honestum" – nicht alles was rechtlich erlaubt ist, ist moralisch einwandfrei oder ehrenhaft. Zum ersten Mal in ihrer Geschichte haben die Schweizer Banken 1997 ihr Bankgeheimnis gelüftet. Die Veröffentlichung diverser Listen von nachrichtenlosen Konten soll der Auffindung der Rechtsnachfolger an den Vermögenstiteln dienen. Mehr als 80 Mio. Franken an Vermögenswerten, die vor dem Ende des Zweiten Weltkrieges angelegt wurden und seither ohne Nachricht geblieben sind, hat die wohl intensivste Nachforschung, die je auf einem Finanzplatz durchgeführt wurde, zutage gefördert. Das Bankgeheimnis wurde für eine genau definierte Phase und einen genau definierten Zweck kurzzeitig aufgehoben. Daß es kein absolutes Bankgeheimnis gibt, ist damit erstmals ins Rechtsbewußtsein einer breiten Öffentlichkeit gedrungen.[52]

Ende 1995 meldete die Schweizerische Bankiersvereinigung, daß die Schweizer Banken nachrichtenlose Vermögenswerte mit einem Gesamtwert von 11,4 Millionen Franken verwalten. Die erste konkrete, am 23. Juli 1997 veröffentlichte Liste nachrichtenloser Vermögenswerte in der Schweiz weist dagegen 60,2 Millionen Franken und die zweite, vom 29.10.1997, noch einmal rund 20 Millionen Franken aus. Was davon Holocaust-Opfern zuzuordnen ist, geht aus den Bankunterlagen nicht hervor.[53]

Daß das Bankgeheimnis auch sein Gutes hat, ist unbestritten. Dank diesem Schutz, der 1933/34 zur Verhinderung deutscher und französischer Fiskalschnüffeleien geschaffen worden war, gelangten Schoah-Gelder auch in die Schweiz und wurden, gerade als Folge dieses Geheimnisses, den Schergen des NS-Regimes nicht ausgehändigt. In einer spezifischen Situation geschaffen, wird der Zweck des Geheimnisses heute vom gegenteiligen Interesse der Aufklärung überlagert. Und gerade deshalb ist eine gut funktionierende internationale Rechtshilfe, die bei gegenseitiger Strafbarkeit zur Beschlagnahme der Mittel führt, der beste Garant für eine moralisch saubere Haltung. Zugleich ist das Bankgeheimnis ein internationaler Wettbewerbsfaktor. Kombiniert mit Kompetenz und Service, politischer Stabilität und einer starken Währung ergibt es in der Tat einen speziellen Mix an Erfolgsfaktoren, der schützenswert ist. Stichwort: Standortvorteil.[54]

Das doppelte Problem der von deutschen Juden zwischen 1933 und 1945 in der Schweiz hinterlegten Vermögenswerte und der von Naziwürdenträgern in die Schweiz verbrachten Fluchtgelder war 1945 in Bern und 1946 in Washington von den alliierten Experten kritisch untersucht worden. Es war 1952 Gegenstand eines bilateralen deutsch-schweizerischen Übereinkommens. Die Schweizer Banken waren aufgefordert worden, ihre Unterlagen zu prüfen und die erbenlos gewordenen Vermögenswerte zurückzugeben. Die jüngst erfolgten Veröffentlichungen von Archivunterlagen, die den alliierten Experten bei den früheren Verhandlungen nicht ganz unbekannt gewesen ein können, hat das Problem 1996 und 1997 mit besonderer Heftigkeit wieder aufleben lassen. Nun wurde das 1946er Abkommen wieder von britischen und amerikanischen Parlamentariern in Frage gestellt. Und die Haltung der schweizerischen Regierung zu dieser Frage auch. Beträchtliche Vermögenswerte sollen noch heute in geheimen Schließfächern der schweizerischen Banken schlummern. Angesichts der von den Medien weidlich ausgeschlachteten Anschuldigungen hat das eidgenössische Parlament 1996 beschlossen, eine gründliche Untersuchung durch Finanzleute, Juristen, Historiker vornehmen zu lassen und, wie bei Strafsachen üblich, das Bankgeheimnis aufzuheben (Bergier-Kommission). Dabei müßte sich die Überprüfung gerechterweise auch auf andere mögliche Finanzplätze als Halter nachrichtenloser Konten erstrecken. Es wird interessant sein, wie die Sache in der Schweiz ausgeht und wieviel Geld gefunden wird. Hier wird ein Präzedenzfall geschaffen. Man darf gespannt sein, wo, in welchem Land es weitergeht. Dann könnte sich die Kampagne auch vom Vorwurf eines überzogenen Moralismus lösen, wenn sie versucht alles aufzudecken, in allen möglichen Ländern. Chevallaz: „Die heftigen Anklagen, die jetzt aus New York oder London stammen, scheinen uns falsch gezielt, mindestens aber grosszügig übertrieben zu sein"[55]

Nachrichtenlose Konten

Als nachrichtenlose Konti gelten alle Einlagen bei Kreditinstituten, bei denen die kontoführende Stelle längere Zeit keine Äußerung des Kunden oder seines Bevollmächtigten erhalten hat, die sich in ihren Akten niedergeschlagen hat oder zu einer Kontobewegung geführt hätte, egal um welche Vermögenswerte und welche Kontoarten es sich handelt. Beispiele für Kundenäußerungen sind Geldeinlagen, Rückzüge oder Vermögensverwaltungsaufträge. Jährliche Zinsnachträge der Bank gelten dagegen nicht als Kundenkontakt. Im konkreten Fall sind alle bislang durch Schweizer Banken eruierten Guthaben gemeint, die nachweisbar vor dem 9. Mai 1945 bei einer Schweizer Bank deponiert wurden und mindestens seit diesem Stichtag nachrichtenlos sind. Erfolgte ein Kundenkontakt nach dem 9. Mai 1945 oder konnte/kann die Post Briefe an eine Kundenanschrift in der Schweiz zustellen, so ist die Beziehung „aktiv“ und nicht „nachrichtenlos“. Daher hat die Schweizerische Bankenvereinigung angewiesen,

Konten auch dann zu melden, wenn sich der Zeitpunkt des letzten Kundenkontaktes nicht mehr zweifelsfrei rekonstruieren läßt. Ein nachträglicher Kontakt ist also nicht auszuschließen, was z. T. daher rührt, daß die Bankendokumentation nicht mehr lückenlos ist. Für Transaktionsunterlagen besteht in der Schweiz eine gesetzliche Aufbewahrungsfrist von zehn Jahren. Nach Ablauf dieser Frist vernichten die Banken die Transaktionsunterlagen, mit denen sie den letzten Kundenkontakt hätten feststellen könne. Hinzu kommen Konten, deren Eröffnungsdatum sich nicht mehr eruieren läßt. Für diese und für nachrichtenlosen Guthaben aus der Nachkriegszeit muß eine Sonderregelung gefunden werden, „... denn die Publikation nachrichtenloser Vermögenswerte zur Auffindung von Berechtigten wird einmalig bleiben".[56]

Erste Erfolge

Von Januar 1996 bis Juni 1997 konnte sich der schweizerische Bankenombudsmann Hanspeter Häni, traditionell Schlichter in Streitfällen zwischen Banken und Kunden, über mangelndes Interesse an seiner Arbeit nicht beklagen. Die ungewöhnliche Aufmerksamkeit an seinem Amt, einer privaten Einrichtung, galt jedoch weniger seiner traditionellen Aufgabe als der 1966 neu hinzugekommenen Funktion als Anlaufstelle in Fragen nachrichtenloser Konten.[57]

Häni war verantwortlich für die Bearbeitung aller Anfragen von Personen, die glaubhaft zu machen suchten (erste Voraussetzung), daß sie Rechtsnachfolger (zweite Voraussetzung) eines vor mehr als zehn Jahren verstorbenen oder verschollenen Kunden (dritte Voraussetzung) sind, ohne die Bank zu kennen (vierte Voraussetzung). Häni handhabte die vier Kriterien so freizügig, daß der herkömmliche Interpretationsspielraum bei weitem gesprengt wurde. Die Meldestelle, so Häni, begnügte sich etwa mit der Aussage, daß man wohlhabend gewesen sei und deshalb auch ein Konto in der Schweiz gehabt haben müsse; und um Todesscheine habe er nur dort gebeten, wo das Vorhandensein wahrscheinlich gewesen sei. Diese Vorgehensweise habe man mit dem Präsidenten des Schweizerischen Israelitischen Gemeindebundes abgesprochen. Anläßlich einer Pressekonferenz im Juli 1997 in Zürich legte er der Öffentlichkeit seinen Abschlußbericht vor. Danach hatten sich bis zum 2. Juni 1997 insgesamt 5.000 Personen gemeldet, denen Fragebogen zugestellt wurden. Von diesen Fragebogen erhielt Häni 2.348 Exemplare ausgefüllt zurück, die zu insgesamt sieben Namenslisten (die siebte wurde am 2. Juni 1997 verschickt) verarbeitet und den Banken zugestellt wurden. Die Banken verglichen die Häni-Listen mit ihren Listen nachrichtenloser Konten und meldeten Übereinstimmungen an Häni zurück.[58]

In nur 28 Fällen erkannten die Banken darin definitiv bei ihnen geführte nachrichtenlose Konten, die einen Gesamtwert von 17 Millionen Franken repräsentieren. Zehn Millionen Franken betrafen neun Fälle von jüdischen Opfern, wovon ein großer Teil auf eines der Opfer zurückging. Lediglich eine einzige Suche ist wegen mangelnder Legitimation gescheitert.[59]

Der Fragebogen wurde am 9. Februar 1996 auch dem Jewish World Congress (JWC) mit der Bitte um Stellungnahme zugesandt – allerdings ohne Ergebnis. Erst im Februar und im Juni 1997 trafen, via D' Amato, einmal 172 und nochmals 65 Suchanfragen aus den USA ein, verbunden mit der Forderung nach unverzüglicher Bearbeitung. In beiden Fällen fanden sich in den Paketen Suchanfragen, die aus 1996 datierten. D' Amato verzichtete darauf, die fällige Gebühr von 100 Franken je Suchanzeige zu bezahlen.[60]

Die „Juli-Liste" vom 23.7.1997

Am 23. Juli 1997 veröffentlichte die Schweizerische Bankiersvereinigung (SBVg) durch Großinserate in weltweit 72 Zeitungen von 27 Ländern und in 19 verschiedenen Sprachen die erste Liste nachrichtenloser Konten. Sie enthält in alphabetischer Reihenfolge 1.872 Namen, von „Aalberts, R. Joh., London, United Kingdom" bis zu „Lokowicz, Erwein", allesamt „... nicht-schweizerische Kunden, die ein Konto bei einer Bank in der Schweiz eröffnet haben, das seit Ende des Zweiten Weltkrieges (9. Mai 1945) nachrichtenlos ist".[61]

Die Veröffentlichung der Liste geht auf eine Einigung der Eidgenössischen Bankenkommission mit dem sog. „Volcker-Ausschuß" zurück. Auf Anweisung der Kommission hatten die Schweizer Banken alle seit 1945 nachrichtenlosen Vermögenswerte bis zum 7. Juli 1997 bei der SBVg anzumelden, die sie ohne Änderungen in die Liste aufnahm. Die Verantwortung für deren Inhalt liegt also bei den einzelnen Geldinstituten.[62]

Der Vorsitzende der SBVg, Georg Krayer, unterstrich anläßlich der Veröffentlichung, daß die partielle Aufhebung des Bankgeheimnisses

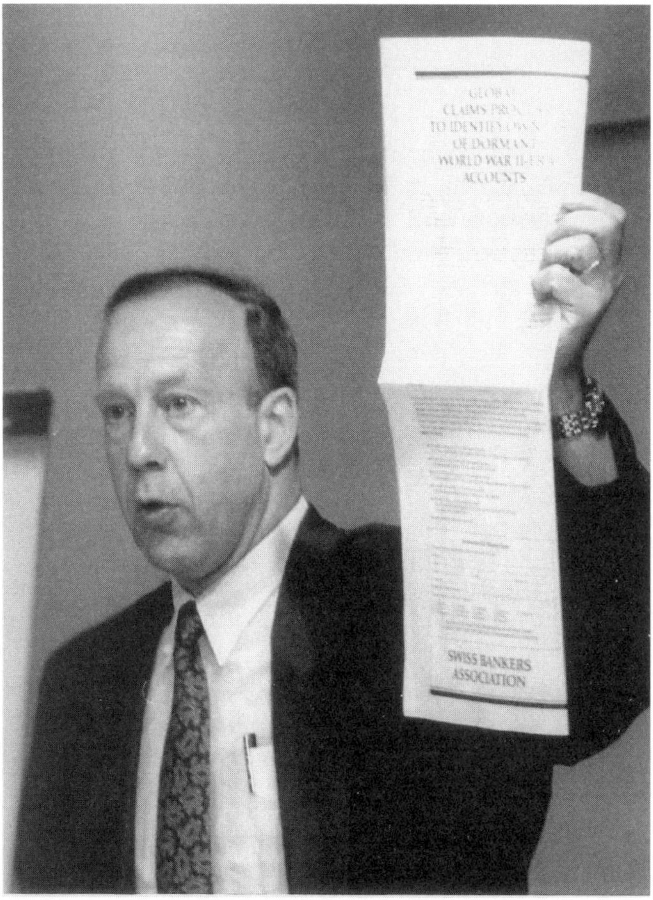

23. Juli 1997: Der Präsident der Schweizerischen Bankenvereinigung, Georg Krayer, präsentiert das soeben in der Weltpresse veröffentlichte Großinserat mit einer ersten Liste von 1.872 Namen, für die nachrichtenlose Konten festgestellt wurden.

weltweit einzigartig sei. Kein Land in der Welt habe jemals Banken verpflichtet, aktiv nach Eigentümern nachrichtenloser Konten zu suchen. Krayer führte aus, daß in den USA und vielen anderen Ländern solche Konten nach Ablauf einer bestimmten Frist an den Staat fielen. In der Schweiz jedoch seien die nachrichtenlosen Vermögenswerte im Eigentum der Kunden verblieben und in der Zwischenzeit von den Banken korrekt verwaltet worden. Daß dies anhand der Akten in der

Schweiz auch nach einem Zeitraum von 50 Jahren noch nachvollziehbar bleibe, spreche für das Bankensystem der Schweiz. Zum Inhalt: Die 1.872 Namen repräsentieren, unter Berücksichtigung der Gemeinschaftskonten, 1.756 nachrichtenlose Konten mit einem Gesamtwert von rund 60,2 Millionen Franken, deren Verteilung an die Antragsteller von einem unabhängigen Schiedsgericht unter erleichterten Beweisanforderungen geprüft wird. Rund 10% der Konten machen 90% des Gsamtwertes aus; zwei Drittel der Konten haben einen Wert von 5.000 Franken oder weniger. Von den 403 Schweizer Banken bedienten lediglich 67 Institute die Juli-Liste mit Informationen; die übrigen wurden entweder nicht fündig, oder ihre nachrichtenlose Konten sind erst nach 1945 eröffnet worden. Da es sich bei den, bis dahin erfaßten Vermögen hauptsächlich um Wertpapiere handelte, kam der Frage der Verzinsung nur eine untergeordnete Rolle zu. Die aufgefunden Spar- oder Kontokorrent-Konten, die vorübergehend aus irgendwelchen Gründen nicht verzinst wurden, sollen ihrer Wertsteigerung entsprechend verzinst zur Auszahlung kommen.[63]

Die als Befreiungsschlag gedachte Aktion lief bei den Hardlinern der jüdischen Organisationen ins Leere. Denn die Bankiersvereinigung, so die Hardliner, mußte gelogen haben, als sie Ende 1995 nach einer ersten Untersuchung Konten im Gesamtwert von nur 11,4 Millionen meldete und im Februar 1996 kategorisch feststellte, es gebe nur noch 775 nachrichtenlose Konten mit insgesamt 38,7 Millionen Franken. Nun sei jählings zweieinhalbmal soviel Geld ans Licht gekommen.[64]

Die Erklärung der augenfälligen Differenz von über 20 Millionen Franken ist einfach. Die intensive Suche der Banken brachte in Laufe der Zeit immer mehr nachrichtenlose Konten zum Vorschein. Zwischen 1995 und 1997 wurde ein Großteil der meldepflichtigen Konten nur deshalb gefunden, weil die Banken zur manuellen Prüfung ihrer Altakten übergingen. Es hatte sich nämlich herausgestellt, daß die Banken bei der Umstellung ihrer Aktenhaltung auf Datenverarbeitungssysteme in den siebziger Jahren bei vielen Altkonten das tatsächliche Datum der Kontoeröffnung gar nicht erfaßt, oder das Datum der Umstellung eingegeben hatten. Außerdem sei nun die Wertsteigerung einzelner Anlagen in die Gesamtrechnung eingeflossen.[65]

Die Bankenkommission beauftragte die Treuhandgesellschaft Atag Ernst & Young mit der Bearbeitung der Ansprüche. Um Antragsteller bei der Identifizierung der Konten und der Anmeldung von Ansprüchen zu unterstützen, errichteten SBVg und Atag fünf Kontaktstellen in New York, Tel Aviv, Budapest, Sydney und Basel, erstellten eine Informationsmappe und einen standardisierten Fragebogen. Personen, die einen

Namen auf der Liste erkennen und glauben, sie seien rechtmäßige Eigentümer, können sich schriftlich oder telefonisch bei einer dieser Kontaktstellen melden. Informationen über das Anmeldeverfahren können auch über das Internet (http://www.nzz.ch/ oder http://www.dormantaccounts.ch) abgerufen werden. Ein spezielles Schiedsgericht, das von einem Schweizer präsidiert wird, aber mehrheitlich aus ausländischen Schiedsrichtern bestehen soll, wird die eingereichten Ansprüche beurteilen. Überwacht wird das Schiedsverfahren von einem Gremium, bestehend aus drei Vertrauenspersonen, dem Paul Volcker vorsteht. Unproblematische Ansprüche sollen in einem beschleunigten Verfahren behandelt werden; schwierige Fälle werden dagegen dem Schiedsgericht unterbreitet. Alle Verfahren sollen innerhalb eines Jahres abgeschlossen werden, wobei die Banken nicht beanspruchte Gelder humanitären und wohltätigen Zwecken zukommen lassen wollen. Bereits am ersten Tag nach der Veröffentlichung wurden weltweit rund 2.500 Anrufe registriert.[66]

Lob, Kritik und „Kuriositäten" – die internationalen Reaktionen

Die Reaktionen auf die Veröffentlichung der Juli-Liste waren durchaus gemischt. Israel Singer, der Generalsekretär des JWC, und Avraham Burg, der Chef der Jewish Agency, lobten das Vorgehen der Schweizer Banken als beispiellosen Schritt. Auch der Präsident des ICEP, Paul A. Volcker, fand anerkennende Worte, betonte aber, daß diesem Schritt weitere folgen müßten. Elan Steinberg, Exekutivdirektor des JWC, meinte, dies sei eine äußerst positive Entwicklung, aber die Liste betreffe nur die von den Banken selbst eingeräumten nachrichtenlosen Konten. Er erwarte von der Volcker-Kommission, daß sie noch viel mehr davon aufspüre. Die Kritiker bedauerten, daß die Banken nicht schon früher eine solche Initiative ergriffen und die Banken selbst in naheliegenden Fällen nicht die Eigentümer oder deren Rechtsnachfolger kontaktiert hätten. Der Sammelklagen-Anwalt Edward Fagan kommentierte gar, diese Initiative sei bloß das verzweifelte taktische Manöver der Banken, die damit einer gerichtlichen Auseinandersetzung ausweichen wollten. D'Amato erklärte rundheraus, die Bemühungen kämen 50 Jahre zu spät. Gott allein wisse, wieviele Konten geschlossen und damit den Familien vorenthalten worden seien.[67]

Rabbi Marvin Hier, Chef des Wiesenthal-Center in Los Angeles, erklärte, daß sich auf der Liste mindestens sechs Namen von Mitgliedern des Nazi-Regimes oder enger Verwandter von „Nazi-Größen" befänden.[68]

Außerdem verzeichnet die Liste rund 100 Spanier, darunter sieben Mitglieder der Familie Serrano Suner. Bei Ramón Serrano Suner, einem Schwager Francos – falls keine Verwechslung mit einer gleichnamigen Person vorliegt –, handelt es sich um jenen Mann, der dem Diktator unter anderem als Innenminister und Propagandachef und bis 1942 als Außenminister diente. Serrano Suner wohnte als einziger Gesprächsteilnehmer Francos Verhandlungen mit Hitler über einen Kriegseintritt Spaniens auf seiten der Achsenmächte bei. Er koordinierte u. a. drei größere Transporte Goldes, das Spanien von der SNB gekauft hatte. Der heute 96jährige ehemalige Falangistenführer bestritt jeden Zusammenhang der Konten mit den damaligen Goldtransaktionen. Laut Tageszeitung "El Pais" habe er die Konten, durchaus glaubhaft, vor dem Krieg für seine Kinder errichtet, die damals in der Schweiz zur Schule gingen, um die daraus entstehenden Unkosten zu begleichen.[69]

Die Banken legen nach – die „Oktober-Listen" vom 29. 10. 1997

Die Bezeichnung „Oktober-Liste" ist irreführend: Im Rahmen ihrer zweiten Aktion zur Auffindung nachrichtenloser Vermögenswerte veröffentlichten die Schweizer Banken am 29. 10. 1997 *zwei* Namenslisten. Die erste listet nachrichtenlose Sparbücher und Sparkonten auf, die vor dem 9. Mai 1945 von Nichtschweizern und von Personen, die ihren Wohnsitz außerhalb der Schweiz hatten, eröffnet wurden und seither nachrichtenlos geblieben sind. In dieser Liste sind auch zusätzliche nachrichtenlose Konten von Nichtschweizern aufgeführt, die seit Juli 1997 von den Banken identifiziert wurden. Die zweite Liste enthält Angaben über alle bis Oktober 1997 aufgefundenen nachrichtenlose Konten, die vor dem 9. Mai 1945 von Schweizern und Auslandsschweizern eröffnet wurden und die Guthaben von über 100 Schweizer Franken aufweisen. Diese Konten sind nach dem Wissensstand der Banken ebenfalls seit 9. Mai 1945 nachrichtenlos. Die Trennung in „Schweizer" und „Nichtschweizer" wurde vorgenommen, um die Suche nach den Vermögen der Holocaust-Opfer zu erleichtern. Die Liste enthält also alle bekannten nachrichtenlosen Konten, die von den Schweizer Banken gemäß Weisung der Eidgenössischen Bankenkommission gemeldet wurden. Einzig Konten, die Schweizern gehören und ein Guthaben von weniger als 100 Franken aufweisen, wurden nicht publiziert. Es steht allerdings außer Frage, daß die fortlaufenden Untersuchungen der Banken oder des Volcker-Ausschusses weitere Konten zutage fördern können. Die Listen werden daher ständig ergänzt und können auch weiterhin über Atag Ernst & Young bezogen werden. Da die SBVg generell ausschließen möchte, daß kriminell erworbene Vermögenswerte ausgezahlt werden, wurden auch die Oktober-Listen durch das Wiesenthal-Center in Los Angeles auf das Vorhandensein von NS-Vermögen (Fluchtgeldkonten) hin überprüft.[70]

Die Liste der Schweizer Konteninhaber wurde in einem 20seitigen Journal publiziert, das in 70.000 Exemplaren an den Bankschaltern der Kantonal- und Großbanken erhältlich ist. Bis zum Redaktionsschluß meldeten 123 Schweizer Banken insgesamt 74.496 nachrichtenlose Guthaben von Schweizern und von Personen, deren Wohnsitz und Nationalität unbekannt sind. Diese Vermögen stehen für einen Gesamtwert von 12,85 Millionen Franken. Von diesen Konten enthalten 86% einen Betrag unter 100 Franken, 97% einen Betrag unter 1.000 Franken. Die Vermögenswerte über 1.000 Franken machen einen Anteil von 3% aus, und gerade noch 0,2% oder 165 Konten enthalten mehr als 10.000 Franken. Bei 77 Prozent der nachrichtenlosen Vermögen von Schweizern handelt es sich um Sparguthaben. Die Gesamtsumme beträgt 12,85 Millionen Franken. Da aus Verhältnismäßigkeitsgründen auf die Publikation von Guthaben unter 100 Franken verzichtet wurde, enthält die veröffentlichte Schweizer-Liste denn auch „nur" 10.758 Personen, deren Guthaben den Schwellenwert von 100 Franken überschreiten. Sie repräsentieren einen Gesamtwert von 11,67 Millionen Franken. Die Summe der nicht publizierten Kleinstguthaben – 63.621 der 74.496 gemeldeten Einlagen – beläuft sich also auf rund 1,1 Millionen Franken.[71]

Die 3.687 Namen umfassende Liste nicht-schweizerischer nachrichtenloser Konten ist eine atualisierte Version der Juli-Liste. Sie basiert auf Meldungen von 57 Banken und enthält erstmals die bislang nicht veröffentlichten Sparkonten ausländischer Bankkunden und alle sonstigen Guthaben, die in der Zeit von Juli bis Oktober 1997 von den Banken aufgefunden wurden.[72]

Nach teilweise scharfer Kritik an der Juli-Liste schlug die SBVg bei der Publikation der zweiten Liste neue Wege ein. Die von den einzelnen Banken angemeldeten Positionen wurden mehrfach überprüft, aus Rücksicht auf den Datenschutz wurde auf eine zugangsfreie Publikation im Internet verzichtet. Auf der Internetseite http: // www. dormantac -

Merkblatt zur Anmeldung eines Anspruchs auf ein nachrichtenloses Konto bei einer Schweizer Bank

Wir danken Ihnen, dass Sie die Informationsmappe über nachrichtenlose Konti angefordert haben. Damit Sie Ihre Anmeldung problemlos einreichen können, gehen Sie bitte wie folgt vor:

1. Prüfen Sie die Listen der nachrichtenlosen Konti von Nichtschweizern, die sich in dieser Informationsmappe befinden. Wenn Sie glauben, dass Sie an einem Konto berechtigt sind, das von einem Schweizer eröffnet wurde, können Sie auch das beiliegende Verzeichnis der nachrichtenlosen Konti von Schweizern überprüfen. Das Verzeichnis wurde auch in der Schweiz veröffentlicht.

2. Wenn Sie glauben, dass Sie an einem auf den beiliegenden Listen aufgeführten nachrichtenlosen Konto berechtigt sind, füllen Sie bitte das beiliegende Anmeldeformular so vollständig wie möglich aus. Senden Sie es bitte im beiliegenden Umschlag bis **spätestens 31. März 1998** zurück.

3. Wenn Sie nicht glauben, dass Sie an einem nachrichtenlosen Vermögenswert berechtigt sind, aber über Informationen verfügen, die für die Ermittlung des Inhabers eines solchen Vermögenswertes hilfreich sein können, füllen Sie bitte das beiliegende Informationsformular aus. Senden Sie es bitte im beiliegenden Umschlag zurück.

4. Wenn Sie das Anmeldeformular zurücksenden, legen Sie bitte Kopien von **allen** verfügbaren Belegen bei. Bitte legen Sie zu Ihrer Identifizierung eine Kopie Ihres Reisepasses, Ihrer Identitätskarte oder eines anderen amtlichen Identitätsausweises mit Foto bei. **Senden Sie bitte keine Originaldokumente.**

Nach Erhalt Ihres Anmeldeformulars wird Ernst & Young Ihre Anmeldung registrieren und ein Dossier für das weitere Verfahren anlegen. Wenn Sie weitere Informationen entdecken, die für Ihren Anspruch von Bedeutung sein können, senden Sie diese bitte ebenfalls an Ernst & Young.

Blatt 1 der Informationsmappe der Schweizerischen Bankenvereinigung zur Anmeldung von Ansprüchen auf nachrichtenlose Konten, Ende Oktober 1997.

counts. ch kann aber mit einem bestimmten Mechanismus nach einzelnen Namen gesucht werden.[73]

Eine Anzahl von Konten- oder Sparbuchinhabern wurde direkt ausfindig gemacht, erscheint also nicht auf der Liste. Die vollständige Liste nicht-schweizerischer nachrichtenloser Vermögen kann aber nach wie vor bei Atag Ernst & Young unter der gebührenfreien Telefonnummer

0800-850-005 bestellt werden. 30.000 Personen, die bereits die erste Liste angefordert haben, erhalten automatisch die aufdadierte Version. Einzelne Namen sind im übrigen auch über Internet abrufbar. Sämtliche Berechtigten konnten ihre Ansprüche bis zum 31. März 1998 anmelden. Das kostenlose Zuteilungsverfahren erfolgt(e) durch ein Schiedsgericht unter Kontrolle des Volcker-Ausschusses und der Eidgenössischen Bankenkommission.[74]

Die Liste(n) sind achtmal länger als das erste, am 23. Juli veröffentlichte Verzeichnis. Weil es aber zum größten Teil um Sparbücher und Sparkonten geht, ist der gefundene Betrag rund dreimal kleiner. Die Schweizer haben damit ihre Absicht, alle nachrichtenlosen Konten aufzufinden und, wenn möglich, an Rechtsnachfolger auszuzahlen, auf eindrucksvolle Weise in Szene gesetzt. Mit der Veröffentlichung der Listen und der Möglichkeit, permanent die Updates abzurufen, sind sämtliche bis heute bekannten Konten verfügbar geworden, die seit dem 9. Mai 1945 nachrichtenlos geblieben sind, unabhängig davon, wer diese Konten eröffnet hat und um welche Vermögenswerte oder um welche Kontoarten es sich handelt.

Die Behandlung nachrichtenloser Konten auf anderen Finanzplätzen

Im Zuge der der eigenen Recherchen erkundigte sich die SBVg in zehn weiteren Ländern nach derem Umgang mit nachrichtenlosen Vermögenswerten. Dies zu publizieren ist ein guter propagandistischer Schachzug, zeigt sich doch die Verfahrensweise in anderen Ländern z. T. wesentlich restriktiver als die der Schweiz und läßt auch die amerikanischen Angriffe in einem anderen Licht erscheinen. Nur in einigen Länder besteht für die Banken die Pflicht, aktiv nach Inhabern nachrichtenloser Vermögenswerte zu suchen. In der Regel liegt dies in der Verantwortung des Kunden oder seiner Erben. Wie in der Schweiz werden auch in Großbritannien und Luxemburg nachrichtenlose Vermögen zeitlich unbegrenzt von der Bank weiterverwaltet und verbleiben im Eigentum des Kontoinhabers, ohne daß der Anspruch des Kunden erlischt. In den meisten anderen Ländern müssen die Banken die Vermögenswerte nach 10 bis 30 Jahren Nachrichtenlosigkeit an den Fiskus abführen. In Belgien verfällt der Anspruch nach 30 Jahren sogar zugunsten der Bank. Die kürzesten Fristen haben die US-Banken. Die New Yorker Banken z. B. müssen Konten und Depots bereits fünf Jahre nach dem letzten Kundenkontakt an den Staat abliefern. Zuvor müssen die Guthaben im New Yorker Amtsblatt publiziert werden. Allerdings steht in jedem der US-Bundesstaaten eine Anlaufstelle zur Verfügung, die die Suche nach abgelieferten Vermögenswerten ermöglicht.[75]

Zu möglichen Treuhandschaften

Ein besonders problematisches Feld stellen diejenigen Konten dar, die möglicherweise von schweizerischen Treuhändern für Holocaust-Opfer eröffnet wurden. Diese Form der Kontenführung können die Schweizer Banken nicht mit Sicherheit feststellen, denn vor und während des Zweiten Weltkrieges mußte ein Kunde der Bank nicht mitteilen, daß er ein Konto als Treuhänder eröffnete. Eine größere Zahl von Treuhändern auf der Schweizer-Liste ist jedoch unwahrscheinlich. Wahrscheinlich ist, daß ein Treuhänder, selbst wenn der wirtschaftlich Berechtigte dem Holocaust zum Opfer fiel, mit der Bank in Kontakt blieb. Jede andere Verfahrensweise des Treuhänders wäre unsinnig gewesen. Egal, ob rechtschaffen oder nicht: Brach der Treuhänder den Kontakt zur Bank ab, nahm er sich selbst die Möglichkeit des Einflusses auf die Verwendung der Vermögenswerte. Gerade wenn man unterstellt, ein Treuhänder habe „sein" Vermögen auch vertragswidrig verwenden können, sieht man das Unsinnige des Arguments. Auf der Liste werden sich also kaum Treuhänder finden, was nicht bedeutet, daß es sie nicht gegeben hat. Auf diesem Sektor besteht Aufklärungsbedarf. Wird die Aufklärung nicht geleistet, bleibt eine ideelle Rangiermasse, die hochgradig spekulative Erörterungen über den Umfang derart verwalteter Gelder auslösen könnte.

8

Die Schweiz – eine Insel? Neutralität – ein Wert an sich? Zur Entstehung und Ausformung des Begriffs und zum Wert der Neutralität

Im Weltkrieg hurte die Schweiz mit den Nazis. Jetzt will sie uns glauben machen, sie sei Jungfrau geblieben. Das ist schwierig! [1]

Jean Ziegler

Auch als kleines Land muß sich die Schweiz nicht jeden Dreck über den Kopf schütten lassen.[2]

Christoph Blocher

Das schweizerische Verhalten wird zum ersten Mal in der Geschichte mit dem Maß des übrigen Europa gemessen.[3]

Adolf Muschg

Einer der Brennpunkte in der Debatte über die Rolle der Schweiz im Zweiten Weltkrieg ist die Neutralität. Zum Mythos stilisiert oder als egoistische Drückebergerei und Kriegsgewinnlertum diskreditiert, erfährt der Neutralitätsbegriff mitunter schiefe Interpretationen. [4]

Die Frage nach Beibehaltung oder Aufgabe der Neutralität hat die Schweizer immer wieder beschäftigt, zuweilen polarisiert. Wie sieht nun diese spezifisch schweizerische Form der Enthaltsamkeit aus, wie ist sie entstanden und welche Schlußfolgerungen ergeben sich daraus?

Es gibt zwei Extreminterpretationen der Neutralität, zwischen deren Polen eine ganze Bandbreite möglicher Invarianten existiert. Neutralität kann, vereinfacht dargestellt, den politisch-moralischen Grundsatz eines generellen Abseitsstehens beinhalten (integrale Neutralität). Neutralität kann aber auch ein Verhalten von Fall zu Fall sein, das in gewissen Situationen überdacht und relativiert werden kann (differentielle

Neutralität). Da aber die Schweiz nicht im luftleeren Raum existiert, sind der Umsetzung beider Positionen durch die politischen und wirtschaftlichen Ziele ihrer Nachbarn Grenzen gesetzt. Außenpolitische Entwicklungen haben stets die Einstellung zur Neutralitätsfrage innerhalb der Schweiz in nicht zu unterschätzender Weise beeinflußt – wie die Schweiz agiert, ist von der gerade vorherrschenden „integralen" oder „differentiellen" neutralitätspolitischen Orientierung abhängig. Anders gesagt, jede schweizerische Geschichte ist europäische Geschichte, das ist geopolitische Grundgegenbenheit. „Daran ist nichts zu ändern, wohl aber bleibt offen, was politischer Entscheidungswille daraus macht." [5]

Oder aber: „Das ist der Fluch eines Systems, das aus dem Reagieren eine Tugend gemacht hat." [6]

In Beantwortung der aus diesem Mechanismus resultierenden Fragen war die politische Landschaft der Schweiz niemals geschlossen. Es gab und gibt – grob vereinfachend – in wechselnden Bündnissen immer zwei Fraktionen. Die eine argumentiert, daß es für die Wahrnehmung nationaler Interessen, oder im Sinne einer wie auch immer verstandenen Staatsräson notwendig sei, die Neutralität in Teilen oder zur Gänze aufzugeben, die andere folgert das Gegenteil. Daß diese innerschweizerische Diskussion in Permanenz vorhanden ist, resultiert aus der wechselnden Bedürfnislage der Schweizer. Daß aber die Intensität der Diskussion ursächlich an äußere Entwicklungen gebunden ist, zeigt sich daran, daß die Neutralität besonders stark im Blickpunkt des Interesses steht, wenn sich die Existenzbedingungen der Schweiz durch machtpolitische Zäsuren im Ausland ändern. [7]

Bislang haben sich die „Neutralisten" durchgesetzt. Neutralität ist, wie Machiavelli hervorhob, ein Wesensmerkmal der Föderationen, die hinsichtlich der Ziele ihrer Außenpolitik oft geteilter Meinung und damit in ihren Ambitionen eingeschränkt sind. Seit den Anfängen der Eidgenossenschaft war daher Neutralität eine häufige Praxis, sowohl zwischen den Kantonen als auch gegenüber dem Ausland. Der Status der Neutralität ist aber immer auch „... problematisch, weil er weitgehend davon abhängig ist, ob die kriegführenden Mächte ihn respektieren."[8]

Im 16. Jahrhundert löste sich die Schweiz, damals noch lockerer Bund ländlicher Gemeinden und städtischer Republiken, vom Deutschen Reich und erreichte mit den Arrondierungen von 1536 in etwa ihre heutige (geographische) Größe.[9]

Der Sieg Frankreichs in der Schlacht von Marignano 1515 gegen ein Schweizer Heer in mailändischen Diensten beendete die Anfänge schweizerischer Machtpolitik frühzeitig. Fortan von zu geringem

Gewicht, um in der europäischen Politik eine entscheidende Rolle zu übernehmen, und einsichtig genug, die Großmächte sich selbst zu überlassen, konzentrierten sich die Schweizer auf die Lösung innerer Probleme, wobei eine strikte Abkoppelung aus den europäischen Zusammenhängen schon deshalb nicht erfolgen konnte, weil die Reformation das Land spaltete. Katholiken und Calvinisten sympathisierten mit den Zielen ihrer Glaubensbrüder im Ausland und verfolgten weniger eidgenössische, als konfessionell geprägte Gruppeninteressen. Daß die Eidgenossenschaft nicht auseinanderbrach, ist wohl vorrangig dem Desinteresse der zwei Supermächte des damaligen Europa, Frankreich und Habsburg, zu verdanken, deren machtpolitische Anstrengungen (oder Interessen) zunächst auf die Einverleibung der italienischen Stadtstaaten ausgerichtet waren. In bilateralen Verträgen der Eidgenossen mit König Franz I. und Kaiser Maximilian I. fixiert, wurde „das Heraushalten" erstmals zu Beginn des 16. Jahrhunderts zur Maxime eidgenössischer Politik erhoben und steckte bereits damals die Eckpunkte der künftigen Haltung *zwischen* den Mächten ab. Die Verträge mit Frankreich und Habsburg führten ipso iure zu einer frühen Form der „balance of power" und begründeten die Neutralitätspolitik der „Respublica Helvetiorum" [10]

Die Neutralität, die daraus erwuchs, war nicht völkerrechtliches Axiom, sondern eine von Fall zu Fall erprobte und bewährte Verhaltensform, die sich schließlich zur Norm verfestigte. So wie es im Interesse der Eidgenossen lag (und liegt), nicht zwischen den Mühlsteinen europäischer Großmachtpolitik zerrieben zu werden, so war den Großmächten bis ins 20. Jahrhundert hinein an einer eigenständigen, unparteiischen Schweiz durchaus gelegen. Dieser Entwicklung trug der Westfälische Frieden von 1648 insofern Rechnung, als er die Schweiz durch Anerkennung der vollen staatlichen Souveränität zum Völkerrechtssubjekt und gleichberechtigten Verhandlungspartner erhob, der „... nicht gegen [seinen] Willen in ein höheres Beziehungsnetz gezwungen werden" kann.[11]

Die Eidgenossenschaft verschrieb sich der Neutralität als einem Gewohnheitsrecht, das im Dreißigjährigen Krieg und in den Konflikten des 17. und 18. Jahrhunderts von den beteiligten Mächten respektiert wurde. Der Einfall der Armeen des französischen Direktoriums im Jahr 1798 eröffnete ein kurzes kriegerisches Zwischenspiel. Durch die Mediationsakte von 1803 stellte Bonaparte die Eidgenossenschaft in ihren föderalen Strukturen wieder her. Er anerkannte die Neutralität als natürliche Bestimmung der Schweiz und paßte sie seinen Interessen an. Während die Abkommen im 16. Jahrhundert noch richtungweisende

Präliminarien waren, diente der Westfälische Friede schon der normativen Ausgestaltung der zuvor geübten Praxis. Er bildet den völkerrechtlichen Urgrund der immerwährenden Neutralität, denn ohne Souveränität hat Neutralität keine Voraussetzung. Der Wiener Kongreß von 1815, dessen Quintessenz aus der Einsicht resultierte, daß – unter Einschluß der Klein- und Kleinststaaten – ein europäisches Gleichgewicht notwendig sei, um Frieden in Europa zu garantieren, brachte den Eidgenossen die völkerrechtliche Anerkennung der "Ewigen Neutralität" und die Garantie der fünf europäischen Mächte, die Integrität und Unverletzlichkeit ihres Territoriums zu gewährleisten. 1815 wurde die Neutralität als dem europäischen Interesse dienlich von den Mächten anerkannt. Damit erhielt sie den Rang eines Rechts wie auch einer internationalen Verpflichtung. Vorher „systema civitatum foederatorum", ein Staatenbund mit unterschiedlicher Souveränität der Gliedstaaten, wurde die Schweiz mit der Verfassung von 1848 zu einem Bundesstaat mit ständiger Zentralgewalt, außenpolitischer Befugnis und Bundesarmee. So blieb die Schweiz in allen folgenden Konflikten bis zum Ende des Ersten Weltkrieges neutral. Mit der Haager Konvention von 1907, die privatwirtschaftlichen Unternehmen der Neutralen fortan erlaubte, Kriegsmaterial unter Beachtung der Parität an kriegführende Parteien zu verkaufen, und die „Gesinnungsneutralität" aufhob, erfuhr die Schweizer Neutralität eine gewichtige, aber problematische und folgenreiche Aufwertung und Präzisierung. Der neutrale Staat profitiert von zwei wesentlichen Rechten: der Unverletzlichkeit seines Territoriums und der Aufrechterhaltung seiner Beziehungen zu anderen Staaten. Dafür verpflichtet er sich, nicht an Feindseligkeiten teilzunehmen, sofern seine Neutralität nicht verletzt wird, und die Kriegführenden unparteiisch zu behandeln. Die Universalität schließt grundsätzlich den freien Warenaustausch mit beiden Konfliktparteien ein. Was das Kriegsmaterial betrifft, so duldete die Haager Konvention von 1907 den privaten Handel. Die Politik des Bundesrates war in dieser Frage durchaus Schwankungen unterworfen. Der Bundesratsbeschluß (BRB) vom 4. August 1914 untersagte jeglichen Waffenexport, wurde im Kriege jedoch ausgehöhlt. Ähnlich erging es dem BRB von 14. April 1939, der am 2. September 1939 in Kraft trat, aber schon 7 Tage später auf Ersuchen Frankreichs revidiert wurde. Nun galt die Waffenlieferung Privater als freigestellt, solange sie nur dem Gleichbehandlungsgrundsatz folgte, die Besteller die Rohstoffe lieferten und Zahlungsgarantien vorweisen konnten. Im Jahr 1919 wurden die 1815 vereinbarten Neutralitätsgarantien für die Schweiz durch Artikel 435 des Versailler Vertrages anerkannt.[12]

In Folge der Niederlage der Mittelmächte im Ersten Weltkrieg war die Schweiz bei der Frage um den Beitritt zum Völkerbund zutiefst gespalten. Die Gegner einer Teilnahme fürchteten die Aufweichung der Neutralität durch Teilnahme an einem Bündnis kollektiver Sicherheit, während die Befürworter um Außenminister Bundesrat (BR) Giuseppe Motta die Notwendigkeit und den Willen zur Teilnahme an der politischen Gestaltung Europas präferierten, zumal der Völkerbundsrat (VBR) in der Londoner Deklaration vom 13. Februar 1920 den Eidgenossen eine wichtige Konzession machte. Die Neutralität der Schweiz, so der VBR, sei zwar nicht mit dem Grundsatz gemeinsamen Zusammenwirkens vereinbar, gründe aber in ihrer Tradition und sei dem Völkerrecht immanent. Deswegen wurde der Schweiz ein Sonderstatus zugebilligt, der ihre Pflichten auf die Teilnahme an wirtschaft- finanziellen Sanktionen gegen Paktbrecher reduzierte. Im Referendum vom 16. Mai 1920 entschied sich die Schweizer Bevölkerung für den Eintritt in den Völkerbund, die USA zogen sich dagegen in die Isolation zurück.[13]

Der Aufstieg der Diktaturen in Europa offenbarte jedoch schnell das Versagen des Völkerbundes, worauf die Schweiz von der differentiellen zur integralen Neutralität zurückkehrte. Der Völkerbund krankte an mangelnder Universalität und dadurch, was noch wichtiger war, an der Unfähigkeit, den Frieden langfristig zu sichern. Angesichts dieser Ohnmacht zog sich die Schweiz in die integrale Neutralität zurück, in der sie den Krieg unbeschadet in einer Weise überstand, die noch zu diskutieren sein wird. Aus der Niederlage der Achsenmächte erwuchs international der Ruf zur Schaffung der UNO, eines, nun funktionstüchtigen, Systems kollektiver Sicherheit. Neutrale durften der UNO jedoch anfangs nicht beitreten, so daß der Schweiz eine Neuauflage der internen Diskussion von 1920 schon deshalb erspart blieb, weil die Option einer außenpolitischen Neuorientierung nicht gegeben war. Auch die außenpolitische und die wehrgeographische Situation der Schweiz nach 1945 ließ die Diskussion um die Neutralität abschwellen. Ohne geographische Berührung zum kommunistischen Block unter Führung der UdSSR, mittelbar geschützt durch den NATO-Beitritt der Nachbarländer und durch die feste Verankerung auf Seiten der „guten", freien westlichen Welt, die unter Führung der USA gegen das „Böse an sich" kämpfte, fügte sich die Schweiz – faktisch neutral, in der Gesinnung Partei – klaglos in den antikommunistischen Konsens des Kalten Krieges ein. Schwarzweißmalerei wurde „als ein Zeichen zuverlässiger Gesinnung betrachtet".[14]

Anders gesagt: Die klaren Fronten des Kalten Krieges ermöglichten den Schweizern das Eine (Integration ins westliche Lager), ohne das

Andere (Neutralität) lassen zu müssen. Zielkonflikte gab es nicht. In der ersten beiden Nachkriegsjahrzehnten wurde die Schweiz ein anderes Land. Mit dem Kalten Krieg kamen auch dort Entwicklungsdynamiken in Gang, die zu einem beschleunigten Wandel der Verhältnisse führten. Das Schweizerische Nachkriegs-Wirtschaftswunder war von wirtschaftlichem Höhenflug und Bauboom geprägt, aber auch von einer Änderung der (politischen) Kultur, die sich, wie in ganz Westeuropa, am American Way of Life orientierte. Werte wie Religion, Nation, Heimat, Familie und eben auch Landesverteidigung büßten immer mehr an Verbindlichkeit ein, bis sie schließlich ganz in die Defensive gedrängt wurden. Das rief gegenläufige Tendenzen hervor, die gegen Wachstums- und Wohlstandseuphorie, gegen Wertewandel und -verfall, für die traditionelle Rolle der Schweiz im Europa der Vaterländer stritten. Gegen Massenkultur und Amerikanisierung gerichtet, bewegten sie sich in den tradierten Ideologemen kontinentaler Kulturkritik. Die Renaissance der alten Eliten und der alten Werte versprach Abhilfe gegen die apokalyptisch wahrgenommene „Umwertung aller Werte". Das konformistische Klima des Kalten Krieges bildete den Rahmen dieses Kreuzzuges gegen den Modernismus, den materialistischen Wachstumsglauben und letztlich auch gegen die liberale, weltoffene Demokratie. Damit bewahrte die Schweiz ihre überkommene Sonderrolle und verstand sich, wie de Gaulles Frankreich, als Stachel im Fleisch der alles nivellierenden US-Politik.[15]

Das änderte sich erst mit dem Erstarken jugendlichen Protests Mitte der sechziger Jahre, der das politische Klima in der Schweiz spürbar veränderte. Als der UNO-Beitritt 1986 in der Schweiz doch zur Abstimmung kam, hatten die Weltorganisation und die USA, sowohl generell als auch – unterschiedlich begründet – aus Sicht aller politischen Fraktionen von rechts bis links, schon soviel Vertrauen verloren, daß das mehrheitliche Nein der Schweizer nicht überrascht.[16]

Der Zerfall der UdSSR und ihrer Satelliten markierte das Ende des Kalten Krieges. Er brachte jedoch nicht den Weltfrieden mit sich, sondern die Regionalisierung von Konflikten ethnisch-nationaler Art, die auf kleineren Räumen und auf grausamere Art ausgetragen wurden/werden, als zwischenstaatliche Auseinandersetzungen.[17]

Dies beflügelte sowohl Gegner als auch Befürworter der Neutralität, zumal die fortschreitende Globalisierung des Welthandels und die rasante europäische Integration nun nicht mehr allein die sicherheitspolitische, sondern auch die wirtschaftspolitische Orientierung der Schweiz in Frage stellten. Die Öffnung neuer, zuvor verschlossener Märkte und der verstärkte internationaler Wettbewerb ließen in der Schweiz

Diskussionen um eine wirtschaftspolitische Neuorientierung geraten erscheinen, wobei die Neutralität mehr und mehr als Hindernis einer erfolgreichen Integration der im nationalen Rahmen verharrenden Wirtschaftspolitik definiert wurde. Die argumentativ aufgerüsteten Neutralitätsgegner konnten sich auf Teile der Bevölkerung und Politik stützen, und zum erstenmal in ihrer Geschichte war die Schweiz von innen heraus drauf und dran, die Neutralität aufzugeben. Der Anpassungsdruck war mittelbar und nicht feindlich, im Gegensatz zu Hitlers Bedrohung. Bei vielen Schweizern entstand der Eindruck, man dürfe die Entwicklung nicht verpassen, müsse auf den Zug aufspringen und dafür Zugeständnisse bei der Neutralität machen, um an der erwarteten positiven Entwicklung zu partizipieren. Die Befürworter des status quo möchten, gerade wegen der kaum absehbaren Effekte der europäischen Einigung, an der Neutralität festhalten, oder nur marginale Zugeständnisse machen, die aus unbedingten Notwendigkeiten resultieren. Unter Experten ist strittig, ob die wirtschaftliche und/oder politische Integration mehr Vor- als Nachteile für die Schweiz bringt. Bislang scheinen die Schweizer mehrheitlich eine weiterführende Integration in die EU abzulehnen. Daß die Schweiz in dieser veränderten Umwelt erfolgreich bestehen kann, zeigt sich in der wirtschaftlichen Bilanz. Die Schweiz steht seit dem Nein zum EWR 1992 wirtschaftlich konsolidierter und leistungsfähiger da als die meisten EU-Staaten, was sich u. a. in den niedrigeren Arbeitslosenzahlen, einer geringeren Teuerung, geringeren Kapitalmarktzinsen und steigenden Direktinvestitionen manifestiert. Allerdings scheint die Streitfrage pro oder contra Neutralität in der Schweiz stets auch eine psychologische zu sein. Während die Gegner sich eine Erneuerung, Öffnung sowie eine wirtschaftlich-politische Modernisierung versprechen, sehen die Befürworterin der Neutralität die einzige Chance für ein Überleben der Schweiz in einer sich rasant entwickelnden Umwelt. Da beide Argumentationslinien Wahres und Erdichtetes, Erhofftes und Irrationales vereinen, ist ein Ende der Diskussion um Wert und Unwert, Beibehaltung oder Abschaffung der Neutralität, um Engagement oder Abseitsstehen nicht abzusehen. Die Tendenz scheint bislang dahin zu gehen, daß eine fehlende, wirklich tragfähige Alternative zum status quo, die die Positiva der schweizerischen Entwicklung nicht beschädigt und gleichzeitig mittels Öffnung positive Effekte zeitigt, nicht absehbar ist. Das Beharren auf dem Althergebrachten und die mißtrauisch beobachteten Entwicklungen im Ausland, lassen bei der Mehrheit der Schweizer dem Glauben an eine echte Alternative zur überkommenen Neutralität wenig Raum, zumal Konfliktimport, wirtschaftliche, politische und verfassungsrechtliche Integrationszwänge durch ferne, unübersichtliche und aus Schweizer Sicht suboptimale Europabehörden eine erzwungene gesamtpolitische Anpassung der Schweiz an den europäischen Mainstream befürchten lassen. Daß die Diskussion zuweilen mit der Vehemenz eines Glaubensstreits ausgetragen wird, sollte nicht überraschen, gibt es doch gerade auch in Deutschland die Tendenz, gesunden Menschenverstand durch blanke Polemik und moralisierenden Manichäismus zu ersetzten, der, wenig differenzierend, bei der Bewertung von Geschichte und Politik nur das absolut Gute und das absolut Böse erkennt. Schweizerische Geschichte ist, wie eingangs festgestellt, immer europäische Geschichte. Das übrige Europa ist 1989 in einen grundlegenden Wandlungsprozeß eingetreten. Die schweizerische Mehrheit verhält sich abwartend und verschließt sich der Teilnahme an Prozessen, die auf Veränderungen ihres völkerrechtlichen Status abzielen, bislang mit Erfolg. Nicht die Schweiz, sonder ihr Umfeld ändert sich rapide. Daß die Schweiz in diesem Prozeß einem politischen und wirtschaftlichen Anpassungssdruck unterliegt, ist keine Frage – die Schweiz scheint gezwungen, diese Entwicklungen auszutarieren. Sie bleibt nicht nur lebensfähig, sondern äußerst erfolgreich, wenn sie dieses Experiment erfolgreich absolviert. Eine zwangsläufige Verpflichtung zur Veränderung erwächst der Schweiz daraus jedoch nicht. Die Notwendigkeit existiert und es bleibt abzuwarten, wie sie gemeistert wird. Daß sich Neutralität „überlebt" habe, eben weil sie – historisch argumentierend – ihre Neutralitätspostulate nicht erfüllen könne, ist schlichtweg Unsinn. Gleichermaßen pauschalisierend und um nichts weniger falsch könnte man formulieren, die UNO habe sich überlebt, weil sie die UN-Charta nicht buchstabengetreu umsetzten könne. Die Schweiz kann in der jetzigen Form Bestand haben, wenn die richtungsweisenden Entwicklungen Europas mit den schweizerischen Bedürfnissen sychronisierbar sind. Sie kann obsolet werden, wenn die Effekte der äußeren Entwicklung nicht mehr mit den Zielen der Neutralitätspolitik zur Deckung gebracht werden können (z. B. Absinken der Wettbewerbsfähigkeit der Schweizer Wirtschaft). Alle Gründe, die sonst noch angeführt werden, sind der innerschweizerischen Diskussion anheimzustellen. Eizenstat irrt, wenn er behauptet, Neutralität sei unmoralisch. Sie ist eine moralische Haltung an sich, die sich beim Neutralen darin findet, daß er nie als militärischer Aggressor auftritt.[18] Neutralität ist aber gleichzeitig ein bloßes Instrument des Kriegsvölkerrechts zur Erhaltung der Unabhängigkeit und Unversehrtheit, das, wie jede andere staatliche Konstruktion auch, unmoralische Handlungen nicht ausschließen kann.

Die Neutralität unterliegt vielfältigen inneren und äußeren Einflüssen, die zu einer Destabilisierung, zu Verzerrungen und Pervertierungen, kurz zu einer Neutralität führen können, die diesen Namen nicht mehr verdient. Ist die Schweizer Neutralität heute weniger stabil als vor 60 Jahren? Im Zuge der aktuellen Debatte scheint der innerschweizerische Konsens bis hinein in die Eliten des Landes verlorengegangen zu sein. Generalstabschef Arthur Liener äußerte beispielhaft, die Neutralität sei eine „Barriere im Kopf", eine für alles passende Entschuldigung. Noch abfälliger hat sich nur Stuart Eizenstat geäußert. Fast die Hälfte aller Parlamentsmitglieder und mit ihnen Flavio Cotti, Bundespräsident 1998, verlangen eine neue Volksabstimmung über den Beitritt zur UNO. Die Armeeführung wünscht den Beitritt zur NATO und die NZZ schrieb sinngemäß, eine Sicherheitsstrategie, die nur noch die Schweiz allein verstehe, habe ihre Funktion verloren. Dazu der „Spiegel" mit Häme und Sinn für das Kuriose der Situation: „Neutral sein, um die Neutralität, wenn's paßt vergessen zu können: nun müßte es auch dem treuesten Patrioten dämmern, daß das Establishment den Mythos benutzte, um die einträgliche Sonderrolle der Alpenrepublik zu rechtfertigen." Und: „Selbst die Linke, die jetzt dringend den Beitritt des Landes zur UNO fordert, warnt davor, sich aus Neutralitätsüberdruß in die weit aufgerissenen Arme des Bündnisses zu werfen, weil man nicht weiß, was dabei herauskommt."[19]

Neutralität ist eine gewachsene Form der politischen Kultur, deren praktische Umsetzung zwar nicht vom Ausland diktiert, aber – egal ob es sich freundlich oder feindlich verhält – zuweilen entscheidend beeinflußt werden kann. Problematisch wird es erst dann, wenn der Neutrale sozusagen im vorauseilenden Gehorsam handelt, weil er befürchtet, Nachteile zu erleiden. Aber auch diesem Schritt müssen Entwicklungen außerhalb vorangegangen sein, die befürchten lassen, daß es um seine Existenz geht. Hier scheint das Versagen der Neutralität vorprogrammiert. Die Neutralen befinden sich dann in dem Dilemma, bei Strafe des eigenen Untergangs sich strikt widerstandsfähig zu zeigen und alle hinreichend bekannten Folgen moderner Kriege, und nur hierum geht es, tragen zu müssen, oder opportunistisch zu agieren. Dieses Dilemma scheint nur zu beseitigen zu sein, indem man, was illusorisch scheint, dem Völkerrecht zu universaler Geltung verhilft. Es schützt die Neutralen und läßt Situationen nicht entstehen, in denen sie sich opportunistischer Politik befleißigen müssen, um zu überleben. Daß Fehlleistungen auch außerhalb dieses Mechanismus immer möglich sind, muß nicht dargestellt werde. Die von vielen Schweizern postulierte, unbedingte Notwendigkeit der Neutralität der Schweiz wiederum ist durch die europäische Einigung zu einer rein schweizerischen Notwendigkeit, nämlich der der Bestandssicherung, geworden. Das „geeinte Europa" kann – sowohl in politischer als auch in wirtschaftlicher Hinsicht – gut mit, aber auch gut ohne die Schweiz leben. Umgekehrt wird es schwieriger, da wieder einmal "das Ausland" agiert, den Rahmen absteckt, in dem die Schweiz reagieren muß. Daraus resultiert aber weder notwendigerweise, daß die Schweiz die Neutralität aufgeben, noch daß sie sie beibehalten muß. Beide Optionen stehen offen und haben einiges für sich. Sicherheitspolitische Anfechtungen können in dieser Diskussion eigentlich nur eine marginale Rolle spielen, hat sich doch (West-)Europa ausgesöhnt und die Gefahr, daß Konflikte innerhalb Westeuropas militärisch ausgetragen werden, scheint derzeit gleich Null. „Dass im übrigen die Neutralität keine Lebensversicherung ist, hat der letzte Weltkrieg gezeigt. Darauf muss man sich einrichten. Aber das ist kein Grund, sie unbedacht aufs Spiel zu setzen. Denn sie bietet nach aussen und innen die Festigkeit eines geschichtlichen Standorts und damit einen Kompass, der sich durch die Jahrhunderte der Neuzeit noch immer als Orientierung bewährt hat."[20]

Zum Vergleich: die baltischen Staaten

Für das Baltikum ist heute eher das Gegenteil der Fall. Die latente Bedrohung durch die russische Machtpolitik, deren Apologeten seit Peter I. unverändert auf einen Seezugang zum russischen mare nostrum, der Ostsee, reflektieren, schürt den antirussischen Nationalismus. Die Bedrohung ist durch den Zerfall der UdSSR nur scheinbar geringer, realiter jedoch größer geworden. Die Überlegung, daß bei einer Änderung der politischen Großwetterlage oder der innerrussischen Verhältnisse der Nachbar in alte Reflexe zurückfallen könnte, erscheint plausibel, wobei es gleichsam irrelevant erscheint, ob sich Rußland stabilisiert oder destabilisiert – die Wirkungen auf das Baltikum könnten die selben sein. Das Baltikum kann in beiden Fällen durchaus ins Blickfeld des Kreml geraten und wiederum zum Ziel annektionistischer Politik werden. Deshalb streben diese, an der unruhigen europäischen Peripherie gelegenen Staaten den NATO-Beitritt an. „Der Westen", eingeschlossen die Vereinigten Staaten, unterstützt die Balten nach Kräften. Rußland wurde/wird durch massive Wirtschaftshilfe ruhiggestellt, seine Ordnungsmachtfunktion auf Mittelasien, „den weichen Bauch der Russen" (Zbigniew Brzesinski), beschränkt. Ob diese Politik andererseits konstruktiv ist, vertrauensbildend und konfliktvermeidend wirkt, muß die Zukunft entscheiden. Leise Zweifel angesichts dieses Agierens erscheinen berechtigt. Allerdings ist das Wollen der Balten nur zu verständlich und letztlich konsequent. Ihre militärpolitisch-strategischen Rechnungen sind einfach. Im Konfliktfall mit Rußland ist das Baltikum nicht zu verteidigen. Bewaffnete Neutralität, so die Balten, sei daher kein Ausweg, da die historischen Erfahrungen das Gegenteil beweisen und die militärischen Optionen gleich Null sind. Also: NATO-Beitritt, um die Hemmschwelle für die Russen zu heben. Dies bedingt aber auch ein wachsendes Mißtrauen Rußlands, das auf einmal die NATO an seine Grenzen vorrücken sieht und nun gleichfalls sicherheitspolitische Bedenken hegt (die vorher nie eine Rolle gespielt haben). Eine Option für die Außenpolitik der baltischen Republiken könnte in der Defensive liegen, d. h. im Schweizer Modell. Praktisch hieße das: weitestgehender Verzicht auf Drohgebärden, Gleichstellung der russischen Minderheiten, rationale, nicht nationalistische Außenpolitik, die den Russen die Befürchtungen vor einer NATO-Drohung an den Grenzen nimmt. Ob dies im Konfliktfall irgendetwas verhindert, ist fraglich, allerdings würden die Balten hier und jetzt, vertrauensbildend und konstruktiv, sozusagen im Mainstream internationaler Sicherheitspolitik schwimmen.[21]

Die „alte" und die „andere" Schweiz

Die Haltung der Schweiz zur Neutralität, zur eigenen Geschichte und ihrer Interpretation hat sich am Konflikt um die nachrichtenlosen Vermögen polarisiert. Nationalrat Christoph Blocher ist Vertreter der Konservativen, die den eidgenössischen Status quo bewahren wollen und sich nur mühsam von den Mythen helvetischer Größe trennen können. Durch Euroskepsis und Patriotismus verbunden, lehnen die Mitglieder der Schweizerischen Volkspartei (SVP) und der Aktion für eine Unabhängige und Neutrale Schweiz (AUNS) jedes Zugeständnis „an das Ausland" als erzwungen ab. Sie stehen für die „alte Schweiz". Die „andere Schweiz" ist Synonym vornehmlich für kritische Intellektuelle, Leute einer anderen Generation, die eine innen- und außenpolitische Stagnation der Eidgenossenschaft ebenso befürchten, wie sie den wirtschaftlichen und moralischen Niedergang einer auf sich selbst fixierten Nation beklagen. Sie werden, wie etwa Jean Ziegler, mitunter als "Nestbeschmutzer" bezeichnet und stehen für eine Schweiz, die Überkommenes nicht ungefragt übernimmt.

Die „alte Schweiz“

Mit dem Maastricht-Vertrag über die Europäische Union, der eine Währungsunion sowie gemeinsame Innen-, Sicherheits-, Außen- und Justizpolitik der Teilnehmerländer vorsieht, die z. T. schon Realität ist, wurde die ökonomisch definierte EG durch eine politisch definierte Union abgelöst. War vielen Schweizern schon die EG nicht geheuer, wurde die EU nun zum Schreckgespenst, gegen das sich allenthalben Widerstand rührt. Sei der Beitritt zur EWR/EG schon problembeladen, würde sich der Beitritt der Schweizer zu einer politischen Union, die auch die Abtretung hoheitlicher Rechte impliziere, noch nachteiliger gestalten als 1992.[22]

Außerdem solle man nicht ohne Not aufgeben, was in Jahrhunderten gewachsen sei. Als Träger dieser Argumentation ist vor allem die AUNS des Nationalrats Christoph Blocher zu nennen, die ein parteiübergreifendens Bündnis Konservativer darstellt, die den Schweizer Status quo erhalten wollen.[23]

Ihr Hauptargument ist, daß ein EWR/EU-Beitritt die Handlungsfreiheit der Schweiz vernichte, die Schweiz dabei nichts zu gewinnen und alles zu verlieren habe. Damit schürt Blocher die nicht von der Hand zu weisenden Befürchtungen vieler Schweizer, daß „... eine EU-Schweiz zum angepaßten Satelliten [verkäme]“, nicht zuletzt, weil sie ihre traditionelle Neutralität aufgeben müßte. Die Argumentation bewegt sich vor allem im ökonomischen Rahmen, ohne jedoch die politischen Implikationen eines solchen Schrittes außer acht zu lassen. So argumentiert Blocher, daß die Verteidigung der Souveränität, der Selbstbestimmung, der Neutralität und Unabhängigkeit angesichts des Versagens der Behörden, der Politiker, des Bundesrates und des Parlamentes sowie der Angriffe von außen absolut notwendig sei, denn die stärkste Bedrohung für die schweizerische Unabhängigkeit komme von innen, von der offiziellen Schweiz, die sich nicht ausreichend gegen „... die Geldforderungen aus New York” verteidigt habe.[24] Aufgabe der schweizerischen Politik sei es, für die Schweiz Partei zu nehmen, denn: „Auch als kleines Land muss sich die Schweiz nicht jeden Dreck über den Kopf schütten lassen.“[25]

Allerdings müsse man zu seinen Werten stehen. Die Rede des Bundespräsidenten vom 5. 3. 1997 zeige, daß die Schweiz ihre Werte nicht mehr verteidige und realiter erpreßbar geworden sei. Deshalb stelle sich wieder einmal die Frage: Anpassung oder Widerstand. Trotz allen negativen Voten des Volkes (UNO-Beitritt, EWR-Vorlage, Blauhelm-Vorlage, CH ohne Kampfflugzeuge, Regierungs- und Verwaltungsreform, erleichterter Grundstückserwerb für Ausländer, erweiterte

Einbürgerung) halte die offizielle Schweiz immer noch an ihrer verfehlten Politik und am EU-Beitritt fest.[26]

Volk und Stände haben im Dezember 1992 den EWR-Vertrag abgelehnt. Die konservative Interpretation Blochers sieht in dem Vertrag ein Instrument, um die EFTA-Staaten, darunter die Schweiz, stärker an die EU zu binden, und zwar vor allem auf den Gebieten von Recht und Gesetz, was für die Schweiz die Übernahme bestehenden EG- und künftigen EG/EU-Rechts ohne Vetorecht bedeute. Außerdem betone der EWR-Vertrag, er könne nur Vorstufe zum EU-Beitritt sei. Deshalb habe der Bundesrat wider alle Vernunft am 18. 5. 1992 beschlossen, das EU-Beitrittsgesuch in Brüssel einzureichen. Damit seien – in der Sicht der Europagegner – die Gefährdung traditioneller ökonomischer Standortvorteile der Schweiz, der Abbau des Wohlstandes und des Lohnniveaus, eine Erhöhung der Arbeitslosigkeit und des Zinsniveaus verbunden. Dagegen seien die, durch die EWR-Befürworter 1992 postulierten Negativa, die durch eine Verweigerung der Schweiz entstehen könnten, nicht eingetreten.[27]

In der Sicht der EWR/EU-Gegner zeigt sich die Schweiz fünf Jahre nach der Entscheidung zuungunsten des EWR konsolidierter als die EU-Staaten, was sie argumentativ nutzen, um die Einschätzungen der EWR-Befürworter als grandiose Fehlprognose abzutun. Der Finanz- und Produktionsplatz Schweiz weise im Vergleich zur EU günstigere Daten auf, und vor allem sei die Schweiz eine Zinsinsel, deren Marktzinsen ca. 2% unter den Kapitalmarktzinsen der EU liegen.[28]

Daraus resultiert die Schlußfolgerung, daß die Schweiz nicht nur ohne EWR ihre starke Stellung behauptet habe, sondern trotz des Nichtbeitritts eine bessere Entwicklung genommen habe als die EU. Außerdem habe der Maastricht-Folgevertrag von Amsterdam, unter fortgesetzter Nichtachtung der realen ökonomischen Bedingungen, eine zunehmende Zentralisation mit definitiver Einführung der Währungsunion sowie die EU-Osterweiterung zur Folge, was wiederum zu erhöhter Arbeitslosigkeit und sozialen Spannungen führen müsse. Positive Dezentralisierungstendenzen seien dagegen allenthalben vorhanden und auch das Entstehen vieler selbständiger Nationalstaaten im Gefolge des Systemzerfalls Ost lasse Positives erwarten.[29]

Die Teilnahme an der Uruguay-Runde des GATT habe die Schweiz endgültig aus der befürchteten ökonomischen Isolation gerissen und mit dem Beitritt zur WTO (World Trade Organization) signalisiere die Schweiz, daß sie zum Abbau von Handelshemmnissen bereit sei. Exportdiskrimierungen seitens der EU, die durch die EWR-Befürworter 1992 befürchtet wurden, w0rden durch den Vertrag verunmöglicht. Dies und der Abschluß diverser bilateraler Abkommen habe die Situation der Schweizer Wirtschaft beträchtlich verbessert, wirtschaftlich lebenswichtige Fragen stünden nicht an.[30]

Ein selbständiger Weg sei für die Schweiz insbesondere durch die Mitgliedschaft in der WTO leichter möglich als noch 1992 angenommen. Die Weiterführung des bewährten Freihandels und die Behauptung der Selbständigkeit und Neutralität seien für die Schweiz der einzig gangbare und erfolgreiche Weg, und nur die Unabhängigkeit könne die Probleme lösen, die durch den Strukturwandel entstünden. Eine nationale Volkswirtschaft sei ungleich übersichtlicher, beweglicher und besser geeignet, dem Strukturwandel und dem Umbau verfehlter Strukturen zu begegnen, als zentralisierte Strukturen, die zudem an planwirtschaftlichen Modellen der 60er Jahre orientiert seien.

Auch Blochers Kritik am Eizenstat-Bericht im August 1997 bewegt sich konsequent im Rahmen seiner nationalpatriotischen Argumentation. Der Bericht bringe nichts Neues und sei in der Argumentation absolut unhaltbar. Die schweizerische Neutralität sei nicht unmoralisch. Sie sei vielmehr völkerrechtlich fundierte Staatsmaxime, die nicht nur der Schweiz, sondern der ganzen Welt gedient habe. Neutralität dürfe sich nicht dem jeweiligen Zeitgeist beugen, man könne sie nicht einfach und rasch über Bord werfen, wenn man glaube, sie nicht zu brauchen. Die Schweiz habe den Krieg um lediglich zweieinhalb Tage verlängert. Den geschätzten Kriegskosten Deutschlands von 1.200 Milliarden Franken stehe ein Schweizer Betrag von nur 1,35 Milliarden gegenüber. Daß sich die Schweiz nach 1943 von Deutschland hätte abwenden können, sei Unsinn. Erstens, so Blocher, wäre dies ein klarer Völkerrechtsbruch gewesen, zweitens hätte sich die Versorgungslage rapide verschlechtert und drittens sei die Schweiz 1943 noch immer militärisch bedroht gewesen. Zu den Goldgeschäften der SNB führte er aus, die Nationalbank habe im Krieg mit 1,82 Milliarden Franken wesentlich mehr Gold von den Alliierten gekauft, als mit 1,2 Milliarden Franken von der Reichsbank. Der Grund für die massiven Goldeinkäufe werde zudem in Eizenstats Publikation unterschlagen. Nicht in Gewinnsucht, sondern in der Blockierung der schweizerischen Guthaben in den USA seit Mai 1941 sei die Motivation dafür zu suchen. Die Schweiz sei geradezu zum Goldkauf gezwungen gewesen, um eine hohe Golddeckung auf die von ihr herausgegebenen Banknoten aufrechterhalten zu können. Außerdem habe die SNB mit Totengold wissentlich nichts zu tun gehabt, und das Pro-Kopf-Einkommen sei in der Schweiz zwischen 1939-1944 von 1.772 auf 1.636 Franken gesunken, in den USA dagegen von 3.100 auf 6.800 Franken gestiegen. „Linke Kritik“ am Verhalten der Schweiz im Krieg wies Blocher als unglaubwürdig zurück. Gerade die freiheitsfeindlichen Ideologien des Kommunismus und Faschismus hätten Millionen Tote auf ihrem Konto.[31]

Die „andere Schweiz"

Jean Ziegler ist ein „Gutmensch", wie Böll oder Dürrenmatt, ein Visionär und ein kluger Nonkonformist, der offensichtlich unter den Verhältnissen leidet. Er neigt nicht zu Differenzierung und schreibt selbst, daß sein Buch „Die Schweiz, das Gold und die Toten" keinen Anspruch auf Objektivität erhebt. Für ihn habe die Schweiz durch die Beziehungen zu Hitlers Deutschland eine Stufe an Verkommenheit erreicht, die er nicht mehr ertragen könne. Fortan gibt es für Ziegler nur noch Unschuldige, die nicht mittaten, und Schuldige, die in seinen Augen das ganze „System Schweiz" diskreditierten. Entlastendes, wie etwa die deutsche Bedrohung, geht nicht in seine Gesamtrechnung ein. Seine treffsichere und gezielte Polemik ist wohl der ehrlich gemeinte Aufschrei eines bitter Enttäuschten, der von der Hoffnung auf eine „andere Schweiz"[32] zehrt.[33]

Ähnlich hat es einmal Kurt Tucholsky für die nicht zu rettende Weimarer Demokratie formuliert: „Das andere Deutschland ... ". Ob Zieglers Buch zur Aufhellung und vor allem zur Gewichtung des historisch Gewesenen beitragen kann, ist leicht beantwortet: nein. Es ist eine Kampfschrift. Zieglers These ist, daß die Kollaboration mit Deutschland, die er als bewiesen voraussetzt, allein durch Raffgier und Profitsucht motiviert gewesen sei. Er wendet sich gleichermaßen gegen die Schweiz, die Hitlers Gold wusch, als auch gegen die Schweiz, die heute allen Diktatoren der Welt als Tresor diene. Während die USA 1996 den 30. Jahrestag des Freedom of Information Act feierten, halte die Schweiz noch immer ihre Archive geschlossen, verdränge ihre Vergangenheit vollkommen und erkläre Kritiker aus dem Inland zu Unpersonen und Nestbeschmutzern. Außerdem halte sich die Bundesregierung Hofhistoriker und Hofjuristen, die jede wirkliche Geschichtsaufarbeitung verhinderten. Ziegler schreibt Klartext: Schweizer Bankiers hätten als Hehler für Hitlers Raubgold fungiert, es gewaschen und so dem Reich den Kauf kriegswichtiger Rohstoffe ermöglicht. Ohne die Schweizer Banken wäre der Krieg früher zu Ende gewesen und Hunderttausende hätten überlebt. Erst die astronomischen Kriegsgewinne hätten die internationale Macht der Schweizer Banken begründet. Gleichzeitig habe Bern an seinen Grenzen Zehntausende Juden zurückgewiesen, die wieder der SS in die Hände fielen. Da die amerikanischen Geheimberichte die helvetische Komplizenschaft mit den Nazis belegten, habe die helvetische Neutralitätslüge nur 50 Jahre gehalten – die Schweiz werde nun von ihrer Vergangenheit eingeholt. Überall auf der Welt sei der Nationalsozialismus intensiv diskutiert worden, überall habe man die Komplizen an den Pranger gestellt. Überall, nur nicht in der Schweiz. „Die Schweiz ist dem Zweiten Weltkrieg entgangen dank energischer, schlauer, organisierter Komplizenschaft mit dem Dritten Reich."[34]

Ihre Wirtschaft sei in den deutschen Wirtschaftsraum weitgehend integriert gewesen. Die Schweizer, so Ziegler, seien die Hehler und Kreditgeber Hitlers gewesen. Das Argument, daß sie keine andere Wahl hatten, läßt Ziegler nicht gelten. Die Schweizer seien nicht nur willige Helfer, sondern auch Komplizen gewesen, denn: Bankiers untereinander verstünden sich immer, ob demokratisch oder nazistisch sei egal.[35]

Ziegler konzentriert sich auf die Banken und präsentiert eine Fülle von Details und einzelnen Fällen, die es schwer machen zu glauben, in der Schweiz habe es noch andere Menschen gegeben.[36]

Seine einfache Gleichung lautet: ohne Hehlerei des Beutegoldes keine Devisen fürs Reich, ohne Devisen keine Rohstoffe, ohne Rohstoffe keine Wehrmacht. Ergo sei Hitler als Klient den Banken ausgeliefert gewesen, mächtig zwar, aber abhängig. Das, so postuliert er, sei der Traum eines jeden Bankiers. Einen Druck könne er nicht sehen, die Schweiz sei nicht überfallen worden. Wer so argumentiere, habe von vornherein Unrecht. Ziegler kehrt die Beweislast um und fordert von der Schweiz, sie möge beweisen, das sie unschuldig sei, denn wer diesem Regime geholfen habe, sei selbst zum Verbrecher geworden. Nach Ziegler habe die Schweiz für 500 Millionen Franken Gold von der Reichsbank erhalten. Heute wäre dieses Vermögen sieben Milliarden Dollar wert. Dafür zahlten „die Hehler" in Washington lediglich 250 Millionen Franken. „Ein ausgezeichnetes Geschäft", das nur durch die Komplizenschaft der Finanzoligarchie und des Bundesrates mit Hitler möglich gewesen sei.[37]

Ziegler und mit ihm die „andere Schweiz" strebt eine umfassende innere Erneuerung an. Das Bankensystem der Schweiz soll reformiert, die Herrschaft der alten Eliten, die eine Monumentallüge installierten, gebrochen werden. „Die von allen Lügen, Bankenbanditismus, Zynismus und Heuchelei befreite Eidgenossenschaft erwartet im vereinigten Europa eine Aufgabe der aktiven Menschenliebe, der Solidarität."[38] Eine schöne Illusion. Ziegler glaubt wohl, daß sich die Negativa des kapitalistischen Systems durch gelebte Moral in Positiva ummünzen lassen. Die marktwirtschaftlichen Mechanismen lassen sich nur dann wirklich

„aushebeln", wenn man dem System Marktwirtschaft seine politische Entsprechung, die Demokratie, nimmt. Ziegler glaubt dagegen an Freiheit, Demokratie und eine Marktwirtschaft mit „menschlichem Antlitz", die es so wohl nie geben wird. Sie ist nun einmal auf Gedeih und Verderb der Steigerung des Bruttosozialproduktes ausgeliefert, oder, anders formuliert, auf Profitmaximierung ausgerichtet und wird es bleiben. Hier gilt Churchills Diktum, die Demokratie sei die schlechteste aller Regierungsformen, mit Ausnahme aller anderen.

Kollaboration

Klaus Urner bemerkt zur Kollaboration: „Bei der Beurteilung der innerhalb der Schweiz verfolgten Überlebensstrategien geht es nicht darum, Einigkeit zu erzielen. Die Übergänge zwischen einer Politik der begrenzten Konzessionen mit den Ziel, die schweizerische Eigenstaatlichkeit zu bewahren, und den Versuchen, am Aufbau des 'Neuen Europa' mitzuwirken und dabei Wege zu einer profitablen Kollaboration zu beschreiten, die zur Selbstaufgabe geführt hätten, waren fliessend." [39]

Das erscheint, mit Einschränkungen, nur allzu wahr, denn der Grund dafür, daß die Schweiz um ihr Überleben kämpfen mußte, lag außerhalb ihrer Grenzen.

Der Schweizer Historiker Gustav Däniker unterstreicht, daß mindestens bis Herbst 1944 von einer militärischen Bedrohung der Schweiz ausgegangen werden muß. Damit habe die militärisch-wirtschaftliche Doppelstrategie der Schweiz – trotz Kompromissen und einigen moralisch anfechtbaren Handlungen – ihre Berechtigung gehabt. Däniker versucht damit Eizenstats Argumentation ad absurdum zu führen, die Schweiz sei spätestens ab 1943 nicht mehr bedroht gewesen, daher sei eine harte, ja abwehrend-feindselige Haltung der Schweiz gegen Deutschland angebracht gewesen. „Die These, die Schweiz habe spätestens ab 1943 Handlungsspielraum gehabt, sich deutschen Kooperationswünschen völlig zu verweigern oder gar offensiv zu werden, ist jedenfalls absurd".[40]

Die Neutralität habe das beste damals erreichbare Ergebnis erzielt: „Das Überleben von Staat und Volk, ohne immense Menschenverluste, Tragödien und Demütigungen, ohne Zerstörungen und innere Wirren: kurz eine, trotz vielen Kompromissen und einigen moralischen zweifelhaften Akten gesamthaft höchst eindrückliche nationale Selbstbehauptung ohne Krieg."[41]

Auch der Chefredakteur der NZZ, Hugo Bütler, argumentiert in diese Richtung. Zwischen Blockade und Gegenblockade seien Kompromisse notwendig gewesen, um die Unabhängigkeit zu bewahren. Selbstbehauptung könne in ruchlosen Zeiten aber auch seltsame Wege gehen. Es habe eben beides, Behauptung und Anpassung, Widerstand und Kollaboration gegeben, wobei Profitmacherei als Motiv ausscheide. Überleben sei in diesem Kontext der Bedrohung eine Leistung, die für sich selbst stehe. Noch weniger als das Bild des reinen Helden treffe auf die Schweiz das Bild pauschaler Anpasserei und Charakterlosigkeit zu, „... wie es der historisch unbedarfte amerikanische Senator D'Amato und manche publizistische Helfer [...] gezeichnet haben."[42]

Bütler stellt die Kernfrage: Hat es zum realen Geschichtsverlauf eine überzeugende Alternative gegeben? Bütler verneint und argumentiert, Anpassung hätte zum Anschluß geführt. Der Kriegseintritt auf Seiten der Alliierten zu Unterjochung.[43]

Ist diese Sicht nicht doch zu pauschal und dem Umstand geschuldet, daß sich die Schweiz mit ebenso pauschalen Vorwürfen auseinandersetzten muß? Die Zusammenarbeit mit dem Feind hat viele Facetten. Sie spiegelt stets ein Ungleichgewicht der Kräfte und Interessenlagen wieder. Sie kann vorauseilend, formal, legalistisch oder erzwungen sein, sich auf den privaten Rahmen beschränken, wirtschaftlichen oder politischen Gruppeninteressen folgen oder zur Maxime staatlicher Politik werden. Immer aber hat sie, in den Motiven durchaus unterschiedlich, ihre Exponenten. Profitsucht eingeschlossen, sind die Motive der Kollaborateure ebenso vielfältig, wie die Spielarten der Kollaboration. Erstens: Eine verzagte politische Führung ohne „Widerstandsgeist" wird immer zum Adressaten maximalistischer Forderungen des Stärkeren. Zweitens: Es gibt in den bedrohten Staaten immer Kritiker der eigenen Staatskonstruktion, die dem System des Gegners zuneigen. Drittens: Es gibt immer Vertreter der wirtschaftlichen Eliten, denen Gewinne mehr bedeuteten als alles andere. Jede dieser drei Gruppen schafft für sich getrennt, aber auch einander bedingend, stützend und z. T. in Personalunion ein Klima, in dem Kollaboration erfolgreich gedeihen kann. Die Motive liegen auf der Hand: falsch verstandenes Verantwortungsbewußtsein angesichts einer kaum kalkulierbaren Gefahr, Ablehnung der Demokratie als Staatsform und systembedingte Gewinnsucht als eine Spielart unternehmerischen Handelns.

Beispiel 1: Zur Rolle der Persönlichkeit

Die Schweiz hätte eine andere Geschichte, wenn nicht Pilet-Golaz, sondern ein anderer ihre Außenpolitik in der Kriegszeit geprägt hätte, wobei das „was-wäre-wenn" nicht zur Debatte steht. Pilet scheint ein kühler politischer Spekulant mit autoritären Zügen gewesen zu sein, fügsam gegenüber Deutschland, autokratisch gegenüber dem Bundesrat. Er wollte seiner Heimat den Krieg ersparen und war, so Edgar Bonjour, zu weitgehenden Konzessionen gegenüber dem Reich bereit. Außerdem fürchtete er, daß bei einer Verstärkung des deutschen Drucks in der Schweiz soziale und politische Spannungen und wirtschaftlicher Niedergang Raum greifen könnten. Er war Realpolitiker und wollte die nüchternen Pflichten des Völkerrechts erfüllen. Er glaubte, seiner Analyse des Deutschen Reiches nach, am Abgrund zu stehen. Sein außenpolitisches Ziel lautete konsequenterweise, Bewegungsfreiheit zwischen den Kriegführenden für die Schweiz zu sichern. Dafür scheint Pilet-Golaz neben der rein militärischen und juristischen Neutralität auch die Gesinnungsneutralität wichtig gewesen zu sein, die er innerschweizerisch durchsetzen wollte, was bei der weitverbreiteten antideutschen Stimmung im Lande von vornherein zum Scheitern verurteilt war.[44]

Zwei in diesem Zusammenhang wichtige Feststellungen Bonjours seien an dieser Stelle zitiert: „In manchen Fragen hat er gegen die öffentliche Meinung entschieden, weil es ihm aus taktischen Gründen daraufankam, den Achsenmächten und nicht den Westmächten zu gefallen. [...] Das vertiefte das Mißtrauen der Alliierten, er sei ein unbelehrbarer Deutschenfreund". Und: „Offenbar hielt er den Satz, daß der Zweck die Mittel heilige, für richtig."[45]

Pilet-Golaz war der Auffassung, daß Neutralitätspolitik nicht nach einem Konzept betrieben werden könne. Sie sei eine Kunst in einer sich ständig verändernden Situation. Beschwichtigen und „aussitzen" seien die Möglichkeiten des Schwachen. „Aber mit einer solchen Politik des geschmeidigen Zuwartens konnte man weder im Ausland beliebt, noch im Inland volkstümlich werden."[46]

Bonjour rechtfertigend: Pilet habe am Kern der Neutralität festgehalten und damit „... in feindseliger Umwelt eine Politik unentwegter Selbstbehauptung getrieben und damit das gleiche Endziel verfolgt wie Guisan."[47]

Aus der Retrospektive erscheint diese Haltung verfehlt. Aber Pilet-Golaz und mit ihm der Bundesrat empfanden eine reale Bedrohung. Man konnte und wollte außenpolitisch nicht mutiger agieren. Was schwerer wiegt, von Bonjour aber verschwiegen wird, ist, daß es in Teilen der politischen Elite der Schweiz die Neigung gab, sich dem „Zug der Zeit" aus Gründen anzupassen, die nicht dem äußeren Druck geschuldet waren. Sie lagen vielmehr, ähnlich wie bei Pétain, in einer Affinität des Konservativen zum „starken Staat".

Beispiel 2: Affinität, Sympathie, Empathie – die autoritäre Rechte in der Schweiz

Die Frontisten hatten auf dem Höhepunkt ihres politischen Einflusses, bei den Bundeswahlen von 1935, nicht einmal 14.000 Wählerstimmen (0,15 %) auf sich vereinigen können. Sie waren eine marginale Randerscheinung. „Dies aber schloss ein im allgemeinen vorsichtiges Verständnis, wenn nicht gar Sympathie für die deutsche Sache beim rechten Flügel einiger bürgerlicher Parteien, in bestimmten Geschäftskreisen und bei manchen Offizieren, die durch Ausbildung und Tradition der deutschen Armee nahestehen, nicht aus."[48]

Daß sich die Demokratie liberaler Prägung in der „Hitler-Stalin-Ära" überall in Europa auf dem Rückzug befand, entging den Schweizern nicht. Die Antwort auf die Bedrohung spaltete die öffentliche Meinung der Schweiz, bis hinein in die politischen Eliten, in diejenigen, die argumentierten, daß der Schweiz eine Erneuerung nur dann gelingen werde, wenn sie sich dem Zug der Zeit anzupassen versuche, und diejenigen, welche die Neutralität als Wert an sich zu verteidigen bereit waren. Von der Hoffnung auf eine autoritäre Staatsform, die ein Regime innerer Ordnung und nationaler Erneuerung einführt, zu den antikommunistischen Positionen demokratischer Schweizer war es nur ein kleiner Schritt, zumal sich viele Schweizer über die wahre Natur des „Dritten Reiches" täuschten. Sie waren zwar keine Demokraten, aber eben auch keine Nazis. Müßte man dies in Attribute fassen, käme folgendes heraus: konservativ – rechtskatholisch – ständestaatlich – autoritär und diktatorisch: ja; kollektivistisch – ideologisierend: nein. Daß sich solche Eliten im o. g. Maße, je nach Temperament und Einstellung in mehr oder minder starkem Maße beugten oder ihren Privatinteressen und Neigungen (politisch und wirtschaftlich) folgten und kollaborierten, sollte nicht verwundern. Diese Sicht, die Umbau und Erneuerung der Schweiz forderte, konnte aber ebenso als Scharnier zur Argumentation der „Fröntler" dienen, die, mit anderen Zielvorstellungen, das gleiche wollten, nämlich die demokratisch-liberale Schweiz abschaffen. Diese Scharnierfunktion, unzweifelhaft vorhanden, wurde nach dem Krieg undifferenzierend dazu benutzt, die Schweiz zur Gänze als willigen Helfer des NS-Regimes zu denunzieren, dabei wohlweislich verschweigend oder nicht beachtend, daß die erstgenannten die Schweiz territorial unabhängig halten wollten, die zweiten als Schweizer Nazis den Anschluß und die Kollaboration suchten.[49]

Die Konservativ-Autoritären lebten glaubwürdig vor, daß man die totalitäre NS-Diktatur ablehnen und zur selben Zeit ein geschworener Feind der liberalen Schweiz sein konnte. Von diesen Positionen aus war es nur ein kleiner Schritt, der zu der Ansicht führte, nur ein subtiler Anpassungskurs an das Reich könnte der Schweiz das Überleben im neuen Europa sichern. Von dort zur schweizerischen Mitarbeit am Neuaufbau war es gedanklich und praktisch wiederum nur ein kleiner Schritt. Das Überleben der Nation war ihnen einzige Richtschnur politischen Handelns, und sie fragten nicht nach dem moralischen Preis. Die Unterschiede zwischen konservativen „Anpassern" und frontistischen „Kapitulanten" erscheinen aus der Retrospektive marginal, waren aber in der damaligen Situation der Schweiz von existentieller Bedeutung. Die Gratwanderung eines Teils der schweizerischen Eliten wurde vom Block der Demokraten als Gefahr angesehen. Die Extremposition des Dichters Jakob Schaffner, der eine Beteiligung der Schweizer Armee am Rußlandfeldzug als Teil des abendländischen Kreuzzuges gegen den Bolschewismus begriff, darf getrost als Einzelerscheinung bezeichnet werden. Doch Gonzague de Reynold, der „Meisterdenker" (Aram Mattioli) der autoritären Rechten in der Schweiz, steht exemplarisch für alle Vertreter der „Anpasser": Alle seine außenpolitischen Überlegungen waren dem Ziel untergeordnet, der Schweiz als Staat das Überleben im „Neuen Europa" zu sichern. Der moralische Preis interessierte ihn dabei genauso wenig wie Bundesrat Marcel Pilet-Golaz.[50]

Die heute den Schweizern angekreideten Negativa sind jedoch nur zu verstehen, wenn man die damalige Situation analysiert und deutlich macht, daß sich die Maximalforderungen beider Lager, des konservativen und des liberalen, in einer Art gleitenden Gleichgewichts austarierten, über das sich letztendlich die reale Haltung gegenüber Nazideutschland definierte. Markus Heiniger hält das Gegenteil für richtig. Er bringt prononciert zum Ausdruck, daß er nicht gewillt ist, Anpasser und Kapitulanten auseinanderzuhalten, für ihn sind nationalsozialistisch orientierte „Frontisten" und ständestaatlich-konservativ geprägte „Anpasser" eins. Seine Mechanik ist einfach: Ein paar Konservative saßen an entscheidender Stelle der Politik (Etter, Musy, Pilet-Golaz) und vollzogen „... eine Amalgamierung der verschiedenen Ansätze der Frontenbewegung auf Ebene der Regierung. Damit wurde es möglich, im traditionellen Rahmen der helvetischen Politik und unter Ausschluss der Linken das politische System zu stabilisieren".[51]

Heiniger übersieht den Umkehrschluß, nämlich: daß „... man zur selben Zeit gegen das totalitäre NS-Regime Stellung beziehen und gleichzeitig vom neuen Staat träumen konnte, ist bislang fast unbeachtet geblieben." [52]

Beispiel 3: Systembedingte Kollaboration

„Der Grund für die Konzession der Schweizer Regierung ... liegt darin, dass die neutralitätspolitische Konzeption mit der wirtschaftlichen Realität der exportabhängigen Rüstungsindustrie nicht mehr übereinstimmt."[53]

Das trifft mehr oder weniger stark auch auf alle anderen Sektoren einer Wirtschaft zu, die durch Blockade und Gegenblockade weitgehend von ihren Vorkriegsmärkten abgeschnitten war. Dadurch mußten zwangsläufig private unternehmerische Initiativen entstehen, die versuchten, kommerzielles Interesse mit den vorgegebenen Rahmenbedingungen zur Deckung zu bringen. Welche Richtung diese Initiativen nahmen, scheint sowohl von Profitinteressen, als auch von den Neigungen der Einzelnen abhängig gewesen zu sein. Beispiel: Der deutsche Anpassungsdruck auf die Schweiz war zweifellos stark. Der schweizerische Gesandte in Berlin, Frölicher, unterlag diesem Druck vollkommen und machte sich 1940, wie Bonjour schreibt, zum „Wortträger der Kollaborationswünsche". Er riet der Bundesregierung in seinen Lageeinschätzungen zur Zusammenarbeit mit dem „Neuen Europa". Ihm, Frölicher, sei von deutscher Seite bedeutet worden, es sei eine Schicksalsfrage für die Schweiz, ob sie die Atempause im Kriegsgeschehen zu nutzen verstehe, denn „... jetzt werde offenbar die Zukunft de Schweiz diskutiert, weshalb sie allen Grund habe, vorsichtig und klug zu sein".[54]

Bonjour schildert aber auch, leider ohne Namen zu nennen, daß der Gesandte Frölicher „... eben nicht nur seiner deutschen Umgebung fast wehrlos gegenüber [stand], sondern [...] offenbar auch von einer kleineren Gruppe Schweizer Industrieller in Berlin, die für die Anpassung eintraten, beeinflußt [wurde]." [55]

Dazu treffsicher Adolf Muschg: „Es gibt eine Kollaboration aus Not und eine, die sich die Not anderer zunutze macht. Übrigens haben sich die Banken nicht nur an der Plünderung der Opfer beteiligt. Sie haben dadurch auch den eigenen Soldaten an der Grenze die Würde gestohlen."[56]

Hier ist die Frage zu stellen, ob die Schweiz durch ihr Vorgehen ihren Neutralitätsstatus verletzt hat und ob es zu dieser Neutralität eine zumutbare Alternative geben hat. Immerhin, so Hermann Weber, sei es vorstellbar, daß sich die Berner Regierung bewußt entschloß, mit Deutschland zusammenzuarbeiten, in dem Kalkül, die Schweiz auf andere Weise nicht aus dem Krieg herauszuhalten zu können.[57]

Aber auch hier: „Der an die Schweiz gerichtete Vorwurf, durch ihre Entscheidung für die Neutralität und damit für die Gleichbehandlung der Alliierten wie der Achsenmächte, wie sie das Völkerrecht [...] den Neutralen vorschreibt, zur Kriegsverlängerung beigetragen zu haben, trifft die Schweiz nicht härter als jeden anderen Staat, der seit der Entstehung dieser Völkerrechtsregel im 17. Jahrhundert seine Neutralitätspflichten ernstgenommen hat. Sowie mit diesem Vorwurf ein moralisches Verdikt ausgesprochen werden soll, wiegt er nicht schwerer als der an die Adresse Frankreichs und Großbritanniens gerichtete Vorwurf, durch ihre Passivität gegenüber Hitler in den dreissiger Jahren [...] den Hitlerschen Angriffskriegen Vorschub geleistet zu haben."[58]

Das Dilemma der Neutralen im totalen Großmachtkrieg bestand darin, daß sie dem Druck beider Seiten ausgesetzt waren. Nur: Schweden und die Türkei müssen sich heute nicht rechtfertigen, denn ihre geographische Lage und der Umstand, daß sie eben keine Finanzplätze von Weltbedeutung waren, ließen sie nicht in dem Maße zum Ziel von Begehrlichkeit werden, wie das bei der Schweiz der Fall war. Der Handlungsspielraum der Schweiz war wesentlich geringer. Hier zeigt sich das ganze Dilemma des Neutralen in einem Krieg, der als „totaler Krieg" unter Einsatz aller verfügbaren Ressourcen und ohne Rücksicht auf das geltende Völkerrecht geführt wurde. Man wird der Schweiz und ihrer Rolle in den Jahren 1939-1945 nicht gerecht, wenn man das Moment der Totalität des Krieges außer acht läßt. Die Achse und auch die Alliierten waren nicht an normalen Außenwirtschaftsbeziehungen zu den Neutralen interessiert, jedenfalls nicht, solange sich diese dabei vom Gebot der Nichtdiskriminierung leiten ließen. Im totalen Krieg sahen die kriegführenden Parteien die Regeln der Neutralität gleichsam außer Kraft gesetzt. In dieser Situation hatten die Neutralen nur die Wahl, den Verrat an der Neutralität zu vollenden, sich vollständig und bedingungslos in das eine oder das andere Lager zu integrieren, oder „legalistisch" auf ihrer neutralen Position zu verharren. In dieser Lage befand sich die Schweiz.[59]

Rechte und Pflichten der Neutralen

Die Neutralität war und ist seit dem 16. Jahrhundert schweizerische Staatsmaxime. Völkerrechtlich seit 1815 anerkannt, wurden die weitgehend gewohnheitsrechtlichen Normen der Neutralität auf den Haager Friedenskonferenzen im Jahre 1907 kodifiziert. Das 5. Haager Abkommen regelt die Rechte und Pflichten der neutralen Mächte und Personen im Falle eines Landkrieges, das 13. Haager Abkommen im Falle eines Seekrieges. Rechte wie Pflichten der Neutralen leiten sich aus folgenden Prinzipien ab: Der Neutrale hat Anspruch auf die Wahrung der Integrität seines Staatsgebietes und den Fortbestand friedlicher Beziehungen, sowohl mit anderen Staaten, als auch mit den Kriegsparteien. Er ist im Gegenzug strikt gehalten, sich an den Kriegshandlungen nicht zu beteiligen (außer zur Verteidigung seines Territoriums) und darf keine Bündnisse mit anderen Staaten schließen. Er muß die Kriegführenden unparteiisch behandeln, darf keine Seite diskriminieren. Das schließt grundsätzlich das Recht mit ein, den Handel mit allen Staaten fortzuführen, was für Neutrale von existentieller Bedeutung ist. Er darf den Kriegführenden aber kein Kriegsmaterial liefern oder Kredite gewähren. Was dem neutralen Staat verboten ist, ist den Privaten, einzelnen Staatsangehörigen und Firmen, gemäß Völkerrecht wiederum erlaubt. Er muß diese privaten Initiativen laut Artikel 7 Haager Landkriegsordnung nicht behindern, kann es aber. Es ist dem Neutralen unbenommen, Handelsschranken zu errichten, wenn er dies als notwendig erachtet. Er ist dabei zur gleichmäßigen Anwendung verpflichtet, darf also kein parteiisches Embargo verhängen, sondern nur eines, das alle Seiten gleich behandelt. Dabei ist die formelle Gleichbehandlung maßgeblich, das Volumen des tatsächlichen Handelsverkehrs spielt keine Rolle. Während der nichtstaatliche Handel eines Neutralen also grundsätzlich frei ist, gelten gemäß Völkerrecht für Lieferungen auf dem Seeweg einschränkende Bestimmungen. Hier erfährt die Handelsfreiheit des Neutralen Einschränkungen durch das Blockaderecht der Kriegführenden. Dieses Blockaderecht erfaßt nicht nur die Handelsschiffe der Kriegführenden, sondern auch die der Neutralen. Um die allseitigen Handelsbeziehungen dennoch möglichst aufrechterhalten zu können, sah sich die Schweiz im Zweiten Weltkrieg genötigt, mit beiden Seiten Blockade- und Wirtschaftsverträge auszuhandeln.[60]

Anhang

Die im Teil A bis C wiedergegebenen Dokumente, Karten, Statistiken und Tagebuchauszüge vergegenwärtigen die rasch eskalierende Bedrohung, der die Schweiz während des Zweiten Weltkrieges durch das Deutsche Reich ausgesetzt war. Diese Bedrohung wurde während der letzten Tage des deutschen Frankreichfeldzuges akut und führte zu konkreten Angriffsvorbereitungen.

Die Teile D und E illustrieren die Wirtschaftsbeziehungen der Schweiz zum Deutschen Reich und bieten Details zur „Raubgold"-Frage und den nachrichtenlosen Konten.

Die Wiedergabe der Dokumente erfolgt wortgetreu. Die typographische Darstellung wurde weitgehend (außer bei den Karten) vereinheitlicht. Eine Aufschlüsselung der Abkürzungen bietet das beigefügte Abkürzungsverzeichnis, ohne die bei den einzelnen Kürzeln schon im Original unterschiedlichen Zeichensetzungen (Punktsetzungen) in allen Varianten aufzuführen. Offensichtliche Schreibfehler in den Originalen wurden stillschweigend beseitigt.

TEIL A Texte und Dokumente

A 1 Auszug aus: Picker, Henry: Tischgespräche im Führerhauptquartier. (Wiesbaden 1983, S. 420)

Das nachfolgende Zitat wurde zum „Hauptbeweis" für die Argumentation, daß Hitler die Schweiz nicht nur nicht bedroht, sondern sogar bewußt verschont habe.

5. 7. 1942 abends (Wolfsschanze)

Der Schweizer Oberbefehlshaber von 1939 bis 1945, General Henri Guisan, hielt die Schweiz nicht zuletzt deshalb aus dem II. Weltkrieg heraus, daß er sie wie eine Igel-Stellung militärisch stark machte. Ihre Eroberung hätte daher jeden Angreifer kostbare Divisionen, Panzer und Flugzeuge gekostet ohne entsprechenden militärischen Gegenwert.

Als am 17. Juni das deutsche Panzerkorps des Generals Guderian bei Pontarlier die Schweizer Grenze erreichte, verbot Hitler mit Nachdruck jede Invasion der Schweiz. Uns im FHQ sagte er zu dem Problem „Schweiz", daß dieses Land als Schutzmacht und als internationaler Knotenpunkt für diplomatische Aktivitäten, Spionage, Devisen-Geschäfte und die Lieferung von Mangelwaren (z. B. an Rüstungsgütern und Rüstungsrohstoffen) unvergleichlich wertvoller sei denn als Satellit.

A 2 Kriegstagebuch der Gruppe Guderian. Auszüge aus den Aufzeichnungen vom 15.6. bis zum 17.6. 1940.
(BA-MA RH 21-2/41 v. D; Generalkommando XIX. A. K., Kriegstagebuch der Gruppe Guderian über die Schlacht in Frankreich 9. 5. - 24. 6. 1940)

15. 6. 1940

Das Ziel für den 16. 6. ist, den Feind völlig einzukreisen und mit den vordersten Teilen die Schweizer Grenze zu gewinnen. Dieser Absicht entsprechen die Befehle von 22.00 Uhr. Am 15. 6. 40 ergehen um 22.00 Uhr folgende Befehle durch Funk (Akte VIII, Buch 2, Spruch 48): „XXXIX. Pz.K. wird auf den Raum Besançon (1. Pz.Div.) - Pontarlier (29. mot. Div.) - Dole (2. Pz.Div.) angesetzt.

16. 6. 1940
23.22 Uhr

1. Ziel für XXXIX. Pz.K. für den 17. 6. ist Erreichen der Schweizer Grenze, da die Erreichung von ausschlaggebender mil. und pol. Bedeutung ist.

17.6.1940
08.00 Uhr

Um 8.00 Uhr spricht das Offizierskorps durch den Chef des Generalstabes seine Glückwünsche aus [Guderian hatte Geburtstag – d. A.]. Kurz darauf trifft die erfreuliche und bedeutungsvolle Nachricht ein, daß die Schweizer Grenze ostwärts von Pontarlier durch einen Spähtrupp der A.A. 29 der 29. Div. (mot.) erreicht ist [...].

Damit ist der Ring hinter den frz. Truppen des Lothringischen Raumes völlig geschlossen.

A 3 Auszug aus der von Hauptmann v. Menges in der Nacht vom 24. 6. zum 25. 6. 1940 erstellten „1. Vortragsnotiz über Angriff gegen die Schweiz".

(BA-MA RH 2/465; Schweiz Bd. A, gez. v. Menges, vom 25. 6. 1940)

Op. Abt. (I)
25. 6. 1940

Geheime Kommandosache Chef-Sache! Nur durch Offizier!

1.) Gestellter Auftrag:

Es sind kurz die Möglichkeiten einer überraschenden Besetzung der Schweiz durch deutsche Truppen aus Deutschland und Frankreich heraus zu untersuchen unter der Voraussetzung, daß gleichzeitig italienische Truppen von Süden her die Schweiz angreifen.

2.) Ausführung:

Hierzu kommt es darauf an, durch überraschenden, schnellen Einmarsch aus mehreren Richtungen zu erreichen:

1. Zerschlagung des feindlichen Heeres so, daß eine einheitliche Führung und Aufbau zu weiterem Widerstand in einzelnen Linien sowie Ausweichen in unwegsames Gebirgsgelände (dadurch Hinauszögern der

Kriegsentscheidung) verhindert wird.

2. Aus politischen und moralischen Gründen die schnelle und unversehrte Besetzung der Hauptstadt und des Waffenindustriegebietes um Solothurn.

3. Gewinnung der wichtigsten Eisenbahn- und Straßenknotenpunkte sowie der zahlreichen Brücken in unbeschädigtem Zustande, um das Land baldigst als Durchgangsgebiet nach Südfrankreich für alle Transporte nutzbar zu machen.

A 4 Auszug aus dem Befehl des OKH/Genst. d. H. vom 24. 6. 1940 an die Heeresgruppen A, B und C.
(BA-MA RH 19 III/141)

Der Befehl, vom OBdH Brauchitsch abgezeichnet, bereitete die Umgruppierung der Heeresgruppen für die Zeit nach dem Abschluß des deutsch-französischen Waffenstillstandes vor. Damit verbunden war eine Auftragserteilung, ein sog. Vorbefehl, an die Heeresgruppe C: „Vorbereitung für eine Sonderaufgabe, für die Befehl ergeht".

Oberkommando des Heeres H.Qu.OKH, den 24. 6. 40
Gen. St. d. H. Op. Abt. (Ia) 3 Ausfertigungen
Nr. 374/40 g Kdos 3. Ausfertigung

Geheime Kommandosache Heeresgruppenkommando C
Chef-Sache! Nur durch Offizierl 26. Juni 1940 No 230/40 g Kdos

An den Herrn Oberbefehlshaber der Heeresgruppe A, B und C.

Zur vorläufigen Unterrichtung der Herren Oberbefehlshaber werden nachstehende Gedanken, deren Bearbeitung z. Zt. beim OKH erfolgt, mitgeteilt:

Nach Inkrafttreten des Waffenstillstandes mit Frankreich wird die deutsche Wehrmacht für die weitere Kriegführung gegen England umgegliedert. Dazu werden zunächst nur Teile des Heeres in Anspruch genommen, so daß gleichzeitig eine Umgliederung des Heeres möglich ist. Im großen ist folgendes beabsichtigt:

1.) Auf dem Gebiet der Truppenführung:
a) im Westen:
Die Heeresgruppen A und B werden an der Kanal- bzw. Atlantikküste eingesetzt.
Aufgaben:
Sicherung der Küste,
Vorbereitung für Fortführung des Krieges gegen England, Neuordnung und Ausbildung der unterstellten Einheiten.
HGr. C wird in dem übrigen zu besetzenden Teil Frankreichs eingesetzt. Aufgaben:
Neuordnung und Ausbildung der unterstellten Verbände, Vorbereitung für
eine Sonderaufgabe, für die Befehl ergeht.

Teil B Übersichten, Spitzengliederungen und Stärken der deutschen Streitkräfte bis zum Beginn der deutschen Westoffensive am 10. Mai 1940

B 1 Übersicht über die Verschiebungen des Angriffstermins „Gelb“ 1939/1940.
(Aus: Jacobsen, H.-A.: Fall Gelb. Wiesbaden 1957, S. 141)

Nr. d.	Entscheidung	Angriff am	Verschoben um
	5. 11. 39	12. 11. 39	(7 Tage Anlaufzeit)
1	7. 11. 39	15. 11. 39	3 Tage
2	9. 11. 39	19. 11. 39	4 Tage
3	13. 11. 39	22. 11. 39	3 Tage
4	16. 11. 39	26. 11. 39	4 Tage
5	20. 11. 39	3. 12. 39	7 Tage
6	27. 11. 39	9. 12. 39	6 Tage
			(5Tage Anlaufzeit)
7	4. 12. 39	11. 12. 39	2 Tage
8	6. 12. 39	17. 12. 39	6 Tage
9	12. 12. 39	1. 1. 40	15 Tage
10	27. 12. 39	13. o. 14. 1. 40	8 Tage
11	9. 1. 40	14. 1. 40	–
12	10. 1. 40	17. 1. 40	–
13	13. 1. 40	20. 1. 30	3 Tage
14	16. 1. 40	Frühjahr	ungewiß
			(24 Stunden Anlaufz.)
15	(6. 3. 40	18. 3. 40	–)
16	(13. 3. 40	ungewiß	–)
17	(14. 3. 40	ca. 22. 3. 40	–)
18	(26./27. 3. 40	wahr. 14. 4. 40	–)
19	(10. 4. 40	13. 4. 40	–)
20	(14. 4. 40	21./22. 4. 40	–)

21	(18. 4. 40	nicht vor 24. 4. 40	3 Tage)
22	(22. 4. 40	ungewiß	–)
23	(27. 4. 40	zw. 1. u. 7. 5. 40	–)
24	30. 4./1. 5.40	5. 5. 40	–
25	3. 5. 40	5. 5. 40	1 Tag
26	4. 5. 40	7. 5. 40	1 Tag
27	5. 5. 40	8. 5. 40	1 Tag
28	7. 5. 40	9. 5. 40	1 Tag
29	8. 5. 40	endg. 10. 5. 40	–

Bei den in Klammern angegebenen Verschiebungen handelt es sich nicht um Widerrufe der erteilten Einsatzbefehle, vielmehr um Hitlers Terminangaben („Führer glaubt ...“).

B 2 Spitzengliederung des deutschen Heeres am 10. Mai 1940. (Aus: Jacobsen, H.-A.: Fall Gelb. Wiesbaden 1957, S. 262)

Oberbefehlshaber des Heeres:
Gen.Oberst **Walther v. Brauchitsch**

Chef H. Rüst u. BDE: Gen. d. Inf. **F. Fromm**	Chef d. Genst. d. Heeres: Gen. d. Artl. **F. Halder**
I. Genst. Offz.:	Obstlt. i. G. **Siewert**
Oberquartiermeister I:	Gen. Lt. **K. H. v. Stülpnagel**
Operationsabteilung:	Oberst i. G. **H. v. Greiffenberg**
1. Gen.St.Offz.:	Oberst i. G. **A. Heusinger**
Ausbildungsabteilung:	Oberst i. G. **G. E. Röhricht**
Organisationsabteilung:	Oberst i. G. **W. G. Buhle**
Transportabteilung:	Oberst i. G. **G. Gercke**
Feld-Transportabteilung:	Obstl. i. G. **M. Bork**
Generalquartiermeister:	Gen. d. Inf. **E. Müller**
Oberquartiermeister IV:	Gen. Major **K. v. Tippelskirch**
3. Abt. (Fremde Heere West):	Obstl. i. G. **Liss**
12. Abt. (Fremde Heere Ost):	Obstl. i. G. **Kinzel**
Attache-Abteilung:	Major i. G. **Mellenthin**
Heerwesen-Abteilung:	Oberst i. G. **Heim**
Oberquartiermeister V:	Gen. Lt. **W. Erfurth**

Truppengeneralstab:
HGr. Kdo.:
Armee-Ob Kdo.: (je Chef d. Gen. Stabes und
Korps-Kdo.: mehrere Genst. Offiziere)
Division: Ia, Ib, Ic

B 3 Deutscher Aufmarsch West vom August/September 1939 (Auszug). (Aus: Jacobsen, H.-A.: Fall Gelb. Wiesbaden 1957, S. 243)

Hier aufgeführt sind lediglich die Verbände der 7. Armee (Gen. d. Art. Dollmann) im Raum Karlsruhe-Lörrach-Stuttgart, nördlich der deutsch-schweizerischen Grenze.

Einsatzbereite Divisionen der 1. und 2. Welle

	25. 8.1939	27. 8.1939	28.8.1939
7. Armee	5., 35.	78.	
	Insgesamt: 3 Divisionen		

B 4 Deutscher Aufmarsch West am 10. Mai 1940 (Auszug). (Aus: Jacobsen, H.-A.: Fall Gelb. Wiesbaden 1957, S. 258)

Hier aufgeführt sind lediglich die Verbände der 7. Armee (Gen. d. Art. Dollmann) im Raum Karlsruhe-LörrachStuttgart, nördlich der deutsch-schweizerischen Grenze.

Armee	Korps	Divisionen
7. Armee	XXV. AK: Gen. d. Inf. **Ritter v. Prager**	555. ID
		557. ID
	XXXIII. AK: Gen. Lt. v. **Weikersthal**	554. I
		556. ID
	Insgesamt:	4 Inf. Div.

B 5 Hitlers Führerhauptquartiere 1939 bis 1940. (Auszug aus: Maser, W.: Adolf Hitler. München 1992, S. 514 f.)

Während des Feldzuges gegen Polen seit 3. September 1939:
„Führersonderzug“ (ein Arbeits- und ein Wohnwagen für Hitler, je ein Flakwagen am Beginn und Ende des Zuges, einige Wagen für Nachrichtenübermittlung und Presse sowie Schlaf- und Speisewagen für den Stab) in Polzin, Groß-Born, Illnau bei Oppeln. Goddentow-Lanz. Kasino-Hotel in Zoppot. *26. September 1939*: Rückkehr nach Berlin.

Westfeldzug (Frankreich):
„Felsennest“ (seit 10. Mai 1940) in Rodert bei Münstereifel (Führerbunker).
„Wolfsschlucht“ (ab 4. Juni 1940) in Bruly de Peche.

Teil C Karten

C 1 Deutscher Aufmarsch West. Stand vom 9. 9. 1939.
(Aus: Jacobsen, H.-A.: Fall Gelb. Wiesbaden 1957)

Zwischen Karlsruhe und Lörrach, gegenüber der Maginotlinie, stehen lediglich vier deutsche Infanteriedivisionen.

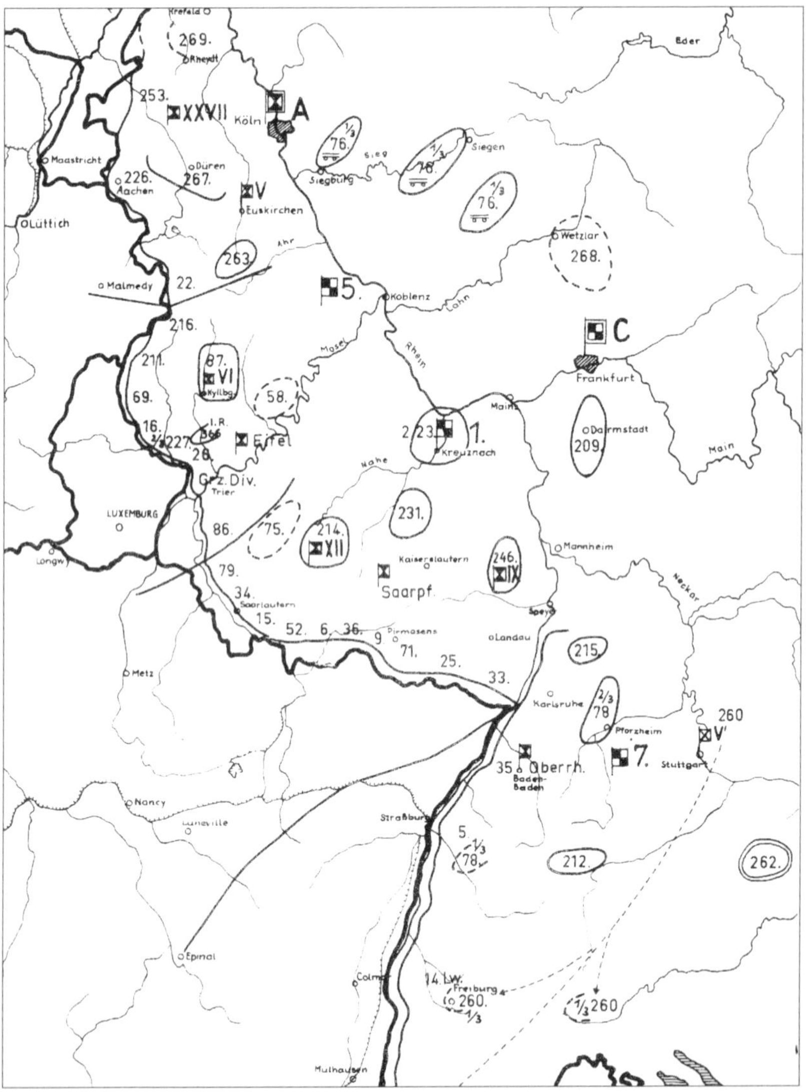

C 2 Lage West vom 10. 5. 1940, 0.00 Uhr, mit tatsächlicher Feindlage.
(Aus: Halder, F.: Kriegstagebuch. Bd. 1. Stuttgart 1962)

Am Frontabschnitt zwischen Karlsruhe und Lörrach stehen vier deutsche Infanteriedivisionen (554., 555., 556. und 557. I. D.).

Die im Raum Bruchsal-Rottweil-Stuttgart versammelten Verbände (50., 78., 96., 167., 183., 206., 212., 260. I. D. und eine Polizeidivision) gehören zur Reserve des OKH.

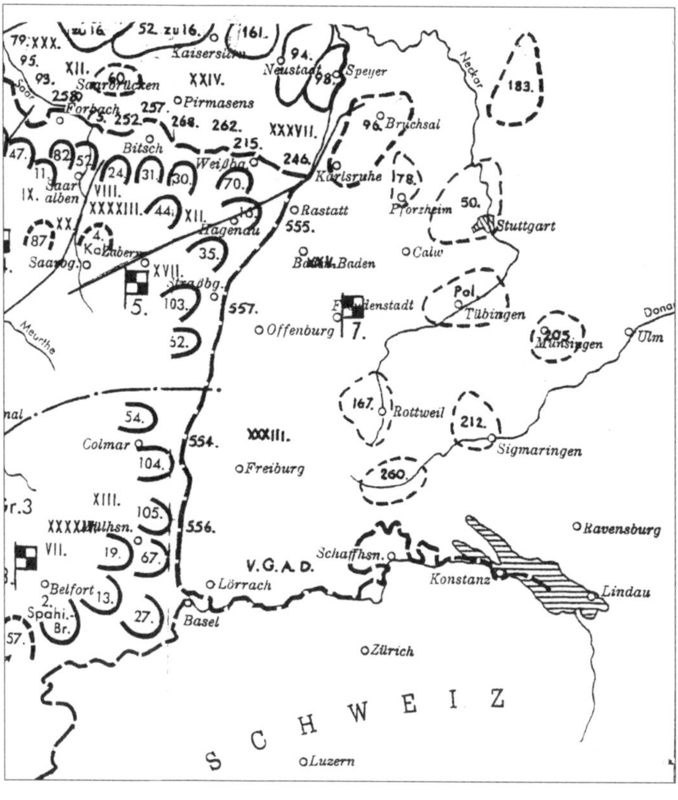

C 3 Fall Gelb: Lage am 24. 5. 1940.
(Aus: Jacobsen, H.-A.: Fall Gelb. Wiesbaden 1957)

Der Ring um die alliierten Truppen im Raum Dünkirchen-Lens-Lille-Brügge ist geschlossen.

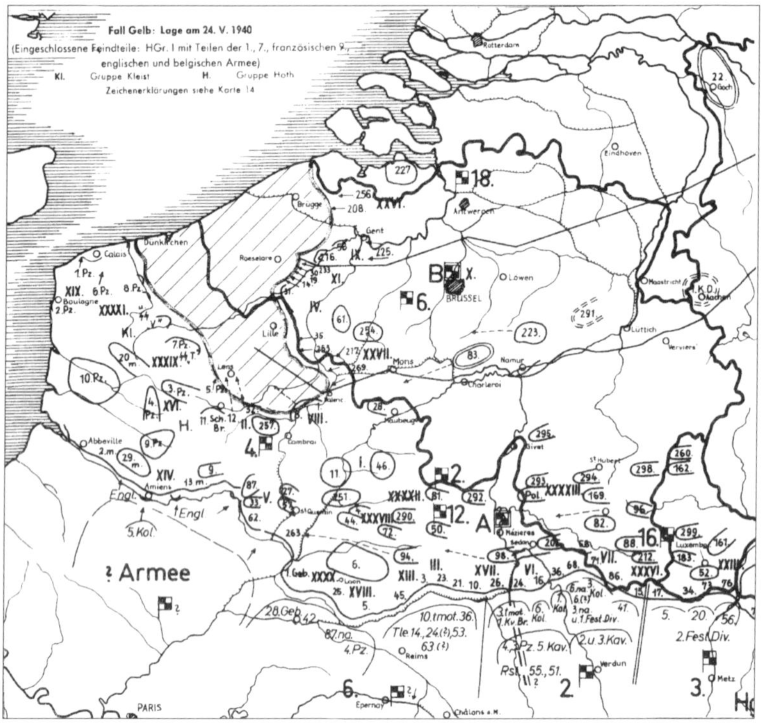

C 4 Lage West vom 5. 6. 1940, 5.00 Uhr, mit tatsächlicher Feindlage. (Aus: Halder, F.: Kriegstagebuch. Bd. 1. Stuttgart 1962)

An der Oberrheinfront stehen nach wie vor lediglich vier deutsche Infanteriedivisionen (554., 655., 556. und 557. I. D.) und vier Infanteriedivisionen (213., 218., 221. und 239. I. D.) als Armeereserve der 7. Armee (Gen. d. Art. Dollmann).

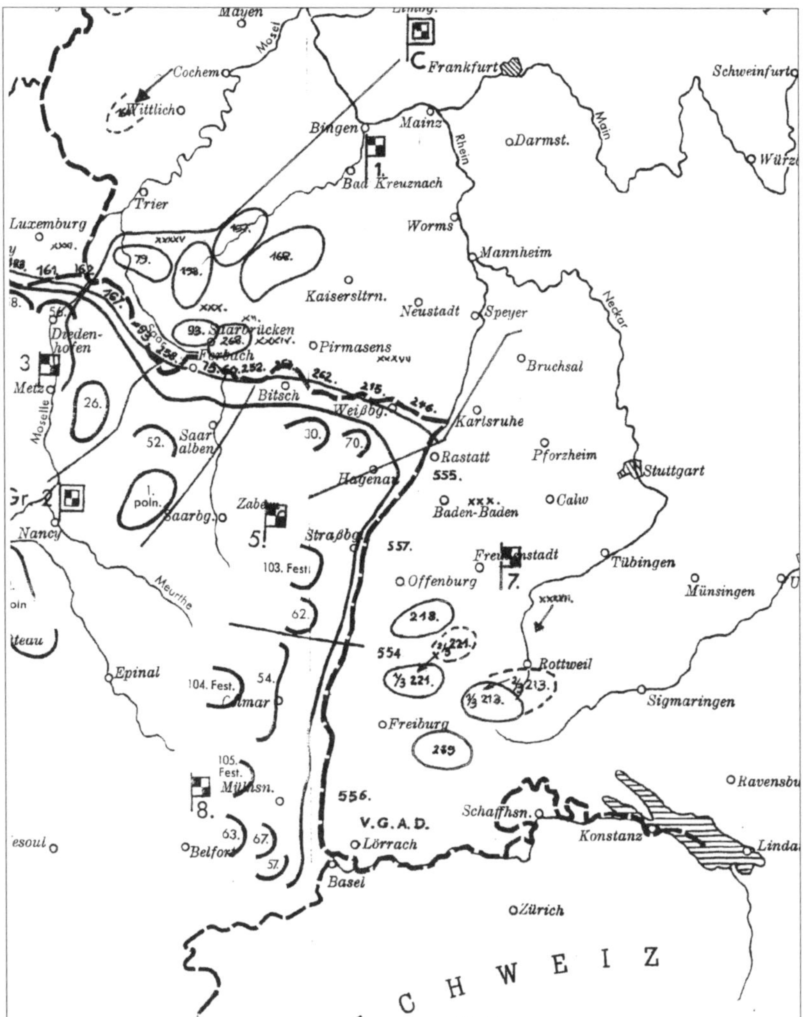

C 5 Der Durchstoß der Panzergruppe Guderian zur Schweizer Grenze.
(Aus: Macksay, K.: Guderian. Düsseldorf/Wien 1976)

Mit Erreichen der Schweizer Grenze am 17. 6. 1940 war der Ring hinter den französischen Truppen, die die Maginotlinie verteidigten und in Lothringen operierten, geschlossen.

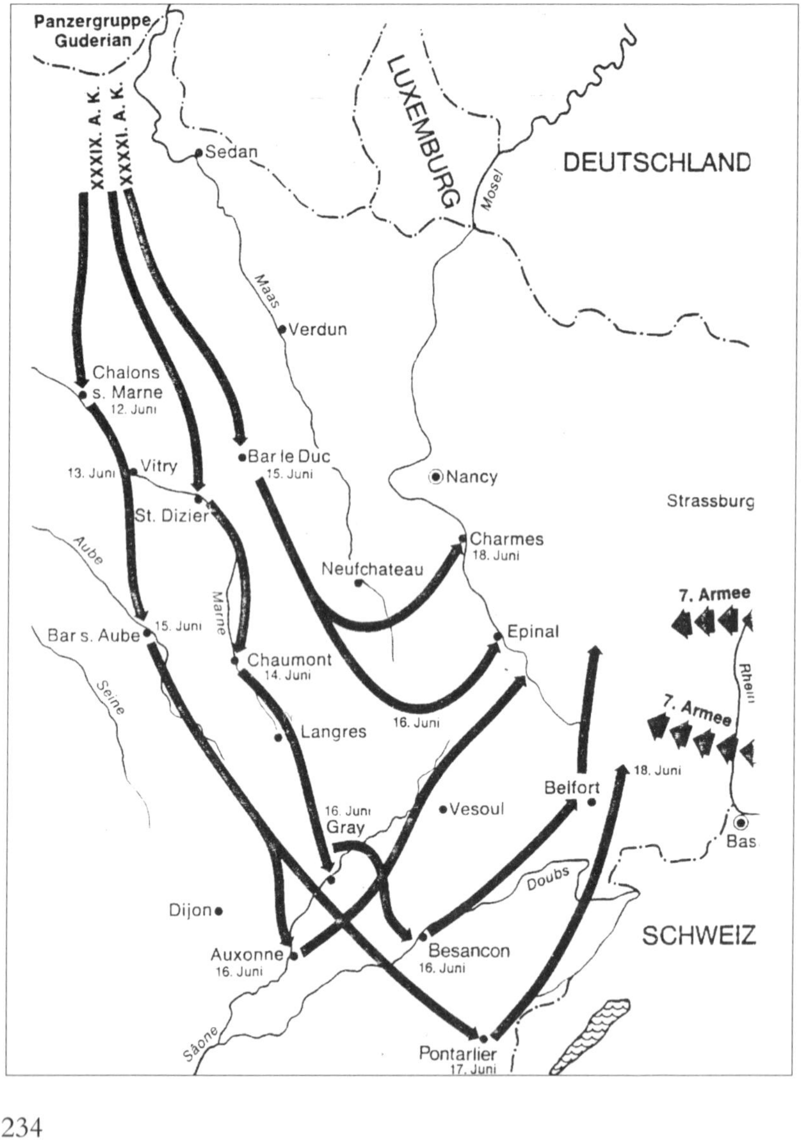

C 6 Lage am 25. 6. 1940, 1.35 Uhr, Waffenstillstand.
(Aus: Urner, K.: „Die Schweiz muß noch geschluckt werden!“ Hitlers Aktionspläne gegen die Schweiz. Zürich 1991)

Das „Loch“ zwischen Genf und St. Gingolph ist deutlich sichtbar. Südwestlich vom „Loch“ operierten die Verbände der „Gruppe List“, u. a. das Infanterieregiment „Großdeutschland“ und die Leibstandarte SS-“Adolf Hitler“, im Raum St. Etienne - Grenoble - Aix-lesBains.

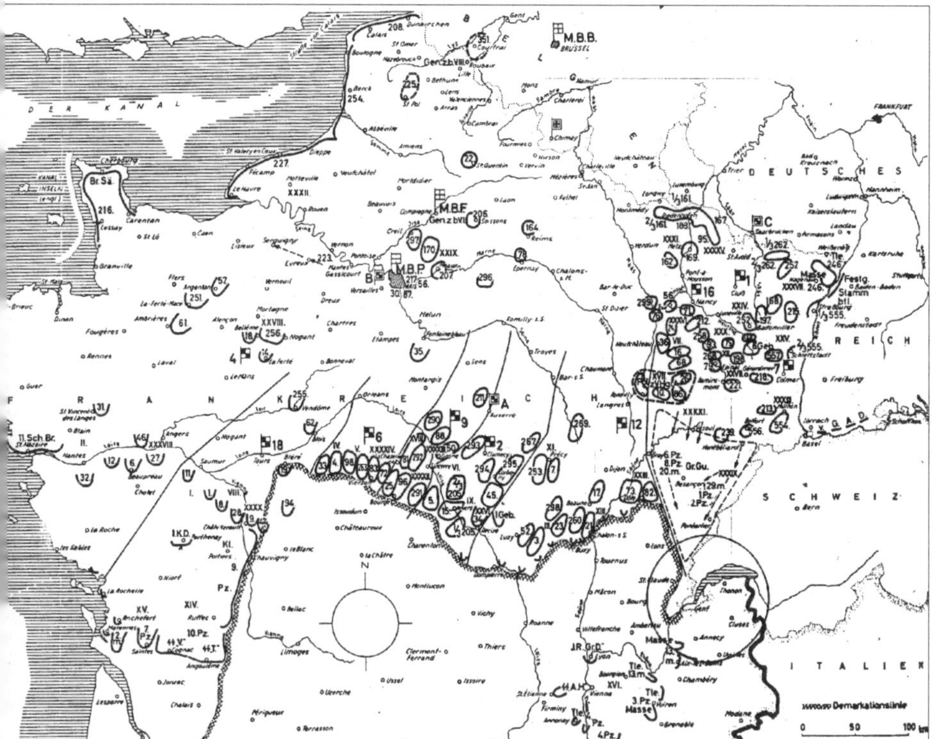

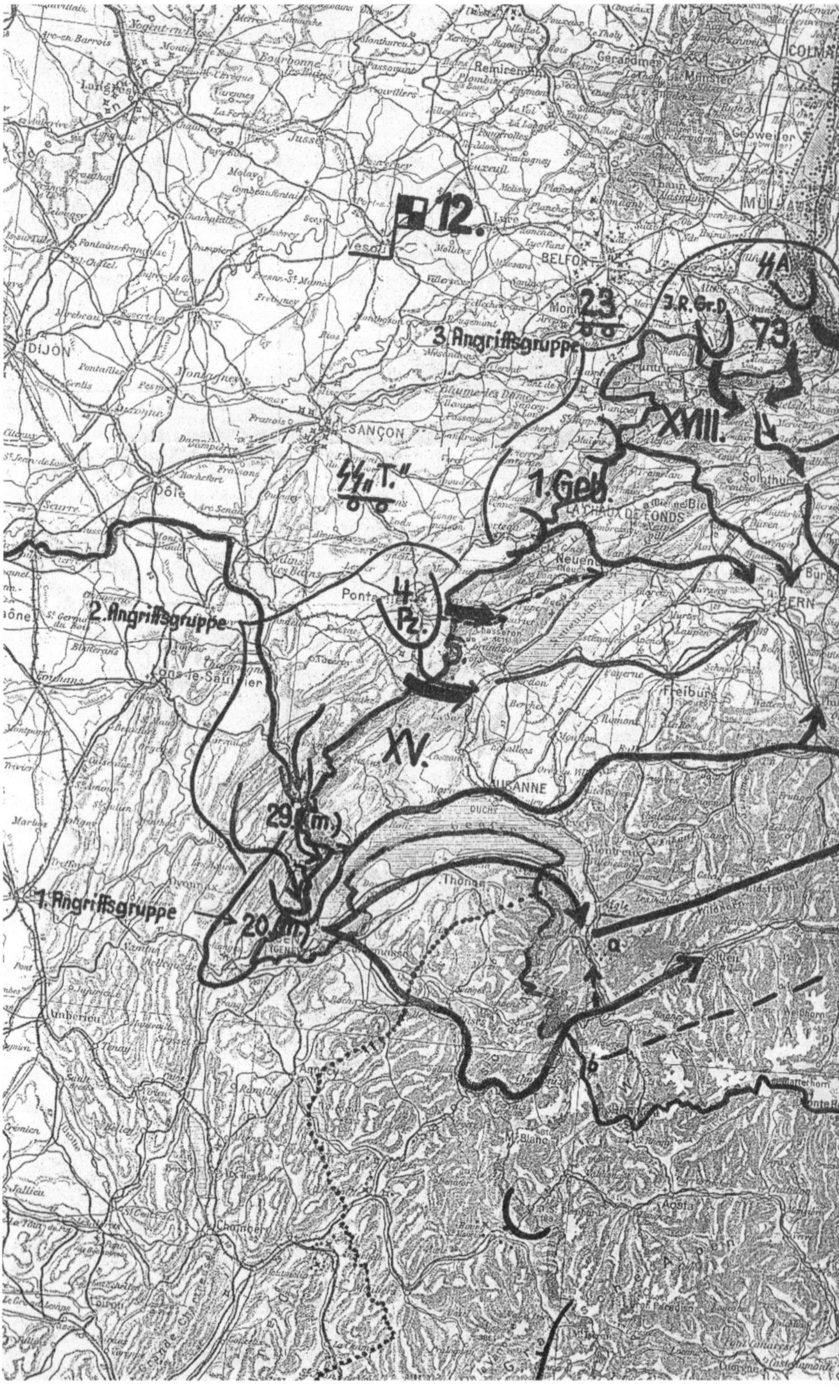

12.
3. Angriffsgruppe
2. Angriffsgruppe
1. Angriffsgruppe
23
3.R.Gr.D.
73
XVIII.
1. Geb.
4. Pz.
5.
XV.
29. (m.)
20. (m.)
DIJON
BESANÇON
BELFORT
Vesoul
Dôle
Pontarlier
Lons-le-Saulnier
Freiburg
BERN
Solothurn
Neuenburg
LA CHAUX DE FONDS
LAUSANNE
Thonon
Aigle
Annecy
Chambéry
Aosta
Mt. Blanc
Matterhorn
Remiremont
Gérardmer
Münster
Gebweiler
COLMAR
MÜLHAUSEN
Luxeuil
Lure
Langres

C 7
Das von Otto Wilhelm von Menges ausgearbeitete Angriffsdispositiv des OKH für den deutschen Einmarsch in die Schweiz. Operationsentwurf vom 12. August 1940. (BA-MA, RH 2/465 K1-19)

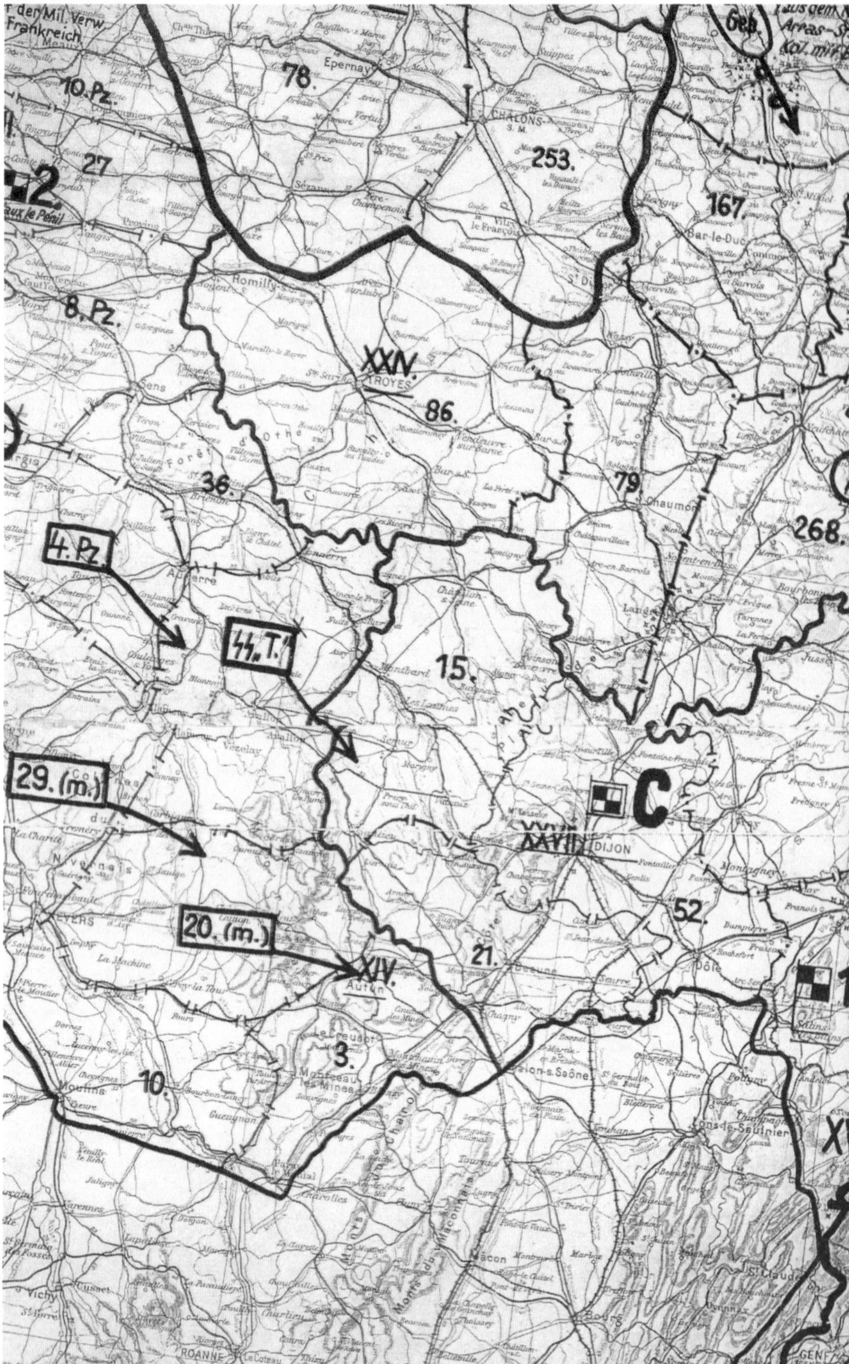
Frankreich
10.Pz.
27
78.
Epernay
CHALONS-S.M.
253.
167.
Bar-le-Duc
Romilly
8.Pz.
TROYES
86.
Sens
36.
79.
268.
4.Pz.
15.
Montbard
29.(m.)
C
DIJON
52.
20.(m.)
XIV.
Autun
21.
Dôle
3.
Le Creusot
10.
Moulins
Mâcon
Bourg
Vichy
ROANNE
GENF

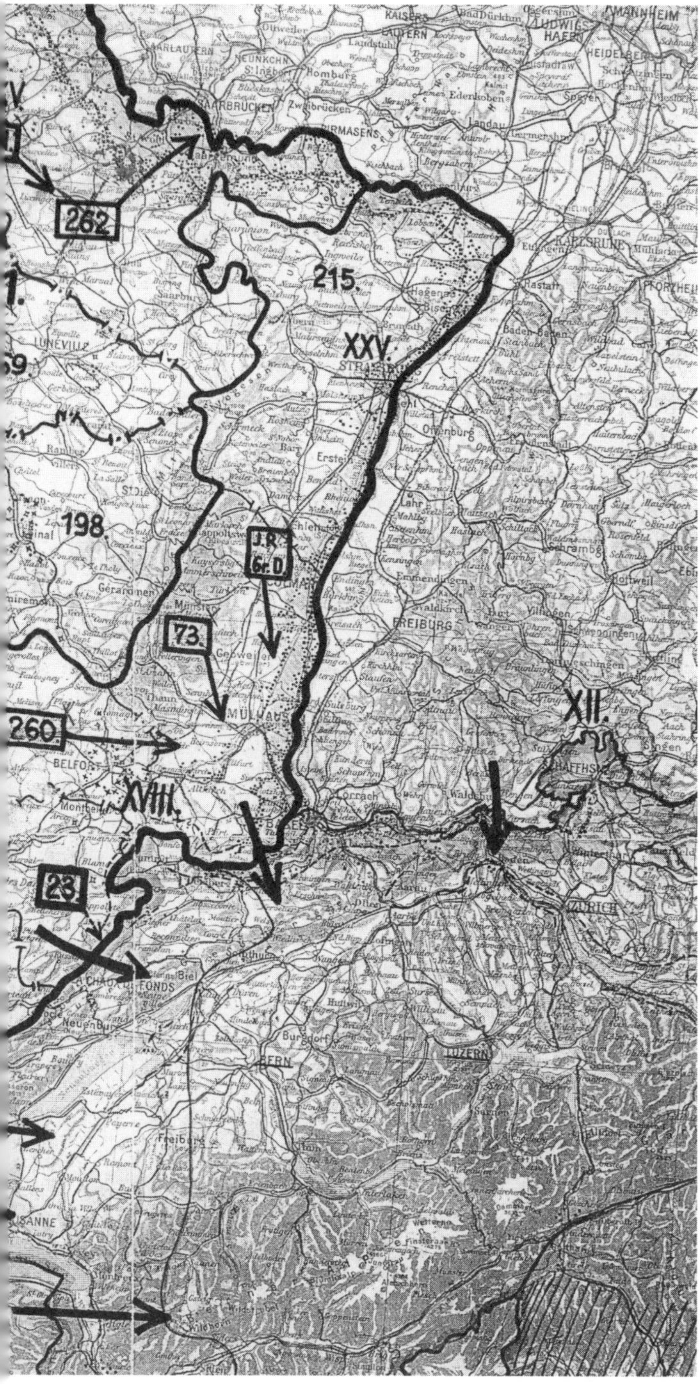

C 8
Karte zur Operationsstudie vom 12. August 1940.
(BA-MA, RH 2/v.465 K1-19)

Die akute militärische Bedrohung der Schweiz ist offenbar.

C 9 Vorstoß der „Gruppe List" gegen die französische Alpenarmee vom 23./24. Juni 1940.
(Aus: Urner, K.; „Die Schweiz muß noch geschluckt werden!" Hitlers Aktionspläne gegen die Schweiz. Zürich 1991)
Die Abschnürung der Schweiz mißlingt.

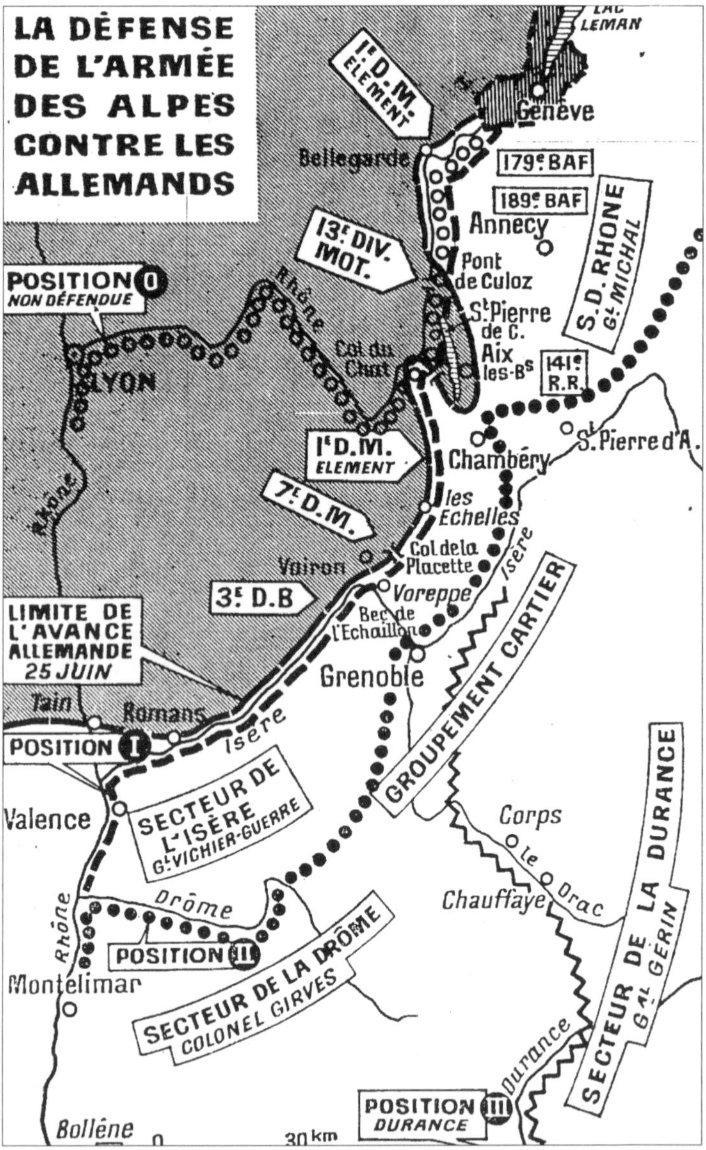

Teil D: Wirtschaft

D 1 Indexe der Konsumentenpreise und Außenhandelsbilanzen der Schweiz zwischen 1939 und 1945.
(Aus: Koller, W.: Die Schweiz 1935-1945. 1000 Daten aus kritischer Zeit. Zürich 1970)

31. 12. 1939 Der Index der Konsumentenpreise (August 1939 =100) verzeichnet einen Stand von 103 Punkten.
Der Außenhandel des Jahres 1939 zeigt folgendes Ergebnis (in 1.000 t): Einfuhr 8.771, Ausfuhr 548.

31. 12. 1940 Der Index der Konsumentenpreise (1939 = 100) steht auf 110 Punkten.Verglichen mit 1939 sind die Importe mengenmäßig um
29. 12. 19% und die Exporte der Schweiz um 6,9 % zurückgegan gen.Der Außenhandel des Jahres 1940 zeigt folgendes Ergebnis (in 1.000 t): Einfuhr 6.220, Ausfuhr 510.

31. 12. 1941 Der Index der Konsumentenpreise (1939 = 100) ist auf 127 Punkte gestiegen.
Verglichen mit 1940 sind die Einfuhren mengenmäßig um 21,2 % zurückgegangen, wertmäßig aber um 9,2 % gestiegen.
Die Ausfuhr ist mengenmäßig um 2,5 %, wertmäßig um 11,2 % gestiegen. Die Handelsbilanz zeigt folgen de Totalzahlen (in 1.000 t): Einfuhr 4.900, Ausfuhr 523.

31. 12. 1942 Der Index der Konsumentenpreise (1939 = 100) ist auf 141 Punkte gestiegen.
Gegenüber 1941 sinkt die Einfuhr mengenmäßig um 10 %, die Ausfuhr um 22,5 %. Die Handelsbilanz zeigt Werte (in 1.000 t): Einfuhr 4.421, Ausfuhr 405.

31. 12. 1943 Der Index der Konsumentenpreise (1939 = 100) ist auf 148 Punkte gestiegen.
Die schweizerische Handelsbilanz zeigt folgende Werte (in 1.000 t): Einfuhr 4.071, Ausfuhr 368.

31. 12. 1944 Der Lebenskostenindex (1939 = 100) ist auf 151 Punkte gestiegen.
Die schweizerische Handelsbilanz zeigt folgende Werte (in 1.000 t): Einfuhr 2.680, Ausfuhr 310.

31. 12. 1945 Der Index der Konsumentenpreise (1939 = 100) steht bei 152 Punkten.Die Außenhandelsbilanz zeigt folgen de Werte (in 1.000 t): Einfuhr 1541, Ausfuhr 181. Damit ist der Tiefpunkt im Außenhandel erreicht. Gegenüber 1938, dem letzten Normaljahr, betragen die Importe noch 20,5 % und die Exporte 30 %.

D 2 Veränderungen der Außenhandelsanteile der Schweiz mit den kriegführenden Staaten (Anteil in Prozent des gesamten Import- und Exportwertes) 1938 bis 1944.

(Aus: Urner, K.: Neutralität und Wirtschaftskrieg. In: Schwedische und schweizerische Neutralität im Zweiten Weltkrieg. Basel 1985)

	USA		D		I		F		GB	
	Imp.	Exp.	Imp.	Exp.	Imp.	Exp.	Imp.	Exp.	Imp.	Exp.
1938	7,8	6,9	25,3	8,5	7,3	6,9	14,3	9,2	6,0	11,2
1939	16,3	9,0	23,3	14,8	7,1	6,2	14,6	10,8	5,8	12,7
1940	10,7	10,6	22,6	21,7	8,9	10,8	7,7	8,5	4,7	7,2
1941	7,5	7,4	32,4	39,4	12,1	12,7	3,8	6,4	0,7	1,6
1942	11,5	6,5	32,2	41,7	7,5	10,1	3,8	4,3	1,0	1,4
1943	3,2	9,4	30,8	36,7	7,6	5,8	4,5	3,2	0,2	2,2
1944	1,8	12,5	36,5	25,9	2,4	0,4	4,4	2,1	0,1	3,0

D 3 Entwicklung der Handelsbeziehungen zwischen der Schweiz und Deutschland 1930 - 1945.
(Aus: Chevallaz, Georges-André: Die Herausforderung der Neutralität. Zürich 1997, S. 187-182.)

1. Schweizer Importe aus Deutschland (in Millionen Franken)

	1930	1938	1939	1940	1941	1942	1943	1944	1945
Kohle	62	66	64	121	195	168	145	107	2
Eisen	69	51	71	43	120	156	96	70	3
Kupfer	19	5	4,9	3,6	6	5	3	1	0,16
Andere Metalle	20	16	14	13	33	39	25	14	1,6
Maschin.	69	37	41	36	43	44	38	24	5,6
Fahrzeuge	12	19	32	15	5,6	2,5	4	10	3,4
Uhren	5	4	2	1,3	1,7	1,3	1	0,8	0,3

2. Schweizer Exporte nach Deutschland (in Mllionen Franken)

	1938	1940	1941	1942	1943	1944
Komplette Waffen	0,9	19	58,5	41.7	37	14
Einzelteile	-	0,5	5	17	19	-
Zünder	0,6	0,5	31	62	67	16
Munition	6,5	14	59	53	77	12
Sogenannte strategische Produkte	58	91	162	201	209	-
Kriegsmaterial insgesamt	66	126	316	375	409	42
% vom Gesamtexport nach Deutschland	33	44	55	57	68	17

Teil E: Raubgold und nachrichtenlose Konten

E 1 *Schweizer Bundesbeschluß vom 13. 12. 1996.*
(Aus: Ziegler, Jean: Die Schweiz, das Gold und die Toten. Rehda-Wiedenbrück 1997, S. 310-312)

Bundesbeschluss betreffend die historische und rechtliche Untersuchung des Schicksals der infolge der nationalsozialistischen Herrschaft in die Schweiz gelangten Vermögenswerte

vom 13. Dezember 1996

Die Bundesversammlung der Schweizerischen Eidgenossenschaft
gestützt auf die Artikel 64 und 64bis der Bundesverfassung, nach Einsicht in den Bericht vom 26. August 1996 der Kommission für Rechtsfragen des Nationalratesund in die Stellungnahme des Bundesrates vom 16. September 1996,
beschließt:

Art. 1 Gegenstand

[1] Untersucht werden Umfang und Schicksal von Vermögenswerten aller Art, die von Banken, Versicherungen, Anwälten, Notaren, Treuhändern, Vermögensverwaltern oder anderen natürlichen oder juristischen Personen oder Personengemeinschaften mit Wohnsitz oder Sitz in der Schweiz erworben, diesen zur Verwahrung, Anlage oder Übermittlung an Dritte übergeben oder von der Schweizerischen Nationalbank entgegengenommen wurden. Die Untersuchung bezieht sich auf Vermögenswerte, die

a. Personen gehörten, die Opfer der nationalsozialistischen Herrschaft wurden oder von denen infolge dieser Herrschaft zuverlässige Nachrichten fehlen und deren Vermögen seither von den Berechtigten nicht beansprucht wurden;

b. infolge der Rassengesetze oder anderer diskriminierender Maßnahmen im Einflußbereich des nationalsozialistischen Deutschen Reiches ihren rechtmäßigen Eigentümern entzogen wurden; oder

c. von Mitgliedern der Nationalsozialistischen Deutschen Arbeiterpartei, vom nationalsozialistischen Deutschen Reich, seinen Institutionen oder Vertretern sowie diesen nahestehenden natürlichen oder juristischen Personen stammen, eingeschlossen alle Finanztransaktionen, die mit diesen Vermögenswerten durchgeführt wurden.

[2] Die Untersuchung erstreckt sich ebenfalls auf die von der Schweiz seit 1945 getroffenen staatlichen Maßnahmen, welche Vermögenswerte nach Absatz 1 zum Gegenstand hatten.

[3] Der Bundesrat kann auf Antrag der Expertenkommission oder von sich aus den Gegenstand der Untersuchung neuen Erkenntnissen oder den Arbeiten anderer Untersuchungskommissionen anpassen.

Art. 2 Durchführung der Untersuchung

[1] Der Bundesrat setzt eine unabhängige Expertenkommission ein, welche den Umfang und das Schicksal der Vermögenswerte nach Artikel 1 historisch und rechtlich untersucht. Der Kommission gehören Expertinnen und Experten aus verschiedenen Fachrichtungen an.

[2] Die Expertenkommission orientiert den Bundesrat regelmäßig über den Stand der Arbeiten, namentlich wenn sich im Laufe der Untersuchung konkrete Hinweise auf Vermögensanspruche nach Artikel 1 ergeben.

Art. 3 Vertraulichkeit der Untersuchung

Die mit der Durchführung der Untersuchung betrauten Personen sowie ihre Mitarbeiterinnen und Mitarbeiter unterstehen dem Amtsgeheimnis. Der Bundesrat regelt die Einzelheiten in den Untersuchungsaufträgen.

Art. 4 Pflicht zur Aktenaufbewahrung

Akten, die der Untersuchung nach Artikel 1 dienlich sein könnten, dürfen nicht vernichtet, ins Ausland gebracht oder sonstwie schwerer zugänglich gemacht werden.

Art. 5 Pflicht zur Gewährung der Akteneinsicht

[1] Die in Artikel 1 erwähnten Personen und Institutionen, ihre Rechtsnachfolger sowie Behörden und Amtsstellen sind verpflichtet, den vom Bundesrat bestimmten Mitgliedern der Expertenkommission und den von ihnen beigezogenen Forscherinnen und Forschern Einsicht in alle Akten zu gewähren, die der Untersuchung dienlich sein könnten.

[2] Diese Pflicht geht jeder gesetzlichen und vertraglichen Geheimhaltungspflicht vor.

Art. 6 Verfügung über die Untersuchungsmaterialien
Sämtliche Untersuchungsmaterialien stehen in der alleinigen Verfügungsbefugnis des Bundesrates.

Art. 7 Veröffentlichung der Untersuchungsergebnisse
1 Der Bundesrat veröffentlicht die Untersuchungsergebnisse vollständig.
2 Personendaten werden für die Veröffentlichung anonymisiert, sofern überwiegende schutzwürdige Interessen lebender Personen dies erfordern.

Art. 8 Rechtsschutz
1 Bei Streitigkeiten über die Pflicht zur Aktenaufbewahrung und zur Gewährung der Akteneinsicht entscheidet das Departement auf Antrag der Experten.
2 Gegen den Entscheid des Departements kann innert zehn Tagen Verwaltungsgerichtsbeschwerde beim Bundesgericht erhoben werden.
3 Das Departement und das Bundesgericht entscheiden unverzüglich.
4 Das Bundesgesetz vom 19. Juni 1992 über den Datenschutz ist nicht anwendbar.

Art. 9 Strafbestimmungen
1 Wer vorsätzlich Artikel 4 oder einer gestützt auf Artikel 5 Absatz 1 erlassenen Verfügung zuwiderhandelt, wird mit Haft oder mit Buße bis zu 50.000 Franken bestraft. Handelt der Täter fahrlässig, so ist die Strafe Buße bis zu 10.000 Franken. 2 Die Strafbarkeit von Verletzungen des Amtsgeheimnisses nach Artikel 320 des Strafgesetzbuches bleibt vorbehalten.
3 Für Widerhandlungen in Geschäftsbetrieben sind die Artikel 6 und 7 des Verwaltungsstrafrechtsgesetzes anwendbar.
4 Die Strafverfolgung ist Sache der Kantone.

Art. 10 Finanzierung
Die Bundesversammlung bewilligt einen mehrjährigen Verpflichtungskredit für die Durchführung der Untersuchung nach Artikel 1.

Art. 11 Schlußbestimmungen
1 Dieser Beschluß ist allgemeinverbindlich.
2 Er wird nach Artikel 89bis Absatz 1 der Bundesverfassung als dringlich erklärt und tritt einen Tag nach der Verabschiedung in Kraft.
3 Er unterliegt nach Artikel 89bis Absatz 2 der Bundesverfassung dem fakultativen Referendum und gilt bis zum 31. Dezember 2001.

E 2 *Erklärung des Schweizer Bundesrates vom 22. Mai 1997 zum Eizenstat-Bericht.*
(Nach:
http://www.nzz.ch/online02_dossiers/Schatten/scha970523a.htm)

Erklärung des Bundesrates zum Eizenstat-Bericht

Gesamtwürdigung des Berichts

Am 7. Mai 1997 veröffentlichten die amerikanischen Behörden den Eizenstat-Bericht über die Finanztransaktionen des Naziregimes. Am selben Tag gab der Bundesrat eine erste Stellungnahme ab. Weil dem Bundesrat leider nur unzulängliche Möglichkeiten zu Einsichtnahme und Abstimmung eingeräumt wurden, war die Stellungnahme notwendigerweise bloss vorläufiger Natur.

Nach eingehender Durchsicht kommt der Bundesrat zum Schluss, dass der Eizenstat-Bericht zusätzliche Elemente zur Beurteilung des Verhaltens der Schweiz, der anderen Neutralen sowie der Vereinigten Staaten selber im und nach dem Zweiten Weltkrieg liefert. Die amerikanische Verwaltung würdigt die grossen Anstrengungen der Schweiz zur Aufarbeitung ihrer Geschichte positiv. Im Wissen um die grossen Verdienste der Vereinigten Staaten um die Befreiung Europas und um die von diesem Land erbrachten Opfer, aber auch im Wissen um die unsagbaren Leiden der Opfer des Holocaust möchte die Schweiz diese Aufarbeitung gemeinsam mit den USA und anderen Ländern weiter vorantreiben. Unter Freunden ist es aber auch eine Selbstverständlichkeit, Unterschiede der Beurteilung offen zu diskutieren. Es ist dem Bundesrat deshalb ein Anliegen, seiner kritischen Haltung zu Aussagen im Vorwort des Berichts Ausdruck zu geben.

Der Bericht als solcher enthält zahlreiche, bisher nicht in Publikationen zugängliche Informationen aus amerikanischen Quellen, die von grossem Interesse sind. Dabei bestätigt und ergänzt er im wesentlichen bisher vorliegende Erkenntnisse. Ihre Auswertung steht der unabhängigen Expertenkommission Bergier und der freien Geschichtsforschung zu. Der Bundesrat ist überzeugt, dass der Bericht damit zum besseren Verständnis des Verhaltens der einzelnen Länder in jener Zeit beiträgt. Er reiht sich in bereits vorliegende historische Arbeiten ein, die teilweise nicht die ihnen zukommende politische Beachtung fanden. Zu denken ist beispielsweise an den Bericht Ludwig zur Flüchtlingspolitik, den

Bonjour-Bericht zur Neutralitätspolitik oder Arbeiten zum Thema Goldhandel.

Wie wiederholt in Wort und Tat bekräftigt, will der Bundesrat alles tun, um die weitere Erforschung unserer Geschichte während des Zweiten Weltkriegs zu fördern. Diese Erforschung ist nicht nur eine Frage historischen Interesses, sondern bringt die Bereitschaft zum Ausdruck, sich auch den Schattenseiten der jüngeren schweizerischen Geschichte zu stellen.

Vorbehalte zum Vorwort

Kritisch stellt sich der Bundesrat hingegen zum Vorwort. Es enthält auch politische und moralische Wertungen, welche über den historischen Bericht hinausgehen. Sie bedürfen der Klarstellung.

Harte Verhandlungsführung in der Nachkriegszeit

Die härteste Kritik betrifft das Verhalten der Schweiz in der Nachkriegszeit. Es handelt sich um ein Kapitel der Geschichte, das den Bundesrat besonders beschäftigt und dem er seine ganze Aufmerksamkeit widmen will. Es geht um die Frage, ob das damalige Verhalten der Schweiz der Lage im zerstörten Europa und den Entbehrungen der kriegsversehrten Völker in moralischer und materieller Hinsicht angemessen war. Die Ergebnisse der verschiedenen Verhandlungen sind bekannt; die Hintergründe und Interessenlagen der verschiedenen Parteien bedürfen einer vertieften historischen Abklärung.

Hier hält der Bundesrat fest: Beim Abschluss des Washingtoner Abkommens im Jahr 1946 waren den Vertragsparteien alle wesentlichen Fakten bekannt. Die Alliierten verfügten dank nachrichtendienstlicher Quellen sogar über genaue Kenntnisse der schweizerischen Verhandlungsposition. Bezüglich der Umsetzung des Abkommens bescheinigt der Bericht, dass die Schweiz in der Goldfrage die vereinbarte Ablösesumme im damaligen Wert von 250 Millionen Franken bezahlt hat.

Kritischer müssen wir aus heutiger Sicht die Liquidierung der deutschen Guthaben beurteilen. Bei der Lektüre entsteht der Eindruck eines Landes, das die Bedürfnisse eines kriegszerstörten Europas nicht nachempfinden konnte oder wollte. Immerhin ist auch der Ablösevertrag von 1952 Ergebnis eines Kompromisses, auf welchen sich die Partner aus wirtschaftlichen und politischen Gründen geeinigt hatten. Der Wiederaufbau Westdeutschlands wurde vor dem Hintergrund des

Kalten Krieges vordringlich, worauf auch der Bericht deutlich hinweist. Es wird Aufgabe der Historiker sein, umfassend zu beurteilen, ob das schweizerische Vorgehen einen allzu engen legalistischen Ansatz verfolgte oder ob es auf nachvollziehbaren Schwierigkeiten und völker- und landesrechtlichen Prinzipien beruhte. Zu den besonders umstrittenen Fragen gehörte damals die Konfiskation deutschen Vermögens in der Schweiz. Während die USA ein entschädigungsloses Vorgehen vorsahen, verlangte die Schweiz aus rechtsstaatlichen Gründen angemessene Kompensation für die Eigentümer.

Während und nach dem Krieg bewies die Schweiz auch ihr humanitäres Engagement. Wichtiges Beispiel ist die im Bericht nicht erwähnte «Schweizer Spende an die Kriegsgeschädigten» im damaligen Wert von über 200 Millionen Franken. Sie war das Ergebnis einer gemeinsamen Anstrengung von Behörden und Bevölkerung als Ausdruck der Solidarität mit den Opfern des Kriegs.

Vorwurf wirtschaftlichen Profits

Das Vorwort wirft der Schweiz auch vor, sie habe wirtschaftlich vom Zweiten Weltkrieg profitiert. Dass die Schweiz sowohl mit den Achsenmächten als auch den Alliierten Handel betrieb, war eine Frage des politischen und wirtschaftlichen Überlebens des Landes. Es trifft aber zu, dass die schweizerische Wirtschaft im Verkehr mit der Achse und den Alliierten auch ihre eigenen Interessen verfolgt hatte. Dabei gab es auch fragwürdige Geschäfte, von denen das Überleben der Schweiz nicht abhing. Nur Hypothesen sind zur Frage möglich, ob die Schweiz 1943/44 in der Lage gewesen wäre, ihre Wirtschaftsbeziehungen mit den Achsenmächten abzubrechen, ohne das Risiko eines Angriffs zu provozieren. Dasselbe gilt für die Frage der versorgungspolitischen Alternativen. Der Hinweis, dass die Schweiz als eine der reichsten Nationen Europas aus dem Krieg hervorgegangen sei, wirft Fragen nach Ausgangslage und möglichen Gründen auf, welche der eingehenden Abklärung bedürfen. Diese fehlt im Bericht. Dabei ist auch zu berücksichtigen, dass die Schweiz eines der wenigen Länder Europas war, deren wirtschaftliche Basis nach dem Krieg nicht zerstört war.

Die Schweiz als Bankier der Nazis darzustellen erachtet der Bundesrat als einseitiges Pauschalurteil. Berechtigt ist indes die Kritik an bekannten bedenklichen Finanztransaktionen. Eine umfassendere Analyse wird aber auch unschwer aufzeigen können, dass der Finanzplatz bzw. die Nationalbank nicht erst mit Deutschland enge Beziehungen pflegte, nachdem die Nazis die Macht ergriffen hatten. Der Nachbar

Deutschland war seit je und ist heute noch ein Wirtschaftspartner von überragender Bedeutung. Zudem waren dieselben Beziehungen zu den Alliierten aus ähnlichen Gründen sehr intensiv.

Frage der Kriegsverlängerung

Im Vorwort wird angedeutet, dass die neutralen Staaten durch ihren Handel mit dem Dritten Reich dessen Fähigkeit zur Kriegführung verlängert hätten. Mindestens auf Grund des vorliegenden Berichts muss diese Aussage als unbegründet bezeichnet werden. Eine solche Aussage wäre – wenn überhaupt – nur dann möglich, wenn sie sich auf eine umfassende Untersuchung der deutschen Kriegswirtschaft, der gegenseitigen Abhängigkeiten sowie der Wirtschaftsbeziehungen mit den Alliierten abstützen könnte. Eine solche Untersuchung liegt nicht vor. Auch ist nicht evident, dass die schwierige Lage der Schweiz sich mit der Kriegswende 1943 massgeblich entspannt hätte.

Neutralität und Moral

Nicht historischer, sondern eindeutig politischer Natur sind auch die im Vorwort enthaltenen Aussagen über die Bedeutung der Neutralität im Zweiten Weltkrieg. Es wird behauptet, dass damals Neutralität und Moral im Widerspruch standen. Hinter der Kritik steht die Auffassung, dass Neutralität zwischen Staaten, die für das Gute einstehen, und Staaten, die das Schlechte verkörpern, unmoralisch sei. Für die Schweiz hatte jedoch die Neutralität seit Jahrhunderten eine staatstragende Funktion. Die vom Bundesrat im Zweiten Weltkrieg verfolgte Neutralitätspolitik hatte zum zentralen Ziel, die Schweiz aus dem Krieg herauszuhalten und ihre Bevölkerung vor Vernichtung und Vertreibung durch die Nazis zu bewahren. Eine schlagkräftige Armee war dazu ein unentbehrliches Mittel. Damit konnte die Schweiz auch Zehntausenden von Flüchtlingen Zuflucht bieten und Oase von Demokratie und Freiheit in einem totalitären Europa bleiben. Hätte die Schweiz dieses Ziel besser erreicht, indem sie militärisch Partei zugunsten der Alliierten ergriffen hätte? Alle heutigen Erkenntnisse sprechen dagegen. Zudem verstand das Schweizervolk die Neutralität nie als Gleichgültigkeit der Gesinnung. Dies zeigte sich am besten in den Berichten und Kommentaren der damaligen Medien. Sie brachten die gegen die Nazis gerichtete Haltung eines überwiegenden Teils der Bevölkerung mutig zum Ausdruck. Die Stimrnen der Kommentatoren von Salis und Payot fanden wegen ihrer Unabhängigkeit in ganz Europa Widerhall.

Insgesamt gesehen führte die Neutralität zu einer schwierigen Gratwanderung zwischen Anpassung und Widerstand. Heute wissen wir, dass es auch zu Fehlern kam. Unentschuldbar ist die kleinmütige Flüchtlingspolitik gegenüber den Juden. Im wirtschaftlichen und finanziellen Bereich wurden zum Teil Zugeständnisse gegenüber den Achsenmächten gemacht, die angesichts der inneren Überzeugungen der Bevölkerung und gemessen am unbedingt Notwendigen heute kaum nachvollziehbar sind.

Es darf nicht vergessen werden, dass die neutrale Haltung der Schweiz auch im Interesse der Alliierten lag. In ihrem Auftrag nahm die Schweiz zahlreiche Schutzmandate wahr, um ihre Interessen in gegnerischen Staaten zu wahren. Mit Besuchen von Kriegsgefangenenlagem in Deutschland und Japan sowie mit der Betreuung von zivilen Internierten in der Schweiz konnte sie dank ihrer Neutralität humanitäre Aufgaben in grossem Umfang übernehmen.

Heutige Anstrengungen der Schweiz

Abschliessend hält der Bundesrat fest, dass Unvoreingenommenheit auf allen Seiten die Voraussetzung dafür bildet, dass die Erforschung eines schwierigen historischen Kapitels gelingt und von der Bevölkerung mitgetragen wird. Der Bundesrat hat sich stets für vorbehaltlose Offenheit in der weiteren Erhellung unserer Vergangenheit eingesetzt. Zu diesem Zweck hat er die unabhängige, aus internationalen Fachleuten zusammengesetzte Kornmission unter der Leitung von Professor Bergier eingesetzt, nachdem das Parlament rasch und einstimmig die gesetzlichen Grundlagen dazu erlassen hatte. Diese Kommission hat Zugang zu sämtlichen ihr relevant scheinenden Dokumenten; für ihre Untersuchungen hat sie auch zu Unterlagen Zugang, die normalerweise dem Bankgeheimnis unterliegen. Auch unternimmt das von der Schweizerischen Bankiervereinigung und den internationalen jüdischen Organisationen eingesetzte Volcker-Komitee intensive Abklärungen zu allenfalls noch bestehenden finanziellen Ansprüchen gegenüber Schweizer Banken. Des weiteren hat der Bundesrat die Bereitschaft der Schweiz bekundet, an einer internationalen Konferenz von Historikern und anderen Experten mitzuwirken. Er hat darüber hinaus die Schaffung eines Spezialfonds beschlossen, um rasch den überlebenden Opfem des Holocaust Hilfe zukommen zu lassen. Neben den Grossbanken beteiligen sich weitere Wirtschaftskreise an diesem Fonds. Der Bundesrat unterstützt die Absicht der Nationalbank, ebenfalls einen namhaften Beitrag zu leisten.

Die Schweiz verbindet seit je Neutralität mit Humanität und Solidarität. Mit der geplanten, selbstbestimmten Schweizerischen Solidaritätsstiftung soll darüber hinaus zum Ausdruck gebracht werden, dass die Schweiz vom Willen beseelt ist, in Zukunft ihr humanitäres Engagement noch zu verstärken.

Der Bericht hebt die heute führende Rolle der Schweiz bei der Aufarbeitung und Bewältigung ihrer Geschichte hervor. In diesem Sinne nimmt der Bundesrat gerne das Angebot zu Dialog und gemeinsamer Zusammenarbeit an, das der amerikanische Präsident kürzlich ausgesprochen hat, als der neu ernannte schweizerische Botschafter sein Beglaubigungsschreiben übergab. Für uns werden dabei drei Grundsätze weiterhin wegleitend sein: Wahrhaftigkeit, Gerechtigkeit und Solidarität.

E 3 *Nachrichtenlose Konten. Erste Ergebnisse bis 2. Juni 1997.* (Nach: http://www.nzzz.ch/online/02_dossiers/schatten/scha970709bb.htm S. 4 f.)

Eingegangene Fragebogen
(vom 1. 1. 1996 bis zum 2. 6. 1997)

Herkunftsland	Anzahl	in %
Schweiz	158	6,7
Deutschland	218	9,3
Großbritannien	128	5,5
übriges Westeuropa	231	9,8
Osteuropa	117	5,0
Israel	454	19,3
übriges Asien	10	0,4
USA	751	32,0
Kanada	156	6,6
übriges Amerika	53	2,3
Australien/Ozeanien	60	2,6
Afrika	12	0,5
Total	**2348**	**100**

Ermittelte Vermögen vor 1945
(bis 2. 6. 1997)

Betrag		Anzahl Konten
bis	100 Franken	2
bis	1.000 Franken	1
bis	10.000 Franken	4
bis	100.000 Franken	2
bis	1.000.000 Franken	1
über	1.000.000 Franken	2

Totalbetrag: 10 Millionen Franken

E 4 *Goldoperationen der Deutschen Reichsbank und der SNB. Tabellen zum Bergier-Bericht vom Dezember 1997.*
(Nach:
http://www.nzz.ch/online/02_dossiers/schatten/scha971202bb2.htm
S. 3 ff.)

Goldoperationen der Reichsbank
(vom 1. September 1939 bis zum 30. Juni 1945; in Mio. $)

Vorkriegsbestände	
Ausgewiesene Reserven	31,1
Stille Reserven	82,7
Andere deutsche Notenbanken	12,1
Österreichische Goldreserven	99,0
Tschechoslowakische Goldreserven	33,8
Total	*258,7*
Gold anderer Zentralbanken (ab September 1939)	
Niederländische Nationalbank	137,2
Belgische Nationalbank	205,9
Luxemburgische Nationalbank	4,2
Ungarische Nationalbank	32,2
Italienische Nationalbank	64,8
Andere Nationalbanken	10,1
Total	*475,0*
Gold Privater	
Vierjahreplan-Aktivitäten	71,8
„Melmer-Gold"	2,5
Andere Vermögenswerte	71,7
Total	*146,0*
Goldkäufe im Ausland	
Sowjetunion	23,0
Japan	4,2
BIZ	2,3
Total	*29,5*
Gesamttotal	**1909,2**

Bestände am Ende des Kriegs	
In Deutschland sichergestelltes Gold	198,0
Gold aus Italien (z. T. in Deutschland)	64,8
Gold aus Ungarn	32,2
Total	*295,0*
Ins Ausland geliefertes Gold	
SNB	389,2
Schweizerische Geschäftsbanken	61,2
Andere ausländische Banken:	
Belgische Nationalbank	9,1
Niederländische Nationalbank	2,2
Schwedische Reichsbank	4,6
Nationalbank der Sowjetunion	7,0
Zentralbank der Türkischen Republik	5,7
Consorzio Italiano Estero Aero	5,6
Italienische Nationalbank	3,6
Kroatische Nabonalbank	0,4
Rumänische Nationalbank	54,2
Zweigstellen der Deutschen Reichsbank	51,5
Total	*594,3*
Abgabe an Private im Inland	
Degussa	3,3
Sponholz & Co.	3,4
Deutsche Bank	3,6
Dresdner Bank	3,9
Total	*14,2*
Verwendung durch amtliche Stellen	
Auswärtiges Amt	3,1
Amtsgruppe Ausland Abwehr	2,2
Reichssicherheitshauptamt	0,1
Wehrmacht	0,3
Total	*5,7*
Gesamttotal	**1909,2**

Goldoperationen der SNB
(vom 1. September 1939 bis zum 30. Juni 1945; in Mio. $)

	am 1. 9. 1939 Käufe	am 30. 6. 1945 Verkäufe
Goldbestände	660, 758[1]	1068,750[1]
Achsenmächte		
Deutschland	284,6	4,5
Italien	34,6	0
Japan	0	1,1
Total	*319.2*	*5,6*
Alliierte		
Vereinigte Staaten	518.2	163,1
Großbritannien	154,4	0
Kanada	15,0	0
Total	*687,6*	*163.1*
Andere Nettokäufer		
Portugal	19,7	124,0
Spanien	0	42,8
Rumänien	2,2	25,9
Ungarn	0	3,8
Slowakei	0	2,6
Türkei	0	3,4
Total	*21,9*	*202,5*
Andere Nettoverkäuter		
Argentinien	7,8	0
Frankreich	44,6	0
Griechenland	0,1	0
Schweden	21,8	4,6
Total	*74,3*	*4,6*

[1] Kurs Fr. 4869. 80 pro kg

Diverse		
BIZ	14,2	4,2
Schweiz. Geschäftsbanken, Industrie und andere Kunden	16,5	162,0
Bund	62,2	251,3
Eidgen. Münzstätte	9,7	10,6
Total	*102,6*	*428,1*
Korrekturen		
Korrektur der Goldverkäufe auf dem Markt	9,0	0
Neubewertungen Operationen 1. 9. 1939 - 31. 12. 1939	0	2,0
Andere Differenzen	0	0.8
Total	9.0	2,8
Total Käufe und Verkäufe	1214,8	806,8
Gesamttotal	**1875,6**	**1875.6**

Anmerkungen

Rechtschreibfehler in den Quellen wurden stillschweigend berichtigt, die Eigenheiten der Schweizer Schriftsprache (z. B. ss statt ß) wurden beibehalten, ebenso typische Ausdrücke, wie „allfällig“ und „innert“.

Kap. 1 Die Schweizerische Eidgenossenschaft 1939 bis 1939

1 Rado, Sandor: Welthandbuch. Internationaler politischer und wirtschaftlicher Almanach. Budapest 1962, S. 1072.

2 Suchy, Gottfried und Latka, Frank: Die Schweiz. Berlin 1988, S. 28. (= Länder der Erde).

3 Die drei Urkantone Uri, Schwyz und Unterwalden beeideten ihren Zusammenschluß im Jahr 1291. Die geltende Verfassung datiert von 1848. Heute wird die Schweizerische Eidgenossenschaft von einem Bundesrat aus sieben Bundesräten regiert. Jährlich wird ein Bundesrat oder eine Bundesrätin zum Bundespräsidenten gewählt. Jeder Bundesrat steht einem Departement der Bundesverwaltung (Ministerium) vor. Die Mitglieder des Bundesrates werden von der Vereinigten Bundesversammlung, bestehend aus National- und Ständerat, gewählt. Der Nationalrat ist die Abgeordnetenkammer, die vom Volk alle vier Jahre direkt gewählt wird. Der Ständerat vertritt die 26 Kantone, die den Bundesstaat bilden. Ein Gesetz tritt in Kraft, wenn beide Kammern des Parlaments ihm zugestimmt haben und die Referendumsfrist abgelaufen ist. Die Schweizer Form der Demokratie ist die “direkte Demokratie”. Fünfzigtausend Bürgerinnen und Bürger können jederzeit eine Volksinitiative auslösen. Sie kann zur teilweisen oder totalen Revision der Bundesverfassung führen.

4 ebenda, S. 30 u. 46.

5 ebenda, S. 31.

6 ebenda, S. 77 f.

7 ebenda, S. 34 f.

8 Suchy, G. und Latka, L.: Die Schweiz. Berlin 1988, S. 35.

9 Koller, Werner: Die Schweiz 1935-1945. 1000 Daten aus kritischer Zeit. Zürich 1970, S. 48. – *Nachfolgend zit. als Koller.*

10 Heiniger, Markus: Dreizehn Gründe. Warum die Schweiz im Zweiten Weltkrieg nicht erobert wurde. Zürich 1989, S. 155 u. 160 f. – *Nachfolgend zit. als Heiniger.* – Im Ersten Weltkrieg 1914-1918 hatte die Schweiz als Schutzmacht 27 Mandate für 11 Staaten inne.

11 Ludwig, Carl: Die Flüchtlingspolitik der Schweiz seit 1933 bis zur Gegenwart [1957]. Bern 1957, S. 63 – *Nachfolgend zit. als Ludwig* / Däniken, Urs von: Probleme des Staatsschutzes. In: Bindschedler, S. 338. – *Nachfolgend zit. als Däniken.* – Im schwersten Krisenjahr 1936 wurden 93.000 Arbeitslose, rund 5 % der aktiven Bevölkerung, gezählt.

12 Bindschedler, Rudolf L. (Hrsg.): Schwedische und schweizerische Neutralität im Zweiten Weltkrieg. Mit Beiträgen von Hans Senn, Klaus Urner, Hans Rudolf Fuhrer u. a., Basel und Stuttgart 1985, S. 338 – *Nachfolgend zit. als Bindschedler.*

13 Bonjour, Edgar: Geschichte der schweizerischen Neutralität. Vier Jahrhunderte

eidgenössischer Außenpolitik. 9 Bde., Bd. IV; z. T. in 6. durchges. Aufl. Basel und Stuttgart 1971 ff, S. 434. – *Nachfolgend zit. als Bonjour.* – Am 4.2.1936 wurde Wilhelm Gustloff in Davos (Schweiz) von dem jüdischen Studenten David Frankfurter erschossen. Gustloff erhielt ein Staatsbegräbnis in Deutschland, ein Schiff der NS-Organisation „Kraft durch Freude" (KdF) wurde nach ihm benannt. Frankfurter wurde nach dem Krieg in der Schweiz begnadigt.

14 Däniken, S. 337. – Neben der NSDAP existierten in der Schweiz zahlreiche weitere NS-Organisationen, wie HJ, BDM, DAF, NS-Frauenschaft und sog. „Sportvereine", die analog der SA organisiert waren.

15 ebenda, S. 338.

16 ebenda, S. 338 ff. – Die polizeilichen Untersuchungen dienten der Aufklärung des Mordes an W. Gustloff. Damals existierten ca. 340 NS-Organisationen in der Schweiz.

17 vgl. ebenda, S. 344 ff.

18 Koller, S. 11. – Die Verfassungsrevisionsinitiative wurde durch Volksabstimmung mit 551.578 gegen 196.136 Stimmen und 19 zu 3 Standesstimmen verworfen. Die Wahlbeteiligung betrug 61 Prozent.

19 Gruber, Christian: Die politischen Parteien der Schweiz im Zweiten Weltkrieg. Wien, Frankfurt und Zürich 1966, S. 217. – *Nachfolgend zit. als Gruber.*

20 Däniken, S. 345.

21 Senn, Hans: Schweizerische Dissuasionsstrategie im Zweiten Weltkrieg. Vorbereitungen auf eine totale Verteidigung des Landes. In: Bindschedler, S. 197 ff. (S.199). – *Nachfolgend zit. als Senn.* Vgl. auch Heiniger, S. 199.

22 Heiniger, S. 199.

23 vgl. ebenda, S. 86 f. u. 198.

24 Koller, S. 26. – Das „Friedensabkommen" wurde ohne Unterbrechung bis 1974 verlängert.

25 Ludwig, S. 62.
Jahresmittel der Stellensuchenden:

1930	12.881
1932	54.336
1934	65.440
1936	93.009
1938	65.598
1940	16.374

26 Koller, S. 38.

27 Heiniger, S. 197.

28 Gruber, S. 230 f.

29 Koller, S. 8. Vgl. auch Heiniger, S. 198

30 Koller, S. 12. – Die Nationalratswahlen vom 27.10.1935 ergaben unter den vier stärksten Parteien folgende Sitzverteilung im Nationalrat:

FDP	48
KKV	42
SPS	50
BGB	21

31 ebenda, S. 17.

32 Heiniger, S. 198.

33 Koller, S. 32.

34 Bindschedler, S. 152 f.

35 Koller, S. 12. Motta erklärte: „Die Schweiz wird sich ihrer Pflicht zur Solidarität nicht entziehen."

36 ebenda, S. 28.
37 ebenda, S. 30. – Chamberlain erklärte am 22.2.1938 in einer Rede vor dem britischen Parlament: „Wenn ich, wie ich glaube, berechtigt bin zu erklären, daß der Völkerbund in seiner heutigen Form die kollektive Sicherheit nicht gewährleisten kann, dürfen wir uns keinen Illusionen hingeben und noch weniger würden wir die kleinen Nationen irreführen, indem wir sie glauben machen, daß der Völkerbund sie vor Angriffen schützt, während wir genau wissen, daß sie von Genf keine Hilfe zu erwarten haben."
38 Bindschedler, S. 153.
39 Erdmann, Karl Dietrich: Deutschland unter der Herrschaft des Nationalsozialismus 1933-1939. 8. neu bearb. Aufl., München 1990, S. 227. – *Nachfolgend zit. als Erdmann.*
40 Bonjour Bd. IV, S. 19 f.; Bd. V, S. 241.
41 Heiniger, S. 198.
42 Senn, S. 198.
43 ebenda.
44 ebenda, S. 197.
45 ebenda, S. 198.
46 Bolliger, Kurt: Die Neutralitätswahrung im Luftraum. In: Bindschedler, S. 236 ff. Vgl. auch ebenda: Fuhrer, Hans-Rudolf: Die Schweiz im Nachrichtendienst. S. 405 ff. – *Nachfolgend zit. als Fuhrer.*
47 Bonjour Bd. IV, S. 85. Vgl. auch Heiniger, S. 32.
48 Bonjour Bd. IV, S. 85.
49 Fuhrer, S. 406.
50 ebenda.
51 ebenda, S. 406 u. 408 f.
52 Heiniger, S. 32 ff.
53 Bonjour Bd. V, S. 14.
54 ebenda, S. 22.
55 Werenfels, Samuel: Die schweizerische Praxis in der Behandlung von Flüchtlingen, Internierten und entwichenen Kriegsgefangenen im Zweiten Weltkrieg. In: Bindschedler, S. 397. – *Nachfolgend zit. als Werenfels.*
56 Ludwig, S. 153 ff.
57 Heiniger, S. 16 ff.
58 Bonjour Bd. IV, S. 20.
59 Koller, S. 39.
60 ebenda, S. 41 f.
61 ebenda, S. 45 ff.
62 Bonjour Bd. IV, S. 21.
63 Heiniger, S. 200.
64 Bonjour Bd. IV, S. 32.
65 Koller, S. 48.
66 Bonjour Bd. IV, S. 22 f.
67 ebenda, S. 28 f.
68 Koller, S. 51.
69 Bonjour Bd. V, S. 55.

Kap. 2 Die Schweiz und der Weg der europäischen Großmächte in den Krieg 1936 bis 1939

1 Senn, S. 199.

2 Koller, S. 10 f., 15 u. 30.

3 Görlitz, Walter: Adolf Hitler. 2. Aufl., Göttingen, Zürich, Frankfurt/M. 1971, S. 105. (= Persönlichkeit und Geschichte. Bd. 20) – *Nachfolgend zit. als Görlitz.* Vgl. auch Maser, Werner: Adolf Hitler. Legende Mythos Wirklichkeit. 13. Aufl., München 1992, S. 427, S. 430. – *Nachfolgend zit. als Maser.*

4 Lidell Hart, Sir Basil Henry: Geschichte des Zweiten Weltkrieges. 2 Bde. 2. Aufl., Bergisch Gladbach 1982. Bd. 1, S. 21. – *Nachfolgend zit. als Lidell Hart.*

5 ebenda, S. 23 f. Vgl. auch Hitler, Adolf: Mein Kampf. 8. Aufl., München 1931, S. 690, 700, 705 u. 720.

6 Lidell Hart, S. 28.

7 Maser, S. 416 f.

8 Zur gleichzeitigen Vorbereitung in der UdSSR und in Deutschland auf einen Offensivkrieg gegeneinander vgl. Maser, Werner: Der Wortbruch. Hitler, Stalin und der Zweite Weltkrieg. München 1994.

9 Lidell Hart, S. 33.

10 Bullock, Alan: Hitler und Stalin: Parallele Leben. Berlin 1991, S. 841. – *Nachfolgend zit. als Bullock*

11 Hans Rudolf Kurz, Rudolf L. Bindschedler, Wilhelm Carlgren und Sten Carlsson: Schlußbetrachtungen zu den Problemen der Kleinstaatenneutralität im Großmachtkrieg. In: Bindschedler, S. 432 ff.

12 ebenda, S. 433.

13 Senn, S. 209.

14 Kurz/Bindschedler/Carlgren/Carlsson: Schlußbetrachtungen. In: Bindschedler S. 427.

15 ebenda, S. 427 f.

16 Fuhrer, S. 405.

17 ebenda, S. 412.

18 ebenda, S. 413 f.

19 Urner, Klaus: „Die Schweiz muß noch geschluckt werden!" Hitlers Aktionspläne gegen die Schweiz, Zürich 1991, S. 9. – *Nachfolgend zit. als Urner.*

20 Bonjour Bd. V, S. 67. Vgl. auch Heiniger, S. 47 ff.

21 Urner, S. 19.

22 Wangel, C. A.: Verteidigung gegen den Krieg. In: Bindschedler, S. 42.

23 Picker, Henry: Hitlers Tischgespräche im Führerhauptquartier. Hitler wie er wirklich war. Vollst. überarb. u. erw. Neuausg., Wiesbaden 1983, S. 88.– *Nachfolgend zit. als Picker.* Vgl. auch Görlitz, S. 133. – Hitler äußerte, bezogen auf die belgische und niederländische Neutralität: „Kein Mensch fragt danach, wenn wir gesiegt haben." Und: „Was heißt schon Völkerrecht, das ist eine Erfindung bürgerlicher alter Tanten."

24 Urner, S. 19. – Je nach politischem Standort der (schweizerischen) Historiker wurden und werden „Rettungsfaktoren" diskutiert, die die „Verschonung" der Schweiz aus der außenpolitischen Hinhaltetaktik Pilet-Golaz', den „guten Diensten" des IKRK, der wirtschaftlichen Bedeutung der Schweiz für das Deutsche Reich, der militärischen Abwehrbereitschaft und der geistigen Landesverteidigung erklären wollen.

25 Die Stärke der eidgenössischen Armee betrug 450.000 Mann. Am 10. 5. 1940 betrug die Stärke der gegen Frankreich aufmarschierten deutschen Verbände: 136 Infanteriedivisionen, 2.500 Panzer und 3.800 Flugzeuge. Nach: Förster, Gerhard; Heinz Helmert und Helmut Schnitter: Der Zweite Weltkrieg. Militärhistorischer Abriß. 5. Aufl., durchges., bearb. u. ergänzt v. P. Heider / R. Lakowski. Berlin 1989, S. 63. – *Nachf. zit. als Förster/Helmert/Schnitter.*

26 Siehe Vorwort Anm. 8.
27 Bullock, S. 842.
28 Erdmann, S. 217.
29 Hitler, A.: Mein Kampf. München 1931, S. 470.
30 Maser, S. 447. – Seit den deutschbritischen Flottenvertragsverhandlungen 1935 existierten das AA, das „Außenpolitische Amt der NSDAP" und die „Dienststelle Ribbentrop".
31 Fest, Joachim C.: Hitler: Eine Biographie. Frankfurt/M., Berlin 1991, S. 619. – *Nachfolgend zit. als Fest*
32 Görlitz, S. 126.
33 Fest, S. 831.
34 Bullock, S. 885.
35 Maser, S. 417.
36 Bullock, S. 838, 842 u. 856. Vgl. auch Maser, S. 447 u. 483 sowie Erdmann, S. 222.
37 Erdmann, S. 216.
38 Maser, S. 301. Vgl. auch Fest, S. 743 ff. u. 855.
39 Görlitz, S. 135. Vgl. auch Maser, S. 487 ff. – Hitler äußerte: „Kriege gewinnt man nur durch Härte, durch Brutalität."
40 Fest, S. 872. Vgl. auch Maser, S. 467 f. u. 475. – Bei Maser wird eine Einschätzung der Generalität durch Hitler referiert: „Sie [die Generalität – d. A.] verstehe noch nicht einmal ihr eigenes Kriegshandwerk, was man doch zumindest erwarten könne ...".
41 Maser, S. 477.
42 ebenda, S. 491 u. 517. Vgl. auch Maser, Werner: Nürnberg. Tribunal der Sieger. Durchgesehene Neuausgabe Düsseldorf 1988, S. 245; Bullock, S. 877; Fest, S. 855 f.
43 Maser, S. 517f.
44 ebenda, S. 492 ff.
45 ebenda, S. 466 ff.
46 ebenda, S. 470.
47 Maser, W.: Nürnberg. Tribunal der Sieger. Düsseldorf 1988, S. 14f. – Maser schreibt: „Sie [die Generäle – d. A.] waren, was das IMT nicht anerkannte, stumm, gelähmt, blind gewesen, Puppen an Schnüren, die ausschließlich Hitler in der Hand hielt und bewegte – oder durchschnitt, wann immer er es für angebracht hielt."
48 Bullock, S. 887 f.
49 Maser, S. 445.
50 ebenda, S. 436.
51 ebenda.
52 ebenda, S. 467.
53 Urner, S. 10.

Kap. 3 Die militärische Bedrohung der Schweiz durch das Deutsche Reich vom Kriegsausbruch 1939 bis zum Abschluß des deutsch-französischen Waffenstillstandes 1940

1 Heiniger, S. 24f./47. Vgl. auch Koller, S. 69 f. / Bonjour Bd. IV, S. 73.
2 Fuhrer, S. 412 f. Vgl. auch Bonjour Bd. IV, S. 58 f.
3 Heiniger, S. 47.

4 Förster, Gerhard und Groehler, Olaf (Hrsg.): Der Zweite Weltkrieg. Dokumente. 3., überarb. u. erw. Aufl., Berlin 1989, S. 44.

5 ebenda.

6 Hillgruber, Andreas: Die Zerstörung Europas. Beiträge zur Weltkriegsepoche 19141945. 2. Aufl., Frankfurt/M. und Berlin 1989, S. 206.

7 ebenda, S. 159, 205 u. 207. Vgl. auch Herre, Franz: Deutsche und Franzosen. Der lange Weg zur Freundschaft. Bergisch Gladbach 1988, S. 255. – Marcel Deat, der als deutschfreundlicher Politiker galt, stellte diese polemische Frage am 4. Mai 1939 in einer Pariser Zeitung. Deat arbeitete später als "Beauftragter für nationale Solidarität" in der Regierung Pétain.

8 Piekalkiewicz, Janusz: Der Zweite Weltkrieg. Vorwort v. S. Haffner. Herrsching 1986, S. 141. – *Nachfolgend zit. als Piekalkiewicz, Weltkrieg.*

9 Fest, S. 853 f.

10 Förster, G. und Groehler, O.: Der Zweite Weltkrieg. Dokumente. Berlin 1989, S. 49 f. Vgl. auch Messenger, Charles: Blitzkrieg. Eine Strategie macht Geschichte. Neuausgabe Herrsching 1989, S. 184 f. – *Nachfolgend zit. als Messenger* – sowie Jacobsen, Hans-Adolf: Fall Gelb. Der Kampf um den deutschen Operationsplan zur Westoffensive 1940. Wiesbaden 1957, S. 12 (= Veröffentlichungen des Inst. f. europ. Geschichte Mainz, Bd. 16) – *Nachfolgend zit. als Jacobsen.*

11 Fest, S. 845 f. Vgl. auch Lidell Hart, S. 61 f.

12 Messenger, S. 184.

13 Fest, S. 855. Vgl. auch Jacobsen, S. 141 sowie Anhang B 1.

14 Fest, S. 856. Vgl. auch Maser, S. 488.

15 Lidell Hart, S. 65 f. Vgl. auch Messenger, S. 183.

16 Lidell Hart, S. 65 ff. – Hart berichtet, daß sowohl der französische als auch der englische Generalstab der Meinung waren, die Ardennen seien für Panzer unpassierbar. Brauchitsch und Halder waren derselben Meinung und hatten daher alle Panzerdivisionen der Heeresgruppe B (v. Bock) zugeteilt, um einen Angriff auf dem rechten Flügel zu führen.

17 Fest, S. 857. Vgl. auch Wallach, Jehuda L.: Das Dogma der Vernichtungsschlacht. Die Lehren von Clausewitz und Schlieffen und ihre Wirkung in zwei Weltkriegen. München 1970, S. 366 f. – *Nachfolgend zit. als Wallach.*

18 Lidell Hart, S. 63 ff. Vgl. auch Piekalkiewicz, Janusz: Ziel Paris. Der Westfeldzug 1940. München, Berlin 1986, S. 99 f. – *Nachfolgend zit. als Piekalkiewicz, Paris.* – Am 10. Januar 1940 war ein Verbindungsflugzeug Me 108 wegen schlechten Wetters in Mechelen (Belgien) notgelandet. Die zwei Passagiere, Offiziere der Luftwaffe, hatten den gesamten Feldzugsplan gegen Frankreich bei sich. Der Plan gelangte zur Kenntnis des belgischen und damit des westalliierten Oberkommandos. Daraus ergab sich für Hitler der Zwang, sich für Mansteins Plan entscheiden zu müssen.

19 Piekalkiewicz, Paris, S. 103.

20 Messenger, S. 186. Vgl. auch Wallach, S. 359.

21 Heiniger, S. 18.

22 Senn, S. 202. Vgl. auch Bonjour Bd. IV, S. 71.

23 Lidell Hart, S. 99.

24 Messenger, S. 188f.

25 ebenda, S. 188 f. Vgl. auch Bullock, S. 870 ff.

26 Heiniger, S. 47. – Der Autor meint: „... ist doch das Jura-Gelände in der Schweiz weniger für eine Invasion geeignet und nur schwer panzergängig."

27 Piekalkiewicz, Paris, S. 87. – „Fall Gelb“ war der Tarnname für die deutsche Westoffensive.
28 ebenda, S. 87 f.
29 Jacobsen, S. 43 u. 101 ff.
1. Aufmarschanweisung „Gelb“: 15. Oktober 1939
2. Aufmarschanweisung „Gelb“: 29. Oktober 1939
3. Aufmarschanweisung „Gelb“: 30. Januar 1940
4. Aufmarschanweisung „Gelb“: 16. Februar 1940
30 ebenda, S. 242 f. u. 257 f.
31 ebenda. Vgl. auch Piekalkiewicz, Paris, S. 80, 89, 109 f., 160 u. 171 sowie Anhang C 1 bis C 4.
32 Fuhrer, S. 412 f.
33 Jacobsen, S. 119 f.
34 Piekalkiewicz, Paris, S. 168 u. 171.
35 Heiniger, S. 47.
36 Wallach, S. 367. Vgl. auch Lidell Hart, S. 100.
37 Heiniger, S. 24.
38 ebenda, S. 24 f. Vgl. auch Koller, S. 70. – Die „Abwehr“, der deutsche militärische Nachrichtendienst, streute Gerüchte über eine bevorstehende Okkupation der Schweiz aus.
39 Piekalkiewicz, Paris, S. 166.
40 ebenda, S. 168.
41 ebenda, S. 171.
42 Fest, S. 856. Vgl. auch Wallach, S. 364.
43 Wallach, S. 366.
44 Förster/Helmert/Schnitter, S. 63.
45 Lidell Hart, S. 115 ff.
46 ebenda, S. 127. – Lidell Hart rechnete hier die zwei in Frankreich verbliebenen englischen Divisionen ein.
47 ebenda, S. 128.
48 Messenger, S. 184.
49 Macksay, Kenneth: Guderian, der Panzergeneral. Düsseldorf und Wien 1976, S. 178. – Nachfolgend zit. als Macksay.
Vgl. auch BA-MA RH 212/41 v. D; Kriegstagebuch Nr. 3 der Gruppe Guderian (Generalkommando XIX. A.K.) über die Schlacht in Frankreich, 9. 5.- 24. 6.1940 sowie Halder, Franz: Kriegstagebuch. Tägliche Aufzeichnungen des Chefs des Generalstabes des Heeres 1939 - 1942. I. Bd.: Vom Polenfeldzug bis zum Ende der Westoffensive (14. 8. 1939 - 30. 6. 1940). Bearb. v. Hans Adolf Jacobsen u. a.; Stuttgart 1962, S. 359. – Nachfolgend zit. als Halder.
50 Urner, S. 13. Vgl. auch Werenfels, S. 382. – Zwischen dem 16. und 21. 6. 1940 suchten ca. 43.000 Soldaten und 7.500 Zivilpersonen Zuflucht in der Schweiz. Allein die, mit ihrer gesamten Ausrüstung am 19./20. Juni bei Ocourt übergetretenen Teile des französischen 45. A.K. (Gen. Daille) umfaßten ca. 16.000 Franzosen und Marokkaner, 12.000 Polen (67. frz. Div., 2. poln. Div., 2. kolonialfranzösische Spahi-Brigade), der Rest waren Belgier, Spanier und Briten.
51 Koller, S. 75.
52 ebenda, S. 68 f. u. 75.
53 Bonjour Bd. V, S. 31. – Major Barbey, Leiter der Schweizer Delegation bei den schweizerisch-französischen Militärgesprächen, sagte, daß nur 12 – und nicht, wie der eidgenössische Generalstab annahm, 25 – deutsche Divisionen zur Eroberung der Schweiz ausreichen würden.

54 Wallach, S. 372. Vgl. auch Piekalkiewicz, Weltkrieg, S. 259.
55 Macksay, S. 178 f.
56 Bonjour Bd. IV, S. 76.
57 Heiniger, S. 29.
58 ebenda.
59 ebenda, S. 42.
60 ebenda. Vgl. auch Picker, S. 420.
61 Heiniger, S. 42.
62 Maser, S. 514. Vgl. auch Fest, S. 868 sowie Urner, S. 22.
63 Urner, S. 22.
64 Maser, S. 514. Vgl. auch Anhang B 5.
65 Picker, S. 420. Vgl. auch Anhang A 1 und B 5. – Auf die Unzulänglichkeiten der von Picker 1976 selbst besorgten Neuausgabe hat bereits Werner Jochmann hingewiesen (Jochmann, Werner [Hrsg.]: Monologe im Führerhauptquartier 1941-1944. Die Aufzeichnungen Heinrich Heims. Hamburg 1980).
66 Auch Maser weist darauf hin, daß Pickers Tischgespräche als Quelle für den Historiker nur bedingt nutzbar sind. Persönliche Auskunft vom 29. 4. 1993.
67 Fink, J.: Die Schweiz aus der Sicht des Dritten Reiches. Zürich 1985.
68 ebenda, S. 24.
69 Maser, S. 489 ff. – Der Autor schreibt: "Bis September gab es in keinem deutschen Wirtschaftszweig eine Produktion, die Kriegsvorbereitungen ahnen ließ. Noch im Mai 1940, während der Anteil der Rüstungsindustrie an der gesamten Industrieproduktion immer noch weniger als 15 % betrug, wurden monatlich weniger als 40 Panzer hergestellt."
70 Urner, S. 24.
71 Koller, S. 66.
72 Macksay, S. 178 f.
73 Halder Bd. I, S. 359.
74 Bonjour Bd. IV, S. 73. Vgl. auch Urner, S. 25.
75 Lidell Hart, S. 130.
76 ebenda.
77 Urner, S. 52. Vgl. auch BA-MA RH 2/465 Schweiz, Bd. A; 1. Vortragsnotiz über Angriff gegen die Schweiz, Genst. d. H., Op. Abt. (I), 25. 6. 1940, gez. v. Menges; sowie Anhang A 3.
78 Urner, S. 53.
79 Koller, S. 77.
80 Urner, S. 41.
81 Koller, S. 63.
82 Bonjour Bd. IV, S. 88 f.
83 Urner, S. 31.
84 Bonjour Bd. IV, S. 91.
85 ebenda, S. 95. Vgl. auch Urner, S. 33 sowie Bolliger, K.: Neutralitätswahrung im Luftraum. In: Bindschedler, S. 241 f.
86 Bonjour Bd. IV, S. 95.
87 ebenda, S. 104. Vgl. auch Koller, S. 76. – In der Nacht vom 13. zum 14. Juni 1940 reisten zehn deutsche Saboteure mit Sprengstoff illegal in die Schweiz ein. Sie sollten die Flugplätze Dübendorf, Biel, Thun, Lausanne und Genf sowie die Munitionsfabrik Altdorf nachhaltig zerstören. Die Saboteure, die mehrheitlich dem „Baulehrbataillon z. b. V. 800" („Brandenburger") angehörten, wurden vor Ausführung ihres Auftrages von eidgenössischen Sicherheitskräften gestellt. Die Aktion „Adler" schlug fehl.

88 Koller, S. 75. Vgl. auch Urner, S. 30 sowie Lidell Hart, S. 43. – Italien mußte den größten Teil seines Bedarfes an Rohstoffen, sogar Kohle, importieren. Nachdem Italiens Kohlezufuhren im März 1940 durch Großbritannien blockiert worden waren, mußte das Deutsche Reich 95 % der Kohleversorgung Italiens übernehmen. Deutschland forderte daher bei den deutsch-schweizerischen Wirtschaftsverhandlungen von der Schweiz die Bereitstellung eines Großteils der schweizerischen Eisenbahntransportkapazität für den Kohletransit nach Italien. Die Schweizer reagierten ablehnend und es kam zu Spannungen, die, befördert durch die deutsch-schweizerischen Fliegerzwischenfälle (Mai/Juni 1940), dazu führten, daß das Deutsche Reich am 8. 6. die Kohlezufuhren in die Schweiz zeitweise einstellte.

89 BA-MA RH 212/41 v. D; Kriegstagebuch Nr. 3 der Gruppe Guderian (Generalkommando XIX. A.K.) über die Schlacht in Frankreich, 9. 5. - 24. 6. 1940, Eintrag vom 16. 6. 1940, 23.22 Uhr. Vgl. auch Anhang A 2.

90 ebenda, Eintrag vom 16. 6. 1940, 21.30 Uhr.

91 Halder Bd. I, S. 364 u. 370. – Halder bezeichnete Hitler abschätzig als „der Politiker", um seinem Unmut über Hitlers Führungsstil Ausdruck zu geben bzw. ihn als „Nicht-Militär" und Dilettanten zu kennzeichnen. „Politische Befehle" lagen nicht in der Kompetenz des OKH.

92 ebenda, S. 363.

93 ebenda, S. 364.

94 ebenda, S. 367. Vgl. auch Urner, S. 42 ff. – Der „Kampfgruppe" oder „Gruppe List" unterstanden das XVI. A.K. unter General Hoepner (13. I.D. mot., 1. Geb.Div., 3. Pz.Div., 4. Pz.Div.).

95 Halder Bd. I, S. 366.

96 Piekalkiewicz, Weltkrieg, S. 267. Vgl. auch Urner, S. 41 sowie Lidell Hart, S. 129.

97 Koller, S. 79.

98 Maser, S. 220. Vgl. auch Urner, S. 44 f. – Nach der Unterzeichnung des deutsch-französischen Waffenstillstandes in Rethondes (22. 6. 1940) flog die französische Delegation unter Gen. Huntzinger nach Rom. Dort wurde noch am selben Tag (gegen 19.00 Uhr) der französisch-italienische Waffenstillstand geschlossen. Die Besetzung Savoyens durch italienische Truppen wurde gar nicht erst diskutiert. Mussolini war nicht interessiert und die Franzosen waren nicht gewillt, sich einem Diktat der „glücklosen Italiener" zu unterwerfen.

99 Halder Bd. I, S. 369f.

100 Koller, S. 77. – Damit besaß die Schweiz eine von den Achsenmächten nicht kontrollierbare Eisenbahnverbindung in den unbesetzten Teil Frankreichs. Die deutsch-französische Demarkationslinie verlief von Genf ausgehend, über Chalons-sur-Saone, Dampierre, Bourges, Blere, Chauvigny, Angouleme u. Bordeaux bis zur spanischen Grenze. Die italienischen Truppen erreichten die Linie St. Gingolph-Chamonix-Mittelmeerküste.

101 Urner, S. 42.

102 Heiniger, S. 30.

103 Urner, S. 18. Vgl. auch Förster/Helmert/Schnitter, S. 69 f. – Die nördliche Zone umfaßte Nord und Mittelfrankreich mit der Kanal- und der Atlantikküste. In der unbesetzten, südlichen Zone etablierte sich die neue französische Regierung unter Marschall Pétain in Vichy. Die französischen Streitkräfte wurden auf 100.000 Mann reduziert, 1,5 Mio. gefangener Franzosen verblieben in deutschen Lagern. Italien erreichte die Entmilitarisierung der französischen Mittelmeerhäfen, eines breiten

Grenzstreifens an der französisch-italienischen Alpengrenze und die Entmilitarisierung der Grenzstreifen in den französischen Kolonien Nordafrikas.

104 Piekalkiewicz, Weltkrieg, S. 300 ff.
105 Heiniger, S. 27 f.
106 Urner, S. 13.
107 Senn, S. 202 f.
108 Urner, S. 14.
109 Senn, S. 203. Vgl. auch Bonjour Bd. IV, S. 115 ff.
110 Senn, S. 203.
111 ebenda, S. 204. Vgl. auch Koller, S. 84 sowie Heiniger, S. 165 ff.
112 Bonjour Bd. IV, S. 155.
113 Heiniger, S. 166 ff. – Gemeint sind Generalstabschef Labhardt, Oberst Germann, Divisionär Wille – der Sohn des schweizerischen OB aus dem Ersten Weltkrieg –, um nur einige zu nennen.
114 ebenda, S. 167
115 Koller, S. 91. – Die ersten Einrichtungen des Reduits wurden erst im September 1940 bezugsfertig, der Ausbau wurde 1943 vollendet.
116 Bonjour Bd. IV, S. 167.
117 Heiniger, S. 30.
118 Senn, S. 205.
119 Heiniger, S. 213.
120 Urner, S. 10.

Kap. 4 Die Operationsstudien „Tannenbaum" und die Bedrohungslage der Schweiz bis zum Jahreswechsel 1940/1941

1 BA-MA RH 2/465 Schweiz, Bd. A; 1. Vortragsnotiz über Angriff gegen die Schweiz, Genst. d. H., Op. Abt. (I), 25. 6. 1940, gez. v. Menges.
2 BA-MA RH 2/465 Schweiz, Bd. A; Neufassung infolge neuer Nachrichten über die Schweiz, Genst. d. H., Op. Abt. (I), 8. 8. 1940, gez. v. Menges.
BA-MA RH 2/465 Schweiz, Bd. A; Neufassung infolge neuer Nachrichten über die Schweiz, Genst. d. H., Op. Abt. (I), 12. 8. 1940, gez. v. Menges.
3 BA-MA RH 2/465 Schweiz, Bd. B; Befehl des OKH, Genst. d. H., Op. Abt. (I), an Heeresgruppe C, HQu, OKH, 26. 8. 1940, gez. Halder.
4 BA-MA RH 2/465 Schweiz, Bd. B; Op. Entwurf HGr. C „Tannenbaum", 4. 10. 1940, gez. v. Leeb.
5 BA-MA RH 2/465 Schweiz, Bd. B; Stellungnahme der Op. Abt. (I), 9. 10. 1940, gez. Halder.
6 BA-MA RH 201/368, Armeeoberkommando 1, A. H. Qu., Studie. Über einen Aufmarsch gegen die Schweiz aus dem Raume der 1. Armee. 4. 10. 1940, gez. Zimmermann.
7 Urner, S. 83.
8 vgl. Anm. 1, 2, 4 u. 6.
9 Siehe Anm. 6, S. 9.
10 Bonjour, S. 76 f.
11 BA-MA RH 2/465 Schweiz, Bd. A; 1. Vortragsnotiz über Angriff gegen die Schweiz, Genst. d. H., Op. Abt. (I), 25. 6. 1940, gez. v. Menges, unter 2.) Ausführung.

12 Bullock, S. 885. Vgl. auch Halder Bd. I, S. 367 sowie Piekalkiewicz, Weltkrieg, S. 266 f.
Bullock schreibt: „Er [Hitler – d. A.] verlangte nichts, was die Franzosen hätte bewegen können, den Krieg von Nordafrika aus fortzusetzen oder ihre beachtliche Kriegsflotte ... den Briten zu übergeben. Hitler hoffte, sein Großmut würde die Franzosen so beeindrucken, daß sie ein deutsches Friedensangebot ernsthafter Prüfung unterziehen würden."

13 Piekalkiewicz, Weltkrieg, S. 565. Vgl. auch Piekalkiewicz, Janusz: Spione Agenten Soldaten. Geheime Kommandos im zweiten Weltkrieg. 4. Aufl. d. überarb. Neuaufl. v. 1988; München 1992, S. 520 f.; sowie Urner, S. 48.

14 Urner, S. 48. Vgl. auch Piekalkiewicz, Janusz: Weltgeschichte der Spionage. Agenten Systeme Aktionen. München 1988, S. 382 f. – *Nachfolgend zit. als Piekalkiewicz, Spionage.* –
Eine Blockade konnte nur bei lückenloser Isolation effektiv und erfolgreich sein.

15 Urner, S. 48.

16 ebenda, S. 49 f.

17 ebenda, S. 51. Vgl. auch Anhang C 6.

18 Vgl. Anhang C 6.

19 BA-MA RH 2/465 Schweiz, Bd. A; OKH an Genst. d. H., Abt. Fremde Heere West, Ausarbeitung: Die Befestigungen der schweizerischen Grenzen und im Innern des Landes. 26. 6. 1940.

20 Halder Bd. I, S. 370.

21 BA-MA RH 2/465 Schweiz, Bd. A; 1. Vortragsnotiz über Angriff gegen die Schweiz, Genst. d. H., Op. Abt. (I), 25. 6. 1940, gez. v. Menges. Dort heißt es unter "4) .Eigener Ansatz, b) Kräftebedarf: 1 A.O.K., 4 A.K. (aus Geländegründen die hohe Zahl nötig), 3 Inf. Div., 3 mot. Div., 2 Geb. Div. = 9 Div." Vgl. auch Anhang C 6 – nördlich der Schweizer Grenze standen 10 deutsche Divisionen, davon 4 Pz. Div., 2 mot. Div., 4 Inf. Div.

22 Halder Bd. I, S. 370.

23 ebenda. Vgl. auch Urner, S. 53.

24 BA-MA RH 2/465 Schweiz, Bd. A; 1. Vortragsnotiz, 25. 6. 1940, gez. v. Menges, unter: 2.) Ausführung.

25 Urner, S. 56.

26 ebenda, S. 56 f. Vgl. auch Anhang C 6.

27 Halder Bd. I, S. 371.

28 Urner, S. 57.

29 Piekalkiewicz, Spionage, S. 383.

30 Heiniger, S. 43. Vgl. auch Bonjour Bd. IV, S. 84 sowie Senn, S. 209 f.

31 Senn, S. 210. Vgl. auch Fuhrer, S. 409 f. – Die Information über die Lagebesprechung am 24. 5. 1940 in der Berliner Reichskanzlei wurde dem Bundesrat am 30. 6. 1940 mit einer Meldung des schweizerischen Nachrichtendienstes „Büro Hausamann" (Büro HA) vorgelegt. Fuhrer berichtet über die Einschätzung Hausamanns durch seine Vorgesetzten. H. wurde, wegen „dauernder Falschmeldungen" und „wichtigtuerischem Verhalten" als „Obergerüchtemacher des Armeestabes" und „exaltiert aufgeregter Mensch mit einem übersteigerten Selbstbewußtsein" geschildert. Meldungen wie die vom 24. 6. 1940 scheinen keine Seltenheit gewesen zu sein.

32 Urner, S. 55 f. Vgl. auch Anhang B 5.

33 Halder Bd. I, S. 369.

34 Urner, S. 66.

35 BA-MA RH III/141, Heeresgruppenkommando C; Befehl des OKH an die HGr. C, betreffend die Umgruppierung der Heeresgruppen A, B und C (Eingang bei HGr. C am 26. 6. 1940), vom 24. 6. 1940, gez. v. Brauchitsch.
36 ebenda, unter: "1) Auf dem Gebiet der Truppenführung, a) im Westen".
37 Halder Bd. I, S. 373.
38 ebenda.
39 Urner, S. 67.
40 ebenda, S. 68. Vgl. auch Koller, S. 82.
41 Urner, S. 68.
42 ebenda, S. 68 f. – Nördlich der Schweizer Grenze standen folgende deutsche Verbände: 1. Geb.Div. (Salin-Morez), 6. Geb.Div. (Pontarlier), 23. I.D. (Belfort), 260. I.D. (Belfort), 21. I.D. (Mühlhausen), 72. I.D. (Altkirch), 15. I.D. (westl. Dijon), 5. I.D. (östl. Dijon), 52. I.D. (nordwestlich Vesoul).
43 BA-MA RH 2/465 Schweiz, Bd. A; 1. Vortragsnotiz, 25. 6. 1940, gez. v. Menges.
44 Urner, S. 69.
45 Die Ablösung der, für einen Angriff auf die Schweiz ungeeigneten, Verbände Generaloberst Guderians durch die 12. Armee läßt den Schluß zu, daß die Vorbereitungen für den "Fall Schweiz" nicht in der Planungsphase "steckengeblieben" sind.
46 Urner, S. 69.
47 ebenda, S. 70.
48 ebenda.
49 ebenda, S. 71.
50 Wistrich, Robert: Wer war wer im Dritten Reich? Ein biographisches Lexikon. Frankfurt/M. 1992, S. 165.
51 Die Authentizität dieser Hitler-Äußerung ist nicht belegt. Allerdings korrespondiert die Diktion des "Witzes" mit ähnlich lautenden Äußerungen Hitlers über die Schweiz. Vgl. auch Picker, S. 70 u. 88.
52 Urner, S. 42.
53 BA-MA RH 2/465 Schweiz, Bd. A; 1. Vortragsnotiz, 25. 6. 1940, gez. v. Menges.
54 Macksey, S. 180.
55 Halder Bd. I, S. 370.
56 ebenda. S. 369.
57 Maser, S. 466 ff. Vgl. auch Bullock, S. 838.
58 Urner, S. 10.
59 Piekalkiewicz, Weltkrieg, S. 190.
60 Wistrich, R.: Wer war wer im Dritten Reich. Frankfurt/M. 1992, S. 229. Vgl. auch Piekalkiewicz, Janusz: Krieg auf dem Balkan 1940-1945. Eltville a. Rhein 1989, S. 44 f.
61 Förster, G. und Groehler, O.: Der zweite Weltkrieg. Dokumente. Berlin 1989, S. 91 f.
62 Maser, S. 497 ff.
63 Halder Bd. I, S. 374 f.
64 Maser, S. 497.
65 Als Vertreter der britischen Regierung verhandelte seit dem 4. August 1939 Sir Reginald Plunket – Emle-Erle – Drax und als Vertreter der französischen Regierung General Joseph Edouard Doumene mit Stalins Beauftragten bis zum 20. August, bis Stalin sich wegen der zurückhaltenden westlichen Gesprächspartner entschied, seinen Vertrag mit Hitler unmittelbar (über

Molotow) in die Wege zu leiten. Vgl. Maser, Werner: Der Wortbruch, u. a. S. 29 und S. 69.

66 Piekalkiewicz, Spionage, S. 383.

67 Fest, S. 870.

68 ebenda, S. 870 f. Vgl. auch Maser, S. 497 f.

69 Piekalkiewicz, Weltkrieg, S. 190.

70 ebenda.

71 Maser, S. 498 f.

72 Piekalkiewicz, Weltkrieg, S. 190.

73 ebenda, S. 316. – Die Luftoffensive gegen Großbritannien scheiterte bereits am 15. September 1940, dem sog. „Battle of Britain Day".

74 Wallach, S. 331.

75 Maser, S. 499.

76 Urner, S. 78.

77 BA-MA RH 2/465 Schweiz, Bd. A; Neufassung, 8. 8. 1940, gez. v. Menges; und BA-MA RH 2/465 Schweiz, Bd. A; Neufassung, 12. 8. 1940, gez. v. Menges.

78 ebenda, 12. 8. 1940, unter: 17.) "Bei der augenblicklichen ...".

79 Koller, S. 95.

80 Urner, S. 82.

81 BA-MA RH 2/465 Schweiz, Bd. B; Befehl des OKH, Genst. d. H., an die HGr. C, betr. Ausarbeitung eines Operationsentwurfes gegen die Schweiz, 26. 8. 1940, gez. Halder.

82 Urner, S. 82.

83 BA-MA RH 2/465 Schweiz, Bd. B; Op. Entwurf HGr. C „Tannenbaum", 4. 10. 1940, gez. v. Leeb.

84 BA-MA RH 201/368, Armeeoberkommando 1. Studie. Über einen Aufmarsch gegen die Schweiz aus dem Raume der 1. Armee, 4. 10. 1940, gez. Zimmermann.

85 BA-MA RH 2/465 Schweiz, Bd. B; Stellungnahme der Op. Abt. (I), 9. 10. 1940, gez. Halder.

86 Piekalkiewicz, Weltkrieg, S. 565. – Gen. Weygand beließ die französischen Kolonialtruppen in voller Alarmbereitschaft und achtete auf ihre Ausbildung.

87 ebenda, S. 304.

88 Görlitz, S. 133.

Kap. 5 Der deutsche Handels- und Wirtschaftskrieg gegen die Schweiz 1940 bis 1943

1 Ressourcen bezeichnet hier alle Güter bzw. Mittel, die in die Produktion von Gütern und Dienstleistungen eingehen und ebenso die natürliche Umwelt (Luft, Wasser, Natur) und die der Umwelt entnehmbaren Rohstoffe (natürliche R.).

2 Lidell Hart, S. 42 ff.

3 Urner, K.: Neutralität und Wirtschaftskrieg. In: Bindschedler, S. 250. – *Nachfolgend zit. als Urner, Neutralität.*

4 Clearingkredite: Die Zentralbanken der am Handel beteiligten Länder verrechnen periodisch untereinander die gegenseitigen Forderungen im Bereich des Waren- und Dienstleistungsverkehrs. Ausgeglichen wird lediglich der Verrechnungssaldo, so daß eine geringe Bargeldbewegung erreicht wird. Der Saldo kann ebenso kreditiert oder durch Devisen bzw. Gold ausgeglichen werden.

5 Urner, Neutralität, S. 251. – Durch das Schuldenliquidationsabkommen mit der BRD vom August 1952 erhielt die Schweiz vom Rechtsnachfolger des Deutschen Reiches eine Rückzahlungssumme von 650 Mio. Franken.
6 ebenda.
7 Koller, S. 67.
8 ebenda, S. 87.
9 ebenda.
10 ebenda.
11 Piekalkiewicz, Spionage, S. 383 f.
12 Urner, S. 91.
13 Koller, S. 87.
14 Urner, S. 94.
15 ebenda, S. 96.
16 ebenda.
17 Piekalkiewicz, Spionage, S. 383 ff.
18 Urner, S. 99 f.
19 ebenda.
20 Koller, S. 103 f.
21 Urner, S. 103.
22 Koller, S. 105.
23 ebenda, S. 106.
24 Piekalkiewicz, Weltkrieg, S. 304.
25 Koller, S. 109.
26 ebenda, S. 108.
27 ebenda, S. 105, 107 u. 111.
28 Urner, S. 111.
29 Piekalkiewicz, Spionage, S. 383 ff.
30 ebenda, S. 385.
31 Urner, S. 120.
32 ebenda, S. 121.
33 Werenfels, S. 383. – Der Autor gibt folgende Zahlen an: 1.000 Elsässer, ab Sommer 1941 Holländer, vor allem ehem. Soldaten, die in den holländischen Überseekolonien den Kampf fortsetzen wollten; dazu kamen ca. 400 französische Kriegsgefangene.
34 Bonjour Bd. V, S. 100.
35 ebenda, S. 315.
36 ebenda.
37 ebenda, S. 316.
38 Koller, S. 103.
39 ebenda, S. 104.
40 ebenda, S. 106.
41 ebenda, S. 109 f.
42 ebenda, S. 110.
43 Bonjour Bd. V, S. 50.
44 Koller, S. 118.
45 Urner, Neutralität, S. 279 f.
46 ebenda, S. 280.
47 ebenda.
48 Koller, S. 77. – Am 18.6.40, als sich Hitler und Mussolini in München trafen.
49 Piekalkiewicz, Weltkrieg, S. 566.
50 Fuhrer, S. 411. Vgl. auch Heiniger, S. 48.

51 Bonjour Bd. V, S. 57.
52 ebenda, S. 60.
53 Fuhrer, S. 413f.
54 Bonjour Bd. V, S. 60 f. u. 64.
55 ebenda, S. 64.
56 Fuhrer, S. 411.
57 Bonjour Bd. V, S. 62. Vgl. auch Koller, S. 129. – Zur gleichen Zeit kapitulierte in Stalingrad die 6. Armee. Bilanz: 130.000 Tote, ca. 90.000 Gefangene.
58 Bonjour Bd. V, S. 62. – Die Identität von „Wicking", wahrscheinlich mehrere Personen, wurde nie geklärt. „Wicking" galt als zuverlässige Nachrichtenlinie, da sie 1940 den Schweizern, mit genauer Terminangabe, die deutschen Angriffe auf Norwegen und Frankreich gemeldet hatte.
59 ebenda, S. 63.
60 Fuhrer, S. 411.
61 Koller, S. 130. – Der sog. „Märzalarm" dauerte vom 18. - 27. März 1943.
62 Bonjour Bd. V, S. 61 f.
63 ebenda, S. 63.
64 ebenda, S. 88. Vgl. auch Wistrich, R.: Wer war wer im Dritten Reich. Frankfurt/M. 1992, S. 306 f.
65 Bonjour Bd. V, S. 88.
66 Piekalkiewicz, Spionage, S. 540.
67 Fuhrer, S. 414.
68 ebenda.
69 Heiniger, S. 48.
70 ebenda.
71 Koller, S. 131.
72 ebenda.
73 ebenda.
74 ebenda, S. 133.
75 Urner, Neutralität , S. 282.
76 Bonjour. Bd. V, S. 67.
77 Koller, S. 129 f.
78 Heiniger, S. 49.
79 Urner, S. 24. Vgl. auch Piekalkiewicz, Spionage, S. 382 f.
80 Urner, Neutralität, S. 270.
81 Urner, S. 24.
82 Piekalkiewicz, Weltkrieg, S. 960.
83 Fuhrer, S. 412.
84 ebenda, S. 412 f.
85 Koller, S. 166.
86 ebenda, S. 173.
87 ebenda, S. 155. – Sowjetische Antwortnote auf ein „aide memoire" der Schweiz zur Wiederaufnahme der diplomatischen Beziehungen.
88 Koller, S. 158.
89 Urner, Neutralität, S. 251.
90 ebenda, S. 262 ff.
91 Koller, S. 56.
92 Billigkeit bedeutet Gerechtigkeit im Einzelfall. Das Merkmal der Gerechtigkeit ist die Gleichheit. Die Gerechtigkeit verlangt aber nicht völlig gleiche Behandlung, sondern gleichmäßige Behandlung (Ius non est in singulas personas, sed generaliter constituuntur).

93 Urner, Neutralität, S. 263.
94 Koller, S. 42.
95 Urner, Neutralität, S. 266 f.
Rüstungsexporte der Schweiz im Zeitraum September 1938-Mai 1939:

Niederlande	16,0	Mio. Franken
Frankreich	13,2	Mio. Franken
Großbritannien	9,0	Mio. Franken
Japan	9,6	Mio. Franken
Deutsches Reich	60.000	Franken
Italien	2.780	Franken

96 Urner, Neutralität, S. 268.
97 Koller, S. 64.
98 Urner, Neutralität, S. 270.
99 ebenda, S. 271.
100 ebenda, S. 272.
101 ebenda.
Verteilung der Schweizer Exporte 1942/43:

1942	nach Deutschland	35,3	Mio. Franken
	an die Alliierten	13,8	Mio. Franken
1943	nach Deutschland	42,5	Mio. Franken
	an die Alliierten	17,8	Mio. Franken

102 ebenda, S. 276.
103 ebenda, S. 260.
Schweizer Export- und Importvolumen mit Großbritannien und den USA in den Jahren 1943/ 44:

1943	Export Großbritannien	35,7	Mio. Franken
	Import Großbritannien	3,6	Mio. Franken
1944	Export Großbritannien	34,0	Mio. Franken
	Import Großbritannien	1,3	Mio. Franken
1943	Export USA	153,0	Mio. Franken
	Import USA	56,4	Mio. Franken
1944	Export USA	140,0	Mio. Franken
	Import USA	21,2	Mio. Franken

104 ebenda, S. 260.
105 Koller, S. 132 f., 135 f., 141, 143, 148 f., 150 f., 157, 159 f., 162 f.
106 Urner, Neutralität, S. 283 f.
107 ebenda, S. 283.

Kap. 6 „Raubgold"-Frage und nachrichtenlose Konten – Die Kampagne

1 Bern öffnet die Gewölbe des Goldes, in: Spiegel 11/97, S. 146.
2 Die Bundesversammlung: Nachrichtenlose Vermögen, in: http://www.parliament.ch/d/news/index3.htm.
3 Die Bundesversammlung. Nachrichtenlose Vermögen. Chronologie 1934-1994 und 1994-1995, in: http://www.parliament.ch/d/news/index19.htm sowie http://www.parliament.ch/d/news/index19a.htm.
4 Bronfmann ist Chef der Spirituosen-Firma „Seagrams". Seine Vorfahren, aus Bessarabien kommend, wanderten 1927 nach Kanada ein.
5 Knebel, Alexander: Personalien. Klare Worte. Edgar M. Bronfmann. Vorsitzender des JWC, in: Neues Deutschland, 20. 8. 1997. – Entgegen übli-

cher Praxis hält sich das ND mit seiner ansonsten harschen Kapitalismuskritik stets dort zurück, wo es um jüdische Interessen geht. Das ND würdigt den JWC als starke jüdische Interessenvertretung, die, wo immer es möglich erscheint, gegen Nazi-Verbrecher agiert und die Opfer des Holocaust vertritt, ohne zu erwähnen, welche „rein kapitalistische" ökonomische Macht der JWC repräsentiert. Wohl um sich nicht dem Vorwurf auszusetzen, als Sprachrohr der sozialistischen PDS antisemitisch zu argumentieren.

6 Holocaust Assets and Swiss Banks, in: United States Senator Alfonse D'Amato, http://www.senate.gov/~damato/swiss.htm, S. 1.

7 Bower, Tom: Das Gold der Juden. Die Schweiz und die verschwundenen Nazi-Milliarden. o. O. 1997, S. 359. – Nachfolgend zit. als Bower.

8 siehe Anm. 3.

9 Bower, S. 367.

10 gemeint ist das Washingtoner Abkommen vom Mai 1946.

11 „Nazi-Gold. Information from the British Archives" .Im Auftrag des britischen Außenministeriums (Foreign Office) erstellt.

12 Blau, Gisela u. a.: Schweigen ist Gold … , in: Focus 38/96, S. 280-281.

13 Bower, S. 371.

14 siehe Anm. 3.

15 Bower, S. 372.

16 siehe Anm. 6.

17 siehe Anm. 3.

18 Schweizerische Stellungnahmen beim Hearing des Bankenauschusses des US-Repräsentantenhauses, in: http://www.nzz.ch/online/02_dossiers/schatten/schatten961212b.htm, 12.12.1996.

19 siehe Anm. 6.

20 Bower, S. 373-383.

21 Blau, Gisela: Hatz auf die Juden, in: Focus 4/97, S. 184-185. – *Nachfolgend zit. als Blau.*

22 siehe Anm. 6.

23 Blau, S. 185.

24 Dies sollte New York, Conneticut und Rhode Island betreffen.

25 Die Bundesversammlung: Nachrichtenlose Vermögen. Chronologie 1997, in: http://www.parliament.ch/d/news/index19c.htm.

26 siehe Anm. 6, S. 2.

27 Blau, S. 185.

28 Unter Verschluß. Der Fall Meili und die Banken, in: Spiegel 6/97, S. 134.

29 siehe Anm. 6, S. 2.

30 ebenda. – ICZ-Vorsitzender Werner Rom forderte ein Gesetz, das den Informanten zu diesem Thema „vor rechtlichen und wirtschaftlichen Folgen schützt." (vgl. auch: Anm. 25) Die Rechtskommission des Nationalrates entsprach dieser Motion durch den Vorschlag, eine ergänzende Regelung für Arbeitnehmer zu erlassen, die diese vor rechtlichen Nachteilen schützt, wenn sie gegenüber der „Bergier-Kommission" aussagen (oder Informationen liefern). Meili und Familie wurde im Juli 1997 in den USA Asyl gewährt, die Strafverfahren gegen Meili und Haggenmüller wurden eingestellt (1. 10. 1997). Die Rechtsschutz-Regelung für Zeugen der Bergier-Kommission passierte beide Häuser des Parlaments (8. 12. 1997), Meili verklagte die UBS auf 2,56 Mio. US$ Schadenersatz (13. 1. 1998)

31 siehe Anm. 25; vgl. auch Anm. 28.

32 hier zit. nach der NZZ-Internetausgabe: Schweiz: neueste D'Amato-Fakten altbekannt, in: http://www.germany-live.de/gl/Artikel/Ausland/1997-01/853154763.html, 13. 1. 1997.
33 ebenda.
34 siehe Anm. 25.
35 Bower, S. 388.
36 siehe Anm. 25.
37 siehe Anm. 1, S. 146.
38 Eine schweizerische Stiftung für Solidarität, in: http://www.nzz.ch/online/02-dossiers/solidaritaet/solidaritaet.htm. 10. 2. 1998.
39 Bower, S. 391.
40 siehe Anm. 1, S. 147.
41 ebenda; vgl. auch Anm. 38.
42 Reaktionen zum Projekt „Stiftung für Solidarität", in: http://ww.nzz.ch/online/02_dossiers/solkidaritaet/970308_soli_reakt.htm, 7. 3. 1997.
43 US-Senator D'Amato will Taten von der Schweiz sehen, in: http://paperboy.germany-live.de/Artikel/Ausland/1997-05/863084740.html, 8.5.1997, S. 1.
44 U.S. and Allied To Recovering and Restore Gold and other Assets stolen or hidden by Germany during World War II. Preliminary Study, in: http://pdwww2.parlament.ch/newpd/d/news/Eizenstat/Zusammen. htm Efforts.
45 Schmid, Ulrich und Martin Breitenstein: Vorstellung des Eizenstat-Berichtes in Washington., in: http://www.nzz.ch/online/02_dossiers/schatten/schatten970509a.htm, 9.5.1997.
46 siehe Anm. 43.
47 siehe Anm. 45.
48 SBVg (Hg.): Informationsmappe zu den nachrichtenlosen Vermögen. 1997.
49 Gaupp, Peter: Schweizer Informationsoffensive in London, in http://www.nzz.ch/online/02_dossiers/schatten/scha971202pgp.htm, 2. 12. 1997. – Neben Botschafter Borer gehörten der Schweizer Delegation SNB-Vize Jean-Pierre Roth, der Präsident des Israelitischen Gemeindebundes und Chef des Holocaust-Fonds, Rolf Bloch, Minister Robert Reich von der Botschaft in London, der Völkerrechtsspezialist Paul Seger vom EDA, Prof. Jean-Francois Bergier und der britische Historiker Harold James, Mitglied der Bergier-Kommission, an; die letztgenannten traten nur im Namen des Expertengremiums auf.
50 Müller, Felix: Differenzierter Ruf nach Fairneß für die Schweiz. Gespräch mit dem Historiker Harold James in London, in: http://www.nzz.ch/online/02_dossiers/schatten/scha971204fem_james.htm, 4.12.1997. – James lehrt Geschichte an der Universität Princeton, war als Mitglied der Bergier-Kommission auch Mitglied der Schweizer Delegation in London und ist einer der weltweit führenden Experten auf dem Gebiet der internationalen Gold- und Finanztransaktionen während des Zweiten Weltkrieges.
51 siehe Anm. 49.
52 Janner, der Initiator des „Rifkind-Berichts", ist ehem. Labour-Abgeordneter, Vorsitzender des britischen „Holocaust Education Trust", Vizepräsident des JWC und wurde in den Adelsstand erhoben.
53 Gaupp, Peter: Im Spannungsfeld zwischen Fachtagung und moralischem Tribunal, in:

http://www.nzz.ch/online/02_dossiers/schatten/scha971201pgp.htm. 1. 12. 1997.

54 siehe Anm. 50.

55 Müller, Felix: Nazigold-Frage und amerikanische Diplomatie, in: http://www.nzzz.ch/online/02_dossiers/schatten/scha971205fem.htm, 5. 12. 1997.

56 The United States Mission to Italy: Eizenstat opening Remarks at Nazi Gold Conference Dec. 2, in: http://www.usis.it/wireless/wf97120210.htm, 2. 12. 1997, S. 1.

57 siehe Anm. 50. – James erklärte u. a., die Schweiz habe primär die Rolle einer Finanzdrehscheibe gespielt, weshalb man den Weg aller Goldlieferungen bis an ihre Endstation verfolgen und dokumentieren müsse. Sicher lasse sich nicht einfach das Total der deutschen Verkäufe an die Schweiz nehmen und nach heutigem Goldwert hochrechnen. Die Dinge seien etwas komplizierter. Deshalb sei er, James, auch nicht überrascht, daß die internationale Öffentlichkeit immer noch Mühe bekunde, das Verhalten der Schweiz im Zweiten Weltkrieg einer fairen Beurteilung zu unterziehen. Zuerst benötige man ein vollständiges Bild der Fakten und danach die Zeit, diese zu erklären. Das Interesse am Thema werde zudem nicht so rasch erlahmen. Gold sei ein Mythos von anhaltender Faszinationskraft, dem er auch als Forschern zumindest teilweise erlegen sei.

58 siehe Anm. 53.

59 Gaupp, Peter und Felix Müller: Appelle zur weltweiten Öffnung der Archive, in: http://www.nzz.ch/online/02_dossiers/schatten/scha971205pgp.htm, 5. 12. 1997.

60 ebenda.

61 Hitlers willige Hehler, in: Der Spiegel 38/96, S. 154-156.

62 Tzermias, Nikos: Die Schweiz im Visier New Yorks, in: http://www.nzz.ch/online/02_dossiers/schatten/scha970211tz.htm, 11. 2. 1997.

63 Wermusch, Günter: Als Schweizer Banken mit den Nazis Geschäfte machten, in: ND, 19./20. 7. 1997, S. 13.

64 Moratorium [lat.]: gesetzlicher oder vertraglicher Aufschub der Erfüllung fälliger privater oder öffentlicher Verbindungen.

65 Tzermias, Nikos: Moratorium für Bankenboykotte in den USA, in: http://www.nzz.ch/online/02_dossiers/schatten/scha971209tz.htm, 9.12.1997.

66 Müller, Felix: Im gleichen Boot, in: http://www.nzz.ch/online/02_dossiers/schatten/scha971216fer.htm, 16.12.1997, S. 1.

67 Blocher, Christoph: „Ist die Schweiz erpressbar geworden?" Rede auf der 12. ordentl. Mitgliederversammlung der AUNS am 26.4.1997 in Bern. Hg. v. d. AUNS, Bern 1997.

68 siehe Anm. 66.

69 Brenner, Beat: D'Amato will die Schweizer Bankenfusion behindern, in: http://www.nzz.ch/online/02_dossiers/schatten/scha980206bb.htm, 6. 2. 1998.

70 Die Bundesversammlung: Nachrichtenlose Vermögen. Chronologie 1998, in: http://www.parliament.ch/d/news/index19e.htm; vgl. auch: Neuer Holocaust-Skandal droht, in: ND, 6. 4. 1998, S. 7 sowie: Zahngold für die Tante. Das Erbe Albert Blumes, in: Spiegel 43/97, S. 216-218. – Weitere „Skandale" scheinen absehbar: Die Frage nach geraubten Kunstschätzen wird durch die umfas-

sende Aufarbeitung der Gold- und Devisengeschäfte der Schweiz thematisiert werden.

71 vgl. Friedländer, Saul: Vom Antisemitismus zur Ausrottung, in: Jäckel, Eberhard und Jürgen Rohwer (Hg.): Der Mord an den Juden im Zweiten Weltkrieg. Frankfurt/M. 1987, S. 18-61.

72 Die Schweizer Gold-Geschäfte mit den Nazis, in: Frankfurter Allgemeine Zeitung (FAZ), 26. 5. 1998; vgl. auch: Kellerhoff, Sven-Felix: Schweiz war Drehscheibe für Nazi-Gold, in: Die Welt, 26. 5. 1998.

73 ebenda.

74 Taumelnd auf der Siegerstraße, in: Focus 15/98, S. 72.

75 ebenda, S. 78.

76 ebenda.

77 Bower, S. 11.

78 Vesper, Karlen: Wußten Banken vom Raubgold ? Interview mit Eberhard Czichon, in: Neues Deutschland, 14. 8. 1997. – Aus der marxistischen Ecke analysiert Czichon richtigerweise, daß die Banken der westlichen Welt im Kalten Krieg „gewissermaßen Systemschutz" genossen. Nun habe sich die Szenerie verändert, denn der gemeinsame Gegner von einst, der kommunistische Block sei weg,. Der Kapitalmarkt sei in eine neue internationale Konkurrenzsituation eingetreten, die die Verbündeten von einst dazu verführe, ihre Archive zu öffnen, denn wer „auf den Europamarkt drängt und auf dem internationalen Finanzmarkt Geschäfte abschließen will, muß sich im Interesse von 'Ansehen und Geschäft' von einer solchen Vergangenheit kritisch distanzieren. Die schöngeschriebenen Bank- und Betriebsgeschichten sind nicht mehr wert, als das Papier auf dem sie gedruckt sind". Die braune Vergangenheit, so Czichon, könne auf dem internationalen Markt zu einem Konkurrenzfaktor werden.

79 Wasser, Hartmut: Politische Parteien in den USA, in: Länderbericht USA. Bd. 1, S. 379.

80 Lösche, Peter: Interessenorganisationen, in.: Länderbericht USA. Bd. 1, S. 421-438; vgl. auch: Das neue Duden-Lexikon in 10 Bänden, Bd. 6. Mannheim/Wien/Zürich 1991, S. 2314.

81 Bower, S. 383 f.

82 Kleinsteuer, Hans J.: Medien und öffentliche Meinung, in: Länderbericht USA. Bd. 1, S. 489.

83 Weber, Hermann: Schweizer Neutralität und Nazi-Gold. Kalkulierter Entscheid gegen eine einseitige Parteinahme, in: http://www.nzz.ch/online/02_dossiers/schatten/schatten970513a.htm, 13.5.97, S. 5 f.

84 Junker, Detlev: Weltwirtschaftskrise, New Deal, Zweiter Weltkrieg 1929-1945, in: Länderbericht USA. Bd. 1, S. 145.

85 ebenda, S. 150.

86 ebenda, S. 146-151.

87 Krakau, Konrad: Außenbeziehungen der USA 1945-1990, in : Länderbericht USA. Bd. 1, S. 187-193.

88 Knapp, Manfred: Amerikanische Weltpolitik. Die Außenpolitik der USA gegenüber dem westlichen Europa, in: Länderbericht USA. Bd. 2, S. 338. – Das Abkommen von Bretton Woods (IWF und Weltbank) und das Welthandelsabkommen (GATT) legten die Grundsteine.

89 ebenda, S. 339 f und 351 ff.

90 Seuß, Wilhelm: Ordnungspolitische Aspekte von Staat und Wirtschaft, in Länderbericht USA. Bd. 1, S. 535 f.

91 Mayer, Peter und Hermann Sautter: Die Außenhandelspolitik, in: Länderbericht USA. Bd. 1, S. 653-660.
92 ebenda, S. 661.
93 Mayer, Peter und Hermann Sautter: Die Bedeutung der USA für die Weltwirtschaft, in: Länderbericht USA. Bd. 1, S. 671.
94 ebenda, S. 672.
95 Die EFTA-Staaten: Schweiz, Schweden, Finnland, Österreich, Island, Norwegen. Ab 1995 durch EU-Beitritt ohne Finnland, Österreich, Schweden.
96 siehe Anm. 93, S. 662 u. 675 f.
97 Kongreß erwägt Sanktionen gegen Staaten mit religiöser Verfolgung, in: http://paperboy.germany-live.de/Artikel/Ausland/1997-10/ 875779942.html., 2. 10. 1997, S.1.
98 Blocher, Christoph: Eine Standortbestimmung. Bern: AUNS, 1997, S. 16. Hier zit. nach: Schweizerische National Bank Monatsbericht 10/97, SNB 1997.
99 siehe Anm. 97.
100 Fink, Gerhard: Die Wirtschaftsbeziehungen der USA mit den Staatshandelsländern, in: Länderbericht USA. Bd. 1, S. 681.
101 Bower, S. 26; vgl. auch: United States Senator Alfonse D'Amato, New York, Biography, in: http://www.senate.gov/damato/bio htm., S. 2. (Anhörung vor dem Untersuchungsausschuß am 16. 10. 1996.)
102 Rüst, Thomas: Ein aggressiver Populist. Der amerikanische Senator Alfonse D'Amato kämpft für Mächtige und Machtlose, in: Tages Anzeiger, 23. 10. 1996.
103 United States Senator Alfonse D'Amato, New York, Biography, in: http://www.senate.gov/damato/biohtm., S. 1; vgl. auch: Prominente US - Scientologen fordern Verurteilung Deutschlands, in: http://germany-live.de/gl/Artikel/Inland/1997-09/874655059.html, 19. 9. 1997.
104 siehe Anm. 102.
105 ebenda.
106 siehe Anm. 103.
107 siehe Anm. 102.
108 Prominente US - Scientologen fordern Verurteilung Deutschlands, in: http://germany-live.de/gl/Artikel/Inland/1997-09/874655059. html, 19. 9. 1997.
109 vgl. Religiöse Apartheid 1996. Unterdrückung von Grundrechten religiöser Minderheiten in Deutschland. Hg. vom Menschenrechtsbüro der Scientology-Kirche. o. O. 1996.
110 Jaschke, Hans-Gerd: Scientology. Eine Gefahr für die Demokratie – eine Aufgabe für den Verfassungsschutz? Auswirkungen der Anwendung scientologischen Gedankenguts auf eine pluralistische Gesellschaft oder Teile von ihr in einem freiheitlich demokratisch verfaßten Rechtsstaat. Hrsg. vom Innenministerium NRW, Düsseldorf ,Januar 1996.
111 siehe Anm. 97.
112 Schmid, Ulrich: Stuart Eizenstat – Spezialist für heikle Aufgaben. Vielseitige Karriere des kühlen Vertreters von US-Interessen. http://www.nzz.ch/online/02_dossiers/schatten/schatten970509b.htm, 9. 5. 1997.
113 ebenda.
114 Ziegler, S. 296.
115 Herbert, Ulrich: Arbeit und Vernichtung, in: Dan Diner (Hrsg.): Ist der Nationalsozialismus Geschichte? Zu Historisierung und Historikerstreit. Frankfurt/M. 1988, S. 206; vgl. auch: Kwiet, Konrad: Judenverfolgung und Judenvernichtung im Dritten Reich, in: ebenda, S. 258.

116 Kwiet, a. a. O., S. 244; vgl. auch: Barkai, Avraham: Vom Boykott zur „Entjudung". Der wirtschaftliche Existenzkampf der Juden im Dritten Reich 1933-1943. Frankfurt/M. 1988, S. 61. – Nachfolgend zit. als Barkai.

117 Man scheint deutscherseits bis 1936/37 bereit gewesen zu sein, die bestehenden Gesetze im Interesse einer beschleunigten jüdischen Auswanderung flexibel zu handhaben.

118 Barkai, S. 116 u. 160.

119 Barkai schreibt (S. 60): „Nicht wenige wohlhabende Juden scheinen in den ersten Monaten des neuen Regimes [...] Wege gefunden zu haben, ihre Vermögen flüssig zu machen und ohne großen Kapitalverlust auszuwandern."

120 „Normale" Geschäftsauflösungen, Liquidationserlöse aus „Arisierungen" und private Ersparnisse bildeten liquide Reserven. Viele Juden zogen schnell verfügbare Anlageformen vor und hüteten sich, ihr Kapital zu reinvestieren. Welches Volumen dies Kapital hatte, ob und wie es ins Ausland geflossen ist, bleibt hochgradig spekulativ. Vgl. Barkai, S. 57 f, 89, 92 ff.

121 Barkai, S. 60.

122 Haavara [hebr.]: Transfer.

123 Brief Tucholskys an Arnold Zweig vom 15. 12. 1935: "Über Palästina erlaube ich mir keinerlei Bemerkung –: ich kenne die Verhältnisse nicht. Zweierlei fällt mir auf: Das ist kein jüdischer Staat, sondern eine englische Kolonie, in der die Juden – wie unter Pontius Pilatus – eine Rolle spielen, die mir nicht schmeckt und wohl manchem Juden dort unten auch nicht. Zweitens: die deutschen Juden, die Geld hatten, durften nur heraus [aus Deutschland – d. Verf.], wenn sie statt ihres Geldes eine Abmachung mit herausnahmen, bei der Palästina mit deutschen Waren überschwemmt wurde. Doch ist das Sache der Zionisten [...].", in: Tucholsky, Kurt: Briefe. Auswahl 1913 bis 1935. Hg. v. Roland Links. Berlin 1983, S. 571.

124 Die Warburg-Bank, auch Vertrauensbank des „jüdischen Wirtschaftssektors", hatte bei der Verwaltung jüdischer Sperrkonten eine Monopolstellung inne und begleitete Liquidationen und „Arisierungen" jüdischer Betriebe. Sie dürfte, neben Haavara, die Möglichkeit „illegalen" Vermögenstransfers gehabt haben; vgl. auch: Barkai, S. 88.

125 Barkai, S. 111 ff.

126 ebenda, S. 115, S. 152-167.

127 hier zit. nach: Thüringer Landeszeitung, 5. 11. 1997.

128 Die Bundesversammlung: Nachrichtenlose Vermögen. Chronik 1997, in: http://www.parliament.ch/D/NEWS/index19d.htm.

129 Wermusch, Günter: Nachlese. Als Schweizer Banken mit den Nazis Geschäfte machten. Die Selbstgerechtigkeit der Mittäter. In: Neues Deutschland, 19./20.7.1997, S. 13.

130 Bower, S. 25-38.

131 Bower, S. 151.

132 „Der schwärzeste Schatten, der auf das schweizerische Verhalten im Krieg fällt, ist die Mitschuld an der Ausrottung der europäischen Juden. Es wäre Schönfärberei zu behaupten, daß es Antisemitismus nicht gegeben habe, aber es gab keinen Vernichtungswillen." So bei: Stadler, Peter: Schweizerische Neutralität – eine geschichtliche Würdigung. Vortrag anlässlich der 11. ordentl. Mitgliederversammlung der AUNS vom 11. Mai 1996. Hg. von der AUNS. Bern 1996, S. 12.

133 Jungfer, Eberhard. u.a.: Arbeitsemigration und Flucht. Beiträge zur nationalsozialistischen Gesundheits- und Sozialpolitik Bd. II. Berlin 1994, S. 25 f.

134 ebenda, S. 23.
135 Brief Tucholskys an Walter Hasenclever vom 4. 3. 1933, in: Tucholsky, Kurt: Briefe. Auswahl 1913 bis 1935, a. a. O., S. 291.
136 siehe Anm. 133, S. 25 f und S. 59 ff.
137 Teilnehmer: USA, GB und die Dominions, Frankreich, Belgien, die Niederlande, die skandinavischen Länder mit Ausnahme Finnlands, die Schweiz, Italien sowie alle Republiken Südamerikas. Siehe auch Anm. 133, S. 59 f.
138 Jäckel, P. u. a. (Hrsg.): Enzyklopädie des Holocaust. Die Verfolgung und Ermordung der europäischen Juden. München/Zürich 1995, S. 1491.
139 siehe Anm. 133, S. 62.
140 siehe Anm. 133, S. 25 f, S. 59 ff, S. 82 ff. – Auch die spätere Zusammenarbeit Vichy-Frankreichs mit Hitler-Deutschland bei der Deportation der französischen und nach Frankreich emigrierten Juden erscheint in diesem Kontext beachtenswert.
141 siehe Anm. 138, S. 76 f, S. 928, S. 1334 ff, S. 1366.
142 Uris, Leon: Exodus. München 1991. Vgl. auch Focus Nr. 18/98, S. 274-278.
143 Collins, Larry und Dominique Lapierre: O Jerusalem. München 1989, S. 26.

Kap. 7 „Raubgold"-Frage und nachrichtenlose Konten – Die Details

1 „Die stickige Luft wird fortgeweht". Der Schweizer Schriftsteller Adolf Muschg über den Streit um das Nazi-Gold, die Verdrängung der Vergangenheit und die Selbstgerechtigkeit der Eidgenossen., in: Spiegel 12/97, S. 179-183.
2 Hitlers beflissene Hehler, in: Spiegel 12/97, S. 162-177.
3 Wermusch, Güter: Als Schweizer Banken mit den Nazis Geschäfte machten, in: Neues Deutschland, 19./20.7.1997, S. 13.
4 Blau, Gisela und Gaby Neujahr: Eine Frage der Moral, in: Focus 39/1996, S. 288. – Auch die Zeitung „Jewish Week" vermutete in den Tresoren der US-Notenbank Nazi-Gold im Wert von 42 Millionen Mark.
5 Foreign and Commonwealth History Notes. Nazi Gold. Information from the British Archives. London, September 1996; bezeichnet als: Rifkind-Bericht.
6 Maissen, Thomas: Nazi-Raubgold, in: http://www.nzz.ch/online/02_dossiers/schatten/schatten960914b.htm, 14. 9. 1996, S. 4. f., S. 6: – Die Entrüstung in den Medien geht auf einen falsch zitierten Passus der Washingtoner Protokolle zurück. SNB-Chef Hirs hatte 1946 in Washington geäußert, daß in der SNB „... 500 million Swiss Francs of Gold ..." lagerten. Der englische Bericht wiederholt diese Zahl, verwechselt allerdings die Währung, so daß aus den 500 Millionen Franken 500 Millionen Dollar (nach damaligem Wert umgrechnet ca. 2,2 Milliarden Franken) wurden.
7 Unabhängige Historikerkommission „Nachrichtenlose Vermögenswerte" (Bergier-Kommission): Kommentiertes Arbeitspapier. Bern, Dezember 1997; bezeichnet als: Bergier-Bericht.
8 Brenner, Beat: Die Schweizer Goldtransaktionen unter der Lupe, in: http://www.nzz.ch/online/02_dossiers/schatten/scha971202bb2.htm, S. 1. – Die SNB kaufte Reichsbankgold im Wert von 389,2 Millionen US$, die Geschäftsbanken erhielten Gold im Wert von 61,2 Millionen US$.
9 Kopper, Christopher: Punktuelles Verantwortungsbewußtsein, in: FAZ, 27. 2. 1998, S. 12. – Kopper ist wissenschaftlicher Assistent am Institut für Geschichte der Universität Göttingen. Zu Abs heißt es bei: Wistrich, Robert: Wer war wer

im Dritten Reich. Frankfurt/M. 1992, S. 11 f.: „Hermann Josef Abs, geb. 1901, trat Anfang 1938 als Direktor der Auslandsabteilung in den Vorstand der Deutschen Bank ein. Außerdem gehörte A. dem Beirat der Deutschen Reichsbank in Berlin an und war Mitglied in deren Währungsausschuß und im Rußland-Ausschuß der Deutschen Wirtschaft, sowie im Siebenerausschuß der Deutschen Golddiskontbank Berlin. Bekannter wurde er nach 1945 als Freund und Finanzberater Adenauers. Im Mai 1951 wurde A. stellv. Vorsitzender im Aufsichtsrat der Bank für Wiederaufbau in Frankfurt/M. und im Jahr darauf Leiter der Deutschen Delegation bei der Londoner Konferenz zur Regelung der deutschen Auslandsschulden. Nach Wiedergründung der Deutschen Bank im Jahr 1957 wurde A. bis 1967 deren Vorstandssprecher und übernahm dann noch mehrere Jahre Aufsichtsratsvorsitz. 1972 wurden der Ostberliner Autor Eberhard Czichon und sein Kölner Verlag vom Landgericht Stuttgart zur Schadensersatzleistung in Höhe von 20.000 DM verurteilt, weil jener behauptet hatte, A. habe sich bei der Arisierung jüdischen Besitzes während des Dritten Reiches bereichert."

10 Barkai, Avraham: Vom Boykott zur „Entjudung". Der wirtschaftliche Existenzkampf der Juden im Dritten Reich 1933-1943. Frankfurt/M. 1988. Über 1945 hinaus verblieb kein Raubgold in den Tresoren deutscher Banken. Die vorhandenen Goldbestände der deutschen Banken wurden auf Beschluß des alliierten Kontrollrats von den vier Besatzungsmächten beschlagnahmt. Die UdSSR vereinnahmte dieses Gold als Reparationsleistung, die Westalliierten gaben es teilweise an die betroffenen Nationalbanken zurück. Wenn, nach Kopper, schon die deutschen Banken freizusprechen sind, wie sollen dann die Schweizer Banken Mittäter sein ?

11 siehe Anm. 9.

12 ebenda; siehe auch Anm. 2, S. 163.

13 siehe Anm. 2.

14 siehe Anm. 3.

15 Maissen, Thomas: Nazi-Raubgold, in: http://www.nzz.ch/online/02_dossierslschatten/scha960914b.htm, 14. 9. 1996, S. 5. – Maissen ist Historiker an der Universitat Potsdarn.

16 siehe Anm. 2.

17 Im Rahmen beider Aktionen wurden nach vorsichtigen Schätzungen insgesamt ca. 85.000 Menschen ermordet.

18 Hoffmann, Ute und Dietmar Schulze: „ ... wird heute in eine andere Anstalt verlegt". Nationalsozialistische Zwangssterilisation und „Euthanasie" in der Landes-Heil- und Pflegeanstalt Bernburg. Dessau 1997, S. 75. – Die Zahngold-Verwertung ist für „14 f 13" belegt, für „T 4" wahrscheinlich.

19 siehe Anm. 2.

20 siehe Anm. 4; vgl. auch Anm. 2 sowie: Hitlers willige Hehler, in: Der Spiegel, 12/97, S. 162-177.

21 Chevallaz, Georges-André: Die Herausforderung der Neutralität. Diplomatie und Verteidigung der Schweiz 1939-1945. Zürich 1997, S. 170 ff.

22 siehe Anm. 2.

23 Czada, Peter, Michael Tolksdorf und Yenal Alparslan: Wirtschaftspolitik. Berlin 1987, S. 350. – Kriegsanleihe bezeichnet in diesem Zusammenhang eine freiwillige oder obligatorische Staatsanleihe zur Kriegsfinanzierung; sie stellte im Ersten Weltkrieg die Hauptform der Kriegsfinanzierung in Deutschland dar.

24 siehe Anm. 21.

25 Brenner, Beat: Technisches zum „Totengold"-Nachweis, in: http://www.nzz.ch/online/02_dossiers/schatten/scha970905e.htm, 9. 5. 1997.
26 siehe Anm. 21.
27 siehe Anm. 15, S. 1.
28 Bower, Tom: Das Gold der Juden. Die Schweiz und die verschwundenen Nazi-Milliarden. o. O. 1997, S. 76.
29 siehe Anm. 15, S. 6.
30 siehe Anm. 28, S. 118.
31 siehe Anm. 15, S. 6. – Washingtoner Abkommen, Artikel II, 2: „Les Gouvernements alliés, de leur côté, déclarent qu'en acceptant ce montant [250 Mio Fr.] ils renoncent, pour eux-mêmes et pour leurs Banques d'emission, à toutes les revendications contre le Gouvernement suisse ou la Banque nationale Suisse relative à l'or acquis par la Suissc de l'Allemagnc pendant la guerre.Toute question relative acte or se trouve ainsi réglée."
32 siehe Anm. 28, S. 136f.
33 siehe Anm. 15, S. 2.
34 Die Sieger, die zunächst mit Milliarden gerechnet hatten, wurden jedoch mit 121,5 Millionen Franken abgespeist. Über 80% des deutschen Vermögens verblieb der Schweiz und wurde zugunsten der Eidgenossenschafl liquidiert. Nochmals: Dessen Eigentümer waren nicht Opfer, sondern Täter, überwiegend aber Nutznießer des Systems. Die Schulden des Reiches ließ sich die Schweiz 1952 von der Bundesrepublik als Rechtsnachfolger mit satten 665 Millionen Franken ablösen. Geld aus Bonn holte sich auch die BIZ in Basel, die nach dem Krieg als Clearing-Zentrale für die Marshallplan-Milliarden fungierte. Sie kassierte für ihre Vermögenswerte in Deutschland von der Bundesregierung 165 Millionen DM.
35 siehe Anm. 15, S. 4.
36 siehe Anm. 28, S. 171-173.
37 siehe Anm. 2.
38 siehe Anm. 4.
39 Israel, Willi: Argentinien – Transitland für Francos Nazi-Gold, in: Neues Deutschland, 18. 2. 1998, S. 6.
40 Lautenschütz, Raul: „Schlecht informiert und böswillig", in: http://www.nzz.ch/online/02_dossiers/schatten/scha9712031ts.htm, 3. 12. 1997, S. 1. – Die Kommission ließ verlauten, ein umfassender Bericht liege bereits vor, genüge jedoch nicht der Wissenschaftlichkeit und werde 1998 folgen. Notwendig sei die Sichtung neuer Akten in Moskau.
41 Brenner, Beat: Die Schweizer Goldtransaktionen unter der Lupe, in: http://www.nzz.ch/online/02_dossiers/schatten/scha97120bb2.htm, 2. 12. 1997, S. 3. – Der Bergier-Kommission unter Vorsitz von Jean-François Bergier gehören an: Sybil Milton, Vizepräsident Joseph Voyaume, Wladyslaw Bartoszewski, Saul Friedländer, Harold James, Georg Kreis, Jaques Picard, Jakob Tanner, Jan Baumann, Petra Barthelmess, Geneviève Billeter, Linus von Castelmur, Michel Fior, Michèle Fleury, James Gillespie, Benedikt Hauser, Martin Meir, Marc Perrenoud, Bertrand Perz, Hans Safrian, Thomas Sandkühler.
42 siehe Anm. 40, S. 2.; vgl. auch Anm. 41, S. 1f.
43 siehe Anm. 41, S. 1. – Zugrunde liegt der Dollarpreis von 1945 mit 1.125 $ pro kg Feingold. Der offizielle Aufkaufpreis der SNB betrug 4.869,80 Franken pro kg.
44 siehe Anm. 40, S. 2 f.

45 siehe Anm. 41, S. 2.
46 siehe ebenda.
47 siehe ebenda, S. 2f.
48 Castelmur, Linus v.: Meist schon lang bekannt und zugänglich, in: http://www.nzz.ch/online/02_dossiers/ schatten/scha961016.htm, 16. 10. 1996, S. 2.
49 ebenda. – Hier spielen Desiderate durch Aktenvernichtung und die mangelnde Zugänglichkeit russischer Archive eine Rolle, aber auch fehlende Zeit. Die Wege des „Totengolds" aus den KZ über das SS-WVHA in die Schweiz sind bislang kaum durch Quellen belegt.
50 siehe Anm. 28, S. 60. – Bower schreibt: „Das Schweizer Bankgeheimnis war 1922 [hier irrt Bower – d. Verf.] eingeführt worden, nachdem die Ankündigung einer Steuer auf Schweizer Kapital einen massiven Geldtransfer nach London ausgelöst hatte. Um ihre Geschäfte vor der Regierung zu schützen und das Kapital zur Rückkehr zu bewegen, gaben die Schweizer Banken ihren Anlegern geheime Nummernkonten und garantierten absolute Diskretion." – Vgl. auch: Vincent, Isabel: Das Gold der verfolgten Juden. München/Zürich 1997.
51 „non olet!" – es stinkt nicht. Pecunia, Geld nämlich, auch wenn es aus zweifelhaften Quellen stammt. Der Ausspruch geht auf Vespasians Besteuerung der öffentlichen Toiletten zurück.
52 Brenner, Beat: Das Bankgeheimnis – abschaffen oder stärken?, in: htlp//www.nzz.ch/online/02_dossiers/schatten/scha97101819bb.htm, 18./19. 10. 1997; vgl. auch AP-Meldung aus Basel am 30. 10. 1997.
53 Brenner, Beat: Publikation weiterer Namenslisten, in: http://www.nzz.ch/online/02_dossiers/schatten/scha971030bb.htm, 30. 10. 1997, S. 2.
54 siehe Anm. 51.
55 siehe Anm. 21, S. 174.
56 SBVg (Hrsg.): Nachrichtenlose Vermögenswerte von Schweizer Bankkunden. Oktober 1996, S. 3.
57 Ombudsmann [schwed.]: ein aus der schwedischen Verfassungsentwicklung stammendes Amt, das eine staatlich oder privat bestellte Vertrauensperson bezeichnet, die die Rechtsanwendung und den Rechtsschutz des Einzelnen beaufsichtigt und die Kontrolle über bestimmte Verwaltungszweige verstärken soll. In der Bundesrepublik dem Ombudsmann in etwa vergleichbar sind der Wehr- und der Datenschutzbeauftragte. Mit Wirkung vom Juni 1997 wurde der eidgenössische Bankenombudsmann durch den Entscheid, in Sachen Schoah-Gelder ein separates Verfahren durchzuführen, von der Aufgabe der Bearbeitung nachrichtenloser Konten entlastet. Er ist künftig nur noch für nachrichtenlose Gelder ab Kriegsende zuständig.
58 Brenner, Beat: Millionenfunde durch Bankenombudsmann, in: http://www.nzz.online/02_dossiers/schatten/scha970709bb.htm, 9. 7. 1997, S. 2 f. – Zuerst wurden für die Bearbeitung der Suchaufträge 300, später 100 Franken Bearbeitungsgebühr erhoben. Insgesamt 23% aller Anfrager wurde die Gebühr allerdings erlassen, da es sich um Härtefälle handelte. Die Einnahmen von 150.000 Franken hat der Ombudsmann einer Stiftung zugeführt, die direkt an Schoah-Opfer Hilfe leistet. Kontrolliert wird das Vorgehen Hanis von der Eidgenössischen Bankenkommission und durch drei vom Volcker-Ausschuß eingesetzte Revisionsgesellschaften.
59 ebenda, S. 1f.
60 ebenda, S. 5.

61 SBVg (Hrsg.): Informationsmappe zu den nachrichtenlosen Vermögen. Liste vom 23. 7. 1997, S. 1; vgl. auch: Der Fluch des Goldes, in: Der Spiegel, 28. 7. 1996, S. 118f.

62 ebenda. – Am 2. 5. 1996 errichteten die Schweizer Banken aufgrund einer Vereinbarung mit internationalen jüdischen Organisationen das „Independent Committee of Eminent Persons" (ICEP) unter Vorsitz von Paul A. Volcker. Der nach ihm benannte „Volcker-Ausschuß" hat drei internationale Revisionsfirmen damit beauftragt, in den Schweizer Banken aus der Summe aller nachrichtenlosen Konten diejenigen herauszufiltern, die Opfern der Nazi-Verfolgung gehörten.

63 Piller, Daniel und Kurt Pelda: Entscheidender Schritt der Schweizer Banken, in: http://www.nzz.ch/online/02_dossiers/schatten/scha970724plr_kp.htm, 24. 7. 1997, S. 1 f.

64 Der Fluch des Goldes, in: Der Spiegel, 28. 7. 1996, S. 119.

65 siehe Anm. 63, S. 2.

66 Tzermias, Nikos: Liste nachrichtenloser Konti erregt grosses US-Interesse, in: http://www.nz.ch/online/02_dossiers/schatten/scha970725tz.htm, 25. 7. 1997, S. 1.

67 siehe Anm. 63, S. 3f. – Georg Krayer antwortete rnit dem Hinweis, es liege in der Macht der einzelnen Banken, und im übrigen gebe es keine gesetzliche Verpflichtung, keinen gesetzlichen Zwang, die Besitzer nachrichtenloser Vermögen zu suchen. Alle Banken, so Krayer, hielten sich an die gesetzlichen Bestimmungen, die jedoch allein moralische Mindestvorschriften darstellten.

68 siehe Anm. 66, S. 2. – Folgende Namen wurden genannt: 1. Willy Mauer, möglicherweise der Deckname von Anton Burger, einem Gehilfen Eichmanns, 2. Elise Eder, möglicherweise die Frau Ernst Kaltenbrunners, 3. Hermann Esser (in der Liste Eser), möglicherweise der Vizepräsident des Reichstages, 4. Hermann Schmitz, möglicherweise ein Direktor des lG-Farben-Konzerns, 5. Heinrich Hofmann, möglicherweise der persönliche Fotograf Hitlers, 6. Karl Jäger, vermutlich für die Ermordung von 130.000 Juden in Litauen verantwortlich, sowie (laut Elan Steinberg, Geschäftsführer des JWC) 7. Dr. Hans Wendland, Kunsthändler in Hitlers Diensten.

69 siehe Anm. 63, S. 4.

70 SBVg (Hrsg.): Informationsmappe zu den nachrichtenlosen Vermögen. Informationsblatt „Häufig gestellte Fragen", S. 1 ff.; vgl. auch Anm. 53. – Der SIG begrüßte die Veröffentlichung und störte sich nicht an der Nichtnennung der Inhaber von Kleinstguthaben. Der Geschäftsführer des JWC, Elan Steinberg, ist anderer Meinung. Seiner Meinung nach könne ein Konto mit einem Rappen für die Opfer mehr bedeuten als ein solches mit 500 Franken.

71 SBVg (Hg.): Nachrichtenlose Vermögenswerte von Schweizer Bankkunden. Oktober 1997, S. 3. – Diese Summe spendeten die Banken aus eigenen Mitteln einer wohltätigen Institution. Die Ansprüche der Inhaber von Kleinstguthaben bleiben selbstverständlich bestehen. Diese Liste wurde der Volcker-Kommission zur Prüfung vorgelegt.

72 siehe Anm. 53, S. 2.

73 AP-Meldung aus Basel, 30. 10. 1997.

74 siehe Anm. 53, S. 2.

75 siehe Anm. 71, S. 3. – Gemeint sind Belgien, Deutschland, Frankreich, Großbritannien, Kanada, Luxemburg, Österreich, Portugal, Spanien und die USA.

Kap. 8 Die Schweiz – eine Insel? Neutralität – ein Wert an sich?

1 Ziegler, Jean: Die Schweiz, das Gold und die Toten. München 1997, S. 27. – *Nachfolgend zit. als Ziegler.*

2 Blocher, Christoph: „Ist die Schweiz erpressbar geworden?" Eine Standortbestimmung. Rede anlässlich der 12. ordentl. Mitgliederversammlung der AUNS am 26. 4. 1997 in Bern. Hg. v. d. AUNS, Bern 1997, S. 3. – *Nachfolgend zit, als Blocher.*

3 „Die stickige Luft wird fortgeweht". Der Schweizer Schriftsteller Adolf Muschg über den Streit um das Nazi-Gold, die Verdrängung der Vergangenheit und die Selbstgerechtigkeit der Eidgenossen, in: Der Spiegel 12/97, S. 180.

4 Breitenstein, Martin: Rechte und Pflichten der neutralen Schweiz, in: http://www.nzz.ch/online/02_dossiers/schatten/schatten970509a.htm

5 Stadler, Peter: Schweizerische Neutralität – eine geschichtliche Würdigung. Vortrag anlässlich der 11. ordentl. Mitgliederversammlung der AUNS vom 11. Mai 1996. Hg. von der AUNS. Bern 1996, S. 3. Hier heißt es u. a. : „Das sind zwei Möglichkeiten des Abseitsstehens, Varianten der Neutralitätsinterpretation, die einander bis heute konkurrenzieren."

6 siehe Anm. 3.

7 Invasion französischer Truppen in der Schweiz 1798/ Erster Weltkrieg und Völkerbund/ zu Beginn und Ende des Zweiten Weltkrieges/ Ende des Kalten Krieges/ EU.

8 Chevallaz, Georges-André: Die Herausforderung der Neutralität. Diplomatie und Verteidigung der Schweiz 1939-1945. Zürich 1997, S. 16.

9 Gemeint sind der „Schwabenkrieg" von 1499 und die Eroberung des Waadtlandes 1536.

10 Die sog. Erbeinigung von 1511 führte im Jahre 1516 zum „Ewigen Frieden" zwischen Frankreich und der Eidgenossenschaft, der gegenseitige Neutralität zusicherte.

11 siehe Anm. 5.

12 siehe Anm. 8, S. 12f., 17 f.

13 Ullstein Weltgeschichte in zwei Bänden. Bd. 2: 1740-1986. Frankfurt/M. 1976, S. 167. – Die Schweiz hatte 1913 das fakultative Referendum über Staatsverträge von mehr als 15 Jahren Dauer eingerichtet. US-Präsident Wilson kann seine Völkerbundspolitik gegen den Willen des Kongresses nicht durchsetzen. Der Kongreß verwirft am 19. 3. 1920 den Eintritt der USA in den VB und auch die Ratifizierung der Versailler Verträge.

14 siehe Anm. 5, S. 13.

15 Mattioli, A.ram: Zwischen Demokratie und totalitärer Diktatur. Gonzague de Reynold und die Tradition der autoritären Rechten in der Schweiz. Zürich 1994, S. 310 f. – Nachfolgend zit. als Mattioli.

16 Generelle Gründe der Ablehnung: Unentschiedenheit, Dazwischenstehen, Handlungsunfähigkeit / Politisch unterschiedliche Gründe der Ablehnung: 17. Juni 1953, Ungarn 1956, CSSR 1968, Afghanistan 1979, US-Engagement in Vietnam ab 1964, UNO-Beitritt der mit dem Ostblock sympathisierenden Drittweltstaaten.

17 z. B. Falklandkrieg 1982, Somalia, Ruanda, Tschetschenien, Jugoslawien, Kurdistan, Albanien, Naher Osten, Russisches Engagement in Mittelasien, islamischer Fundamentalismus in den arabischen Ländern des Mittelmeerraums. Die Hoffnung darauf, die UNO könne nun kleinere Konflikte besser bewältigen als große, muß sich an der unbefriedigenden Praxis in Ex-

Jugoslawien und der Realität völligen Versagens angesichts der unlösbar scheinenden Konflikte in Afrika, im Nahen und mittleren Osten messen lassen.

18 Boesch, Christian: Handelspolitik in der Umklammerung, in:. http://www.nzz.ch/online/02_dossiers/schatten/schatten97052.htm, 21. 5. 1997.

19 Barriere im Kopf, in: Der Spiegel 5/98, S. 124.

20 siehe Anm. 5, S. 17.

21 Basiert auf mehreren Gesprächen mit einem Mitarbeiter der OSZE- Mission Riga im Jahr 1997.

22 seit 1.11.93 in Kraft.

23 Aktion für eine unabhängige und neutrale Schweiz. Die AUNS hat laut Art. 2 ihres Status folgende Aufgaben und Ziele:
a) Überwachung der Aussenpolitik des Bundes sowie Orientierung der Mitglieder und des Volkes über die Probleme und die Problematik der schweizerischen Aussenpolitik;
b) Einsatz zur Wahrung der Unabhängigkeit, der Neutralität und der Sicherheit der Schweizerischen Eidgenossenschaft;
c) Kampf für ein Aussenpolitik des Bundes, welche die integrale und traditionelle Neutralität respektiert und damit die Unabhängigkeit und Sicherheit des Landes gewährleistet;
d) Verhinderung von Aktionismus bei der Aussenpolitik und von unnötigen internationalen Engagements. (Nach: Blocher, S. 7.)
Der „Spiegel“ bezeichnete (5/98, S. 124) die AUNS fälschlicherweise, vielleicht jedoch ironisch, als Privatpartei Blochers.

24 Blocher, S. 2.

25 ebenda, S. 3.

26 ebenda.

27 AUNS (Hg.): Fünf Jahre nach dem Nein der Schweiz zum Vertrag über den Europäischen Wirtschaftsraum. Bern 1997, S. 4. – Blocher nennt folgende Negativa: Abwanderung der Industrie, weniger Investitionen, sinkende Konkurrenzfähigkeit, Verfall des Franken, höhere Inflation.

28 ebenda, S. 8. – Blocher nennt folgende Positiva: geringere Arbeitslosigkeit, niedrigeres Zinsniveau, höhere Wettbewerbsfähigkeit, größerer Wohlstand.

29 gemeint sind Schottland, Wales, Norditalien, Katalanien, Savoyen und die Nationalstaaten Süd- und Osteuropas.

30 siehe Anm. 27, S. 10 ff. – Die Schweiz gehört der WTO mit 130 anderen Staaten an. Der Sitz ist Genf. Das Versicherungsabkommen ist seit 1. 1. 1993 in Kraft, der Vertrag über Paneuropäische Kumulation und das Abkommen über Amtshilfe im Zollbereich seit 1. 7. 1997.

31 Blocher weist Eizenstat-Bericht scharf zurück. Echte Solidarität mit privater Spendenaktion beweisen. SVP-Pressemitteilungen, in: http://www.svp-zuerich.ch/Medien/solidaritaet.htm, 22. 8. 1997, S. 1-3.

32 siehe Anm. 1.

33 Ziegler, S. 41.

34 ebenda, S. 25

35 ebenda, S. 25 f, 51 ff.

36 ebenda, S. 60.

37 ebenda, S. 105, 187, 208.

38 ebenda, S. 296.

39 Urner, Klaus: „Die Schweiz muß noch geschluckt werden!“ Hitlers Aktionspläne gegen die Schweiz. Zürich 1991, S. 10. / Chevallaz, Georges-

André: Die Herausforderung der Neutralität. Diplomatie und Verteidigung der Schweiz 1939-1945. Zürich 1997, S. 37 f., S. 113 ff.

40 Däniker, Gustav: Wahrnehmung und Wirklichkeit militärischer Bedrohungen, in: http://www.nzz.ch/online702_dossiers/schatten/scha971126daeniker.htm, 26. 11. 97, S. 5

41 ebenda, S. 6.

42 Bütler, Hugo: Schweizer Vergangenheit auf dem Prüfstand, in: NZZ, 13. 10. 1997, S. 13.

43 ebenda.

44 Bonjour Bd. V, S. 443.

45 ebenda, S. 446.

46 ebenda, S. 447.

47 ebenda, S. 449.

48 siehe Anm. 8, S. 15.

49 Mattioli, S. 222 ff.

50 ebenda, S. 263 f, 268, 274.

51 Heiniger, Markus: Dreizehn Gründe. Warum die Schweiz im Zweiten Weltkrieg nicht erobert wurde. Zürich 1989, S.15.

52 zit. nach Mattioli, S. 284.

53 siehe Anm. 51, S. 99.

54 Bonjour Bd. IV, S. 257.

55 ebenda, S. 261.

56 siehe Anm. 3.

57 Weber, Hermann: Schweizer Neutralität und Nazi-Gold. Kalkulierter Entscheid gegen eine einseitige Parteinahme, in: http://www.nzz.ch/online/02_dossiers/schatten/schatten970513a.htm, 13.5.97, S. 2. – Hier heißt es u. a.: „Dazu genügt es nicht, die Diskussion vorwiegend moralisch zu führen. Die Diskussion ist auf die einzig angemessene Ebene der Sachfragen zurückzuführen, wo die politischen und völkerrechtlichen Fragen nach einer Antwort verlangen".

58 ebenda, S. 3.

59 ebenda, S. 5.

60 siehe Anm. 4.

Quellen- und Literaturverzeichnis

1. Ungedruckte Quellen

(Bestände des Bundesarchiv-Militärarchiv, Freiburg im Breisgau [BA-MA])

BA-MA RH 2; Oberkommando des Heeres/Generalstab des Heeres

BA-MA RH 2/465 OKH, Genst. d. H. Operationsabteilung. Schweiz, Bde. A, B und C.

BA-MA RH 2/465 K 16 Karte: „Kräfteansatz". Operationsentwurf vom 12. August 1940.

BA-MA RH 2/465 K 17 Karte „Verfügbare Kräfte Mitte August 1940". Operationsentwurf vom 12. August 1940.

BA-MA RH 2/768 Handakte des Chefs des Generalstabes des Heeres, Generaloberst Franz Halder. 1939 - 1942.

BA-MA RH 19 III: Heeresgruppenkommando C

BA-MA RH 19 III/141 Befehl des OKH an die Heeresgruppe C, betreffend die Umgruppierung der Heeresgruppen A, B und C, vom 24. 6. 1940. gez. v. Brauchitsch.

BA-MA RH 201; Armeeoberkommando 1

BA-MA RH 201/368 Studie. Über einen Aufmarsch gegen die Schweiz aus dem Raume der 1. Armee. 4. Oktober 1940; gez. Zimmermann, Mj.

BA-MA RH 201/368 Störungsmöglichkeit der Verschiebung Schweizer Divisionen mit der Eisenbahn. 4. 10. 1940.

BA-MA RH 201/368 K Karten und Kartenskizzen zum Operationsentwurf der 1. Armee vom 4. 10. 1940.

BA-MA RH 2012, Armeeoberkommando 12

BA-MA RH 2012/23 Befehle des AOK 12 über Unterstellung, Umorganisation und Dislozierung der Verbände der 12. Armee in Frankreich vom 30. 6.- 4. 8. 1940.

BA-MA RH 212: Panzerarmeeoberkommando 2

BA-MA RH 212/41 v.D Kriegstagebuch Nr. 3 der Gruppe Guderian (Generalkommando XIX. A.K.) über die Schlacht in Frankreich, 9. 5. - 24. 6. 1940.

2. Gedruckte Quellen

Die Bundesversammlung: Nachrichtenlose Vermögen. Chronologie. 1934-1998. http://www.parliament.ch/d/news/index19.htm.

Förster, Gerhard und Groehler, Olaf (Hrsg.): Der Zweite Weltkrieg. Dokumente. 3., überarb. u. erw. Aufl., Berlin: Militärverlag der DDR 1989.

Foreign and Commonwealth History Notes: Nazi Gold. Information from the British Archives. London: Foreign Office 1996 (= Rifkind-Bericht).

Halder, Franz: Kriegstagebuch: Tägliche Aufzeichnung des Chefs des Generalstabes des Heeres 1939 - 1942. I. Bd.: Vom Polenfeldzug bis zum Ende der Westoffensive (14. 8. 1939 - 30. 6. 1940). Hrsg. Arbeitskreis für Wehrforschung Stuttgart. Bearb. v. Hans-Adolf Jacobsen u. a. Stuttgart: Kohlhammer 1962.

Hitler, Adolf: Mein Kampf. 8. Aufl., 2. Bde. in einem Bd. München: Fr. Eher Nachf. 1931.

Hoffmann, Heinrich (Hrsg.): Mit Hitler im Westen. Berlin: Zeitgeschichte 1940.

Hubatsch, Walter (Hrsg.): Hitlers Weisung für die Kriegführung 1939 bis 1945: Dokumente des Oberkommandos der Wehrmacht. Frankfurt/M. 1962.

Picker, Henry: Hitlers Tischgespräche im Führerhauptquartier 1941-1942. Hrsg. G. Ritter. Bonn: Seewald 1961.

Picker, Henry: Hitlers Tischgespräche im Führerhauptquartier 1941-1942. Hrsg. P. E. Schramm u. A. Hillgruber. 2. Aufl., Stuttgart: Seewald 1965.

Picker, Henry: Hitlers Tischgespräche im FHQ. Vollst. überarb u. erw. Neuausg, Stuttgart: Seewald 1977.

Picker, Henry: Hitlers Tischgespräche im Führerhauptquartier: Hitler, wie er wirklich war. Vollst. überarb. Neuausg., Wiesbaden: VMA 1983.

SBVg (Hg.): Informationsmappe zu den nachrichtenlosen Vermögen. 1997.

SBVg (Hg.): Nachrichtenlose Vermögenswerte von Schweizer Bankkunden. Oktober 1997.

U.S. and Allied To Recovering and Restore Gold and other Assets stolen or hidden by Germany during World War II. Preliminary Study, in: http://pdwww2.parlament.ch/newpd/D/NEWS/Eizenstat/Zusammen. HTM Efforts (= Eizenstat-Bericht).

3. Monographien/Biographien/Aufsätze

AUNS (Hg.): Fünf Jahre nach dem Nein der Schweiz zum Vertrag über den Europäischen Wirtschaftsraum. Bern 1997.

Barkai, Avraham: Vom Boykott zur "Entjudung". Der wirtschaftliche Existenzkampf der Juden im Dritten Reich 1933-1943. Frankfurt/M.: Fischer 1988.

Barriere im Kopf, in: Spiegel 5/98, S. 124.

Bern öffnet die Gewölbe des Goldes, in: Spiegel 11/97, S. 146-147.

Bindschedler, Rudolf (Hrsg.): Schwedische und schweizerische Neutralität im Zweiten Weltkrieg. Mit Beiträgen von Hans Senn, Klaus Urner, Hans Rudolf Fuhrer u. a. Basel, Frankfurt/M.: Helbing und Lichtenhahn 1985.

Blau, Gisela und Gaby Neujahr: Eine Frage der Moral. Expertenkommissionen sollen Verbleib von Raubgold und jüdischem Vermögen klären, in: Focus 39/96, S. 288.

Blau, Gisela: Hatz auf die Juden. Antisemitismus wird wieder salonfähig, seit die Geschäfte mit Nazideutschland untersucht werden, in: Focus 4/97, S. 184-185.

Blau, Gisela u. a.: Schweigen ist Gold ...!, in: Focus 38/96, S. 280-281.

Blocher weist Eizenstat-Bericht scharf zurück. Echte Solidarität mit privater Spendenaktion beweisen,
in: http://www.svp-zuerich.ch/Medien/solidaritaet.htm, 22.8.1997.

Blocher, Christoph: Die Schweiz und der Eizenstat - Bericht. Rede am 21.7.97 im Kursaal Bern. Bern: AUNS 1997.

Blocher, Christoph: Die Schweiz und der Zweite Weltkrieg. Eine Klarstellung. Rede auf der Veranstaltung der SVP des Kantons Zürich vom 1.3. 97 in Zürich. Bern: AUNS 1997.

Blocher, Christoph: „Ist die Schweiz erpressbar geworden?" Eine Standortbestimmung. Rede anlässlich der 12. ordentl. Mitgliederversammlung der AUNS am 26. 4. 1997 in Bern. Bern: AUNS 1997.

Boesch, Christian: Handelspolitik in der Umklammerung, in: http://www.nzz.ch/online/02_dossiers/schatten/schatten97052.htm.

Bonjour, Edgar: Geschichte der schweizerischen Neutralität. Vier Jahrhunderte eidgenössischer Außenpolitik. 4., durchges. Aufl., IV. Bd. 1939 - 1945. Basel und Stuttgart: Helbing und Lichtenhahn 1976.

Bonjour, Edgar: Geschichte der schweizerischen Neutralität. Vier Jahrhunderte eidgenössischer Außenpolitik. 2., durchges. Aufl., V. Bd. 1939 - 1945. Basel und Stuttgart: Helbing und Lichtenhahn 1971.

Bower, Tom: Das Gold der Juden. Die Schweiz und die verschwundenen Nazi-Milliarden. o. O.: Blessing 1997.

Braybrook, Roy: Flugzeuge. Bezwinger der Lüfte. Köln: Buch und Zeit 1990.

Breitenstein, Martin: Rechte und Pflichten der neutralen Schweiz, in: http://www.nzz.ch/online/02_dossiers/schatten/schatten970509a.htm.

Brenner, Beat: D'Amato will die Schweizer Bankenfusion behindern, in: http://www.nzz.ch/online/02_dossiers/schatten/scha980206bb.htm.

Brenner, Beat: Das Bankgeheimnis – abschaffen oder stärken?, in: http//www.nzz.ch/online/02-dossiers/schatten/scha97101819bb.htm.

Brenner, Beat: Millionenfunde durch Bankenombudsmann, in: http://www.nzz.ch/online/02_dossiers/schatten/scha970709bb.htm.

Brenner, Beat: Publikation weiterer Namenslisten, in: http://www.nzz.ch/online/02_dossiers/schatten/scha971030bb.htm.

Brenner, Beat: Die Schweizer Goldtransaktionen unter der Lupe, in: http://www.nzz.ch/online/02_dossiers/schatten/scha97120bb2.htm.

Brenner, Beat: Technisches zum „Totengold"-Nachweis, in: http://www.nzz.ch/online/02_dossiers/schatten/scha970905e.htm.

Bütler, Hugo: Schweizer Vergangenheit auf dem Prüfstand, in: NZZ 237/97, S. 13.

Bullock, Alan: Hitler und Stalin. Parallele Leben. Berlin: Siedler 1991.

Castelmur, Linus v.: Meist schon lang bekannt und zugänglich, in: http://www.nzz.ch/online/02_dossiers/schatten7schatten961016.htm.

Chevallaz, Georges-André: Die Herausforderung der Neutralität. Diplomatie und Verteidigung der Schweiz 1939 - 1945. Zürich: Orell Füssli 1997.

Collins, Larry und Dominique Lapierre: O Jerusalem. München: Bertelsmann 1989.

Czada, Peter, Tolksdorf, Michael und Yenal Alparslan: Wirtschaftspolitik. Aktuelle Problemfelder. Berlin: LZfpB 1987.

Däniker, Gustav: Wahrnehmung und Wirklichkeit militärischer Bedrohungen, in: http://www.nzz.ch/online702_dossiers/schatten/scha971126daeniker.htm.

Der Fluch des Goldes, in: Spiegel, 28.7.96, S. 118 - 119.

Die Schweizer Gold-Geschäfte mit den Nazis, in: Frankfurter Allgemeine Zeitung (FAZ), 26.5.1998, S.17.

Die stickige Luft wird fortgeweht. Der Schweizer Schriftsteller Adolf

Muschg über den Streit um das Nazi-Gold, die Verdrängung der Vergangenheit und die Selbstgerechtigkeit der Eidgenossen, in: Spiegel 12/97, S. 179-183.

Diner, Dan (Hg.): Ist der Nationalsozialismus Geschichte? Zu Historisierung und Historikerstreit. Frankfurt/M.: Fischer 1988.

Eine schweizerische Stiftung für Solidarität, in: http://www.nzz.ch/online/02_dossiers/solidaritaet/solidaritaet.htm.

Erdmann, Karl Dietrich: Deutschland unter der Herrschaft des Nationalsozialismus 1933 - 1939. 8., neu bearb. Aufl. (Hrsg. Herbert Grundmann), München: dtv 1990.

Fest, Joachim C.: Hitler. Eine Biographie. Ungekürzte Ausg., 2. Aufl., Frankfurt/M., Berlin: Ullstein 1991.

Fink, Jürg: Die Schweiz aus der Sicht des Dritten Reiches 1933-1945. Einschätzung und Beurteilung der Schweiz durch die oberste deutsche Führung seit der Machtergreifung Hitlers. Stellenwert des Kleinstaates im Kalkül der nationalsozialistischen Exponenten in Staat, Diplomatie, Wehrmacht, SS, Nachrichtendiensten und Presse. Diss., Zürich 1985.

Fink, Gerhard: Die Wirtschaftsbeziehungen der USA mit den Staatshandelsländern, in: Länderbericht USA. Bd. 1.

Fluch des Goldes. Die Banken haben doch noch Geld von Holocaust-Opfern gefunden – aber auch Konten von Nazis, in: Spiegel 31/97, S. 118-119.

Förster, Gerhard; Helmert, Heinz und Schnitter, Helmut: Der Zweite Weltkrieg. Militärhistorischer Abriß. 5. Aufl., durchges., bearb. u. ergänzt v. P. Heider u. R. Lakowski. Berlin: Militärverlag der DDR 1989.

Friedländer, Saul: Vom Antisemitismus zur Ausrottung, in: Jäckel, Eberhard und Jürgen Rohwer (Hg.): Der Mord an den Juden im Zweiten Weltkrieg. Frankfurt/M.: Fischer 1987, S. 18-61.

Fünf Jahre nach dem Nein der Schweiz zum Vertrag über den Europäischen Wirtschaftsraum. Sonderausgabe des Informations- und Pressedienstes der AUNS. Bern: AUNS 1997.

Gaupp, Peter und Felix Müller: Appelle zur weltweiten Öffnung der Archive, in: http://www.nzz.ch/online/02_dossiers/schatten/scha971205pgp.htm.

Gaupp, Peter: Im Spannungsfeld zwischen Fachtagung und moralischem Tribunal, in: http://www.nzz.ch/online/02_dossiers/schatten/scha971201pgp.htm.

Gaupp, Peter: Schweizer Informationsoffensive in London, in http://www.nzz.ch/online/02_dossiers/schatten/scha971202pgp.htm.

Görlitz, Walter: Adolf Hitler. 2., durchges. Aufl., Göttingen, Zürich und Frankfurt: Musterschmidt 1971 (= Persönlichkeit und Geschichte. Bd. 20/21).

Gruber, Christian: Die politischen Parteien der Schweiz im Zweiten Weltkrieg. Wien, Frankfurt und Zürich: Europaverlag 1966.

Haffner, Sebastian: Anmerkungen zu Hitler. Ungekürzte Ausg., Frankfurt/M.: Fischer 1981.

Heiniger, Markus: Dreizehn Gründe. Warum die Schweiz im Zweiten Weltkrieg nicht erobert wurde. 2. Aufl., Zürich: Limmat 1989.

Herbert, Ulrich: Arbeit und Vernichtung, in: Dan Diner (Hg.): Ist der Nationalsozialismus Geschichte? Zu Historisierung und Historikerstreit. Frankfurt/M.: Fischer 1988.

Herre, Franz: Deutsche und Franzosen. Der lange Weg zur Freundschaft. Bergisch Gladbach: Lübbe 1988.

Hillgruber, Andreas: Die Zerstörung Europas. Beiträge zur Weltkriegsepoche 1914-1945. 2. Aufl., Frankfurt/M., Berlin: Propyläen 1989.

Hitlers willige Hehler, in: Spiegel 38/96, S. 154-156.

Hitlers beflissene Hehler, in: Spiegel 12/97, S. 162-177.

Hoffmann, Ute und Dietmar Schulze: "… wird heute in eine andere Anstalt verlegt". Nationalsozialistische Zwangssterilisation und

“Euthanasie” in der Landes-Heil- und Pflegeanstalt Bernburg. Dessau 1997.

Holocaust Assets and Swiss Banks, in: United States Senator Alfonse D’Amato, http://www. senate.gov/~damato/swiss.htm.

Israel, Willi: Argentinien – Transitland für Francos Nazi-Gold, in: ND 18.2.1998, S. 6.

Jacobsen, Hans-Adolf: Fall Gelb. Der Kampf um den deutschen Operationsplan zur Westoffensive 1940. Wiesbaden: Steiner 1957 (= Veröffentlichungen des Instituts für europäische Geschichte Mainz Bd. 16).

Jäckel, Eberhard und Jürgen Rohwer (Hg.): Der Mord an den Juden im Zweiten Weltkrieg. Frankfurt/M.: Fischer 1987.

Jäckel, Eberhard u.a.. (Hg.): Enzyklopädie des Holocaust. Die Verfolgung und Ermordung der europäischen Juden. München/Zürich 1995.

Jaschke, Hans-Gerd: Scientology. Eine Gefahr für die Demokratie – eine Aufgabe für den Verfassungsschutz? Auswirkungen der Anwendung scientologischen Gedankenguts auf eine pluralistische Gesellschaft oder Teile von ihr in einem freiheitlich demokratisch verfaßten Rechtsstaat. Hg. vom Innenministerium NRW, Düsseldorf Januar 1996.

Jungfer, Eberhard u. a.: Arbeitsemigration und Flucht. Beiträge zur nationalsozialistischen Gesundheits- und Sozialpolitik. Berlin/-Göttingen 1994.

Kellerhoff, Sven-Felix: Schweiz war Drehscheibe für Nazi-Gold, in: Die Welt, 26.5.1998, S. 15.

Kleinsteuer, Hans J.: Medien und öffentliche Meinung, in: Länderbericht USA. Bd. 1.

Knapp, Manfred: Amerikanische Weltpolitik. Die Außenpolitik der USA gegenüber dem westlichen Europa, in: Länderbericht USA. Bd. 2.

Knebel, Alexander: Klare Worte. Edgar M. Bronfmann. Vorsitzender des JWC, in: Neues Deutschland (ND), 20. 8. 1997.

Koller, Werner: Die Schweiz 1935-1945. 1000 Daten aus kritischer Zeit. Zürich: Schulthess 1970.

Kongreß erwägt Sanktionen gegen Staaten mit religiöser Verfolgung, in: http://paperboy. germanylive.de/gl…kel/Ausland/1997-10/875779942. html.

Kopper, Christopher: Punktuelles Verantwortungsbewußtsein, in: FAZ, Nr. 49/1998, Seite 12.

Krakau, Konrad: Außenbeziehungen der USA 1945-1990, in: Länderbericht USA. Bd. 1.

Kwiet, Konrad: Judenverfolgung und Judenvernichtung im Dritten Reich, in: Dan Diner (Hg.): Ist der Nationalsozialismus Geschichte? Zu Historisierung und Historikerstreit. Frankfurt/M.: Fischer 1988, S. 237-264.

Länderbericht USA, Bde. 1 u. 2, Hg. v. der BZfpB, Bonn.

Lautenschütz, Raul: „Schlecht informiert und böswillig“, in: http://www.nzz.ch/online/02_dossiers/schatten/scha971203lts.htm.

Leuthardt, Beat: 400 Dollar für Holocaust-Überlebende. Erste Auszahlung aus „Solidaritätsfonds“ in Riga, in: ND 20.11.97.

Lidell Hart, Sir Basil Henry: Geschichte des Zweiten Weltkrieges. 2. Aufl., 2 Bde., Bergisch Gladbach: Lübbe 1982.

Lösche, Peter: Interessenorganisationen, in.: Länderbericht USA. Bd. 1, S. 421-438.

Ludwig, Carl: Die Flüchtlingspolitik der Schweiz seit 1933 bis zur Gegenwart (1957). 2. Aufl., Bern: Lang 1966.

Macksey, Kenneth: Guderian der Panzergeneral. Düsseldorf und Wien: Econ 1976.

Maissen, Thomas: Nazi-Raubgold, in: http://www.nzz.ch/online/02_dossiers/schatten/schatten960914b.htm.

Maser, Werner: Adolf Hitler. Legende Mythos Wirklichkeit. 13., ungek. u. erw. Aufl. München: Heyne 1992.

Maser, Werner: Nürnberg. Tribunal der Sieger. Nachdruck der im Econ-Verl. 1977 ersch. Ausgabe, Düsseldorf: Droste 1988.

Maser, Werner: Der Wortbruch. Hitler, Stalin und der Zweite Weltkrieg. München: Olzog 1994.

Mattioli, Aram: Zwischen Demokratie und totalitärer Diktatur. Gonzague de Reynold und die Tradition der autoritären Rechten in der Schweiz. Zürich: Orell Füssli 1994.

Mayer, Peter und Hermann Sautter: Die Bedeutung der USA für die Weltwirtschaft, in: Länderbericht USA. Bd. 1.

Mayer, Peter und Hermann Sautter: Die Außenhandelspolitik, in: Länderbericht USA. Bd. 1.

Messenger, Charles: Blitzkrieg. Eine Strategie macht Geschichte. Nachdr. d. im Lübbe-Verlag 1978 ersch. Ausgabe, Herrsching: Pawlak 1989.

Meyers Lexikonredaktion (Hg.): Das neue Duden-Lexikon in 10 Bänden, Bd. 6. Mannheim/Wien/Zürich: Duden 1991.

Millionen-Konten auch in Israel, in: Thüringer Landeszeitung (TLZ), 5. 11. 1997.

Müller, Felix: Im gleichen Boot, in: http://www.nzz.ch/online/02_dossiers/schatten/scha971216fer.htm.

Müller, Felix: Nazigold-Frage und amerikanische Diplomatie, in: http://www.nzzz.ch/online/02_dossiers/schatten/scha971205fer.htm.

Müller, Felix: Differenzierter Ruf nach Fairneß für die Schweiz. Gespräch mit dem Historiker Harold James in London, in: http://www.nzz.ch/online/02_dossiers/schatten/scha971204fer_james.htm.

Neuer Holocaust-Skandal droht, in: ND, 6. 4. 1998, S. 7.

Neueste D'Amato-Fakten altbekannt, in: http://www.germany-live.de/gl/Artikel/Ausland/1997-01/853154763.html.

Nicht nur die Schweiz im Zwielicht. Konferenz über den Verbleib der Nazibeute in London, in: ND, 2. 12. 1997, S. 7.

Piekalkiewicz, Janusz: Der Zweite Weltkrieg. Vorwort v. S. Haffner. Herrsching: Pawlak 1986.

Piekalkiewicz, Janusz: Krieg auf dem Balkan 1940-1945. Eltville a. Rhein: Bechtermünz 1989.

Piekalkiewicz, Janusz: Krieg der Panzer 1939-1945. Eltville a. Rhein: Bechtermünz 1989.

Piekalkiewicz, Janusz: Spione Agenten Soldaten. Geheime Kommandos im Zweiten Weltkrieg. 4. Aufl. d. überarb. Neuaufl. v. 1968, München: Herbig 1992.

Piekalkiewicz, Janusz: Weltgeschichte der Spionage. Agenten - Systeme - Aktionen. Geleitwort v. R. Meier. München: Südwest 1988.

Piekalkiewicz, Janusz: Ziel Paris. Der Westfeldzug 1940. München Berlin: Herbig 1986.

Piller, Daniel und Kurt Pelda: Entscheidender Schritt der Schweizer Banken, in: http://ww.nzz.ch/online/02_dossiers/schatten/scha970724plr_kp.htm.

Prominente US-Scientologen fordern Verurteilung Deutschlands, in: http://germany-live.de/gl/Artikel/Inland/1997-09/874655059.html.

Rado, Sandor: Welthandbuch. Internationaler politischer und wirtschaftlicher Almanach. Budapest: Corvina 1962.

Reaktionen zum Projekt „Stiftung für Solidarität", in: http://ww.nzz.ch/online/02_dossiers/solidaritaet/970308_soli_reakt.htm.

Religiöse Apartheid 1996. Unterdrückung von Grundrechten religiöser Minderheiten in Deutschland. Hg. vom Menschenrechtsbüro der Scientology-Kirche. o. O. 1996.

Rügemer, Werner: Doppelt verdient – davor und danach. Die Schweizer Banken – nicht nur NS-Raubgold gewaschen und jüdische Konten einkassiert, in: ND, 29. 8. 1997, S. 13.

Rüst, Thomas: Ein aggressiver Populist. Der amerikanische Senator Alfonse D'Amato kämpft für Mächtige und Machtlose, in: Tages Anzeiger, 23. 10. 96; http://www.tages-anzeiger.ch/archiv/96oktober/961023/267734.htm.

Schmid, Ulrich: Stuart Eizenstat – Spezialist für heikle Aufgaben. Vielseitige Karriere des kühlen Vertreters von US-Interessen, in: http://www.nzz.ch/online/02_dossiers/schatten/schatten970509b.htm.

Schmid, Ulrich und Martin Breitenstein: Vorstellung des Eizenstat-Berichtes in Washington, in: http://www.nzz.ch/online/02_dossiers/schatten/schatten970509a.htm.

Schmidt-Scheeder, Gerhard: Reporter der Hölle. Die Propagandakompanien im Zweiten Weltkrieg. Stuttgart: Motorbuch 1990.

Schweizer Banken legen nach. Zwei weitere Namenslisten über nachrichtenlose Vermögen, in: Mannheimer Morgen, 31. 10. 1997.

Schweizerische Stellungnahmen beim Hearing des Bankenauschusses des US-Repräsentantenhauses, in: http://www.nzz.ch/online/02_dossiers/schatten/schatten961212b.htm.

Seuß, Wilhelm: Ordnungspolitische Aspekte von Staat und Wirtschaft, in: Länderbericht USA. Bd. 1.

Stadler, Peter: Schweizerische Neutralität – eine geschichtliche Würdigung. Vortrag anlässlich der 11. ordentl. Mitgliederversammlung der AUNS vom 11. Mai 1996. Bern: AUNS 1996.

Suchy, Gottfried und Frank Latka: Die Schweiz. Berlin: Die Wirtschaft 1988 (= Länder der Erde).

Taumelnd auf der Siegerstraße, in: Focus 15/98, S. 71-80.

The United States Mission to Italy: Eizenstat opening Remarks at Nazi Gold Conference Dec. 2, in: http://www.usis.it/wireless/wf97120210.htm.

Tucholsky, Kurt: Briefe. Auswahl 1913 bis 1935. Hg. v. Roland Links. Berlin: Volk und Welt, 1983.

Tzermias, Nikos: Moratorium für Bankenboykotte in den USA, in: http://www.nzz.ch/online/02_dossiers/schatten/scha971209tz.htm.

Tzermias, Nikos: Die Schweiz im Visier New Yorks, in: http://www.nzz.ch/online/02_dossiers/schatten/scha970211tz.htm.

Tzermias, Nikos: Liste nachrichtenloser Konti erregt grosses US-Interesse, in: http://www.nzz.ch/online/02_dossiers/schatten/scha970725tz.htm.

Ullstein Weltgeschichte in zwei Bänden. Bd. 2; 1740-1986. Frankfurt/M.: Ullstein 1987.

United States Senator Alfonse D'Amato, New York, Biography, in: http://www.senate.gov/damato/bio.htm.

Unter Verschluß. Der Fall Meili und die Banken, in: Spiegel 6/97, S. 134-135.

Uris, Leon: Exodus. München: Heyne, 1991. Vgl. auch Focus 18/98, S. 274-278.

Urner, Klaus: „Die Schweiz muß noch geschluckt werden!" Hitlers Aktionspläne gegen die Schweiz. Zwei Studien zur Bedrohungslage der Schweiz im Zweiten Weltkrieg. 3. Aufl., Zürich: NZZ 1991.

US-Senator D'Amato will Taten von der Schweiz sehen, in: http://paperboy.germany-live.de/gl…kel/Ausland/1997-05/863084740.html.

Vesper, Karlen: Wußten Banken vom Raubgold. Interview mit dem Autor Eberhard Czichon, in: ND, 14. 8. 1997.

Wallach, Jehuda L.: Das Dogma der Vernichtungsschlacht. Die Lehren von Clausewitz und Schlieffen und ihre Wirkung in zwei Weltkriegen. München: dtv 1970.

Wasser, Hartmut: Politische Parteien in den USA, in: Länderbericht USA. Bd. 1.

Weber, Hermann: Schweizer Neutralität und Nazi-Gold. Kalkulierter Entscheid gegen eine einseitige Parteinahme, in: http://www.nzz.ch/online/02_dossiers/schatten/schatten970513a.htm.

Wermusch, Günther: Die Selbstgerechtigkeit der Mittäter. Als die Schweizer Banken mit den Nazis Geschäfte machten, in: ND 19./20. 7. 1997, S. 13.

Wistrich, Robert: Wer war wer im Dritten Reich. Ein biographisches Lexikon. Frankfurt/M.: Fischer 1992.

Zahngold für die Tante. Das Erbe Albert Blumes, in: Spiegel 43/97, S. 216-218.

Ziegler, Jean: Die Schweiz, das Gold und die Toten. München: Bertelsmann 1997.

Abkürzungsverzeichnis

A. Ausl./Abw.	Amt Ausland/Abwehr im OKW
A.A., AA	Auswärtiges Amt bzw. Aufklärungsabteilung
Abw.	Abwehr
AfZ	Archiv für Zeitgeschichte, ETH Zürich
AHQu.	Armeehauptquartier
AK, A.K.	Armeekorps
Altreu	Allgemeine Treuhandstelle
AOK	Armeeoberkommando
Art., Artl.	Artillerie
Ast.	Abwehrstelle
Aufkl.	Aufklärung
AUNS	Aktion für eine Unabhängige und Neutrale Schweiz
BA-MA	Bundesarchiv-Militärarchiv,Freiburg/Breisgau
Batl., Btln.	Bataillon
Battr., Bttr.	Batterie
BdE	Befehlshaber des Ersatzheeres
BDM	Bund Deutscher Mädchen
BGB	Bauern-, Gewerbe- und Bürgerpartei der
Schweiz;	heute SVP
BIZ	Bank für internationalen Zahlungsausgleich
BR	Bundesrat
BRB	Bundesratsbeschluß
Brig.	Brigade
Büro Ha	Büro Hausamann
Ch.	Chef
Ch. Gstb.	Chef des Generalstabes
CSR	Tschechoslowakische Republik
CSSR	Tschechoslowakische Sozialistische Republik
DB	Deutsche Bank
DEGUSSA	Deutsche Gold- und Scheide Anstalt
Div.	Division
E., Ers.	Ersatz
EJPD	Eidgenössisches Justiz- und Polizeidepartement

EMD	Eidgenössisches Militärdepartment
EPD	Eidgenössisches Politisches Department
EVD	Eidgenössisches Volkswirtschaftsdepartment
EWR	Europäischer Wirtschaftsraum
FDP	Freisinnig Demokratische Partei der Schweiz
FFS	Federation Fasciste Suisse
FHQ, FHQu	Führerhauptquartier
Flak	Fliegerabwehrkanone
Fr.	Franken
Fschj. Div.	Fallschirmjägerdivision
g. Kdos.	geheime Kommandosache
Geb. Brig.	Gebirgsbrigade
Geb. Div.	Gebirgsdivision
Gen.	General
Gen. Kdo., GKdo.	Generalkommando
Gen. d. Art.	General der Artillerie
Gen. Qu.	Generalquartiermeister
GenOberst	Generaloberst
GenSt, GenStab	Generalstab
Genst.d.H.,Gen.St.d.H.	Generalstab des Heeres
Gestapo	Geheime Staatspolizei
GFM	Generalfeldmarschall
H. Q., H. Qu.	Hauptquartier
HGr., H. Gr.	Heeresgruppe
HJ	Hitlerjugend
Hpt., Hptm.	Hauptmann
HWK	Sonderstab „Handelskrieg und wirtschaftliche Kampfmaßnahmen“ (OKW)
I a	Erster Generalstabsoffizier (Führungsabteilung)
I c	Dritter Generalstabsoffizier (Feindnachrichtenoffizier)
i. G.	im Generalstab
I.D., J.D.	Infanteriedivision
I.R., J.R.	Infanterieregiment
I.R. „Gr.D.“	Infanterieregiment „Großdeutschland“
IKRK	Internationales Komitee von Roten Kreuz
IMT	Internationales Militärtribunal (Nürnberg)
Inf.	Infanterie
IRO	Internationale Flüchtlingsorganisation
JWC	Jewish World Congress

K.G., KG	Kampfgeschwader
Kdr.	Kommandeur
KKV	Katholisch Konservative Volkspartei der Schweiz
KL./KL	Konzentrationslager
Komp., Kp.	Kompanie
KP	Kommandopunkt
KPS	Kommunistische Partei der Schweiz
KSZE	Konferenz für Sicherheit und Zusammenarbeit
in	Europa
KTB	Kriegstagebuch
KZ	Konzentrationslager
L.Fl.	Luftflotte
LdU	Landesring der Unabhängigen
LG	Landgericht
Lt., Ltn., Ltnt.	Leutnant
LZfpB	Landeszentrale für Politische Bildung/Bildungsarbeit
M. G.	Maschinengewehr
Maj., Mj.	Major
Mil. Befh.	Militärbefehlshaber
MLinie	Maginot-Linie
Mob.	Mobilmachung
Mob. Tag	Mobilmachungstag
mot.	motorisiert
Mpi, MPi	Maschinenpistole
NATO	North Atlantic Treaty Organization
Nazi	Nationalsozialist/nationalsozialistisch
NF	Nationale Front
NHG	Neue Helvetische Gesellschaft
NS	Nationalsozialist, nationalsozialistisch (e)
NSDAP	Nationalsozialistische Deutsche Arbeiterpartei
NSSAP	Nationalsozialistische Schweizerische Arbeiterpartei
NZZ	Neue Zürcher Zeitung
OB, Ob., O.B.	Oberbefehlshaber
OBdH, ObdH	Oberfehlshaber des Heeres
OBdL, ObdL	Oberbefehlshaber der Luftwaffe
Oberstlt.	Oberstleutnant
Offz.	Offizier
OKH	Oberkommando des Heeres

OKL	Oberkommando der Luftwaffe
OKM	Oberkommando der Kriegsmarine
OKW	Oberkommando der Wehrmacht
OKW/WFst., OKW/WFstb.	Oberkommando der Wehrmacht / Wehrmachtführungsstab
Op.	Operation
Op. Abt.	Operationsabteilung
OQu	Oberquartiermeister
OSS	Office of Strategic Services
Pak	Panzerabwehrkanone
Paltreu	Palästina Treuhandstelle
PDA	Partei der Arbeit
Pi.	Pioniere
Pi. Btl.	Pionierbataillon
Pz.	Panzer
Pz. Abw.	Panzerabwehr
Pz. Gr.	Panzergruppe
Pz. Jäg.	Panzerjäger
Pz. Jäg. Abt.	Panzerjägerabteilung
Pz. K., Pz. Korps	Panzerkorps
Pz. Sp. Wg.	Panzerspähwagen
Qu.	Quartiermeister
RAF	Royal Air Force
RAM	Reichsaußenminister
RB	Reichsbank
RFM	Reichsfeldmarschall
RFSS	Reichsführer SS
RGBl.	Reichsgesetzblatt
Rgt., Rgmt.	Regiment
RM	Reichsmark
Rp.	Rappen
RSHA	Reichssicherheitshauptamt
RWM	Reichswirtschaftsministerium
SA	Sturmabteilung
SC	Scientology
SD	Sicherheitsdienst
SdST	Sonderstab
SFr., Sfr., sfr.	Schweizer Franken, Schweizerfranken
SKVP	Schweizerische konservative Volkspartei, heute CVP
SNB	Schweizer Nationalbank

SO	Scientology-Organisation
SPS	Sozialdemokratische Partei der Schweiz
SS	Schutzstaffel
SS“A.H.”	SS-Leibstandarte “Adolf Hitler”
SS“T.“, SS“T”	SS-Panzerdivision ”Totenkopf”
SSDiv.	SS-Division
SSPz. Gren. Div.	SS-Panzergrenadierdivision
SVP	Schweizerische Volkspartei
Uffz.	Unteroffizier
USAF	United States Air Force
V I	Vergeltungswaffe I
V II	Vergeltungswaffe II
VB	Völkerbund
VBR	Völkerbundsrat
WaA, Wa.A.	Waffenamt (Heereswaffenamt)
WFA, W.F.A.	Wehrmachtführungsamt im OKW
WFST, WFst, WFstb.	Wehrmachtführungsstab im OKW (ab August 1940)
Wi	Abteilung Wehrwirtschaft im OKW
WiRüAmt	Wehrwirtschafts und Rüstungsamt im OKW
WWi	Wehrwirtschaftliche Abteilung im Wehrwirtschaftsamt des OKW

Danksagung

Mein aufrichtiger Dank gilt allen, die zum Gelingen dieses Buches beitrugen: den Professoren Maser und Dankelmann, die mir mit wertvollen Hinweisen zur Seite standen, den Mitarbeitern des Bundesarchivs Freiburg/Breisgau, die mich bei den Recherchen sachkundig unterstützten, dem Cheflektor der edition q, Dr. Jürgen Schebera, für umfassende Unterstützung.

Besondere Anerkennung verdient meine Frau, die die Texte kenntnisreich korrigierte und stilistische Hinweise gab.

Nicht unerwähnt bleiben dürfen die Anregungen und die Kritik, die mir Herr Henrik Eberle angedeihen ließ. Mein Dank gilt weiterhin Michael Ploenus, dem Schweizer Botschafter in Bonn, Dr. Chenaux-Repond, Nationalrat Dr. Christoph Blocher, David Cornwell für Inspiration, Falk Lange, der mich in einige höchst beunruhigende Details der baltisch-russischen Beziehungen einweihte, Dr. Dietmar Schulze für Informationen über „T 4“ und das Fiasko der internationalen Flüchtlingspolitik der 30er Jahre und nicht zuletzt meinem Vater, der in mir das Interesse für Geschichte weckte.

Gleichermaßen gedankt sei allen Nichtgenannten, die zum Gelingen des Buches beitrugen. Ohne das Zutun dieser Personen wäre der Text nicht zustande gekommen. Sollte ich Hinweise falsch interpretiert haben, so liegt die Schuld allein bei mir.

Jena, im Sommer 1998 Stefan Schäfer